21世纪全国高等学校物流管理专业
应用型人才培养系列规划教材

商品包装 5 标志技术

◉ 主　编　周素萍

◉ 副主编　杜　敏

◉ 参　编　王　君　孙　丹　林　涛　刘怡娟

Commodity Packaging and Marking Techniques

華中科技大學出版社
http://www.hustp.com
中国·武汉

内容提要

本书分为十五章，旨在介绍商品相关知识的基础上，重点讲述商品包装和商品标志的知识。第一章至第四章主要讲述商品基本知识，主要包括商品概述、商品质量与检验技术、商品标准与检验，以及商品储运技术。第五章至第十二章主要讲述商品包装技术，主要包括包装概述、纸材料包装、塑料包装、木质包装、金属包装、集合包装、通用包装技术，以及专用包装技术。第十三章至第十五章主要讲述商品标志技术，内容分别是商品分类与编码技术、商品条码技术和商品标志技术。

本书可作为高职高专、开放教育院校物流管理专业教材，也可供企业物流管理人员与技术人员进行业务学习时使用，还可作为超市员工的培训教材。

图书在版编目(CIP)数据

商品包装与标志技术/周素萍　主编．—武汉：华中科技大学出版社，2011.7
ISBN 978-7-5609-7031-8

Ⅰ．商…　Ⅱ．周…　Ⅲ．①商品包装-高等学校-教材　②商品-标志-高等学校-教材　Ⅳ．F760.3

中国版本图书馆 CIP 数据核字(2011)第 061653 号

商品包装与标志技术　　　　周素萍　主编

策划编辑：周小方　陈培斌
责任编辑：苏克超
封面设计：刘　卉
责任校对：李　琴
责任监印：周治超
出版发行：华中科技大学出版社(中国·武汉)
　　　　　武昌喻家山　　邮编：430074　　电话：(027)87557437
录　　排：武汉正风天下文化发展有限公司
印　　刷：湖北新华印务有限公司
开　　本：710mm×1000mm　1/16
印　　张：26.75　插页：2
字　　数：550 千字
版　　次：2011 年 7 月第 1 版第 1 次印刷
定　　价：38.00 元

总 序

“物流业是融合运输业、仓储业、货代业和信息业等的复合型服务产业，是国民经济的重要组成部分，涉及领域广，吸纳就业人数多，促进生产、拉动消费作用大，在促进产业结构调整、转变经济发展方式和增强国民经济竞争力等方面发挥着重要作用。”当前，虽然有全球性金融危机的深刻影响，但国务院颁发的《物流业调整和振兴规划》却给我们物流行业带来振奋和欣喜：物流业——危机和机遇同在，危机中蕴涵着更多的发展机遇。

21 世纪是知识经济的时代，是人才竞争的时代，而对于蓬勃发展的物流行业更不例外。为了培养高素质创新型物流人才，必须建立高水平的人才培养体系和高质量的教材建设体系，这既是时代的召唤，也是历史的必然。

正是在这样的时代背景下，华中科技大学出版社于 2008 年初组织全国数十所高校物流专业正式启动了“21 世纪全国高等学校物流管理专业应用型人才培养系列规划教材”建设项目。其实早于 2006 年年初，华中科技大学出版社就有了“21 世纪全国高等学校物流管理专业应用型人才培养系列规划教材”选题的构想，按照物流管理专业基础课、专业主干课和实训课的思路，结合应用型人才培养要求进行了选题规划工作，同时开始依此原则着手对全国高等学校物流专业课程设置、院校数量及招生人数等方面资料进行了搜集整理，顺利完成系列选题的策划、市场调研、院校联系工作。经过华中科技大学出版社三年多的具体组织和策划，在总结过去教材建设经验和突出物流行业应用性特点的基础上，经过反复研究论证和精心写作，本套系列规划教材现已陆续出版。

这套系列教材主要体现了以下特色。

第一，基础性。立足我国高校物流教育的现实需求，在内容上，注重理论联系实际，注重吸收物流行业发展的新成果、新案例和新知识。同时“西学为体，中学为用”，“立足国情，博采众长”，注重结合我国物流行业的发展阶段，既吸收国外优秀的、成熟的物流发展成果，又面对国内物流行业发展实践收集资料、数据和案例。

第二，实用性。在体系上，注重实用性和适用性，理论的体系上不要求完整性，但要求有较强的针对性，以能力培养为主旨。同时强调技能培养与训练，侧重实践操作知识介绍，强调技能与方法介绍的系统性、完整性与模块化，侧重提高学生运用物流知识解决现实物流实务问题的能力。

第三，创新性。在形式上开拓创新，体例新颖，教材设计了形式新颖的各种栏目，如知识库、资料库、典型案例、情景模拟、实践活动、背景资料、实际操作、练习与思考等内容，有助于拓展学生学习视野，调动学生学习的积极性。

华中科技大学出版社组织编写的这套“21世纪全国高等学校物流管理专业应用型人才培养系列规划教材”，凝结着编写教师和出版者的辛勤劳动和汗水，是他们多年丰富的教学实践经验和出版经验的结晶。相信这套实用性很强的教材，对我国物流管理应用型人才的培养工作定是一个有力的推动和贡献。

中国物流与采购联合会副会长

教育部高等学校物流类专业教育指导委员会秘书长 [签名]

目录 contents

第一章 商品概述

本章学习目标

(1) 理解商品的含义、特征、价值和使用价值，建立商品的整体概念；

(2) 了解商品品种的分类及商品品种结构；

(3) 掌握商品开发的类型、模式和程序。

经典案例导入

A超市的商品构成

国内某民营连锁超市——A超市位于一个社区内，该超市经营面积约2 500平方米，而在距离A超市约2 000米处还有一家大型购物广场，经营面积约10 000平方米，主营日常生活必需品及家电、服装等百货。由于购物广场商品品种丰富，几乎涵盖了A超市经营的所有品类，部分顾客甚至舍近求远前往消费，A超市的交易单数与客单价均呈下滑之势。原来，A超市筹建时约90%的商品配置表上是直接复制过来的，开业3个月后对滞销商品进行了淘汰并引进新品，由于当初商品构成整体缺乏战略性思考和定位，后虽有微调但淘汰更新速度过慢，仍与目标消费群的需求相距甚远，从而导致销售业绩下滑。

面对困境，A超市才真正意识到问题的严重性与复杂性。A超市总部决定成立紧急调研小组，由采购部、运营部、市场部相关主管组成，亲自蹲点并进行深入调研、分析。调研小组总结出的原因如下：①A超市在筹建时，对新店前期的市场状况、市场定位、商品构成定位等均没有经过周密、细致的调研、分析，仅向当地辖区派出所了解了商圈人口数量及家庭户数等数据就实施进驻；②驻店采购员由于对当地市场渠道不熟悉，尤其对某些重要地方特色品类和品牌认识不足，在进行招商采购洽谈时，在招商条件、入场费用、结算方式等方面令当地供货商觉得太苛刻而没有与其合作，因此，导致部分比较受当地顾客欢迎的品牌和地方特色品类没有被引进；③A超市开业后的3～6个月内未根据社区商圈的消费特点、购买力、顾客喜好等对商品构成进行优化并强化重点品类，没有形成自己的商品特色。

针对上述问题，A超市调研小组首先对目标商圈的消费人口、家庭规模、收入水平及文化、消费习惯、地域等方面的差异进行了分析，并结合竞争对手的优、劣势重新进行市场定位。将原中档商品的比例由70%调整为60%，放弃原来经营的低端品类，将中等偏高品类所占的比例提高到30%，以满足或贴近工薪阶层对生活品位的需求，并兼营10%的高档商品，同时要求采购部据此引进商品，并确定了以生鲜"菜篮子"为龙头，并要求A超市每一个部门的商品定位均须围绕门店的市场定位来进行。

A超市通过对商圈目标消费群的重新定位，结合竞争对手的发展状况及商圈顾客的消费特点，并参考相关销售数据进行了细致、周密的分析，紧紧围绕社区居民购物的便利性，尽可能地为社区居民提供与日常生活最密切相关的生活必需品，从而实现与目标市场定位协同一致。

第一节　商品的概念

一、商品的含义

商品是人类社会生产力发展到一定阶段的产物，是用来交换并能满足人们和社会某种消费需要的劳动产品。商品具有使用价值和价值的双重属性，是使用价值和价值的统一体。

商品的概念有狭义和广义之分。狭义的商品也称传统的商品，是指通过市场交换，能够满足人们物质和精神需要的物质形态的产品。广义的商品则是指通过市场交换，能够满足人们某种社会消费需要的知识、劳务、资金等所有形态的劳动产品。

二、商品的特征

（一）商品是劳动的产物

商品是由人们通过劳动创造出来的，这种产物可以是有形的，也可以是无形的。有形商品通常是指需要人们经过设计、加工、制作等一系列劳动而生产出来的有形物品或产品。

（二）商品具有使用价值

商品的使用价值是指商品能满足人们和社会的某种需要的属性，即商品的有用性。这种有用性取决于商品本身的属性。所以，使用价值是由商品本身能满足人们某种需要的属性所形成的。商品如果不能满足人们的明确需要和隐含需要，也就失去了使用价值。失去了使用价值的产品，如废弃、假冒产品，不能算是商品。

（三）商品必须用于交换

为自己消费而生产的产品不是商品，为他人生产的产品，如不经交换也不是商品。商品是必须通过交换才能到达他人手中的劳动产品。劳动产品要成为商品，必须通过交换，将其转移到能够使用它的人的手里，才能实现其使用价值。同时，只有通过交换，才能实现生产者的生产目的，即获取价值。

三、商品的使用价值和价值

使用价值和价值是商品的两个基本属性。使用价值是指商品的有用性；价值是指凝结在商品中的无差别的人类劳动。使用价值和价值共同存在于商品上，是相互依存、不可分离的统一体。事实上，不存在只有使用价值而没有价值的商品，也不存在只有价值而没有使用价值的商品。

（一）商品的使用价值

商品的使用价值是指商品对于其使用者（包括社会）的意义、作用或效用。它反映了商品属性与人或社会需要之间的满足关系。然而商品又不同于一般的物品，它是通过交换来满足他人或社会消费需要的劳动产品。为了反映这种使用价值的客观存在及其本质，通常称之为商品的交换使用价值。由商品的有用性在实际消费中所表现出来的满足消费者需要的作用而形成的使用价值称为商品的消费使用价值。广义的商品的使用价值概念包含商品的交换使用价值和商品的消费使用价值。狭义的商品的使用价值概念仅指商品的消费使用价值。通常人们所说的商品的使用价值是指商品的消费使用价值。

（二）商品的价值

一切商品都是劳动产品，都包含一定的人类劳动。如果把劳动的具体形态撇开，一切商品都包含一般的、无差别的人类劳动即抽象劳动。商品价值是凝结在商品中的一般的人类劳动。价值是商品的内在因素，是交换价值的基础，交换价值是价值的表现形式。

（三）商品的使用价值和价值的关系

使用价值和价值是商品内在的两个因素，二者是对立统一的。商品是使用价值和价值的统一体。使用价值和价值既相互统一，又彼此矛盾。其统一性主要表现为两者相互依赖、互为条件、缺一不可。使用价值和价值又是彼此矛盾的，二者互相排斥、互相对立，解决商品使用价值和价值之间的矛盾的关键在于交换。

四、商品的整体概念

商品是一个包含多层次内容的整体性概念，而不是单指某种具体的、有形的东西。商品整体上包含了 4 个层次：核心层、有形层、有形附加层和无形附加层。

（一）核心层

核心层主要指商品所具有的能够满足人们某种需要的功能或效用。商品的功能或效用是指商品为满足消费者的一定需要所能提供的可靠的、必需的职能或效用，如衣服能御寒，食物能充饥，洗衣机能洗衣服，等等。核心层通常是商品内在的、抽象的、无形的形态，消费者只有在使用中才能体会到它的存在。

（二）有形层

有形层是商品功能或效用的载体，即商品本身。它是人们利用原材料，通过有目的、有效的劳动投入而创造出来的具体劳动产物。商品本身具备哪些性能，是由商品体的成分组成和形态结构所决定的，其中商品体的成分组成又决定了商品体可能形成的形态结构。因此，商品体是由多种不同层次要素构成的有机整体，是商品使用价值形成的客观物质基础。

（三）有形附加层

有形附加层之上主要是有形附加物。有形附加物是指在商品本身或商品之外的必要附加物品。有形附加层对消费者起着识别和确认商品、保护和维护商品，以及商品证明和保证等作用，包括商品包装与标志、商品名称、商标及注册标记、专利标记、质量和安全及卫生标志、环境标志、商品使用说明标签或标志、检验合格证、使用说明书、维修卡、购货发票等。有形附加层的存在主要是为了满足商品流通需要、消费需要以及环境保护需要等。其中，包装、商标等本身也是一种商品，它们既有使用价值，也有价值。商标还会随着商品生产技术的进步和经营管理水平的提高而增加新的价值。

（四）无形附加层

无形附加层之上主要是无形附加物。无形附加物是指人们在购买商品时所获得的各种销售服务、售前服务、售中服务、售后服务和附加利益。无形附加层是提高企业竞争力的一个重要方面。

第二节　商品品种

一、商品品种的概念

商品品种是指按某种相同特征划分的商品群体，或者是指具有某些共同属性和特征的商品群体。商品品种是一个宏观概念，它反映一定商品群体的整体使用价值或社会使用价值。不同的消费结构要求有不同水平的使用价值及不同的品种规格。从全社会的角度来说，大类商品的品种及其结构应与全社会的消费需求和消费结构相符合，其他类商品的品种应与不同阶层、不同群体的消费水平相吻合。

二、商品品种的研究意义

商品品种及其结构与消费需求和消费结构间的相符程度，关系到消费结构是否顺利升级和消费总量能否快速增长，关系到中国经济的增长由投资主导模式向消费增长模式的转变能否成功，从而关系到未来中国社会经济能否实现可持续发展。

（一）商品品种是经济效益的基础

商品品种不合理会造成商品滞销和积压，使生产的效益下降；不断更新和完善商品品种越来越成为增加社会生产效益和提高社会生产率的重要因素。

（二）商品品种是商品质量的前提

改善商品供给的整体质量，不只是通过改进和提高各种商品的质量来实现的，在很大程度上还取决于商品品种的更新换代。商品品种的有效更新是改进和提高商品质量的重要前提，此外，通过商品品种更新也可以提高商品质量。

（三）商品品种决定了人民的生活水平

人民的生活水平不仅是由物质商品的数量所决定的，而且是由整体商品供给、商品品种组合和品种结构的质量所决定的。

（四）商品品种标志着一个国家的生产力发展水平

商品品种完善和合理化的程度，商品品种的特征，以及商品品种更新换代的速度和比例，越来越成为一个国家的生产力发展水平的重要标志，也是运用自然科学规律和社会科学规律，特别是运用技术规律和经济规律的指标。在国际范围内，科学技术也把全面完善商品品种、提高商品的技术水平置于显著地位。

三、商品品种的发展规律

商品品种的发展规律包括一般品种规律和特殊品种规律。

一般品种规律是指对所有商品都适合的品种规律，如商品品种最佳扩大的规律、商品品种最佳组合和构成的规律、商品品种完善的规律、商品品种更新的规律、商品品种结构与消费结构相符的规律等。

特殊品种规律是指只适用于某类商品或一些类似商品种类的品种规律，如食品、纺织品、服装、鞋类等商品品种最佳构成的规律，以及区域商品品种最佳构成的规律等。只有将商品品种规律与技术学规律、经济学规律等相结合，才能控制商品品种的运动和变化，实现商品品种的最佳构成，使商品品种与消费需求的相符程度达到最佳化，从而促进商品使用价值的实现，获得最佳的经济效益。

四、商品品种的发展原则

商品品种及其结构与生产技术及其结构、消费需求及其结构之间的关系是以一定的相符形式存在的。商品品种及其结构反映出一个国家的经济发展水平、产业结构状况、科技发展水平等。因此，商品品种的发展也应遵循一定的原则。商品品种的发展原则可概括为以下几方面。

（一）多样性与统一性原则

商品品种的多样性是由人们和社会的消费需求的差异性和多样性造成的。但是商品品种的多样性不是随意的，它必须以消费需求为基础，保证商品品种规格系列和使用特性的统一。这是使商品的规格和质量满足社会需要的一种技术保证，是使供需双方利益协调一致的一种方式。

在贯彻多样性与统一性原则时要注意以下几点。

(1) 品种齐全是相对的而非绝对的，即以大致能满足消费需求为准则。

(2) 商品类别、品种、花色的数量并非固定不变的，而应随消费需求的发展和变化而作出调整。

(3) 要集中精力保证基本商品和主要商品的供应。

(4) 商品品种和消费需求之间、商品品种花色和类别之间都存在着一定的比例关系，这是由消费结构、购买水平和投向等决定的。

（二）合理规模原则

商品品种规模越大，意味着市场越广阔、越繁荣。但是，商品品种也不能盲目发展、无限增加。一方面，商品品种的开发和增长必须建立在市场需要的基础上，否则即使商品品种增加了，最终也会因为没有销路而缩小；另一方面，还要考虑如何用尽量少的商品品种来满足尽可能多的消费需要，也即运用标准化原理科学、合理地简化商品品种，因为商品品种简化有利于控制规模、提高产量和降低成本。商品品种的发展和增加必须建立在满足市场需要的基础上，兼顾消费者、企业和社会三者的利益。

（三）不断更新原则

由于消费需求结构会因经济的发展而变化，特别是购买力的提高和投向的变化，使一部分本来适应市场需要的品种变得不适应而被淘汰；为了适应市场需要，会有一些新的品种不断地涌现出来。一般来讲，商品品种更新的速度越快，更新的比例越大，市场上的新商品就越多，使用价值和技术含量较高的商品就越多，消费者的需要也能得到更好、更全面的满足。因此，必须不断更新商品品种。

五、商品品种分类

不同的商品品种类别表明其特有的品种特征。商品作为生产经营运行的客体，是经营活动的要素之一。经营活动中的商品数量大、品种多、性能各异，各种商品的经营活动都有各自的特点，商品之间的连带综合经营也有特定的规律性。因此，科学地进行商品分类，有利于组织商品生产和货源，妥善解决商品的购买、销售、调度、运输、检验、包装等一系列问题，有利于提高经营管理水平，有效地进行经营活动。

知识链接

商品的线分类法和面分类法

商品的线分类法也称商品的层级分类法，是将拟分类的商品集合总体按照选定的属性或特征作为分类标志，逐次划分成若干个相应的层级，并排列成一个有层级的、逐渐展开的分类体系。商品的面分类法也称商品的平行分类法，是将拟分类的商品集合总体，按照其本身固有的属性或特征，分成相互之间没有隶属关系的面，每个面都包含各自的类目，再将每个面的类目平行组合在一起，即组成一个复合类目。

按照不同的分类标准，可对商品品种进行不同的分类。

（一）按照商品品种形成的领域分类

按照商品品种形成的领域，可将商品品种划分为生产品种和经营品种。

生产品种是指由工业企业或农业企业提供给批发商业企业的商品品种。经营品种是指批发商业企业和零售商业企业销售的商品品种。工业生产和商业经营的商品品种，一方面取决于特定经济形势下的资源状况和生产技术能力，另一方面取决于消费者需求的构成状况。准确的商品品种划分是工业企业和商业企业获得经济效益的一个重要前提。

（二）按照商品品种的横向广度分类

按照商品品种的横向广度，可将商品品种划分为简单的商品品种和复杂的商品品种。

商品品种的横向广度指具体商品种类中的品种数目。例如:灯泡、肥皂、锤子、办公用品等只有很少的品种,属于简单的商品品种;而服装、鞋类、食品等有相当多的品种,属于复杂的商品品种。

(三) 按照商品品种的纵向深度分类

按照商品品种的纵向深度,可将商品品种划分为粗的品种和细的品种。

在制订商品计划或规划时,一般是指粗的商品品种。在订立供货合同时,要详细规定商品的所有特性值(参数),包括规格、颜色、式样、包装、装潢等,这时就涉及细的商品品种。

(四) 按照商品形态分类

按照商品形态,可将商品品种划分为有形商品品种、无形商品品种和通用商品品种。

有形商品往往具有实物形态,看得见、摸得着,可以摆放在货架上销售,也可以在展销会上展销,如服装、食品、五金、百货等。

无形商品的存在状态相对于有形商品而言,没有实物形态,看不见、摸不着,消费者只有在使用时才能体会到它的存在,如知识、技术、劳务等。

通用商品是有形商品和无形商品的结合,是由硬件、软件以及流程性商品和服务活动性商品构成的一个完整的商品,是现代商品的整体概念。例如,汽车由硬件(如发动机)、软件(如发动机控制软件)以及流程性材料(如汽油、冷冻液)和服务(如运输)构成,属于通用商品。

(五) 按照商品类型特征分类

按照商品类型特征,可将商品品种划分为硬件商品品种、软件商品品种、流程性商品品种和服务活动性商品品种。

硬件商品一般指有形商品,如计算机的主机、显示器、键盘、鼠标,以及打印机、扫描仪等。

软件商品一般是无形商品或无形商品和有形商品的结合体,它是知识和技术的劳动产物。如计算机上安装的各种操作系统软件、工具软件(如杀毒软件)、数据库软件、语言类软件制品等。

流程性商品通常指工艺流程中所需的零部件、组件、配件、元器件等,或指工艺流程中间产物。它是最终消费品的重要组成部分,通常属于有形商品,如计算机上安装的各种零配件等。

服务活动性商品往往是无形商品,通常指商品在实现交换和消费时的服务活动,如计算机的销售服务等。

（六）按照行业分类

按照行业，可将商品品种划分成一定的类别（见图 1-1）。

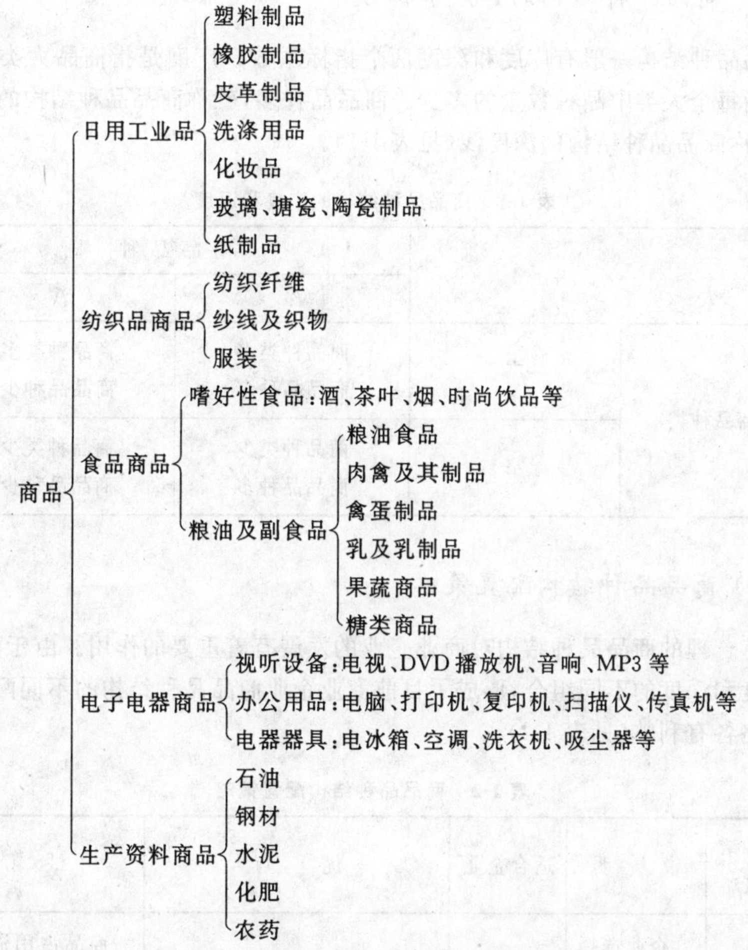

图 1-1　按照行业划分的商品品种类别

除了以上的分类外，按照商品品种的重要程度，可将其划分为日用商品品种（必备商品品种）和丰富生活用商品品种、主要商品品种和次要商品品种等。

六、商品品种结构

（一）商品品种结构的概念

商品品种结构是指在一定范围的商品集合体中，对于各类商品及每类商品中不同品种的组合状况及其相对数量比例的客观描述。所谓相对数量比例，是指在所管理的商品集合总体中，按满足不同层次消费需求划分的各大类商品及每类商品中不同品种、规格商品的数量所占的比例。商品品种结构是按金字塔形排列的。成千上万种具有不同用途和性能的商品组成了不同层次的商品结构。

（二）商品品种结构的广度和深度

商品品种结构一般有广度和深度两个指标系数。广度是指商品大类的多少，深度是指每个大类中品种数量的多少。商品品种多，就称商品品种结构的深度深，反之，则称商品品种结构的深度浅（见表 1-1）。

表 1-1　商品品种结构的广度和深度

		商品品种	
		深	浅
商品种类	广	商品种类多 商品品种多	商品种类多 商品品种少
	窄	商品种类少 商品品种多	商品种类少 商品品种少

（三）商品品种结构配置策略

保持合理的商品品种结构对商业企业的发展有着重要的作用。由于商品品种结构广度和深度的不同组合，形成了目前商业企业商品品种结构的不同配置策略，这些策略各有利弊（见表 1-2）。

表 1-2　商品品种结构配置策略

商品品种结构配置策略	说　明	适合企业	优　点	缺　点
广而深的商品品种结构配置策略	企业选择较多的商品经营种类，商品品种也很丰富	较大型的综合性商场	目标市场广阔，商品种类繁多，能吸引较远的顾客专程前来购买，能培养顾客对企业的忠诚感，易于稳定老顾客	商品占用资金较多，一些商品的周转率较低，无法突出特色，企业必须耗费大量的人力用于商品采购和商品开发
广而浅的商品品种结构配置策略	企业选择较多的商品经营种类，而商品品种较少	廉价商店、杂货店、折扣店等零售企业	目标市场比较广泛，经营面较广，能形成较大商圈，便于顾客购齐基本所需商品，便于商品管理，可控制资金占用	花色品种相对较少，满足需要能力差，顾客的挑选性有限，很容易导致失望情绪，不易稳定长期客源

续表

商品品种结构配置策略	说　明	适合企业	优　点	缺　点
窄而深的商品品种结构配置策略	企业选择较少的商品经营种类，而商品品种很丰富	专业商店、专卖店	专业商品种类充分，品种齐全，能满足顾客较强的选购愿望，不会因品种不齐全而丢失销售额；能稳定顾客，增加重复购买的可能性；易形成商店经营特色，突出企业形象；而且便于企业进行专业化管理	种类有限，不利于满足消费者的多种需要；市场有限；风险大
窄而浅的商品品种结构配置策略	企业选择较少的商品经营种类，商品品种也较少	小型商店、便利店，以及通过售货机出售商品和人员登门销售商品的零售商	投资少、见效快；商品占用资金不多，经营的商品大多为周转迅速的日常用品，便于顾客就近购买	种类有限，花色品种少，可选性不强，易使顾客产生失望情绪，商圈较小，吸引力不大，难以形成商店经营特色

（四）商品品种结构合理化的原则

商品品种结构合理化的原则是，商品品种结构必须与人们的实际需要和消费结构及其变化相适应。首先，商品品种必须与消费需求相符合，商品品种结构必须与消费需求结构相一致，也就是说，商品品种必须适应不同社会阶层、不同社会集团、不同人群的消费水平和消费偏好。其次，随着社会的发展，人们的需要和消费需求结构会不断发生变化，商品品种结构也应随之作出调整，以保证商品品种结构与消费需求及其结构的相符程度达到最佳。提高商品品种结构与消费需求结构的相符程度，对于全面满足消费需求，加速商品使用价值的实现，保证企业计划的顺利完成，提高企业的经济效益等，都具有重要意义。

第三节　商品开发

一、商品开发的概念

商品开发是指企业在研究现有商品、市场和服务体系的基础上，探索商品发展趋势和潜在需求，从发现市场机会开始，在商品设计、生产制造和投放市场的各个环节，不断开发、创造新的商品，提供新的服务，让商品的使用价值得以延伸、升级和创新，使消费者的物质需要和精神需要不断得到新的满足的一系列过程。

二、新商品的分类

新商品是指采用新的技术原理、新的设计构思而研发、生产的全新商品，或在结构、材料、工艺等某个方面或几个方面对原有商品有明显改变，从而显著提高了商品性能或扩大了使用功能的商品。从市场营销角度理解，新商品是指在某个市场上首次出现或由企业首次提供，能满足某种消费需求的整体商品。新商品具有如下一项或几项特征：具有新的技术原理、新的设计构思，采用新的材料、器件，选用新的制造工艺和技术，具有新的结构、形态或式样，具有新的功能和用途，具有其他新的特性或特征。

新商品可按其所在地域范围、更新程度、商品出现的连续性用途和应用范围等进行分类。

（一）按照地域范围分类

按照地域范围，新商品可以分为国际新商品、国家新商品、地区新商品和企业新商品。

1. 国际新商品

国际新商品是指在世界上其他国家都不曾设计并试制成功的商品。这类新商品具有独创性和重大价值，国家应予以重点保护，一般都要申请专利。国际新商品多是在经基础研究取得的成果的基础上，再通过应用研究而设计、试制出的新商品，这类新商品往往在技术上具有重大突破。

2. 国家新商品

国家新商品是指国外已经有了，但在国内尚属首次出现的商品。这类新商品可以通过技术引进、测绘仿制或自行研制等方法开发出来。这类新商品可以填补国内空白，或比国内已有的商品在技术经济性能上有显著提高。开发这类新商品，对于赶超世界先进水平、减少进口具有重要的意义，是企业新商品发展的重要目标。

3. 地区新商品

地区新商品是指在国内已有生产，但在本地区还是第一次研制出来的新商品。这类新商品一般都是利用国内现有技术，通过技术转让进行研制的，不需要重新设计研究。开发这类新商品，一定要做好市场需求的调查工作，只有在一定时期内外地商品不能满足国内外市场需要，而本企业又有条件生产时才可试制生产。

4. 企业新商品

企业新商品是指这种商品在市场上已有销售，但对本企业来说还是第一次研制的商品。这类新商品的开发研制也必须注意做好市场需求的调查工作，以免造成商品供给过剩而给企业带来巨大的经济损失。

（二）按照更新程度分类

按照更新程度，新商品可以分为全新型新商品、更新换代型新商品、改进型新商品和仿制型新商品。

1. 全新型新商品

全新型新商品一般是指新发明创造的商品，是应用新的原理、新的技术、新的结构和新的材料研制成功的前所未有的新商品。但是，全新商品的发明难度十分大，不仅需要大量的资金、先进的技术，而且市场风险也比较大。调查表明，全新商品在新商品中只占10％左右。

2. 更新换代型新商品

更新换代型新商品是指在原有商品的基础上，采用或部分采用新材料、新技术、新结构、新工艺研制出来的新商品。更新换代型商品与原有商品相比，商品性能有一定的改进，质量也有了相应的提高。它适应了时代发展的要求，也有利于满足消费者日益增长的物质需要。

3. 改进型新商品

改进型新商品是指在老商品（包括性能、结构、功能等）的基础上加以适当的改进，使其性能更加良好、结构更加合理、功能更加齐全、精度更高，或采用新的工艺、新的设备进行生产，使成本有较大幅度降低等而生产的新商品，如手机上加入数码相机的功能。改进型新商品与更新换代型新商品相比，改进商品受技术的限制较小，可以对原有商品进行适当的改进，也可以是原有商品派生出来的变型商品。改进型新商品成本相对较低，便于进行市场推广和被消费者接受，但容易被竞争者模仿。

4. 仿制型新商品

仿制型新商品是指对国际或国内市场上已经出现的商品进行引进或模仿而研制、生产出来的商品，如引进手机、DVD 等。开发这种商品不需要太多的资金，比研制全新商品容易得多。但应注意结合我国实际情况，对原有商品的某些缺陷和不足加以改进，不宜全盘照搬。

（三）按照商品出现的连续性分类

按照商品出现的连续性，新商品可以分为非连续性新商品和连续性新商品。

1. 非连续性新商品

非连续性新商品是指那些运用新的科学技术或新材料、新工艺设计生产的，在造型、结构、性能等方面完全创新的商品。

2. 连续性新商品

连续性新商品是指在原有商品的基础上进行改造，利用新材料、新元件、新工艺，使其成为具有新特点、新性能、新用途的商品。连续性新商品按其改进程度还可细分为革新性新商品、改进性新商品和部分改变性新商品。

三、商品开发的基本模式

商品开发的基本模式有市场需求吸收模式和新技术推动模式。

（一）市场需求吸收模式

市场需求吸收模式是指按市场需求，即按消费者和用户需求开发新商品的模式。市场需求既是新商品开发的直接动力，也是新商品开发的起点和归宿。市场需求通常产生于以下几个方面：

(1) 现有商品的使用价值和消费需求之间的差异；

(2) 对潜在需求的体现；

(3) 从改善生活条件和环境条件及提高生活质量方面对未来商品使用价值的期望与要求；

(4) 市场结构和消费需求结构变化以及消费流向所产生的要求。

（二）新技术推动模式

新技术推动模式是指按科学技术发展规律来组织商品开发的模式。科学技术是新商品产生的源泉，也是新商品开发的动力和基础。科学技术的发展为新商品开发提供了重要的手段，扩大了科学技术的应用范围，同时，也提高了新商品的精确性和开发效率。

四、商品开发程序

（一）新商品的构思

商品开发是指从新商品构思到商品概念和设计方案形成的全过程。开发研制新商品，首先要提出符合市场需求的商品设计，而商品设计是建立在新商品构思的基础上的。

1. 新商品构思的方法

新商品构思的方法主要有以下五种。

(1) 商品属性排列法。它是指将现有商品的属性一一排列出来，然后寻求改进每一种属性的方法，在此基础上形成新的商品创意。

(2) 强行关系法。先列举若干不同的商品，然后把某一商品与另一商品或其他几种商品强行结合起来，从中产生一种新的商品构思。

(3) 多角分析法。这种方法是先将商品的重要因素抽象出来，然后具体地分析每一种特征，再形成新的商品创意。例如，洗衣粉最重要的属性是其溶解温度、使用方法和去污能力，根据这三个因素所提供的不同标准，便可形成不同的商品创意。

(4) 聚会激励创新法。这种方法是将若干名有见解的专家、专业人员和发明家集合在一起，围绕新商品开发目标进行讨论，会前向与会人员提出若干问题，并给予时间准备，开会讨论时参加人员畅所欲言，彼此激励，相互启发，提出各自的设想和建议，会后经分析归纳，便可形成一种新的构思。

(5) 征求意见法。这是指商品设计人员通过问卷调查、召开座谈会等方式了解消费者或用户的需求，征求技术发明人、专利代理人、大学或企业的实验室、广告代理商等的意见，然后对各种意见进行综合分析整理，转化为新商品创意。

2. 新商品构思的创意来源

(1) 消费者的需求。指消费者对现有商品提出的不满意见、要求、希望、爱好等。它是新商品构思的主要来源。实践证明，在消费者需求的基础上发展起来的新商品，其成功率最高。

(2) 科技人员在技术上的创意。指科技人员从技术的角度来研究商品的新用途、新发展。

(3) 竞争者的经验和教训。指从竞争者商品的优缺点、竞争者成功与失败的教训中得到的启发和构想。

(4) 销售人员和其他企业内部人员的建议。销售人员直接与顾客或消费者相联系，最能了解和感受消费者的需求，了解企业与企业之间、商品与商品之间的竞争，能够发现新的市场需求，提出商品开发的方向。

据统计，新商品的构思来自外部的约占60%，来自企业内部的约占40%。其中，来自销售部门的构思占内部来源的一半。此外，新商品的构思还可以来源于企业高层管理者、中间商、市场调研部门等。

（二）筛选

企业在广泛征集新商品构思的基础上，还要对这些构思进一步进行评估，研究它们的可行性，挑选出可行性较强的构思，尽早发现并放弃不理想的构思。对新商品构思的筛选一般要考虑以下因素：

(1) 该构思是否具有潜在的市场需求；

(2) 该构思是否与企业目标相适应；

(3) 企业有无足够的资源、能力实现该构思。

（三）商品概念的形成与测试

1. 商品概念的形成

经过筛选之后，企业要把选定的新商品构思转变为商品概念，即用文字、图像、模型等对商品构思进行具体、明确的描述，使之形成消费者能够理解和接受的商品形象。任何一种商品构思都有可能转化为若干个商品概念。为了了解这些新商品在市场上的竞争状况，应对每一商品概念进行定位，以确定该商品在市场上的位置，以及竞争者的多少、远近和实力大小等。

2. 商品概念的测试

商品概念的测试，就是将一个精心描述的商品概念提交给未来顾客，请他们作出评价，以了解潜在顾客的反应，为优选商品概念提供依据。

（四）商品开发

商品开发即由研究与开发部门和工程技术部门把这种商品概念转化为商品，进入试制阶段。只有在这一阶段，以文字、图表及模型等描述的商品设计才变为实体商品。

在这一阶段，新商品还需要进行样品鉴定。样品鉴定也叫设计定型，是依据商品设计试制出一定数量的样品，验证设计结构是否合理、性能质量是否达到设计要求、经济上是否合理，以及能否转入小批试制生产而进行的技术审查活动。样品鉴定的内容包括以下几个方面。

(1) 检查新商品设计的完善性，是否符合技术任务书要求，样品阶段所具备的技术文件是否完整、正确、统一，是否符合有关标准要求，能否指导生产。

(2) 检查样品的性能、质量、外观、安全性和可靠性等。

(3) 对样品的标准化水平、结构工艺水平、技术经济性、制造成本，以及卫生、环保、节能等技术是否符合标准要求作出评价。

(4) 对样品的优缺点作出总评价，确定其能否转入小批试制生产。

这一阶段应当搞清楚的问题是，商品概念能否变为在技术上和商业上可行的商品。如果不能，除在全过程中获得一些有用的副商品——信息资料外，所耗费的资金将全部付诸东流。

（五）市场试销

市场试销即企业的高层管理者对某种新商品开发的试验结果感到满意时，着手用品牌名称、包装和初步市场营销方案把这种新商品装扮起来，推上市场进行实验。其目的在于了解消费者和经销商经营、使用和购买这种新商品的实际情况及市场大小，并酌情采取适当对策。

如果新商品的试销市场呈现出高试用率和高重购率，则表明这种新商品可以继续发展下去；如果新商品的试销市场呈现出高试用率和低重购率，则表明消费者对这种新商品不满意，必须进行改进；如果新商品的试销市场呈现出低试用率和高重购率，则表明这种商品很有前途，但应当加强广告宣传和促销工作；如果新商品的试销市场呈现出低试用率和低重购率，则表明这种商品应当放弃。

（六）批量上市

新商品的市场试销获得成功后，企业就要将其大批量地投放市场。在这一阶段，企业高层管理者必须做好以下四项决策。

(1) 在何时推出新商品。企业必须分析何时是新商品推出的最佳时期。如果是季节性较强的商品，新商品就应该在消费季节到来之前进入市场；如果公司新商品会影响公司其他商品的销售量，就应延迟推出新商品的时间；如果新商品还可以进一步改进或可能受到了经济衰退的影响，企业可等一段时间再推出新商品。

(2) 在何地推出新商品。企业还需要决定向哪里投放新商品，尤其要决定商品在哪个地方推出。能够把新商品在全国市场上投放的企业不多。一般是先在主要地区的市场推出，以便占有市场，取得立足点，然后再扩大到其他地区。

(3) 向谁推出新商品。新上市的商品，最先的促销对象常具有如下特征：创新使用者；喜欢冒险；可能是大量使用新商品的用户；对新商品颇有好感；是某一方面的“舆论领袖”，有宣传影响力。

(4) 如何推出新商品。企业必须制订出详细的市场扩展计划。

五、商品开发评价

（一）商品开发阶段评价

1. 事前评价

事前评价是商品可行性评价，即确定商品开发目标方案，对项目进行可行性研究的评价。着重考虑新商品开发方案中的重大问题，如开发目标的市场前景、风险如何，技术是否先进，开发能力大小，开发费用高低等。事前评价是以预测为特点的可行性研究，宏观性较强，带有方向性。

2. 中间评价

中间评价是商品实施评价，即对商品从设计到生产各个环节的评价，检查、了解开发项目实施过程中达到的目标或计划进展情况。它以商品评价为特点，微观而具体。

3. 事后评价

事后评价是商品效益评价，即对开发效益的评价，研究开发成果是否已达到目标，以及开发效率或效果等。它主要对新商品的使用效果、利润、用户意见和市场需求进行了解、考核，为进一步改进商品质量提供依据。它以效益评价为特点，对开发过程本身进行评价。

(二) 商品开发评价的主要内容

1. 市场评价

市场评价是商品开发评价中最重要的部分,也是进行技术评价和经济评价的基础。它主要包括商品的独创性和新颖性、价格、性能,预期的市场规模、占有率,商品的竞争特点,市场的稳定性等。

2. 技术评价

技术评价是商品开发评价中的另一个重要方面,在方案的选择、设计、审查、样品鉴定、试制生产中,都涉及技术评价。其中最重要的是事前技术预测、技术可行性评价及商品的各项技术性能。

3. 经济评价

经济评价是指用经济计算的方法,对方案的经济可行性进行评定。它主要对商品开发进行费用和效率分析,选择投入少、产出多、周期短、见效快的最优方案。它是一种定量评价,要求参数恰当以及数据客观、准确。

4. 社会评价

社会评价是指商品开发项目对社会的贡献程度,主要包括商品开发项目是否符合国家经济发展政策,对环境是否有危害,以及满足社会需求的程度等。它直接关系到企业的发展方向和企业的声誉。

在实际工作中,以上内容是综合采用的,它要根据不同的评价时期和不同的评价对象,做到既突出重点,又兼顾全面。

本章小结

本章首先在介绍商品的含义的基础上,分析了商品的特征、价值和使用价值,建立了商品的整体概念;然后介绍了商品品种的概念和发展原则,列举了按照不同分类标准所作的商品品种分类;接着阐述了商品品种结构;最后介绍了商品开发的概念和分类,并重点阐述了商品开发的六个程序。

综合案例分析

斯沃琪手表的成功开发

瑞士机械表一向以精美华贵而君临天下,然而 20 世纪 70 年代,日本的精工、西铁城、卡西欧等品牌突然刮起电子表和石英表的强旋风,一下子占领了世界钟表市场,强烈地冲击着传统的瑞士机械表在世界表坛的霸主地位。在不到 10 年的时间里,瑞士钟表在世界市场的份额从 1974 年的 43%降至 1983 年的不足 15%。

1984 年，面对日本同行的兴起，两家瑞士钟表制造商——拥有欧米茄品牌的 SSAH 公司和拥有雷达、浪琴品牌的 ASUAG 公司合并为 SMH 集团。1985 年，德国企业家赫雅克和投资者收购了上述两家公司全部资产的 51%，开始了缔造品牌神话的进程。1991 年，SMH 集团生产了 8 000 万只手表和其他计时产品，到 1992 年，数量增至差不多 1 亿只，并成功地将瑞士在世界钟表市场的占有率提升到 53%，而且还在继续提升。可以说，SMH 集团在 20 世纪 80 年代初推出斯沃琪(Swatch)手表，打了一场漂亮的翻身仗。那么斯沃琪手表的开发历程有什么独到之处呢？

当时，SMH 集团为保住自己在钟表业的霸主地位，经过多年的不断攻关和改进，终于在 1981 年研制出一种完全不同于传统概念的新型手表——斯沃琪手表。斯沃琪手表的外壳全部采用合成材料，机芯直接从手表正面装入而不再需要保留后盖，这两项改革不仅使手表变得既薄又轻，并且可进入流水线批量生产，从而降低了生产成本，确保了销售上的低价位。

斯沃琪手表在价格上始终奉行低端策略，为实现这一目标，SMH 集团对生产制造工艺进行改进，并实现了一系列突破。例如：把手表零件从 155 个减少到 51 个，减少转动部分，也就降低了损坏几率，并且组装手表所需的人手也少多了；新建自动装配线，每天能生产 3.5 万块斯沃琪手表和上百万件零部件，劳动力成本所占比例从 30%降至 10%；保证质量，手表的返修率一般不到 3%，而斯沃琪手表的返修率不到 1%。

SMH 集团通过充满活力的广告攻势迅速将斯沃琪手表的相关信息传递至它的目标对象：追求时尚潮流的年轻人。从 1984 开始，新推出的每一款斯沃琪手表都有一个别出心裁的名字，在款式上或标新立异或保守，或呈方格或呈条子状，表带上刻有坑槽或穿洞，个性化色彩非常浓烈，市场反应更加热烈。由于每年都会推出新的式样，以至于人们都焦急地期待新款斯沃琪手表的出现。许多人拥有的斯沃琪手表不止一块，因为他们希望在不同的时间、不同的场合佩戴不同颜色的斯沃琪手表。最初斯沃琪被定位为“第二只表”，但结果它变成了第二只、第三只、第四只……并最终成为收藏家的手表。此外，由于每款斯沃琪手表推出 5 个月后就停止生产，因此即使最便宜的斯沃琪手表也是有收藏价值的。

为了在手表市场上站稳脚跟，斯沃琪手表始终保持与时俱进的风格。最关键的是，斯沃琪手表的设计师并不是坐等灵感，随波逐流，而是洞悉先机，预先估计即将出现的潮流。事实上，斯沃琪手表的整个设计过程于产品问世前一年就已经开始：首先产生基本的意念，然后按照大家公认的工作原则加以发展。这种由生产上的要求主导的创作动力，是斯沃琪手表享有“潮流先锋”美誉的原因之一。

在新品推广上，斯沃琪手表同样显示出独到之处，其新产品发布会简直是一场无比精彩的“腕上时装秀”。优美的音乐、绚丽的灯光、美轮美奂的场面、千挑万选的模特、精心设计的时装……所有这一切都是为了衬托斯沃琪手表的风采——青春、时尚、与众不同。例如1998年4月在上海几大著名商厦举行的“斯沃琪1998”春夏新款展示，就像一次艺术品的展览，运用高科技成果，显示出丰富的艺术想象力。

据台湾的一项消费者调查表明，在手表的满意度方面，劳力士是第一名，占30%；斯沃琪是第二名，占23%。撇开劳力士高品质、高价位不谈，这份调查显示出斯沃琪手表在品牌战略上的成功。

思考题

1. 斯沃琪手表开发的成功之处在哪里？

2. 请运用整体商品概念分析斯沃琪的核心层、有形层、有形附加层和无形附加层。

3. 斯沃琪手表属于新商品的哪种类型？为什么？

本章综合练习题

1. 简述商品的特性。
2. 商品品种的发展原则是什么？
3. 商品品种有哪些分类？
4. 新商品的分类有哪些？
5. 简述商品开发程序。

实践活动

走访商业企业

实践目标：实地观察商品品种的分类。

实践内容：走访超市、百货公司、建材市场等不同类型的商业企业。

实践要求：观察每个商业企业的商品品种分类，比较不同商业企业商品品种分类的特点，思考其分类依据。

实践成果：撰写实践报告。

第二章　商品质量与检验技术

本章学习目标

(1) 从狭义和广义两个方面掌握商品质量的含义，了解商品质量的形成过程；

(2) 掌握商品质量的基本要求；

(3) 了解典型商品的质量要求；

(4) 掌握商品质量的影响因素；

(5) 掌握商品质量管理的各种方法；

(6) 了解商品质量监督的相关知识。

经典案例导入

英国马狮百货公司的质量经营

马狮百货公司(以下简称“马狮公司”)自1884年创立以来，长期被公认为英国乃至世界最成功的企业之一。马狮公司凭借其在社会公众中的良好形象，始终位居英国零售业之王的宝座。其良好形象不仅源于公司卓越的经营质量理念，而且源于公司上下始终认真贯彻落实该理念。

马狮公司是个零售业集团，可它不是到供应商那里去找商品，它认为顾客所需要的许多商品根本就不存在。因此，马狮公司定下规则：“一定要找到这些商品。如果有需要，就把它们创造出来。”同其他零售商不同，马狮公司是自己决定生产什么，然后才同制造商合作进行设计和生产。这样，马狮公司就真正能够实现顾客需要什么，就卖什么。所以，有人说马狮公司不是零售商，而是一个没有工厂的制造商。

马狮公司对商品质量的高标准、严要求是有口皆碑的。公司从商品设计到生产，一直到把商品卖到顾客手里，都始终严把质量关。公司拥有自己的一流技术队伍，既拥有技术开发能力，又懂得市场营销，他们不仅在控制产品质量方面担当重要角色，而且在促进产品创新和促进供应商采用新技术方面也扮演着重要角色。他们与供应商的技术人员一起从事产品设计，然后，马狮公司的技术人员与供应商一起制定出产品生产的规格。这些规格十分详细，标准也十分严格。公司要求供应商必须按规格进行生产，而且派出技术人员进行督察。人们说马狮公司的技术人员比供应商自己的生产顾问还厉害。

马狮公司坚信先进科技的应用会给供应商和零售商带来巨大利益，因为这会加速生产成本的下降，从而有助于商品售价的下降，同时有助于提高商品的市场竞争力和商品质量。马狮公司本身对技术发展的现状、趋势十分了解，能不断迫使供应商采用先进的、高效率的技术。公司还对供应商采用新技术提供技术援助，也提供资金援助。公司把采用新技术所得的高额回报中的很大部分，用于支持供应商改进技术。这就使马狮公司不仅在产品创新方面居于领先地位，而且产品售价较低，产品质量优良、稳定。

第一节 商品质量概述

商品质量有狭义和广义之分。

一、狭义的商品质量

商品质量是指评价商品使用价值优劣程度的各种自然属性的综合，是商品赖以存在的基础，即商品的自然质量。由于它只反映了商品的有用性和适用性的尺度，即产品的性能、可靠性、寿命、安全性、外观、色泽、声音、气味、手感等，没有考虑商品的社会性、经济性、时代性等因素，因而被称为狭义的商品质量。

商品的自然属性是由商品的组成成分、结构和性质所决定的。不同的成分、结构和性质，使商品具有不同的自然属性。

（一）商品组成成分

商品的种类繁多，每种商品都是由一种或多种不同数量的成分所组成的，商品所含成分的种类与数量决定和影响着商品的结构、性质和用途，进而决定和影响着商品的质量。

商品的组成成分，通常按各种成分在其使用性能中所发挥的作用，分为主要成分、辅助成分、无用成分和有害成分。其中，主要成分在商品使用性能中发挥着主要作用，辅助成分在商品使用性能中发挥着辅助作用，而无用成分和有害成分则影响着商品使用性能的发挥。

(二) 商品的结构

商品的结构与性质的关系密切,不同的结构会给商品带来不同的性质,因此,分析研究商品质量状况及其变化规律,就必须了解商品的结构。无论商品的结构多么复杂、品种多么繁多,商品的结构都可分为宏观结构与微观结构两大类。

1. 商品的宏观结构

商品的宏观结构是指能够通过人眼或低倍放大镜观察到的外形结构。商品的宏观结构,有的是人为通过生产过程形成的,有的则是自然生长形成的。如各种日用工业品、纺织品等的外形结构状态是经过生产工艺过程形成的,而水果、蔬菜等商品的外形结构状态则是自然生长形成的。

2. 商品的微观结构

商品的微观结构是指用人的肉眼看不到而需要借助各种专门仪器来观察到的内部结构。

(三) 商品的性质

商品的性质因商品而异,极为复杂,其中与商品质量有密切关系的性质主要包括商品的物理性质、化学性质等。

1. 物理性质

物理性质是指物质本身的属性。当物质的某些性质改变时,如果不涉及物质分子化学组成的改变,该性质即属于物理性质,如集聚状态、密度、沸点、熔点、电导率等。

(1) 集聚状态。商品的集聚状态有三种,即固态、液态和气态。这三种集聚状态在一定压力条件下随着温度的改变而发生变化。随着温度升高而由固态转变为液态的现象称为熔化,此时的温度称为熔点;随着温度升高而由液态转变为气态的现象称为沸腾,此时的温度称为沸点;随着温度升高而由固态直接转变为气态的现象称为升华;随着温度的降低而由液态转变为固态的现象称为凝固,此时的温度称为凝固点。商品的集聚状态一旦发生变化,就意味着商品质量的降低,甚至会使商品失去原有的使用价值。

(2) 重量。商品的重量可以直接用来表示和评价某些商品的质量(如纺织品、纸张、皮革、服装、食品等),可作为鉴定商品或确定材料性质的指标,用来判断材料的本质、结构和特点等。通过判定商品重量还可以计算出原材料消耗和商品的用途,以及运输商品的装载量。商品的重量指标通常在国家标准或专业标准的技术条件中有严格的规定。比较常用的重量指标有平方米重、比重和容重等。

(3) 色、香、味、形。色、香、味、形是评价很多商品质量优劣的重要指标,它们与商品质量的关系极为密切。

(4) 吸湿性。商品的吸湿性是指商品吸收和释放水分的特性,具有吸湿性的商品在潮湿环境中能吸收水分,在干燥环境中能释放出水分。其含水量随着外界温湿度的变化而改变,吸湿性越强,其含水量改变的范围越大。具有吸湿性的商品,只有在一定的温湿度条件下,当吸湿达到动态平衡时,其含水量才能具有相对稳定性。空气的湿度或相对湿度发生改变,可引起吸湿平衡的移动。

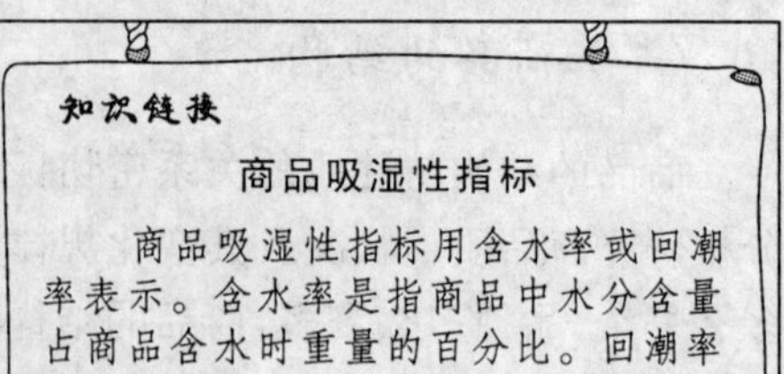
知识链接

商品吸湿性指标

商品吸湿性指标用含水率或回潮率表示。含水率是指商品中水分含量占商品含水时重量的百分比。回潮率是指商品中水分含量占商品干燥后重量的百分比。

(5) 透气性和透水性。物体能被水蒸气透过的性质称为透气性,能被水透过的性质称为透水性。透气性是用商品在一定的温度和压力下,单位时间内单位面积所透过的水量来表示的。具有透水性的商品必具有透气性,透水性强,则透气性也强。商品透气性、透水性的强弱取决于其结构的紧密程度,结构松弛则透气性、透水性强;同时还与成分有关,成分中含亲水性基因,则透气性、透水性强。

由于商品的用途不同,对透气性、透水性也具有不同的要求,对衣服鞋帽来说必须具有一定的透气性和透水性,这是一项重要的指标;而对防潮材料来说,又要求不透气、不透水。

(6) 热学性质。导热性是指物体传递热能的性质,影响商品导热性的主要因素是其成分和组织结构及商品表面的色泽等。各种成分不同的商品,其导热性的差别很大,如金属材料一般导热性很强,而动植物纤维、玻璃、橡胶等都是热的不良导体。商品导热性的表示方法因商品的种类不同而有所区别,如金属制品以比热表示,而保温瓶以一定时间内瓶中水温下降的度数表示。耐热性是指商品受温度变化而不致破坏或显著降低强度的性质。影响商品耐热性的因素除商品成分、结构均匀性外,与导热性、膨胀系数也有关系:导热性强而膨胀系数小的物质耐热性高,反之则耐热性差。

(7) 光学性质。光学性质指物体受到光线照射时所表现出来的性质。当光线照射物体时会发生透过、吸收和反射三种现象,因而反映出不同的颜色和具有一定的光泽。颜色和光泽是商品的重要外观质量指标。因商品的用途不同,对商品的颜色和光泽具有不同的要求。

(8) 导电性。商品的导电性是指商品在电流的作用下表现出来的性质。有的商品,电流可在其中轻易通过;有的商品,电流在其中不易通过。电流易在其中通过的物体称为导体,如各种金属材料等,其中导电性最好的是银。电流不易在其中通过的物体称为绝缘体,如玻璃、陶瓷、橡胶和塑料等就是优良的绝缘体。有的商品其导电性介于以上二者之间,称为半导体。半导体是电子工业的重要原材料。

(9) 机械性质。机械性质指商品受到外力作用时所表现出来的性质,即商品抵抗使其破坏或改变形状的各种外力的能力。它是反映商品耐用性的重要质量指标。机械性质主要包括弹性、塑性、强度、硬度、韧性和脆性等。

2. 化学性质

化学性质是指物质的某种性质必须在其分子(或晶体)起化学反应时方显出的性质,如化学稳定性,热稳定性,耐酸、耐碱性,耐腐蚀性,耐水性,氧化性,燃烧性,分解性,老化性等。

(1) 化学稳定性。商品的化学稳定性是指商品在正常的流通、使用条件下,抵抗空气中的氧气、水分以及光线的作用,保持原有的化学性质不发生化学变化的性质。商品的化学稳定性实质上是指商品的化学成分的稳定性。根据影响商品化学成分稳定性的因素,可以将商品的化学稳定性分为耐氧化性、耐水性、耐日光性等。其中以耐日光性、耐氧化性最为重要。

(2) 热稳定性。热稳定性是指商品在某一温度条件下,其化学成分抗裂解的性能。商品的热稳定性与商品的耐热性既有联系又有区别,从商品发生变化的原因和变化的结果看,二者是相同的,即都是以温度变化为起因,最终导致商品品质下降以致使用价值丧失。但是二者的变化机理完全不同,前者是由热引起的化学变化,后者则属于物理变化。热稳定性是商品的一项重要性质,它直接影响着商品的使用价值与质量。

(3) 耐酸、耐碱性。耐酸、耐碱性是商品的重要化学性质。有些商品在酸、碱性物质作用下,其化学成分会发生变化,这些变化对商品的质量影响较大。如金属制品、普通硅酸盐制品,都要求有较强的耐酸、耐碱性。提高商品的耐酸、耐碱性主要从材料、生产工艺着手,但也要注意改善流通、使用条件,尽可能避免商品与酸、碱性物质接触。

(4) 耐腐蚀性。金属与周围介质相接触,因发生化学作用或电化学作用而引起的破坏现象称为金属的腐蚀。腐蚀通常分为化学腐蚀和电化学腐蚀两类。化学腐蚀是指金属在外界介质中单纯由化学作用而引起的腐蚀。例如,金属与干燥气体(如氧、二氧化硫、硫化氢等)接触,在金属表面会生成相应的化合物(如氧化物、硫化物等)。电化学腐蚀是指金属与周围介质发生电化学作用而引起的腐蚀。这种腐蚀是由金属与介质之间形成微小原电池而产生的电流所引起的,故名电化学腐蚀。

(5) 耐水性。耐水性就是商品在不同温度下,对于水的连续作用或间歇作用所产生的反应。耐水性包括两个方面的内容:一是商品抵抗水解作用的能力;二是商品抵抗水解作用的稳定性。

(6) 氧化性。商品的氧化是指商品与氧化合生成一种含氧化合物,进而使商品组成成分发生变化。商品一旦被氧化,其性质就会发生变化,进而使其质量也随之发生变化。

(7) 燃烧性。商品的燃烧是指商品在氧化过程中放出大量热并发出强光的现象。燃烧需同时具有可燃物质、助燃物质和火源三项条件才能发生。可燃物质燃烧时产生的热量若足以把邻近的可燃物质的温度提高到着火点，火焰就会蔓延，否则燃烧就会停止。

(8) 分解性。商品的分解是指在光、热、水、酸、碱等外界条件作用下，商品组成成分中的一种物质分解为两种或两种以上的新物质。商品一旦发生化学分解，不但会使其数量减少，而且会严重影响其质量，有的还会造成危害。例如：漂白粉的有效成分次氯酸钙遇潮湿空气就会发生分解反应，使漂白粉失去漂白功能，如果这种分解反应受到高温作用，则会因其分解速度极快而发生爆炸；氮肥中的碳酸氢铵在日光和高温作用下会发生分解反应，因放出氨气而失效，如果这种反应受到高温作用，则会迅速分解，放出大量分解热而引起自燃或爆炸。

(9) 老化性。商品的老化是指某些高分子化合物，如橡胶、塑料、纺织纤维在储存、加工和使用过程中，受光、热、氧、水分、微生物及机械外力等多种因素的综合作用，而使其发生变色、变软、变黏、变硬、变脆等现象。

二、广义的商品质量

所谓广义的商品质量，是指评价商品满足使用和消费需要的程度的各种自然、社会、经济属性的综合，包括商品的内在质量、外观质量、设计质量、包装质量和服务质量等。这种商品质量概念以商品的自然属性为基础，以市场需要为依据，体现了现代商品学技术与经济相结合的融合学派的观点，因而称为广义的商品质量或市场质量。

(一) 商品质量的核心

商品质量的核心是满足消费需求。商品的生产者根据消费需求进行新产品设计和制造，检验合格后通过流通领域将产品送达消费者手中，满足其消费需求。因此，商品质量的出发点和归宿是满足消费需求。

消费需求主要包括内在特性的需求、外观特性的需求、经济特性的需求和服务质量的需求等。

(二) 商品质量的特性

1. 商品质量具有主观性

任何一个生产者、销售者和消费者都会从自己的角度，基于不同的社会地位，不同的心理，不同的年龄，不同的职业，不同的经济状况，不同的文化素质和审美观点，对商品质量作出不同的解释和评价，对商品质量产生不同的要求，从而使商品质量带有主观色彩。

2. 商品质量具有客观性

商品的内在质量、外观质量是客观存在的，它由商品的自然属性所决定，在商品的设计过程、生产过程中已形成，不以评价者的意志而转移。例如，一件衣服的保暖性、耐穿性、款式、规格、花色等，在生产过程中形成以后，不以评价者的喜好而发生变化。商品质量是针对一定使用时间、使用地点、使用条件和一定用途而言的。

3. 商品质量具有相对性

商品质量是相对一定的使用条件、一定的使用地点以及与同类商品的不同个体而言的。绝对的质量是不存在的，只有在比较中才能赋予质量以意义。

4. 商品质量具有可变性

商品质量是一个动态的、发展的、变化的概念，它随经济、技术的发展以及社会消费习惯的变化和消费水平的提高而发生变化。

三、提高商品质量的意义

商品质量是决定商品使用价值高低的重要因素。随着经济的发展，人们的消费水平不断提高，特别是工业发达、高工资、高消费的国家和地区，对商品质量的要求愈来愈严格。人们对商品的要求，首先是质量优，其次才是价格低。

（一）质量能够促进国家生产力的发展

商品质量是一个国家生产力发展水平、技术和经济水平的重要标志，也是衡量企业生产能力和企业素质的象征。保证和提高商品质量是直接关系到我国社会主义现代化建设和国民经济发展的大问题。

（二）质量是企业提高竞争力的前提

我国对外开放的形势要求企业积极参与国际经济贸易活动，同国外企业在市场上进行平等竞争。在激烈的市场竞争中，竞争力的强弱、价格的高低、交易的成败取决于商品质量。企业必须凭借先进的科学技术和现代化管理手段，紧紧抓住质量不放，充分利用市场机制，保证自身商品质量的优先地位，巩固和拓展市场。

（三）质量能够增加社会财富

提高商品质量和增加商品数量是增加社会财富的主要渠道。质量是数量有效性的前提，是保证商品长期、有效供给的基础和关键。

（四）质量能够满足人们的物质文化生活需要

现代质量观是质量与效益的统一观。质量提供效益。企业的经营目的是最大限度地满足社会和消费者的需求，企业在取得良好的社会效益的同时，也可获得良好的经济效益，而质量是发展经济和取得效益的关键。

四、质量观念

(一) 质量观念的三个发展阶段

质量概念的内涵随着科学技术的进步、生产力的发展和市场竞争的日益激烈而在不断得到拓展、深化和完善。人们的质量观念也在不断更新,大致可划分为三个阶段:符合性质量观念阶段、适用性质量观念阶段、满意性质量观念阶段。

1. 符合性质量观念阶段

符合性质量的判断依据是标准。符合标准就是指规定产品的质量要符合设计者所预期的质量标准的要求,符合标准的产品就是合格品。确定产品符合标准后,产品的质量管理主要通过检验来实现。符合性质量是一种静态的质量观念,难以全面反映顾客的要求,特别是隐含的需求和期望。

2. 适用性质量观念阶段

适用性是指产品在使用时能成功地满足顾客要求的程度。适用性就是确保产品在性能上能够满足用户的要求,提高质量就意味着要提高产品的适用性。适用性质量观念的判断依据是顾客的需求。

3. 满意性质量观念阶段

满意性质量是指顾客和相关方都满意的质量。好的质量不仅要符合技术标准的要求(符合性),同时还必须满足顾客的要求(适用性),以及满足社会(环境、卫生等)、员工等相关方的要求。质量评价的对象也从产品扩展到过程、体系等所有方面。所以,满意性质量是一种广义的质量观念。质量必须以顾客的要求为起点,以顾客和相关方的满意为终点。

适用性质量观念与满意性质量观念,虽然都强调满足顾客的要求,但是两者的角度是不同的。前者是从组织(生产方)的视角来判断质量的优劣,并且主要是针对产品的;后者是从顾客及相关方的视角来评价质量,其内涵包括产品等多方面的需求。

(二) 现代商品质量观念

人们对商品质量的认识和理解是随着社会生产和经济发展而变化的。随着科技的进步,以及人们生活方式和观念的改变,顾客的需要在不断地变化,质量的内涵也随之不断变化。这是一个动态的过程。例如,服装的耐用要求正逐步降低,而个性化、时尚化的要求正在逐步提高。

现代市场的竞争日益激烈,大多数商品正逐步从卖方市场转变为买方市场,产品同质化程度也日益提高。商品是一个整体性概念,现代商品质量观念应当包含自然质量、无形质量、社会质量三个层次。

五、商品质量的形成

凡是有形商品都要经历设计、制造和使用的过程。商品质量也有一个从产生、形成到实现的过程。该过程的每个活动环节都直接或间接地影响到商品质量。世界著名的质量专家朱兰用质量螺旋模型来表示商品创意形成的规律性，即朱兰质量螺旋。

朱兰质量螺旋，是一条螺旋式上升的曲线，它把产品全过程的各个环节按逻辑顺序串联起来，反映了产品质量形成的整个过程及其规律性，如图 2-1 所示。

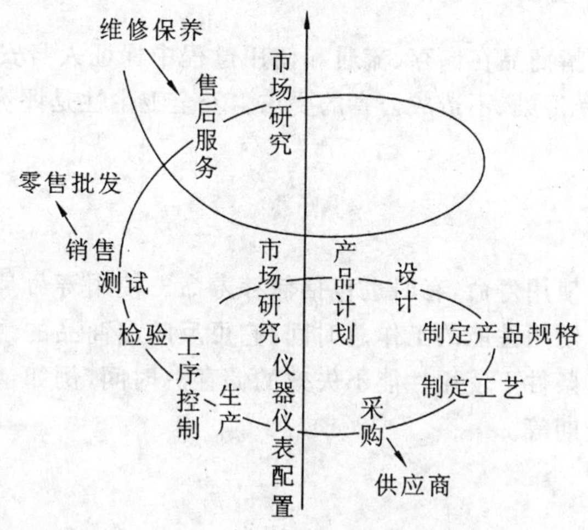

图 2-1 朱兰质量螺旋

朱兰质量螺旋深刻而形象地揭示了产品质量形成和实现的下述客观规律：

(1) 产品质量形成的全过程包括一系列环节；

(2) 产品质量的形成和发展是一个循序渐进的螺旋式上升过程，每经过一轮循环，产品质量就有所提高；

(3) 质量系统是一个开放的系统，与外部环境有密切联系；

(4) 产品质量形成全过程中的每个环节都要依靠人去完成，人的素质及对人的管理是过程质量及工作质量的基本保证。

第二节 商品质量的要求

一、商品质量的基本要求

商品质量的要求是依据其用途、使用方法等提出的，不同消费者根据不同的消费目的对商品质量有着不同的要求。由于商品种类繁多，其用途和使用方法也多种多样，因此，商品质量的要求也是各不相同的。一般来说，商品质量的基本要求可概括为适用性、安全卫生性、寿命、可信性、经济性、环境友好性、审美性、信息性和可追溯性等方面。

（一）适用性

适用性是指为实现预定使用目的或规定用途，商品所必须具备的性能或功能，是构成商品使用价值的基础。不同的商品因其使用目的不同，其适用性也各有不同的内容，例如，空调的制冷、制热功能，保温瓶的保温功能，钟表的计时功能等。

（二）安全卫生性

安全卫生性是指商品在储存、流通和使用过程中保证人身安全与健康不受到伤害，以及环境不受污染、不造成公害的要求。安全卫生性是评价商品质量的一个重要指标。

（三）寿命

寿命一般是指使用寿命，有时也包括储存寿命。使用寿命是指商品在规定使用条件下保持正常使用性能的工作总时间，它可反映出商品的耐用程度。储存寿命是指商品在规定条件下使用性能不失效的储存总时间，例如，食品的保质期，药品和化妆品的有效期等。

（四）可信性

可信性与寿命一样都是与时间有关的质量特性。可信性是个集合性特性，包括可用性及其影响因素——可用性、可靠性、易维修性和维修保障性。

1. 可用性

可用性是指商品在某一随机时刻需要开始执行任务时处于工作和可使用状态的程度，它是可靠性、维修性和维修保障性综合作用的结果。

2. 可靠性

可靠性是指商品在规定的条件下和规定的时间内实现规定功能的能力。它是与商品在使用过程中的稳定性和无故障性联系在一起的一种质量特性，通常包括耐久性和设计可靠性。

3. 易维修性

易维修性是指商品在发生故障后能被迅速维修好以恢复其功能的能力。商品的易维修性要求在商品设计中应尽量采用组合式或组件式商品结构，对所用零部件要实行标准化、通用化、系列化，以便拆卸更换，此外，还应该容易通过仪表或专用检验工具迅速诊断出故障部位。

4. 维修保障性

维修保障性是指维修保障资源能满足商品完好性和使用要求的能力。具体来说，就是商品的供方应建立和遵循按照协商一致的要求向商品的需方提供商品维修保障的程序，并备有必要的商品硬件（如零配件）和软件（良好的维修力量、条件和服务）等。

（五）经济性

经济性反映了商品的寿命周期成本及商品质量的最佳水平。它包括商品的设计成本、制造成本、使用成本和维修成本。对消费者而言，经济性就是商品的购置价格和使用成本之和。因此，商品质量的经济性要求两方面的内容：一是统一在“物美价廉”基础上的最佳质量；二是商品价格与使用费用的最佳匹配。

（六）环境友好性

环境友好性是指商品在生产、流通、消费、废弃整个生命周期内对环境的污染或对生态的破坏应尽可能地少。例如，减少生产、流通中的“三废”（废水、废渣、废气），降低消费过程中对消费者健康和环境的危害，废弃的商品可循环使用、可拆卸、可降解等。随着世界环境问题的日益恶化，商品的环境友好性被提到了一个更新的高度。

（七）审美性

审美性是指商品能够满足人们审美需要的属性，如商品的形态、色泽、质地、结构、气味等。在现代社会，人们对商品质量的追求已转向物质方面的实用价值与精神方面的审美价值的高度统一。商品的审美性已成为提高商品的市场竞争能力的重要手段之一。

（八）信息性和可追溯性

信息性是指消费者有权获得有关商品的相关信息，主要包括商品的名称、用途、规格、型号、重量、容量、尺寸、原材料与成分、生产厂名、厂址、生产日期、保质期或有效期、商标、质量检验标志、生产许可证、卫生许可证、运输、储存、安装、使用、维护的方法与注意事项、安全警告、附件情况、售后服务内容、生产经营者的承诺等。

二、食品的质量要求

食品是为人体提供热量、营养，维持人体生命，调节人体生理活动，形成和修补人体各组织的物质，是人们生长发育、保持健康所不可缺少的生活资料。因此，对食品类商品的质量要求是具有营养价值并符合安全卫生性。

(一) 营养价值

食品的营养价值是指其所含营养素和热能可满足人体营养需要的程度,包括营养素种类是否齐全、含量为多少及相互比例是否合适,是否易于被人体消化、吸收和利用,是否能提供足够的热能,以保证机体活动和劳动所需要的能量。营养价值包括营养成分、可消化率、发热量,以及食品的色、香、味、形等。

(二) 安全卫生性

食品的安全卫生性是指食品中不应含有或不能含有超过许可限量的有毒有害物质和微生物等。影响食品卫生的来源主要有以下五个方面:食品自身产生的毒素,生物对食品的污染,加工中混入的毒素,因保管不善而产生的毒素,环境、化学品造成的污染。

三、纺织品的质量要求

纺织品是指以纺织纤维为原料加工而成的一类织品(有时也称织物)。纺织品是人们日常穿着的生活必需品,并对生活起着美化装饰作用。对纺织品的质量要求也是根据用途来确定的。纺织品的主要用途是制作服饰,满足人们穿着的需求,因此,对纺织品质量的基本要求是衣用性、耐用性、结构合理性、安全卫生性及审美性等。

(一) 衣用性

衣用性是指纺织品适合人们穿着的各种性能,主要要求纺织品在穿用过程中能让人感到舒适、美观。其主要衡量指标是纺织品的起毛性、起球性、缩水性、刚挺度、悬垂性和舒适性等。

(二) 耐用性

耐用性是指纺织品在穿用和洗涤过程中的抵抗各种外界因素的破坏作用的能力,直接影响到纺织品的使用寿命。耐用性包括断裂强度与断裂伸长率、撕裂强度、耐磨强度、耐疲劳强度、耐日光性、耐热性、染色牢度、耐霉性等。

(三) 结构合理性

纺织品结构主要包括纺织物组织、重量、厚度、紧度、密度、幅宽和匹长等。纺织品的结构影响着纺织品的衣用性、耐用性和工艺性。

(四) 安全卫生性

纺织品的安全卫生性是指纺织品保证人身安全和人体健康而应具备的性质,主要包括织品的抗静电性、卫生无害性等。

（五）审美性

审美性要求纺织品和服装能满足消费者的审美需要，达到精神与物质的统一、技术与艺术的结合。随着时代的发展，审美性已成为消费者购买服装等商品的首选特性。

四、日用工业品的质量要求

日用工业品是人民生活不可或缺的重要生活资料，许多日用工业品还同时起着美化生活的作用。日用工业品涉及的面很广，有玻璃制品、搪瓷制品、铝制品、日用塑料制品、皮革制品、纸制品、洗涤品、化妆品、钟表、电器、家具、服装等。日用工业品的质量优劣是从适用性、耐用性、安全卫生性、结构合理性和美观性等方面来评定的。

（一）适用性

适用性是指日用工业品满足其主要用途所必须具备的性能。由于各种日用工业品的用途不同，对其适用性的要求也不同。

（二）耐用性

耐用性是指日用工业品在流通和使用过程中抵抗各种外界因素的破坏作用的性能。它反映出日用工业品的耐用程度和使用期限，是评定绝大多数日用工业品质量的主要依据。

（三）安全卫生性

安全卫生性是指日用工业品在使用过程中保护生命安全和人体健康的性能。

（四）结构合理性

日用工业品的结构包括形状、大小和零部件装配等。要求结构合理，便于使用、保养和维修，否则就会影响商品的外观，并降低其适用性和耐用性。

（五）美观性

日用工业品的外观主要是指其表面特征。对日用工业品的外观的总体要求是式样大方新颖，造型美观，色彩适宜，具有艺术感和时代风格，并且应无严重影响外观质量的疵点。

五、家用电器的质量要求

家用电器是指家庭或类似条件下使用的电子器具和电气器具的总称。电子器具和电气器具的共同特点是使用交流电或直流电作为动力能源。家用电器种类繁多,用途和功能各异,对于这类商品的质量要求主要包括以下几方面。

(一) 安全性

安全性是衡量家用电器类商品质量的重要指标。大多数家用电器都用220伏交流电源,因此,家用电器必须具有良好的绝缘性和防护设施,以保证使用安全。

(二) 可靠性

可靠性是指对家用电器平均无故障时间长、维修方便、有较长的使用寿命等方面的要求。

(三) 适用性

适用性是指各种家用电器必须具备满足其用途所应具有的各种性能。例如:洗衣机的去污性能必须达到标准规定值;对于电视机,要求灵敏度高,图像清晰、不失真,画面柔和,音质效果好等。

(四) 多功能性

多功能性是指家用电器要一物多用,能自动控制,使用方便。家用电器的用途已由单功能发展为多功能,自动化程度越来越高。如全自动洗衣机,有洗涤、漂洗、甩干、烘干等多种功能。另外,无论哪种家用电器,都要环保节能。

(五) 外观质量

家用电器具有装饰环境和美化生活的作用,对外观质量要求较高。如要求造型美观、结构合理、色调柔和、装饰新颖等。

(六) 经济性

对家用电器的经济性要求是综合的,包括价格、耗电和维修费等。其中,对节能的要求尤为重要。只有对功效、耗电、价格等因素予以综合考虑,才能衡量家用电器的价值高低。

第三节　商品质量的影响因素

一、生产领域

(一) 市场调研

市场调研是商品开发、设计的基础。首先要充分研究消费者的需求;其次要分析影响消费者需求的因素，使商品的开发、设计具有前瞻性；最后要收集同行生产者的商品信息、品种信息，通过市场预测确定开发、设计何种产品。

(二) 开发、设计

开发、设计是形成商品质量的前提。开发、设计如何，首先决定着商品结构合理与否。商品结构主要是指商品的式样、尺寸、规格、零部件组成与相互作用的方式，以及各部分的比例关系、互换性、多功能性等。其次，开发、设计在很大程度上还决定着商品的美学特性。

因此，在商品开发、设计中，要注重设计的科学性和合理性。如果商品在设计上有本质性缺陷，在以后的环节中无论怎样控制都无法提高其质量水平。

(三) 原材料

原材料是指用于商品生产的主要材料，原材料是构成商品的物质基础，是影响商品质量的内在因素。原材料对商品质量的影响主要表现在商品的内在质量、外观质量和使用效果方面。商品的内在质量包括品质特性、性能特点、理化性质等；商品的外观质量包括形态特征、软硬程度、弹性大小、光泽、颜色、平滑度等；商品的使用效果包括耐用性、牢固性、舒适性、卫生性等。

(四) 生产工艺

生产工艺主要是指产品在加工制造过程中的配方、操作规程、设备条件及技术水平等。生产工艺和设备的质量对商品的质量起着决定性的作用，因为商品的各种有用性及外形和结构，都是在生产工艺过程中形成和固定下来的。

(五) 设备

设备是生产加工商品的必备装置，如机器、检测仪器、仪表和量具等。设备质量是影响商品质量的一个重要因素，设备发生故障是出现不合格品的重要原因之一。

(六) 包装

商品包装是商品不可缺少的附加物，包括销售包装和运输包装。销售包装主要起装饰、美化、宣传、促销和提高商品身价的作用；而运输包装则起着在运输、装卸、储存过程中避免外界因素和人为因素对商品的损伤，从而保护商品的作用。如果二者出现问题，将会直接影响到商品的外观质量、内在质量及市场质量。

(七) 质量检验

质量检验是指根据商品质量标准判断成品及其包装质量是否合格的工作，是商品由生产领域进入流通领域的最后一个环节。它是保证进入流通领域的商品的质量的一个重要关口,检验合格的商品纳入流通环节,不合格的商品返回生产环节进行返修。同时,应将在检验时所发现的问题及时反馈给有关部门,采取必要的措施以避免同类问题的重复出现,这对于提高成品的合格率、降低生产成本具有重要的意义。

二、流通领域

商品流通对商品质量的影响主要体现在运输与装卸、储存、销售服务等方面。

(一) 运输与装卸

商品进入流通领域,运输是商品流转的必要条件。运输对商品质量的影响与运程的远近、时间的长短、运输的气候条件、运输路线、运输方式、运输工具、装卸工具等因素有关。商品装卸对商品质量的影响与装卸工具、装卸方式等因素有关。在装卸过程中还会发生碰撞、跌落、破碎、散失等现象,这不但会增加商品损耗,也会降低商品质量。

(二) 储存

商品储存是指商品脱离生产领域,尚未进入消费领域之前的存放。商品储存是商品流通的一个重要环节。商品在储存期间的质量变化,与储存场所和方位、时间长短、储存措施与技术、储存数量等密切相关。

(三) 销售服务

销售服务过程中的进货验收、入库短期存放、商品陈列、提货搬运、装配调试、包装服务、送货服务、技术咨询、维修和退换货服务等项工作的质量影响着消费者所购商品的质量。良好的售前、售中、售后服务质量已逐渐被消费者视为商品质量的重要组成部分。

三、消费领域

商品的使用对商品质量具有直接影响。例如,农药、化肥、塑料制品的使用,机械器具、电器用品的安装,液化气灶具的操作,纺织品的洗涤与保管等,都对商品质量具有重要影响。商品的使用对商品质量的影响主要与商品使用和保养条件、商品安装及商品的使用方法等有关。

(一) 消费心理与消费习惯

随着人们生活质量的提高,商品美对商品质量的影响越来越重要。由于人们的审美观有相同的一面,也有差异的一面,而且不同时代、民族、宗教、环境、职业、阶层、年龄、性别的人，审美观也各不相同，所以，不同的消费者对美的认同和追求也不完全一样，对于同样的商品，不同的消费者可能会有截然相反的观点。消费习惯与人们对某一商品质量的认可也有一定影响。

（二）使用范围和条件

任何商品都有其一定的使用范围和条件，使用中只有遵守其使用范围和条件的要求，才能发挥正常的功能。通常，商品在使用中发生的质量问题，多数情况下不是商品本身的质量故障，而是由于使用者缺乏商品知识或未按照商品使用说明书的要求使用，以及操作失误、操作不当而引起的。

（三）使用方法和维护保养

为了保证商品质量和延长商品使用寿命，使用中消费者应按照商品说明书的要求，在了解该种商品结构、性能特点的基础上，掌握正确的使用方法，具备一定的日常维护、保养商品的知识。

（四）废弃处理

商品的废弃处理包括商品体和及其附加物两部分废弃时的处理。按照可持续发展原则，这些废弃物不应对环境造成污染，不应破坏生态平衡，这是生态性商品的重要质量指标。生态指标要求废弃物做到可回收利用；不能回收利用的，应能被自然因素或微生物分解，不许对自然环境造成污染和破坏。商品体及其附加物是否容易处理，是否对环境有害，将成为决定商品质量的又一重要因素。

在上述影响商品质量的各种因素中，每一种因素都离不开人，并通过人的因素起作用。人的因素包括人的质量意识、责任感、事业心、文化修养、技术水平和质量管理水平等。其中，人的质量意识、技术水平和质量管理水平对商品质量的影响更为重要。

第四节 商品质量管理

一、商品质量管理的含义

商品质量管理是指在商品生产和经营活动中，商品确定和达到质量要求所必需的职能和管理活动，包括质量策划、质量控制、质量保证和质量改进。

（一）质量策划

质量策划是指确定质量以及为达到质量体系的目标和要求而进行的活动。质量策划是质量管理活动的一种，它致力于制定质量目标并通过一系列策划活动以实现质量目标，包括产品策划（如设计、原材料等）和作业过程策划（如工艺、方法等），同时编制质量计划，作出质量改进的决定。

（二）质量控制

质量控制是指为达到质量要求而采取的作业技术和活动。质量控制也是质量管理的一部分，它致力于确保产品的质量能满足质量要求，包括明确的、隐含的或必须履行的规定。

（三）质量保证

质量保证是指为了提供足够的信任，表明实体能够满足质量要求，而在质量体系中实施并根据需要进行证实的全部有计划的系统的活动。质量保证也是质量管理的一部分，它致力于通过质量保证文件给用户、第三方（认证机构或行业协会）和本组织最高层管理者提供足够的信任，表明产品能够满足质量要求。

（四）质量改进

质量改进是指组织为了更好地满足顾客不断变化的需要和期望，而改善产品的特性，增强生产及交付产品过程有效性并提高效率的活动。质量改进同样是质量管理的一部分，通常在质量控制的基础上进行。

二、商品质量管理的发展阶段

商品质量管理的理念从 20 世纪初提出，经过 100 多年的发展，大体经历了三个发展阶段，每个阶段都有不同的特点。

（一）检验质量管理阶段（20 世纪 20—30 年代）

20 世纪初至 30 年代末，美国工程师泰勒（F. W. Taylor）提出了一种质量管理的理念。产品生产出来后，由检验部门的检验人员按照既定的质量标准对产品进行检验，把产品中的不合格品挑出来，采用返工、返修、降级使用、报废等方式处理，而把合格品送入流通领域满足消费者的需求。当时，大多数企业都采用这种方法进行商品质量管理。

该理念的局限性在于质量管理对象仅限于对产品本身的管理，管理的领域局限于生产制造过程，是一种只重结果、不管过程、事后监控、消极防范型的商品质量管理理念，它的管理职能比较弱。

（二）统计质量管理阶段（20 世纪 40—50 年代）

20 世纪 40 年代初至 50 年代末，休哈特防患于未然的控制产品质量的方法及道奇、罗米格的抽样检验方法开始受到人们的重视。美国政府和国防部组织数理统计学家解决实际问题，制定战时国防标准，并取得了很好的效果。这一阶段的手段是按照商品质量标准，从设计到制造的各个工序进行全方位质量控制，利用数理统计原理从产品质量波动中找出规律性，捕捉设计、生产过程中的异常先兆，经过质量分析找出影响质量的异常因素，并采取措施将其消除，以预防次品、废品的产生。

该理念提出由从专职检验人员转过来的专业质量控制工程师和技术人员承担质量管理，这标志着事后检验的观念转变为事前预防质量事故的观念，使质量管理工作前进了一大步。但该理念也有局限性，它过分强调统计方法在质量管理中的作用，忽视了组织管理和人的主观能动性，因而使人们对统计质量管理产生了一种高不可攀、望而生畏的感觉，进而在一定程度上限制了这种理念的普及和推广。

（三）全面质量管理阶段（20 世纪 60 年代至今）

从 20 世纪 60 年代至今，世界各国积极推行全面质量管理。全面质量管理的定义是：一个组织以质量为中心，以全员参与为基础，目的在于通过让顾客满意和使本组织所有成员及社会受益而达到长期成功的管理途径。

全面质量管理适用于组织的所有管理活动和所有相关方，被称为质量管理的最高境界。

三、全面质量管理的特征

全面质量管理的理念认为商品质量管理的主要特点就在于“全”字，强调“五全”管理。

（一）全面质量的管理

全面质量的管理主要强调企业管理的对象不应只局限于产品质量，还应包括工序质量和工作质量。产品质量是指产品适合一定用途、能够满足用途需要所具备的质量特性。工序是指企业为保证生产、经营使用户满意的产品而具备的全部手段和条件的统称。工序质量是指这些手段和条件实际达到的质量水平。工作质量涉及企业的社会、经济、管理、技术和组织工作等全部活动。

（二）全过程的管理

全过程的管理主要强调要把商品质量管理活动贯穿于商品质量产生、形成和实现的全过程，逐步形成一个包括营销和市场调研，设计/规范的细则和产品开发，采购，工艺策划和开发，生产制造，检验、试验和检查，包装和储存，销售和分发，安装和运行，技术服务和维护，用后处置等所有环节在内的质量保证体系，把不合格品消灭在商品质量形成过程中，做到防患于未然。这个过程可用商品质量环（又称商品质量螺旋）来表示（见图 2-2）。

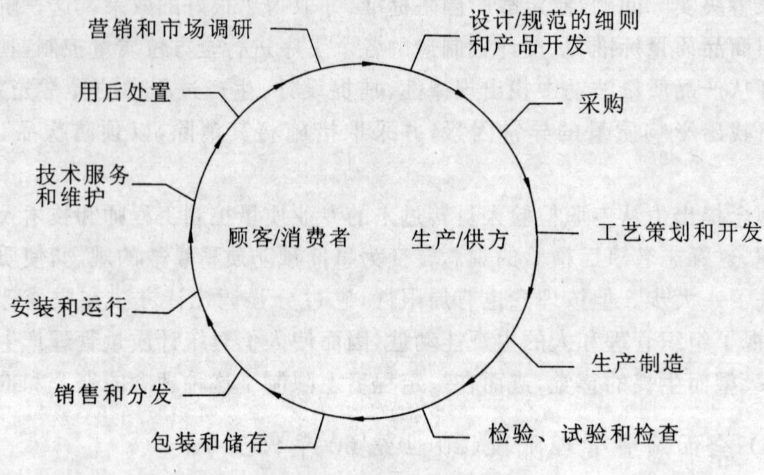

图 2-2 商品质量环

商品质量环开始于营销和市场调研，也终止于营销和市场调研，通过这样一个周而复始的循环，不断改进商品质量。

（三）全员参与的管理

全员参与的管理主要强调组织的全体人员，包括管理者和所有员工都要参与质量管理，人人关心产品质量。

全员参与商品质量管理的措施有两个：一是进行全员培训教育，提高质量意识、责任心，让每个员工了解质量是企业的生命线，商品质量如何关系到企业的生死存亡、兴衰成败；二是开展各种形式的群众性商品质量管理活动，奖罚分明。

（四）全社会推动的管理

全社会推动的管理主要强调要使全面质量管理工作深入、持久地开展，并取得良好的效果，就不能把质量管理工作只局限于某个企业内部，而应得到全社会的重视。

（五）全面运用各种方法的管理

全面运用各种方法的管理主要强调要全面运用各种方法，如运筹学法、关联图法、系统图法、矩阵图法、网络图法等对商品质量进行管理。

四、全面质量管理的方法

（一）PDCA 循环法

1. 四阶段-八步骤

美国质量管理专家戴明博士在阐述质量管理方法时提出“计划（plan）—执行

(do)—检查(check)—处理(action)”四个阶段为一个循环,称为 PDCA 循环或戴明循环。将四个阶段分解后,又可分为八个步骤。PDCA 循环作为质量管理的科学方法,适用于企业各个环节、各个方面的质量管理工作。PDCA 循环四个阶段的基本工作内容如图 2-3 所示。

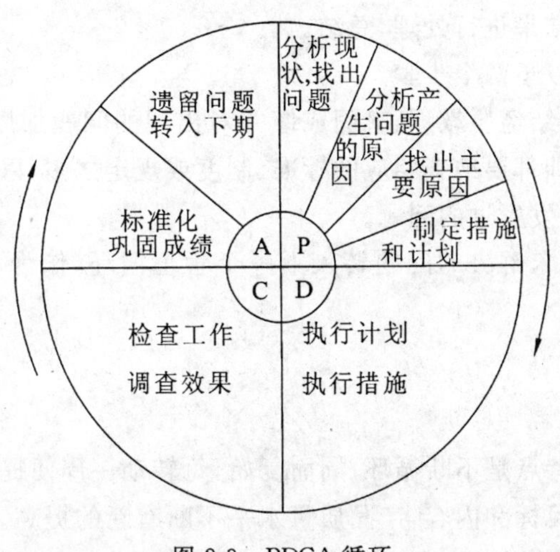

图 2-3 PDCA 循环

1) P——计划阶段

计划阶段的任务是确定质量目标、质量计划、管理项目和措施方案。计划阶段可分为以下四个步骤。

第一个步骤,分析质量现状,找出存在的问题。这就要有质量问题意识和质量改善意识,并要用数据予以说明。在分析质量现状时,必须通过数据来分析,通过数据来说明存在的质量问题。

第二个步骤,分析产生质量问题的各种原因或影响因素,如人(人的因素)、机(设备、工具)、料(材料、零配件)、技(工艺、方法)、检(检测)、环(环境)等因素,要对每种质量问题的原因或影响因素加以具体分析。

第三个步骤,从各种原因中找出影响质量的主要原因。这是解决质量问题的关键。

第四个步骤,针对影响质量的主要原因制定对策,拟定管理、技术和组织措施,提出执行计划和预计效果。制定措施和计划必须具体有效,并落实到执行者、时间、地点、部门和完成方法等。因此,在制定措施和计划的过程中应明确为什么要制定这一措施和计划,预期达到什么目标,在哪里执行这个措施和计划,由哪个单位或由谁来执行,什么时候开始执行,何时完成,怎样执行等,即 5W1H(why、what、where、when、who、how)。

2) D——执行阶段

第五个步骤,执行计划,按照计划阶段的计划和标准规定具体实施。

3）C——检查阶段

第六个步骤，检查计划的实现，调查实施计划的结果。将工作结果与计划对比，找出问题，得出经验。

4）A——处理阶段

把执行计划的结果进行处理、总结。

处理阶段包括以下两个步骤。

第七个步骤，总结经验教训、巩固成绩并对出现的问题加以处理，就是把成功的经验和失败的教训都要纳入相应的标准、制度或规定之中，以巩固已经取得的成绩，防止重复出现已发生过的问题。

第八个步骤，把未解决的问题转入下一个管理循环，作为下一个阶段的计划目标。

2. 特点

1）不断循环

PDCA 循环的特点是不断循环、周而复始，每转动一周便提高一步(见图 2-4)。每次循环都有新的目标和内容，产品质量水平不断有新的提高。

2）大环套小环，互相促进

PDCA 循环作为质量管理的一种科学方法，适用于企业各个方面的工作。整个企业的质量改进可看做是一个大的 PDCA 循环，目标分解到各个部门又都形成了各自的 PDCA 循环，依次又有更小的 PDCA 循环，直至具体落实到每个班组、每个人形成的小的 PDCA 循环(见图 2-5)。上一级的 PDCA 循环是下一级 PDCA 循环的根据，下一级 PDCA 循环是上一级 PDCA 循环的贯彻落实和具体体现。通过循环，把企业的各项工作有机地联系起来，彼此协同，相互促进。

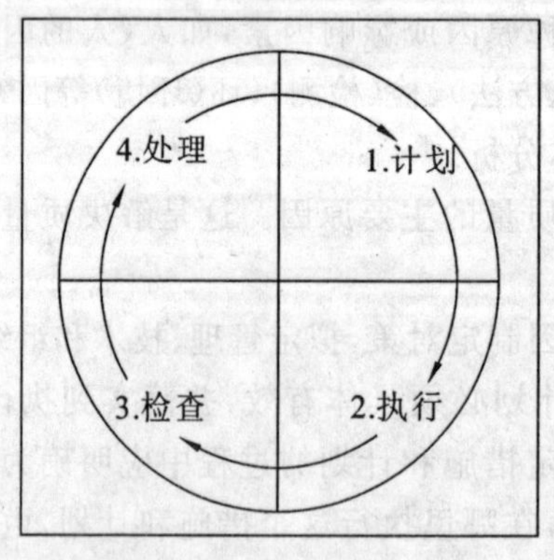

图 2-4 PDCA 的不断循环

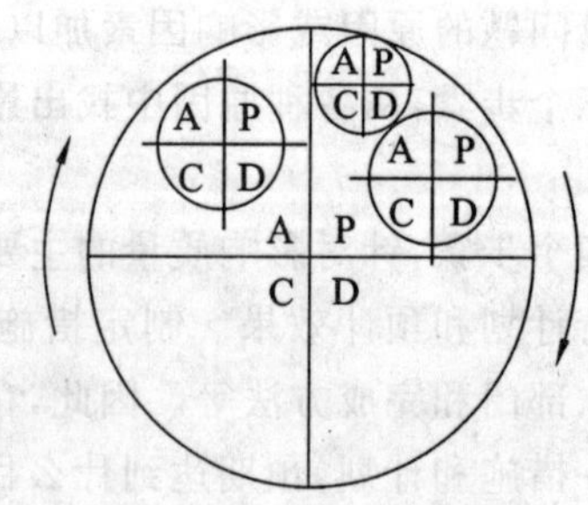

图 2-5 PDCA 的大环套小环

3）逐步上升

PDCA 工作循环依靠组织力量推动，按顺序进行。循环不是原地转圈，而是每一次转动都更新内容和目标,因而也意味着前进了一步,逐步上升。PDCA 循环每循环一次,产品质量就提高一步。四个阶段要周而复始地运转,而每一次运转都要有新的目标和内容,因而就意味着前进了一步,如同爬楼梯,逐步上升。在质量管理上,经过了一次循环,也就解决了一批问题,质量水平就有了新的提高(见图 2-6)。

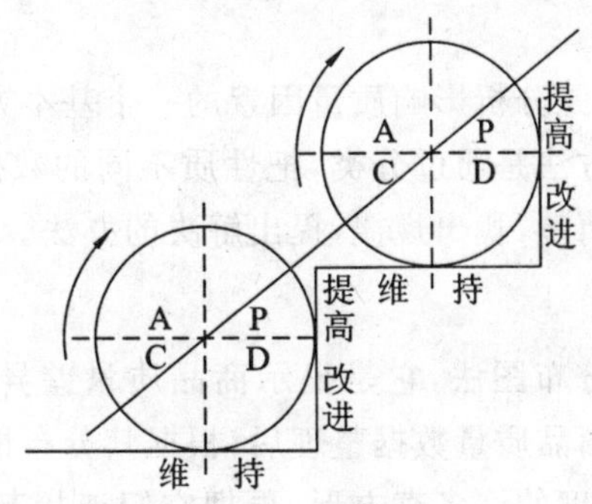

图 2-6　PDCA 的逐步上升

4) 关键在于"处理"

"处理"就是总结经验,肯定成绩,纠正错误。为了做到这一点,必须实施标准化、制度化,以便在下个循环中巩固成绩,避免再犯错误。

(二) 头脑风暴法

头脑风暴法又称脑力激励法,可以有效地识别问题的可能解决办法和潜在的质量改进机会,一般应用在分析讨论会议中,特别是质量分析会议中。在运用头脑风暴法时,应注意以下几个问题:欢迎多提观点;注意与别人的意见特别是不同意见相结合,不断启发和改善自己的想法;如实记录,获取全面的信息,给人以重视感,从心理上感召他人多发表意见。

(三) 统计质量控制法

统计质量控制法就是根据数理统计的原理,对产品质量进行控制的方法。其简要过程如下:运用数理统计方法,把收集到的质量信息、数据和有关资料进行整理和定量分析,发现问题,采取对策,及时处置,从而达到控制质量、预防不合格产品出现、提高质量的目的。

在商品质量管理中,常用的统计方法有排列图法、分类法、直方图法、散布图法、因果分析图法、控制图法和统计调查分析表法等。

1. 排列图法

排列图法又称巴雷特图法,这一方法是找出影响产品质量的主要问题的一种方法。这种方法以图表的形式把许多问题或构成问题的内容、因素等按照各自所占的份额,用相应高低长方形排列出来,同时还标出各项累计百分比,以指出解决问题的主要目标。

排列图由一个横坐标、两个纵坐标、几个按高低顺序排列的矩形和一条累计百分比曲线组成。排列图有两个作用：一是按重要顺序显示出每个质量改进项目对整个质量问题的作用；二是识别进行质量改进的机会。

2. 分类法

分类法又称分层法，是分析影响质量因素的一个基本方法，也是加工整理数据的一种重要方法。这种方法是通过分类，把性质不同的数据与错综复杂的影响质量的因素及其责任划分清楚，找出规律，提出解决的办法。

3. 直方图法

直方图法又称质量分布图法，它是揭示商品质量差异规律的常用方法之一。这种方法是把收集到的商品质量数据整理后，根据其分布情况分成若干组，画出以组距为底边，以频数为高度的许多直方形，再把它们连接起来形成矩形图，通过观察图形，分析商品质量状况和变动趋势，从而提出控制商品质量的方法。

直方图的作用是：显示质量波动状况；较直观地传递有关过程质量状况的信息；当人们研究了直方图中所示的商品质量数据波动状况之后，就能掌握过程的状况，从而确定在什么地方进行质量改进。

4. 散布图法

散布图法又称相关图法或分散图法，主要用于研究商品质量问题变量间的相互关系。商品的质量与影响质量的因素之间常常有一定的依存关系，但它们之间又不存在严格对应的函数关系，即不能由一个变动的数值精确地求出另一个变动的数值，这种依存关系称为相关关系。

把这两种有关的数据列出并用“点”填在坐标上，以观察两种因素之间的关系，这种图就称为散布图（分散图、相关图）。在质量管理中，就是利用散布图来观察质量特征的关系，从而改进商品质量。

5. 因果分析图法

因果分析图法又称特性因素图法，它主要用于分析质量问题产生的原因。在企业生产经营活动中，影响质量的因素是多方面的，可通过对各种因素的分析，找出主要影响因素，提出解决质量问题的方法和具体措施。

因果分析图以粗线条箭头表示质量问题，图上呈现各种原因的分支线条，犹如树枝或鱼刺，故又称树枝图或鱼刺图。

6. 控制图法

控制图法又称管理图法。控制图是画有控制界限的一种图表，用来区分质量波动究竟是由偶然原因还是由系统原因引起的，分析和判断工序是否处于稳定状态，从而分析商品质量是否处于可控状态，预报影响质量的异常原因。它利用图表形式来反映生产过程中的运动状况，并据此对生产过程进行分析、监督和控制。

7. 统计调查分析表法

统计调查分析表法又称检查表法、核对表法、统计分析表法，是利用统计分析调查表来进行数据整理和粗略分析的一种最常用、最简单的方法。其格式因调查目的的不同而不同。在质量管理中，最常用的格式有以下几种：调查缺陷位置用的统计调查分析表、工序内质量特性分布统计调查分析表、按不合格项分类的统计调查分析表和其他统计调查分析表等。它们是日常工作中班组、柜组实施质量管理的有效方法。

除上述七种质量管理的方法外，还有对策表法、系统图法、水平对比图法、流程图法等。

第五节　商品质量监督

一、商品质量监督的概念

商品质量监督是指根据国家的质量法规和商品质量标准，由国家指定的商品质量监督机构对生产和流通领域的商品质量及质量保证体系进行监督的活动。

二、商品质量监督的作用

商品质量监督是国家对生产和流通领域的商品质量进行宏观管理的一种手段，是国家行政监督体系的组成部分。它对于保证商品质量、维护消费者权益、发展经济等方面有着重要作用。

（一）维护社会主义市场经济的正常秩序

在市场经济条件下，企业和个人出于对各自利益的追求，不可避免地会出现通过粗制滥造、以次充好、缺斤少两、弄虚作假等手段来欺骗广大消费者以牟取暴利的现象，这必然会扰乱市场的正常秩序。在经常的监督检验工作中，可以掌握和积累大量相关数据，帮助有关部门了解和解决商品质量存在的问题，并作为制定质量管理方针、政策及改进商品质量的依据。同时，加强质量监督，可以及时发现和纠正经济领域中的不正之风，维护社会主义市场经济秩序。

（二）维护消费者的合法权益，保障人民的安全和健康

商品质量的好坏，直接关系到广大消费者的切身利益。不符合国家质量要求的商品，特别是一些假冒伪劣商品流入市场，会直接危害消费者的安全和健康。国家有关部门通过对商品质量的监督抽查，可以有效防止不合格品，尤其是假冒伪劣商品进入消费领域，依法查处假冒伪劣商品的责任者，促进其解决商品质量问题，

从而维护消费者的合法权益，保障人民的安全和健康。

（三）促进对外贸易的发展

通过商品质量监督，可以有效保证商品质量，从而扩大出口。另外，我国每年需要进口大量的物资和产品，也必须对其进行监督，如发现质量不符合要求，必须由权威的检验机构出具检验证明才能对外索赔。

（四）推动国家质量法规和技术标准的贯彻执行

我国颁布的质量法规，如《中华人民共和国计量法》、《中华人民共和国食品卫生法》、《中华人民共和国药品管理法》等，需要通过商品质量监督予以维护和贯彻执行，商品质量监督是贯彻质量法规的有力措施。

（五）有利于国家计划质量目标的实现

强化商品质量监督，可以促使企业采用先进的技术和设备，开发新产品，提高商品质量，从而保证国家计划质量目标的实现。

（六）是重要的质量信息源

商品质量监督管理部门提供的质量信息，可指导消费者和用户选购好的商品。通过商品质量监督还能发现商品本身存在的缺陷和不足，为修订商品标准和制定新标准及改进商品标准化工作提供依据。

三、商品质量监督的原则

（一）科学性

科学性是指对商品质量进行的检验和评价要科学，出自监督检验机构的各种数据要准确。

（二）公正性

公正性是指商品质量监督要站在国家和人民的立场上秉公执法，严格依照技术标准和检测数据对商品质量进行评价。

（三）分工协作

商品质量监督是政府机构管理经济的职能之一，要按照行政部门管理或行业管理的职能进行分级管理，合理分工、协调一致地进行质量监督工作。在组织协调下，质量监督部门要同时做好服务和监督工作。

（四）主要职责与辅助手段相结合

在处理监督与帮助、处罚与教育的关系时，应明确监督是主要职责，帮助、教育是辅助监督的手段，应做到监督与帮助、处罚与教育相结合。

四、质量监督的种类

我国的商品质量监督包括国家的质量监督、社会的质量监督、企业的质量监督。

（一）国家的质量监督

国家的质量监督是指经授权，指定第三方专门机构以公正的立场进行的产品质量监督检验。国家的质量监督工作由国家技术监督局主管，各省、自治区、直辖市的质量监督工作由本地区标准化管理部门负责管理。

（二）社会的质量监督

社会的质量监督可分为以下三种。

1. 社会团体、组织和新闻机构的质量监督

社会团体、组织和新闻机构的质量监督是指由社会团体、组织和新闻机构根据消费者和用户对商品质量的反映，对流通领域的某些商品的质量进行的监督检验。

2. 社会舆论的监督

社会舆论的监督是指中国质量管理协会用户委员会、中国消费者协会、中国质量万里行组织委员会等组织代表广大消费者和用户的利益，对商品质量所实行的社会监督。

3. 消费者的质量监督

消费者的质量监督是指消费者为确保所购商品质量而进行的监督检验。

（三）企业的质量监督

企业的质量监督可分为以下两种。

1. 工业企业的质量监督

工业企业的质量监督是指产品的生产监督检验，为生产工序之一。通过生产监督检验，起到指导工艺、指导生产的作用，从而保证产品质量符合标准要求。企业的自我监督能够起到对产品质量实施预先控制的作用，是国家监督和社会监督的基础。

2. 商业企业的质量监督

商业企业作为商品流通中的一个中间环节，应肩负起社会监督职能，强化质量意识，建立质量监控体系，健全质量监督检验制度，配备一支业务熟练、秉公办事的监督检验队伍，从根本上杜绝假冒伪劣产品的侵入，维护国家、消费者和自身的利益，从而促进产品质量的提高。

五、商品质量监督的形式

商品质量监督的形式有很多，可归纳为抽查型质量监督、评价型质量监督和仲裁型质量监督三种，其定义及特点如表 2-1 所示。

表 2-1　商品质量监督的形式

商品质量监督的形式	定　义	特　点
抽查型质量监督	国家质量监督机构从市场、生产企业或仓库等地随机抽取样品，按照相关技术标准进行监督检验，判定其是否合格，从而采取强制措施，责成企业改进商品质量直至达到商品标准要求所进行的监督活动	(1) 它是一种强制性的质量监督形式； (2) 抽查商品的地点不限，对商品进行随机抽样检查； (3) 抽查检测数据科学、准确，对产品质量的评价、判断公正； (4) 抽查商品的质量检查结果公开； (5) 对抽查检验不合格的单位，要求其限期整改； (6) 一般只抽查商品的实物质量，不检查企业的质量保证体系，其主要对象是涉及人体健康和人身安全的商品，影响国计民生的重要工业品、重要的生产资料，以及消费者反映有质量问题的商品
评价型质量监督	国家质量监督机构对企业的产品质量和质量保证体系进行考核，考核合格后，以颁发产品质量证书、标志等方法确认和证明商品已经达到某种质量水平，并向社会提供质量评价信息，实行必要的事后监督，以检查商品质量和质量保证体系是否得以保持和提高的一种质量监督活动	(1) 按照国家规定的标准，对产品进行检验，以确定其质量水平； (2) 对生产产品的企业的生产条件、质量体系进行严格审查和评定，由政府和政府主管部门颁发相应的证书； (3) 允许在产品、包装、出厂合格证和广告上使用、宣传相应的质量标志； (4) 实行事后监督，使产品质量保持稳定和不断提高

续表

商品质量监督的形式	定 义	特 点
仲裁型质量监督	质量监督检验机构对有质量争议的商品进行检验和质量调查,分清质量责任,作出公正处理,维护经济活动正常秩序的一种质量监督活动	(1) 所监督的对象是有争议的产品; (2) 具有较强的法治性; (3) 根据监督检验的数据和全面调查情况,由受理仲裁的质量监督部门进行调解和裁决,一般应选择经省级以上人民政府产品质量监督管理部门或其授权的部门审查认可的质量监督检验机构作为仲裁检验机构

六、质量监督的法律依据

(一) 产品质量法

产品质量法对产品质量监督管理、生产者和销售者的产品质量责任与义务、损失赔偿、经济处罚以及法律责任等,都作了明确规定。这些规定是强制性的,是处理各类商品质量问题和解决商品质量民事纠纷的法律依据。根据产品质量法,商品有下列情形之一的,其生产者和销售者应当承担产品质量责任:

(1) 不符合国家有关法律法规规定的质量要求的;

(2) 不符合明示采用的产品标准,不符合以产品说明、实物样品等方式表明的质量状况;

(3) 具备产品应当具备的使用性能,而事先未作说明的。

售出的商品有上述情形之一的,销售者应当负责修理、更换、退货;给购买商品的消费者造成损失的,销售者应当赔偿损失。因商品存在缺陷造成人身、他人财产损失的,生产者应当承担赔偿责任。由于销售者的过错使商品存在缺陷,造成人身、他人财产损失的,销售者应当承担赔偿责任。

(二) 消费者权益保护法

消费者权益保护法中规定了消费者的权利,其中与质量有关的权利如下。

1. 安全权

安全权是指消费者在购买、使用商品和接受服务时享有人身、财产安全不受损害的权利,消费者有权要求经营者提供的商品和服务符合保障人身、财产安全的要求。

2. 知情权

知情权是指消费者享有知悉其购买、使用的商品或者接受的服务的真实情况的权利，如有关商品的价格、产地、生产者、用途、性能、规格、等级、主要成分、生产日期、有效期限、检验合格证明、使用方法说明、售后服务，或者服务的内容、规格、费用等情况。

3. 获知权

获知权是指消费者享有获得有关消费和消费者权益保护方面的知识的权利。

4. 获赔权

获赔权是指消费者因购买、使用商品或者接受服务时受到人身、财产损害时，享有依法获得赔偿的权利。

（三）产品责任法

产品责任法是指具体规定由于产品缺陷造成消费者或用户的人身或财产损失时，产品生产者或销售者与消费者之间权利义务关系的法律规范。

产品责任是指由于产品质量问题而使消费者受到人身或财产损害时，该产品的生产者及销售者应对被害人负有的法律责任。产品责任包括以下三种：疏忽责任、担保责任和严格责任。疏忽责任是指由于生产者或销售者的疏忽而使产品带有缺陷，从而造成消费者人身或财产损害，生产者或销售者对此应承担的责任；担保责任是指卖方就所销售的产品的质量向买方作出了保证，如因产品不符合卖方的保证而造成伤害或损失，卖方对此应负的责任；严格责任是指不论产品的制造者或销售者与消费者或用户之间有无合同关系，也不论他们在制造或销售产品过程中是否有过失，只要产品有缺陷，对消费者或用户具有不合理的危险，致使其人身或财产遭受损害，该产品的制造者和销售者就应承担责任。

七、质量监督的机构

我国的商品质量监督管理工作，已由技术监督机构与专业监督机构等系统的质量监督管理机构和质量监督检验机构形成了质量监督管理网络。

（一）质量技术监督系统

我国质量技术监督系统的质量监督管理机构设置如下。

(1) 国家质量技术监督局。负责管理全国的产品质量的监督工作，组织协调有关部门开展产品质量监督检验工作。

(2) 地方各级质量技术监督部门。负责管理本地区的产品质量监督工作，组织协调本地区承担质量监督检验任务的单位开展质量监督检验工作。

(3) 质量技术监督部门组建和认可的产品质量监督检验机构（已经形成监督检验网络）。主要包括国家产品质量监督检验中心，国家认可的实验室，省、市两级产品质量监督检验所，省、市两级产品质量监督检验站。此监督检验网络已在全国广泛、有效地开展了产品质量的监督检验工作。

（二）专业质量监督系统

(1) 药检系统。国务院卫生行政部门主管全国药品监督管理工作，县级以上卫生行政部门行使药品监督职权。

(2) 卫生系统。各级卫生行政部门领导食品卫生监督机构，负责管辖范围内的食品卫生监督工作。

(3) 船检系统。船舶设计、建造、初检和定期检验，以及船用产品检验均由中华人民共和国船舶检验局及其有关地区设立的船检机构负责。

(4) 锅炉监察系统。各级劳动部门负责锅炉压力容器安全监督工作。

(5) 商检系统。国家商检局是统一监督管理全国进出口商品检验工作的主管机关。各省、自治区、直辖市进出口商品检验局及其分支机构监督管理本地区的进出口商品检验工作，重要的进出口商品由商检机构负责检验。商检工作的基本任务是：统一管理进出口商品检验工作；对进出口商品检验工作进行监督检查；对重要的进出口商品实施法定检验和监督管理；办理对外贸易公证鉴定业务等。

(6) 兽医监察系统。县以上农牧行政管理机关行使兽医监督管理权，国家和省、自治区、直辖市的兽医监察机构，以及省、自治区、直辖市人民政府批准设立的城市兽医监察机构，协助农牧行政管理机关分别负责全国和本辖区的兽药质量监督、检验工作。

(7) 纤维检验系统。中国纤维检验局和地方的纤维检验所，负责对棉、毛、丝、麻、化纤等纤维实施监督检查。该机构隶属于相应的技术监督局。

本章小结

本章首先介绍了狭义的商品质量和广义的商品质量以及朱兰质量螺旋；然后介绍了商品质量的基本要求以及食品、日用工业品、纺织品、家用电器等典型商品的质量要求；接下来分析了生产领域、流通领域和消费领域商品质量的影响因素；最后介绍了商品质量管理，重点阐述了全面质量管理的 PDCA 循环。

综合案例分析

索尼的产品质量问题

曾几何时，提到日本索尼公司（以下简称索尼）的产品，人们无不竖起大拇指。世界的名牌，高端的产品，顶尖的技术，良好的口碑，这些都让索尼的产品赢得了无数人的青睐。然而，在产品质量和售后服务方面，索尼近来展示的似乎是另一种形象。

纵观这几年来索尼产品质量问题所涵盖的范围，无论是涉及的产品线之多还是持续时间之长，都很惹眼。就产品线而言，爆出质量问题的产品包括索尼的摄像元件、数码相机、电视、笔记本、手机，甚至是它引以为傲的PS游戏机。而从时间跨度而言，在网络上可见的质量投诉和案例从2005年一直持续到最近。而且，索尼的售后服务之差是很多用户都深有体会的。

(一) 2005年

2005年10月，索尼提供的摄像元件质量缺陷导致七大日系数码相机厂商出现质量问题，索尼需要为100多款产品提供免费维修，并遭到合作厂商的集体索赔。当年12月，索尼6个型号的数码相机因质量问题被浙江省工商局责令停止销售并立案调查。索尼就相机质量问题先后三次发表声明，委婉地公开承认了产品不合格的事实，并向中国消费者道歉，但同时以不影响消费者的健康为由拒绝召回问题数码相机，只表示如果用户希望退货，索尼中国分公司也将给予办理。

(二) 2006—2007年

2006年，索尼持续深陷于产品质量问题的怪圈中，令索尼元气大伤的是震惊业界的“笔记本电池”召回事件，问题电池事件直接导致索尼2006—2007财年的利润预期下调62%。索尼的失误波及其他产品，曾经令索尼为之自豪、令用户为之倾倒的PS游戏机产品也出现了明显的失误。在PS3发布之后不久，就有玩家发现了其在兼容性方面的问题——并不是所有PS及PS2游戏都能在PS3上正常运行。尽管索尼通过提供升级软件加以弥补，但是可以肯定的是，索尼PS2时代积累的大量游戏资源并不能完全被PS3平台消化，这无疑给PS3的市场号召力打了一个折扣。

(三) 2008年

2008年，索尼的产品质量问题主要集中在笔记本产品上。索尼SFZ35型笔记本电脑的主板被爆出存在设计缺陷。投诉者表示，因为购买的笔记本电脑还在保修期内，索尼维修部为他们免费更换了机器或主板，但索尼否认这款笔记本电脑有设计缺陷。索尼自2008年1月之后生产的CR系列笔记本电脑被指出现“短命”现象，这个曾一度被评为索尼笔记本电脑“销量冠军”的笔记本电脑系列，几乎都是在消费者购买一周后就被发现存在问题的。

(四) 2009年

2009年，索尼产品质量问题所涉及的产品线扩大。先是层出不穷的电视问题。2009年初，索尼液晶背投电视等5款问题电视出现软件问题，索尼采取了免费上门服务的方式为用户进行电视软件升级，但并不提供任何赔偿。

接着是数码相机问题。2009年8月20日，索尼中国分公司在其官方网站上发布了一则产品公告,称将免费为消费者更换自2008年4月起销售的数码照相机外壳零件。8月末,315消费电子投诉网相继接到全国多起有关索尼数码相机的投诉,“开机莫名抖动”成了投诉关键词。企业在售后服务中沉默或推脱,其后果不是让用户的不满情绪像“火山一样喷发”,就是让用户对企业绝望而心灰意冷。无论哪一种结果,相信都不是索尼所愿意看到的。

之后,笔记本问题也被爆出。2009年下半年的几个月内,索尼公司收到了209宗有关电脑异常发热问题的投诉,然而,索尼在处理中国用户的投诉时,似乎缺乏诚意。数十位笔记本电脑用户反映电脑内置的风扇噪音大,电脑屏幕出现了“水波纹”现象,严重影响了正常使用。尽管索尼中国分公司针对用户反映的情况及时出台了延保及解释等措施,但用户对此并不认可。公司决定在原有两年的保修期基础上,延长1年保修期,即从用户购买产品起实施3年的免费修理服务。而已经购买3年延保服务的用户,则不在该政策范围之内。

(五) 2010年

进入2010年,针对索尼产品的投诉进入高发期。不久前,人民网通过对3 000名消费者线上、线下的调查结果分析发现,索尼以23%的品牌的拥有量占据第二名,但同时,索尼的被投诉比例也与品牌拥有量成正比。在此次人民网的调查中,消费者投诉的重点集中在售后服务上。对于索尼数码相机,反映比较多的问题为:登门维修不及时,维修水平不高,联系不到维修点等。

(资料来源:IT商业新闻网,2010年05月17日)

思考题

1. 结合家用电器质量要求的相关知识分析索尼的产品应该符合哪些质量要求。

2. 我国的哪些法律适用于索尼的产品质量问题?请作出具体分析。

本章综合练习题

1. 分别简述狭义的商品质量和广义的商品质量的概念。
2. 简述商品质量的基本要求。
3. 简述在生产领域、流通领域和消费领域商品质量的影响因素。
4. 简述全面质量管理的特征。
5. 简述PDCA循环的四个阶段。

实践活动

商品质量分析

实践目标：学会对商品质量进行分析。

实践内容：结合本章内容分析一些典型商品的质量。

实践要求：选择食品、日用工业品、纺织品、家用电器等某一类典型商品，分析其质量。

实践成果：撰写分析报告。

第三章　商品标准与检验

本章学习目标

(1) 了解商品标准的概念、作用、分类和内容，掌握质量标准的级别；

(2) 了解商品标准化的概念、作用，掌握商品标准化的形式；

(3) 了解商品检验的概念、作用、分类和程序，掌握商品检验的内容和方法。

经典案例导入

全归规格标准

当归以主根粗长、油润，表皮黄棕色，断面黄白色，以及香气浓郁者为优质品。根据国家医药管理局、卫生部制定的药材商品规格标准，全归（大当归）分为五个等级。

(1) 一等：干货。上部主根为圆柱形，下部有多根枝条，根梢不细于0.2 cm。表面为棕黄色或黄褐色，断面呈黄白色或淡黄色，具油性，气芳香，味甘微苦。每千克40支以内，无抽薹根、杂质、虫蛀、霉变。

(2) 二等：干货。上部主根为圆柱形，下部有多条支根，根梢不细于0.2 cm。表面为棕黄色或黄褐色，断面呈黄白色或淡黄色，具油性，气芳香，味甘微苦。每千克70支以内，无抽薹根、杂质、虫蛀、霉变。

(3) 三等：干货。上部主根为圆柱形，下部有多条支根，根梢不细于0.2 cm。表面为棕黄色或棕褐色，断面呈黄白色或淡黄色，具油性，气芳香，味甘微苦。每千克 110 支以内,无抽薹根、杂质、虫蛀、霉变。

(4) 四等:干货。上部主根为圆柱形,下部有多条支根,根梢不细于 0.2 cm。表面为棕黄色或棕褐色,断面呈黄白色或淡黄色,具油性,气芳香,味甘微苦。每千克 110 支以上,无抽薹根、杂质、虫蛀、霉变。

(5) 五等:(常行归)干货。凡不符合以上分等的小货。全归占 30%,腿渣占 70%,具油性。无抽薹根、杂质、虫蛀、霉变。

第一节　商品标准概述

一、商品标准的概念

(一) 标准

我国国家标准 GB 39351—83《标准化基本术语第一部分》中对标准的定义是:在一定范围内,为建立最佳秩序,取得最佳效益,对重复性事物和概念所作的统一规定。它以科学技术和实践经验的综合成果为基础,经有关方面协商一致,由主管机构批准,以特定形式发布,作为共同遵守的准则和依据。

(二) 商品标准

商品标准是为保证商品满足需要或要求而对商品的结构、成分、规格、质量、等级、检验、包装、储存、运输、使用以及生产技术等方面所作的技术性规定。商品标准具有以下特征。

1. 统一性

商品标准的本质特征是统一。商品标准在一定范围内有约束力的统一规定,是商品统计、生产、质量检验、评定监督、使用维护和贸易洽谈等方面都要共同遵守的技术准则。

2. 科学性

商品标准的制定是以科学技术和实践经验的综合成果为基础的,商品标准是科学技术和生产力发展水平的重要标志。

3. 严肃性

商品标准有特定的形式,这是指标准规则的制定有自己特有的一套格式和审批、颁布程序。商品标准的编写、印刷、幅面尺寸、编排格式等都有专门的规定,体现了商品标准的严肃性。

4. 权威性

商品标准不是个别部门少数人的主观意志或局部利益的反映，而是由有关各方代表从全局利益出发，经过认真调研、反复讨论、充分协商，在对标准中的实质问题取得一致的基础上，共同作出的统一规定，既体现了商品标准的民主性，又体现了权威性。

5. 强制性

我国的商品标准大部分是强制性标准，有明确的法律约束力。根据我国标准化管理条例的规定，对正式生产的工业产品、重要的农产品等，都必须制定商品标准。商品标准一经批准发布就是技术法规，具有法律效力。

（二）商品标准的作用

1. 商品标准是评定商品质量的客观依据

商品标准是对商品质量及有关质量的各方面所规定的典范和准则，是商品生产和流通的一种共同技术依据，是评定商品质量的准绳。同时，由于商品标准的强制性具有法律效力，使得商品质量在法制上得到保证。商品标准也是科学技术和生产力发展水平的标志，是推动生产力发展的手段之一。

但是，商品标准并不是一成不变的，应根据实际情况及时进行修订，将科学研究新成果、新技术及实践中的先进经验，经过分析、比较和选择，然后加以综合纳入标准，从而促使商品质量不断得到提高。

2. 商品标准是国际贸易的基本因素

在国际贸易中，通常会将涉及商品规格、型号、质量、检验和包装等方面的要求，根据标准中规定的有关条款订立在合同中，从而使买卖双方有了统一的尺度可供遵循。这样既可保证公平交易、平等竞争，也可减少贸易当中的技术障碍和由于责任不清而引发的各种矛盾。

3. 商品标准是满足消费需要的必要条件

商品标准的制定都是在大量调查和分析后得出客观结果的基础上进行的。在商品标准的贯彻执行中，可以简化多余或低功能的商品品种，并发展多种商品组合形式，以通用性较强的组合单元，按实际需要拼合成不同用途的新产品，既可以提高企业的应变能力，又能够快速、低成本地满足消费者的需要。

4. 商品标准是制定商品价格的基础

商品标准中质量指标所规定的质量水平，具体划分了该种商品使用价值的高低程度，从而为划分等级提供了依据。对商品收购和出售的价格依据商品品级标准规定加以确定，有利于拉开商品差价，贯彻优质优价原则，更好地保护消费者的权益。

5. 商品标准是资源利用和环境保护的重要保证

合理利用国家资源，保护环境、节约原材料是一项重要的经济技术政策。通过商品标准的制定和贯彻，可以最大限度地利用和节约国家资源，尽可能地减少环境污染。

二、商品标准的分类

商品标准的种类繁多，目前已不能按照某一种标志将所有的商品标准进行划分。只能从不同的目的出发，采用不同的标志划分，得到不同类别的标准。

（一）按照表达形式分类

按照表达形式，商品标准可以分为文件标准和实物标准。

文件标准是指用特定格式的文件，以文字、表格、图样等形式表达商品质量和有关质量方面技术内容的统一规定。一般包括商品的品种、规格、基本参数、尺寸、质量要求、性能、检验方法、标志、包装等。按规定，标准的表达形式必须采用文件标准，所以，目前大多数商品标准属于文件标准。

实物标准是指对难以用文字准确表达，需要用感觉器官鉴定的商品质量要求（如色、香、气、形、手感和质地等），由标准化机构或指定部门用实物制成与文件标准规定的质量要求完全或部分相符的标准样品，按照一定程序颁布，用以鉴别商品质量和评定商品等级。如我国的茶叶、棉花、羊毛和名优白酒等商品都有标准样品，作为在生产、检验、贸易洽谈、收购时评定商品质量等级的技术依据。大多数实物标准作为文件标准的补充而存在，也有单独颁布的。

（二）按照约束程度分类

按照约束程度，商品标准可以分为强制性标准和推荐性标准。

强制性标准是指按照法律、行政法规规定要强制执行的标准，也称为法规性标准，包括涉及人体健康和安全、动植物生命和健康、环境保护和公共安全等方面的标准，以及法律法规规定要强制执行的标准。该标准是强制性认证的依据，具有很强的法律约束性，要求必须强制执行，凡不符合强制性标准的商品，禁止生产、销售和进口，违者要承担相应的法律和行政责任。

推荐性标准是指除强制性标准之外，自愿采用、自愿认证的标准，也称为自愿性标准。它是自愿性认证的依据，虽不具有法律约束性，但大多具有先进性特点，有利于企业提高产品质量，因此企业一般愿意采用此类标准，并接受国家有关监督机关的监督。

此外，商品标准还可按其适用范围分为生产型标准和贸易型标准、出口商品标准和内销商品标准；按商品标准的保密程度分为公开标准和内控标准；按商品标准的成熟程度分为试行标准和正式标准。

（三）按照标准化对象分类

按照标准化对象，商品标准可以分为技术标准、管理标准和工作标准。

技术标准是指对标准化领域中需要协调统一的技术事项所制定的标准，包括基础技术标准、产品标准、工艺标准、检测试验方法标准，以及安全标准、卫生标准、环保标准等。

管理标准是指对标准化领域中需要协调统一的管理事项所制定的标准，包括管理基础标准、技术管理标准、经济管理标准、行政管理标准、生产经营管理标准等。

工作标准是指对工作的责任、权利、范围、质量要求、程序、效果、检查方法、考核办法所制定的标准，一般包括部门工作标准和岗位（个人）工作标准。

（四）按照成熟程度分类

按照成熟程度分类，商品标准可以分为正式标准和试行标准。

绝大多数商品标准都是正式标准。试行标准和正式标准具有同样的效用，同样具有法律约束力，其标准号与正式标准号表示方法相同，只是在封面的右下角注明“试行至×年×月×日”字样。试行标准大多在试行 2～3 年后，经过讨论、修订后再作为正式标准颁布。

（五）按照保密程度分类

按照保密程度分类，商品标准可以分为公开标准和内部标准。

我国大多数商品标准都是公开标准，少数涉及军事技术或尖端技术机密的标准，只准在国内或有关单位内部发行，这类标准称为内部标准。

三、商品标准的分级

商品标准按其发生作用的范围或审批权限，可分为国际标准、区域标准、国家标准、协会标准、行业（专业）标准、地方标准、企业标准等不同的级别。商品标准分级的目的是为了适应不同生产技术水平、不同管理水平以及满足各种不同的经济技术要求，以便更有效地促进商品质量的提高和管理的改善。我国的商品标准自 1989 年《标准化法》颁布实行后分为国家标准、行业标准、地方标准和企业标准四个等级。

（一）国际标准

国际标准是指由国际标准化组织（ISO）、国际电工委员会（IEC）和国际电信联盟（ITU）制定的标准，以及一些国际标准化组织确认并公布的其他国际组织制定的标准，国际标准在世界范围内统一使用。

国际标准化组织确认并公布的主要国际标准如表 3-1 所示。

表 3-1 国际标准化组织确认并公布的主要国际标准

国际组织	标准代号	国际组织	标准代号
国际计量局	BIPM	国际劳工组织	ILO
国际合成纤维标准化局	BISF	国际海事组织	IMO
食品法典委员会	CAC	国际橄榄油委员会	IOOC
关税合作理事会	CCC	国际辐射防护委员会	ICRP
国际电气设备合格认证委员会	CEE	国际兽疫防治局	OIE
国际照明委员会	CIE	国际法制计量组织	OIML
国际无线电咨询委员会	CCIR	国际葡萄与葡萄酒局	IWO
国际无线电干扰特别委员会	CISPR	国际铁路联盟	UIC
国际电报电话咨询委员会	CCITT	联合国教科文组织	UNESCO
国际原子能机构	IAEA/AIEA	世界卫生组织	WHO
国际空运联合会	IATA	世界知识产权组织	WIPO
国际民航组织	ICAO	国际电信联盟	ITU
国际辐射单位与测量委员会	ICRU	万国邮政联盟	UPU
国际乳制品业联合会	IDF	联合国粮农组织	UNFAO
国际图书馆协会联合会	IFLA	国际羊毛局	IWS
国际制冷学会	IIR	国际棉花咨询委员会	ICAC

根据《采用国际标准管理办法》的规定，我国采用国际标准的方式按照采用程度的不同分为等同采用、等效采用和参照采用三种。其中，等同采用是指技术内容和文本结构完全相同，不做或稍做编辑性修改；等效采用是指技术内容有小的差异，在文本结构编写上不完全相同；参照采用是指根据我国实际情况，对技术内容做了某些变动，但性能和质量水平与被采用的国际标准相当，在通用互换、卫生、安全等方面与国际标准协调一致。目前，等同采用和等效采用的标准被国际市场承认，而参照采用的标准不被认可。因此，在采用标准时应尽可能选用等同采用或等效采用这两种形式，直接采用国际标准，以避免造成技术壁垒。

知识链接

技术壁垒

技术壁垒是非关税壁垒中的一种。技术壁垒以技术为支撑条件，商品进口国在实施贸易进口管制时，通过颁布法律、法令、条例、规定，建立技术标准、认证制度、卫生检验检疫制度、检验程序以及包装、规格和标签标准等，提高对进口产品的技术要求，增加进口难度，最终达到保障国家安全、保护消费者利益和保持国际收支平衡的目的。

为了便于查找和统计，在标准目录中应分别用三种图示符号来表示，在电报传输或电子数据处理中可分别用三种缩写字母来表示，如表 3-2 所示。

表 3-2　标准目录中的三种图示符号

采用程度	图示符号	缩写字母或代号
等同采用	≡	Idt 或 IDT
等效采用	=	Eqv 或 EQV
参照采用	≈	Ref 或 REF

国际标准采用标准代号（如 ISO、IEC）和编号（标准序号—发布年代号）来表示，如图 3-1 所示。

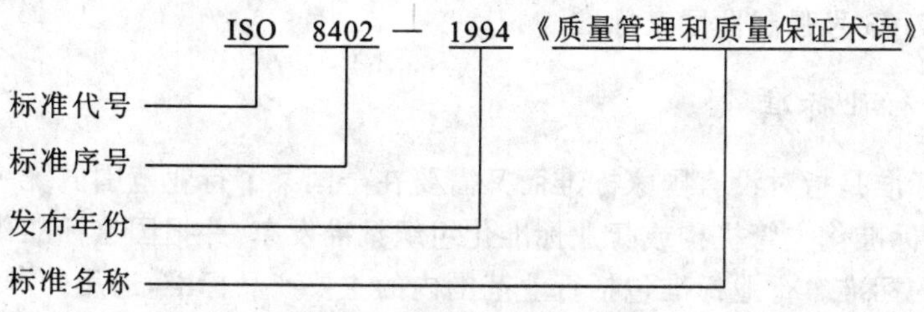

图 3-1　国际标准的代号和编号

由图 3-1 可知，ISO 8402—1994《质量管理和质量保证的术语》表示的是国际化标准组织于 1994 年发布的序号为 8402、名称为质量管理和质量保证术语的国际标准。

（二）国际区域标准

国际区域标准是指由国际区域性集团组织或标准化机构制定的，只在该地区区域内或国家集团中发挥作用的标准。国际区域标准的目的在于促进区域性标准化组织成员国进行贸易，便于该地区的技术合作和技术交流，协调该地区与国际标准化组织的关系。国际上较为重要的区域标准包括：欧洲标准化委员会（CEN）制定的欧洲标准（EN），欧洲电工标准化委员会（CENELEC）制定的标准，亚洲标准咨询委员会（ASAC）制定的标准，泛美技术标准委员会（COPANT）制定的标准，非洲地区标准化组织（ARSO）制定的标准等。

（三）国家标准

国家标准是指由国家标准化主管机构批准发布，对国家经济、技术发展有重大意义，必须在全国范围内统一执行的标准。

我国的国家标准有强制性标准和推荐性标准两种，由国务院标准化行政主管部门编制计划，组织国务院有关主管部门或专业标准化技术委员会提出草案，一般报国家质量监督检验检疫总局（简称国家质检总局）审批和发布；也有由卫生部、农业部等国务院有关行政主管部门审批和发布的；特别重大的，须报国务院审批和发布。国家标准是我国标准体系中的主体，一经发布实施，与之重复的行业标准、地方标准即行废止。

在我国，各级标准制定的对象都有明确的规定。国家标准的制定对象，具体来说有八个方面：互换配合，通用技术语言要求；保障人体健康以及人身、财产安全的技术要求；基本原料、燃料、材料的技术要求；通用基础件的技术要求；通用的实验、检验方法；通用的管理技术要求；工程建设的重要技术要求；国家需要控制的其他重要产品的技术要求。

按照《国家标准管理办法》的规定，国家标准的编号由标准代号、标准序号和发布年号三部分组成。我国强制性国家标准代号由"国标"二字的汉语拼音的第一个字母组成，为"GB"；推荐性国家标准代号为"GB/T"，字母"T"表示"推荐"。国家标准代号之后为标准发布的顺序号和年号。例如，GB 1103—1999，表示于1999年颁布的1103号强制性国家标准。

（四）行业标准

行业标准是指对没有国家标准而又需要在全国某个行业范围内统一的技术要求，由行业标准化主管机构或行业标准化组织批准发布，并报国家标准化行政主管部门备案的标准。行业标准包括行业范围内的主要产品标准，通用的零件标准，设备、工具和原料标准，工艺规程标准，通用的术语、符号、规则、方法等基础标准。

行业标准不能与有关的国家标准相抵触，已有国家标准的不再制定此类标准。已制定有行业标准的，在发布实施相应的国家标准后，原标准即行废止。此外，有关行业标准之间应保持协调、统一，不得重复。行业标准有强制性标准和推荐性标准两种。

行业标准代号如表 3-3 所示。

表 3-3 行业标准代号

行业标准名称	标准代号	主管部门	行业标准名称	标准代号	主管部门
农业	NY	农业部	劳动和劳动安全	LD	劳动和社会保障部
水产	SC	农业部	电子	SJ	信息产业部
水利	SL	水利部	通信	YD	信息产业部
林业	LY	国家林业局	广播影视	GY	广播电影电视总局
轻工	QB	商务部	电力	DL	发展和改革委员会
纺织	FZ	商务部	金融	JR	中国人民银行
医药	YY	国家药品监督管理局	海洋	HY	国家海洋局
民政	MZ	民政部	档案	DA	国家档案局

续表

行业标准名称	标准代号	主管部门	行业标准名称	标准代号	主管部门
教育	JY	教育部	商检	SN	国家出入境检验检疫局
烟草	YC	国家烟草专卖局	文化	WH	文化部
黑色冶金	YB	商务部	体育	TY	国家体育总局
有色冶金	YS	商务部	商业	SB	商务部
天然石油气	SY	商务部	物资管理	WB	商务部
化工	HG	商务部	环境保护	HJ	国家环境保护总局
石油化工	SH	商务部	稀土	XB	发展和改革委员会
建材	JC	商务部	城镇建设	CJ	建设部
地质矿产	DZ	国土资源部	建筑工业	JG	建设部
土地管理	TD	国土资源部	新闻出版	CY	新闻出版署
测绘	CH	国家测绘局	煤炭	MT	商务部
机械	JB	商务部	卫生	WS	卫生部
汽车	QC	商务部	公共安全	GA	公安部
民用航空	MH	中国民用航空总局	包装	BB	中国包装工业总公司
兵工民品	WJ	国防科工委	地震	DB	国家地震局
船舶	CB	国防科工委	旅游	LB	国家旅游局
航空	HB	国防科工委	气象	QX	中国气象局
航天	QJ	国防科工委	外经贸	WM	商务部
核工业	EJ	国防科工委	海关	HS	海关总署
铁路运输	TB	铁道部	邮政	YZ	国家邮政局
交通	JT	交通部			

行业标准的编号由标准代号、标准序号和发布年号三部分组成，如图 3-2 所示。其中强制性行业标准代号由两个汉语拼音字母组成，表示为“××”，推荐性行业标

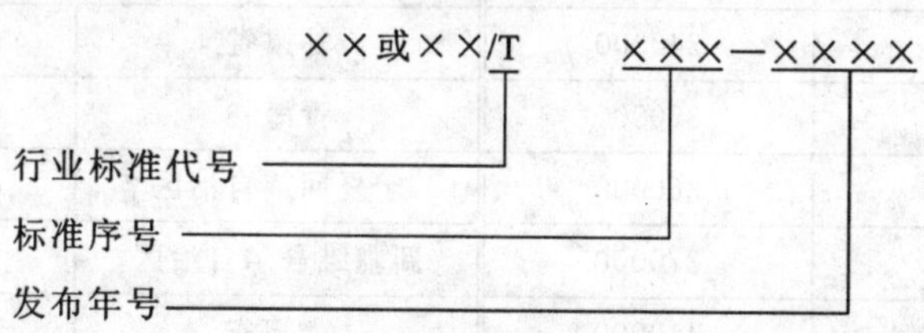

图 3-2　行业标准编号

准代号为“××/T”。“××”的组成原则大致有两个：一是由有关行业名称的汉语拼音的第一个字母和“标准”的汉语拼音的第一个字母“B”组成，如机械(JB)、轻工(QB)、冶金(YB)、包装(BB)等；二是由行业名称的汉语拼音的两个字母组成，如农业(NY)、林业(LY)、纺织(FZ)、民航(MH)、电力(DL)等。

例如，FZ 282—1973 是由纺织工业部化纤局提出，纺织工业部于 1973 年发布的标准序号为 282 黏胶人造丝的标准。

(五) 地方标准

地方标准是指在没有国家标准和行业标准的情况下，由地方制定、批准发布，在本行政区域范围内统一使用的标准。《中华人民共和国标准化法》规定，对没有国家标准和行业标准而又需要在省、自治区、直辖市范围内统一的工业产品的安全、卫生要求，可以制定地方标准。在相应的国家标准或者行业标准发布实施后，地方标准即行废止。地方标准有强制标准和推荐标准两种。地方标准可以弥补国家标准和行业标准的空白，使由同一地区、多家生产的产品有统一的技术依据，有利于地方经济的发展。地方标准代码如表 3-4 所示。

表 3-4 地方标准代码

名　称	代　码	名　称	代　码
北京市	110000	湖北省	420000
天津市	120000	湖南省	430000
河北省	130000	广东省	440000
山西省	140000	广西壮族自治区	450000
内蒙古自治区	150000	海南省	460000
辽宁省	210000	重庆市	500000
吉林省	220000	四川省	510000
黑龙江省	230000	贵州省	520000
上海市	310000	云南省	530000
江苏省	320000	西藏自治区	540000
浙江省	330000	陕西省	610000
安徽省	340000	甘肃省	620000
福建省	350000	青海省	630000
江西省	360000	宁夏回族自治区	640000
山东省	370000	新疆维吾尔自治区	650000
河南省	410000	台湾省	710000
香港特别行政区	810000	澳门特别行政区	910000

地方标准的编号由标准代号、标准序号和发布年号三部分组成。其中强制性地方标准的代号是“DB”，加上省、自治区、直辖市行政区域代码前两位数字和斜线组成强制性地方标准代号，如“DB××/”，再加“T”，组成推荐性地方标准代号，如“DB××/T”。例如，山西省强制性地方标准代号为 DB 14/，山西省推荐性地方标准代号为 DB 14/T。

（六）企业标准

企业标准是指由企业制定发布、在该企业范围内统一使用的标准。企业生产的产品在没有国家标准、行业标准和地方标准时，应当制定企业标准，作为企业组织生产、经营活动的依据。已有国家标准、行业标准或地方标准的，国家鼓励企业制定严于国家标准、行业标准或地方标准的企业标准，以提高产品质量水平，保证产品质量超过国家标准或行业标准，甚至国际标准的要求。企业标准包括技术标准、管理标准和工作标准三大类。

企业标准制定的对象，主要包括以下四个方面：

(1) 企业生产的产品，在没有相应国家标准、行业标准和地方标准可供采用或相应标准不适用时(强制性标准除外)，可以作为制定企业标准的对象；

(2) 对国家标准、行业标准的选择或补充的技术要求，可以作为制定企业标准的对象；

(3) 对工艺、工装、半成品和方法等技术要求，以及生产经营活动中的各种管理要求和工作要求也可以作为制定企业标准的对象；

(4) 为提高产品质量和技术进步，企业可以制定严于国家标准、行业标准或地方标准的产品标准。

企业标准的编号由标准代号、标准序号和发布年号三部分组成。其中企业标准代号由“企”字的汉语拼音的第一个字母“Q”，加斜线，再加企业代号组成，即“Q/×××”。企业代号可用汉语拼音字母或阿拉伯数字或两者兼用。企业如属地方，则企业代号由省、自治区、直辖市标准化主管部门规定；企业如属中央，则企业代号由国家标准化主管部门规定。各省、自治区、直辖市发布的企业标准，应在“Q”前加本省、自治区和直辖市的简称汉字，即“×Q/×××”。企业标准编号形式如图 3-3 所示。

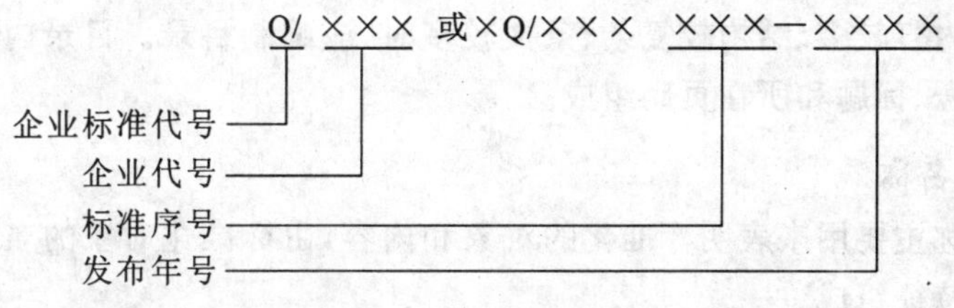

图 3-3　企业标准编号

例如，皖 Q/WFJ 02 04—1995 表示安徽芜湖缝纫机厂于 1995 年发布的 04 号企业标准。

国家标准、行业标准、地方标准和企业标准四者共同构成了我国的标准体系，在上下级之间，不允许下级标准与上级标准相抵触。

四、商品标准的内容

商品标准是一种具有法规性的文件，为便于使用和管理，国内外对其封面格式、内容编排以及符号和编号等都有统一规定。根据《标准化工作导则》关于编写标准的一般规定，我国的商品标准由概述、正文和补充三部分组成，如图 3-4 所示。

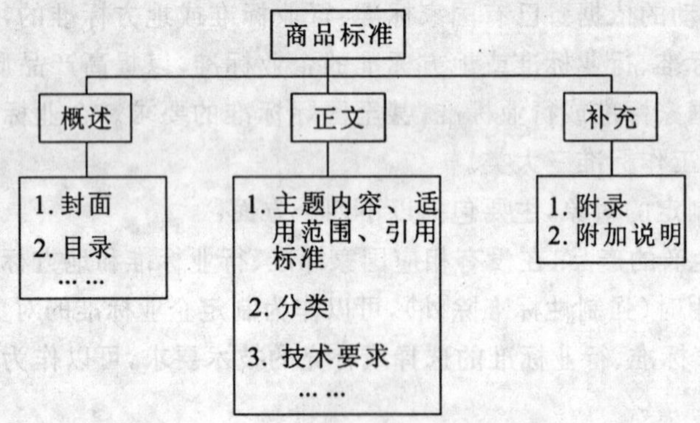

图 3-4　商品标准的构成

（一）概述

概述部分概括地说明标准化的对象、内容、适用范围，以及标准的批准、发布、实施时间等。概述部分包括以下内容。

1. 封面

国家标准、行业标准的封面，应符合《标准化工作导则》关于标准出版印刷的规定。封面所包含的信息有标准名称、标准级别与代号、批准机构，以及发布与实施时间等。

2. 目录

当标准内容较多、结构较复杂、条文较多时，应编制目录。目录内容由标准条文的单元序号、标题和所在页码组成。

3. 标准名称

标准名称主要用来表明标准化的对象和内容，由标准化对象的名称和标准所规定的技术特征组成。

4. 引言

引言主要用来规定标准的适用范围。必要时,还应明确不适用的范围。

(二) 正文部分

正文部分是整个商品标准的核心,正文中对标准化对象的实质性内容作了具体规定。正文部分包括以下内容。

1. 主题内容、适用范围和引用标准

在标准中,首先需要简要说明该项标准规定的主要内容、适用范围和应用领域以及不适用的范围,其次应列出和注明该标准所引用的所有其他相关标准的代号、编号和名称。

2. 分类

分类是商品(产品)标准技术内容的重要组成部分,一般是指商品(产品)分类原则与分类表示方法。分类原则是商品(产品)分类的依据,通常按其成分、形状、结构或其他特性进行分类。分类的目的在于合理规定商品品种、型号和规格,以便于用户选择、组织生产与经营。

3. 技术要求

技术要求是为了保证商品满足使用要求而对必须具备的技术性能方面所作的规定,是指导生产、使用及对商品进行质量检验的主要依据。具体内容一般包括理化性能、质量等级、使用特性、稳定性、耗能指标、感官指标、材料要求、工艺要求,以及相关的卫生、安全和环境保护等方面的要求。列入标准的技术要求应是决定商品质量和使用特性的关键性指标,并应该是可以测定或鉴定的。在规定技术要求时,必须同时规定产品的工作条件。

4. 试验方法

试验方法是为了对商品质量、性能进行全面试验,考核、评价商品质量是否符合标准要求而对试验、分析、检测的方法、程序以及评价方法等所作的统一规定。其内容包括试验项目、适用范围、试验原理与方法、仪器用具、试剂、样品制备、操作程序结果计算、平行试验允许差、分析评价和试验报告等。

5. 检验规则

检验规则是商品制造厂将商品提交商品质量检验部门进行检查验收的有关技术规定,其目的是保证产品质量检验结果的准确性。其内容主要包括抽样方法及样品的数量、检验所用的水及试剂仪器统一纯度与规格、检验结果取舍与表示方法、原始记录与检验单、仲裁方法、安全措施等。

6. 标志、包装、运输、储存

这部分是为使产品从出厂到交付使用的过程中不致受到损失、损坏而作的规定。

(1) 标志。主要包括商品标志和商品外包装标志两种。商品标志包括产品名称、制造厂名称、产品的型号或代号、产品的等级、产品的标准号、出厂日期、批号、检验人员印记等。标准除规定标志内容外，还应规定标志的位置及制作标志的方法。商品外包装标志包括制造厂名、产品名称、型号、数量、毛重以及储运指示标志和危险标志等。

(2) 包装。主要是对包装的方式和包装技术要求所作的规定。如包装前的防锈处理、防潮、防震、防晒等要求，对产品进行包装时的放置方法，对包装材料或包装容器的基本要求，包装内商品的数量、重量和体积，必要时规定包装的试验方法，随同商品供应的技术文件、配件、工具等。

(3) 运输。根据商品的特点规定该商品运输的要求。内容有运输工具、运输条件和运输中的注意事项等。

(4) 储存。规定商品，特别是有毒、易燃、易爆、易变质商品的储存地点、储存条件、储存方法、储存期限，以及长时间储存商品在储存期间的检验项目等，以确保商品的数量、质量。

(三) 补充部分

商品标准的补充部分是对标准条文所作的必要补充说明和提供使用的参考资料。

1. 附录

根据实际需要，一个标准可以有若干附录，依其性质可分为补充件和参考件两种。

(1) 补充件。是指对标准技术特性所作的补充，是标准技术内容的一部分，与标准条文具有同等效力。

(2) 参考件。用来帮助使用者理解标准内容，以利于他们正确掌握和使用标准。内容包括标准中重要规定的依据、某些重要专业技术问题的介绍、某些条文的参考资料或推荐性方法、正确使用标准的说明等。这是参考性内容，不具有标准条文的效力。

2. 附加说明

附加说明是对制定和修订标准中的有关事项所作的说明。内容一般包括标准提出单位、标准归口单位、标准起草单位、标准主要起草人、标准首次发布与历次修订和重订确认的年月、标准负责解释单位，以及其他必须说明的事项。

以上内容构成了商品标准的基本框架。在此必须指出的是，商品标准的构成既不是详尽无遗的，也不是任何一个标准都必须全部包括的。一个标准应包括哪些内容，要根据标准化对象，即商品的特点和制定标准的目的而定。

第二节　商品标准化

一、商品标准化的概念

商品标准化是指在商品生产和流通的各个环节中制定、发布以及实施商品标准的活动。推行商品标准化的最终目的是达到统一，从而获得最佳市场秩序和社会效益。

（一）商品标准化的内涵

(1) 标准化是一种活动过程。这个过程包括商品标准的制定、发布、贯彻、实施、修订等环节，而每一个环节构成不断循环、螺旋式上升的活动过程。

(2) 标准化的目的是“获得最佳市场秩序和社会效益”。因此，在开展标准化工作时，应使标准化活动实施范围最大化，不能局限于一时一地的需求，只有使标准化效果最大化，才能建立最佳秩序，实现最大效益。

(3) 标准化概念具有相对性。标准与非标准并非是绝对的，在一定条件下可相互转化。随着社会和科技进步，原有的标准可能不再适用，而需要对其进行修订。

（二）商品标准化的内容

商品标准化的内容主要包括：名词术语规范化，商品质量标准化，商品零部件通用化，商品品种规格系列化，商品质量管理与质量保证标准化，商品检验与评价方法标准化，商品分类编码标准化，商品包装、储运、养护标准化等。

1. 商品质量标准化

商品质量是衡量商品使用价值大小的尺度，同时也是生产者、经营者及消费者共同关心的核心问题。因此，对商品质量(如商品理化性质、技术经济性能、使用寿命及商品包装等方面)作出统一的规定，表达了生产、流通企业及消费者对商品的共同要求，是商品标准化的核心所在和根本要求。

2. 商品品种规格系列化

商品品种规格系列化就是对同类产品的品种和规格进行选择与合理分档，形成系列标准。这样既便于生产，也便于销售和购买。同时，避免了因规格庞大、销路有限而造成积压。品种规格系列化能使商品得到合理发展，用尽可能少的品种规格，满足各方面的需要。

3. 商品零部件通用化

在同一类不同规格或不同类型的产品中，部分零部件相同，彼此可以相互通用，这类零部件叫做通用件。如一般商品的螺栓、螺帽、螺钉等都采用通用件。最大限度地扩大通用件的使用范围，增加通用件比重的做法，叫做通用化。零部件通用是零部件专业化生产及社会化生产的需要，同时也方便了产品使用者对零部件的检验、维修及更换。零件部件通用程度越高，产品的使用范围越广，产品的销路就越宽。

4. 名词术语规范化

术语是指用作专业概念的词或词组。名词术语的选择与使用应做到语言正确、表意准确、统一协调。规范名词术语，有利于生产者对生产过程及产品质量的控制，有利于产品的流通和宣传，便于消费者对产品进行选购，避免因不规范带来的误解和麻烦。

二、商品标准化的作用

（一）标准化是科学管理的重要组成部分

现代化大生产要求实行严格的科学管理，而科学管理又必须依据客观经济规律，实现管理机构高效化、管理技术现代化。通过建立符合生产活动规律的生产、技术、设备动力、物资、劳动、质量、安全等科学管理制度，最终形成管理业务的标准化。标准化原理是科学管理的四大原理之一，不搞标准化，就无法进行科学管理，就会产生混乱，也就无法获得最佳的生产秩序、技术秩序、经济秩序、安全秩序和管理秩序等。

（二）标准化是提高商品质量和合理开发商品品种的技术保证

标准化与质量管理有着密切的联系。标准化为质量管理提供了管理目标，商品标准中规定的各项技术指标是质量管理的依据，具有法律效力，必然会成为保证和提高商品质量的技术保证。在商品的设计中贯彻标准化，可以消除具有多余功能或低功能的商品品种，通过系列化以最佳的品种结构满足广泛的需要；通过组合化，能用最少的要素组成较多的新品种等，这对于企业合理开发新产品，提高竞争和应变能力具有重要作用。

推行商品标准化能够促进和保证商品数量的增加与质量的提高，同时使商品的零配件可以相互替换，使商品的使用范围和通用性扩大，从而促进商品品种的合理简化，形成商品品种系列化，提高效率，保证产品质量。

（三）标准化是质量争议的仲裁依据

商品标准统一表达生产部门、商业部门、消费者对商品质量的共同要求，从而使产销双方、销售与使用双方在对商品质量产生争议时，可将商品标准作为仲裁的统一准则和依据。生产部门要按技术标准组织生产；商品部门要按商品标准对商品质量进行检验；消费者与用户对所购买使用的商品的质量提出意见和质询，允许其向有关部门投诉并按标准给予质量鉴定，相关部门经调查了解后作出鉴定。为实现“质量分段责任制”提供科学的仲裁准则。

(四) 标准化是合理利用国家资源的有效手段

我国商品标准是根据我国的资源和自然条件，依据有利于环境保护和使用安全的原则制定的。标准合理，则可以实现资源利用标准化，节约原材料，做到物尽其用。发达国家的相关经验证明，贯彻实施环保标准，实施安全和合格标志，可以保证整个生态环境的良性循环。

(五) 标准化是推广应用新技术，促进技术进步的桥梁

标准化是商品研究、开发、生产、使用之间的连接纽带。一项科研成果，如新工艺、新材料、新技术、新产品研制成功后，一旦经过技术鉴定，并被纳入相应标准，就会产生一定的法律强制性，得到迅速推广和应用。同时，标准又是各种复杂、先进技术的综合，贯彻执行标准，实际上也是引进、推广新技术的过程。

(六) 标准化是消除非关税壁垒的手段

随着工业技术的迅速发展，国际贸易之间若双方各自使用本国的标准，标准之间不统一，势必会造成商品进出口的障碍。这种由于标准不统一所造成的贸易障碍，被称为“非关税壁垒”。因此，在如今的国际贸易中，标准已成为商品交换的重要因素，双方均十分重视标准，它为贸易谈判提供了一种背景。在贸易的数量、价格、质量、规格、付款方式等基本条件中，买方要落实的第一个问题就是明确产品符合什么质量标准，或者提出所要求的质量标准及检验规范。

三、商品标准化的形式

标准化的形式是标准化内容的存在方式，即标准化过程的表现形态。标准化有多种形式，每种形式都表现出不同的标准化内容，针对不同的标准化任务，达到不同的目的。

标准化形式主要有简化、统一化、系列化、通用化、组合化和模块化。简化和统一化是最古老、初级的一般标准化形式，而系列化、通用化、组合化和模块化是标准化发展的高级形式。

(一) 简化

简化是在一定范围内缩减商品的类型、数目，使之在既定时间内足以满足一般需要的商品标准化形式。

简化是最早的标准化形式，又是标准化的一般形式或基本形式，标准化的其他

形式都体现着简化的思想，简化着眼于精练。从古至今，人类一直在对事物的复杂性进行简化并用统一化建立共同遵循的秩序。

简化一般是事后进行的，也就是商品多样化已经发展到一定规模以后，才对商品类型、数目加以缩减。通过合理的简化不但可以去掉不必要的商品类型，随时淘汰低档功能商品品种，为新的类型出现，为多样化的合理发展扫清障碍，而且可以有效控制商品品种、规格的盲目膨胀。当然，简化并不是盲目缩减，更不是消极治乱。它不但能简化目前的复杂，同时可以有效预防和控制将来不必要的复杂性的产生。简化的理想结果应该是保证满足社会的一般性需要。

（二）统一化

统一化是把同类商品两种以上的表现形式归并为一种或限定在一定范围内的商品标准化的形式，其目的在于消除因不必要的多样化而造成的混乱，为人类的正常活动建立可供共同遵循的秩序。

统一化是商品发展到一定规模、一定水平时，人为进行干预的一种标准化形式，因此，干预的时机要恰当，统一要适度。

统一化的实质是使商品的形式、功能（效用）或其他技术特性具有一致性，并把这种一致性通过标准以定量的方式确定下来。在商品标准化活动过程中需要统一的对象有很多，如概念、符号、代号、术语、标志、质量指标、检验、包装、储运、质量管理等。

统一化是标准化最明显的体现，只有在一致的基础上才能互相理解与交流。统一有两类：一类是绝对统一，是没有灵活性的，如编码、计量单位的统一；另一类是相对统一，是指在一定范围内统一，允许一定的灵活性，如包装的统一。

（三）系列化

系列化是标准化的最高形式，是指将同一事物的若干形态按最佳数列进行科学排列，形成品种系列，从而以尽可能少的形态（品种、规格等）满足尽可能广泛的需要，如电视、冰箱、鞋、衬衫等。可见，系列化是使某一类系统的结构优化、功能最佳的标准化形式。

系列化是在技术进步加快、商品过剩，以及形成明显的买方市场的情况下产生的。系列化是企业优势的延伸策略，即以老产品为基础，开发出能更好地满足市场需求的派生、变型产品。它通过对同一类产品的分析研究，结合现有的生产技术条件，经过全面的技术经济比较，对商品的主要参数、尺寸、形式等作出合理的规划，以协调同类产品和配套产品之间的关系。

商品系列化一般包括制定商品基本参数系列、编制商品系列型谱和进行商品系列设计三个方面。

商品基本参数系列是指将商品的基本参数按一定的规律排列形成的数列，是指导商品厂家发展商品品种、指导用户选用商品的最基本数据。它关系到这种商品与相关商品之间是否能够配套协调及能否取得较好的经济效益。

商品系列型谱是行业部门根据国民经济发展和市场的需要，对国内外同类商品生产发展和需求状况进行分析后，对基本参数系列所限定的商品进行型式规划，把基型商品和变型商品的关系及品种发展的总趋势用图表反映出来，形成一个简明的品种系列表，它是该商品品种发展规划的一种表现形式，既有助于选择商品发展方向，制定商品技术发展规划，也可为合理安排商品生产、整顿现有商品、发展变型商品提供依据，还可防止企业盲目设计没有发展前途的品种。

商品系列设计是以基型为基础，对整个系列商品进行的技术设计或施工设计，它是有效的统一化，能有效地防止全国范围内同类商品型式、规格的杂乱，能集中研究和设计优势，做到最大限度地节约设计力量。同时，系列设计的商品基础件通用性好，易于根据市场动向和消费者的特殊要求机动灵活地发展新品种，也便于组织专业化协作生产和配套维修。

（四）通用化

通用化是指在相互独立的系统中，选择和确定具有功能互换性或尺寸互换性的子系统或功能单元的标准化形式，它以互换性为前提，因而可以说通用性即互换性，如统一订书针、笔尖、轮胎、单车钢丝等。

通用化的一般方法，是在进行商品系列设计时要全面分析商品的基本系列与变型系列中零部件的共性和个性，从中选择具有共性的零部件定为通用件或标准件；在单独设计某一商品时，尽量采用已有的通用件；新设计零部件时，要充分考虑到能为日后的新商品所采用，逐步发展为通用件或标准件。

在工业化时代，产品或零部件的通用化程度越高，其市场范围越广，生产量越大，则制造成本越低，维修也越经济。当通用化从企业内部延伸到企业之间，从一个行业拓展到另外的行业时，它就为更大范围内的统一化奠定了基础。

（五）组合化

组合化是通用化的进一步运用，它是按照标准化的原则，设计并制造出一系列通用性较强的单元(标准单元)，根据需要组合成具有不同用途的商品的一种标准化形式，如组合机床、组合家具等。组合化的特征是通过统一化的单元组合为具有某种功能的商品体，这个商品体又能重新拆装，组成新的结构，而统一化单元可以多次重复利用。

组合化是企业“以少变求多变，以组合求创新”的开发策略，是通过可互换的标准单元组合为物体，这些单元又可重新拆装，组成具有新功能的新物体或新结构，而结构单元可多次重复利用。利用组合化的方法，可以有效降低运输成本、提高生产效率。

在商品设计、生产、使用过程都可以运用组合化的方法。如生产厂家首先选择或设计标准单元和通用单元(组合元),同时预先制造和储存一定数量的标准组合元,根据需要组装成不同用途的商品。组合化的原则和方法已经广泛应用于机械产品、仪表产品、工艺产品、家具产品等的设计和制造中。在建筑行业也广泛采用组合式建筑结构,计算机软件的开发也运用了这一方法,并都显示出明显的优越性。

(六) 模块化

模块化是指在系统的设计、计算和结构布局中,制定和使用尺寸协调的标准模数的活动。在这里,模数是指在某种系统的设计、计算和布局中,普遍重复使用的一种基准尺寸,如造型、房屋设计、具有良好的尺寸拼加性的集装箱等。

模块化综合了以往标准化形式的特点,是一种解决复杂系统类型多样化、功能多变的一种标准化形式,有利于减少复杂性,具有创造多样性和多变性特点,是标准化的高级形式。模块是构成系统的、具有特定功能的、可兼容和互换的独立单元。模块既可构成系统,又是系统分解的产物,可以组成新系统(系统创新)乃至复杂的大系统,这是模块与一般零部件之间的重要区别。模块具有特定的、相对独立的功能,可以以商品的形式单独生产和销售,也可以依据一定规则单独设计、运转、测试,这是模块化设计和模块化产品一系列优势的本源。模块的互换性和可兼容性是模块化操作或模块运筹组合的条件,它要求模块具有相互连接并传递信息和功能的接口及相应的结构,具备通用性和多种组合的可能性。

模块化是标准化的高级形式,但简化、统一化、系列化、通用化、组合化等形式在各自层面上仍然起着不同的作用,每个标准化过程都不可能只运用单一形式,而要综合运用多种形式。

第三节 商品检验

一、商品检验的概念

商品检验是指商品的卖方、买方或者第三方,在一定条件下,借助于某种手段和方法,按照合同、标准或国家的有关法律法规、惯例等,对商品的质量、规格、数量及包装等方面进行检查,并作出合格与否或通过验收与否的判定,或为维护买卖双方合法权益,避免或解决各种风险损失和责任划分的争议,便于商品交接结算而出具各种有关证书的业务活动。

通常我们所说的商品检验是指其狭义概念,专指商品质量检验,是指根据商品标准规定的各项指标,运用一定的检验方法和技术,综合评定商品质量优劣、确定商品品级的活动。商品检验的目的是运用科学的检验技术和方法,正确地评定商品质量。

二、商品检验的作用

商品检验是商品质量监督和认证的一项基础工作，是商品生产和流通中不可缺少的一个重要环节，它对于确保商品质量，维护产、供、销三方的正当利益，都有重要意义。生产企业通过对生产各环节的商品质量检验来保证产品质量，促进产品质量不断提高；商品流通部门在流通各环节进行商品检验，及时防止假冒伪劣商品进入流通领域，以减少经济损失，维护消费者的利益；质量监督部门通过商品检验，实施商品质量监督，向社会传递准确的商品质量信息，促进我国市场经济的发展。

三、商品检验的种类

（一）按照检验主体的不同分类

按照检验主体的不同，商品检验可以分为第一方检验、第二方检验和第三方检验。

1. 第一方检验

第一方检验就是自检，即生产检验。生产检验是指商品生产者为了维护企业信誉、保证商品质量而对原材料、半成品和成品进行检验的活动。生产检验合格的商品往往用“检验合格证”加以标示。

2. 第二方检验

第二方检验即验收检验，是指商品的买方为了维护自身利益，保证所购商品符合标准或合同要求而进行的检验活动。目的是及时发现问题，反馈质量信息，促使卖方改进商品质量。在实践中，商业企业或外贸企业还常派“驻厂员”对商品质量形成的全过程进行监控，对于发现的问题，及时要求生产方解决。

3. 第三方检验

第三方检验即监督检验，是指处于买卖利益之外的第三方，以公正、权威的非当事人身份根据有关法律法规、合同或标准等而进行的商品检验，其目的在于维护各方面的合法权益和国家利益，协调矛盾，对产品起到质量证明作用，使商品的交易活动能够顺利、有序地进行。所谓第三方，就是介于第一方和第二方之外的另一类主体。这类主体通常是指质量监督与认证部门以及消费者协会等。

（二）按照检验数量的不同分类

按照检验数量的不同，商品检验可以分为抽样检验、全数检验和免于检验。

1. 抽样检验

抽样检验是指根据预先确定的抽样方案，从受检产品中随机抽取少量单位产品组成样本，再根据对样本中单位产品逐一测试的结果，与标准或合同规定相比较，最后由样本质量状况统计数据推断整批产品质量状况的检验方法。抽样检验适用于批量大、质量要求不高、价值低、检验项目多的产品。它具有占用人力、物力和时间少的优点，有一定的科学性和准确性，是比较经济的检验方式。但检验结果相对于整批商品实际质量水平总会有一定误差。但通过科学的抽样方法，进行合理控制，能够获得理想的抽样效果，因此抽样检验得到了广泛应用。

2. 全数检验

全数检验是指对受检产品中的所有单位产品逐个进行检验。这种方法可提供较多的质量信息，给人以心理上的安全感，但这种方法耗时长、成本高，适用于批量小、质量特征单一、精密、贵重、重型的关键产品，而且适用于对时间要求比较宽松的产品，但不适用于批量大、廉价、质量特性复杂、需要进行破坏性检验的产品。

3. 免于检验

免于检验是对商品质量保证体系良好、质量控制完备、成品质量长期稳定的生产企业所生产的产品，在企业自检合格后，商业企业或进出口公司可以直接收货，免于检验。我国进出口商品免检办法中规定，对于法定检验的进出口商品，凡具备下列情况之一者，申请人可以申请免检：在国际上获得质量奖未超过 3 年时间的商品；经国家商检部门认可的国际有关组织实施质量认证，并经商检机构检验质量长期稳定的商品；连续 3 年出厂合格率及商检机构检验合格率均为百分之百，并且没有质量异议的出口商品，连续 3 年商检机构检验合格率及用户验收合格率均为百分之百，并且获得用户和消费者良好评价的进出口商品。

还可以按商品内、外销售情况分为内销商品检验和进出口商品检验。具体形式有：工厂签证，商业（销售企业）免检，商业监检，凭工厂签证收货，商品定期或不定期抽检，商业批检，行业会检，库存商品检验，法定检验和自主检验，委托业务检验等。

（三）按照检验对象的流向分类

按照检验对象的流向，商品检验可以分为内贸商品检验和外贸商品检验。

1. 内贸商品检验

内贸商品检验是指商品经营企业、用户、行业主管部门及其附属质量监督检验机构或国家质量技术监督部门及其所属商品质量监督检验机构，依据国家的法律法规、有关标准或合同所进行的商品质量检验活动。在我国，国家质量技术监督部门是管理社会商品质量的政府主管机构，负责对全国各种商品的质量进行监督检验。

2. 外贸商品检验

外贸商品检验是指由我国进出口商品检验机构依照相关法律法规、合同规定、技术标准、国际贸易惯例与公约等，对进出口商品进行的法定检验、公证鉴定和监督管理检验。

法定检验是指商品检验机构根据国家的法律、行政法规的规定，对必须实施检验的进出口商品，按照国家技术规范的强制性要求进行的检验。按规定属于法定检验的出口商品，未经检验合格，不准出口；属于法定检验的进口商品，未经检验者，不准销售、使用。实施法定检验的商品范围是列入《必须实施检验的进出口商品目录》的商品和其他法律法规规定的须经检验机构检验的进出口商品。

公证鉴定是指应国际贸易关系人的申请，商品检验鉴定机构以公证人的身份，办理规定范围内的进出口商品的检验鉴定业务，出具证明，作为当事人办理有关事务的有效凭证，如品质（质量）、数量证明，残损鉴定和海损鉴定，车、船、飞机和集装箱的运载鉴定等。

监督管理检验是国家质检总局及其许可的商品检验鉴定机构通过行政管理手段，对进出口商品有关企业的检验部门和检验人员进行监督管理，对生产企业的质量体系进行评审，对进出口商品进行抽查检验等，是我国商检机构对进出口商品执行检验把关的重要手段。

（四）按照检验后样品的状况分类

按照检验后样品的状况，商品检验可以分为破坏性检验和非破坏性检验。

1. 破坏性检验

破坏性检验是指为了取得必要的质量信息，经测定、实验后的商品遭受破坏的检验。经破坏性检验后，被检验的样品完全丧失了原有的使用价值，因此抽样的样本小，检验的风险大。

2. 非破坏性检验

非破坏性检验是指在检验过程中产品不受到破坏，产品质量不发生实质性变化的检验。零件尺寸的测量范围等大多数检验都属于非破坏性检验。

（五）按照生产过程的顺序分类

按照生产过程的顺序，商品检验可以分为进货检验、过程检验和最终检验。

1. 进货检验

进货检验是指对企业所采购的原材料、外购件、外协件、配套件、辅助材料、配套产品、半成品等在入库前所进行的检验。进货检验的目的是防止不合格品进入仓库，防止由于使用不合格品而影响产品的质量和企业的信誉或打乱正常的生产秩序。

进货检验包括首(件)批样品检验和成批进货检验。在以下几种情况下应进行首(件)批样品检验：

(1) 首次交货；

(2) 在执行合同中产品设计有较大改变；

(3) 在制造过程中有较大变化，如采用新工艺、新技术或停产3个月以上又恢复生产；

(4) 对产品质量有新的要求。

2. 过程检验

过程检验也称工序检验，是指在产品形成过程中对各加工工序进行的检验。其目的在于保证各工序的不合格半成品不得流入下道工序，防止对不合格半成品的继续加工和成批半成品不合格，以确保正常的生产秩序。由于过程检验是按生产工艺流程和操作规程进行的检验，因而起到验证工艺和保证工艺规程贯彻执行的作用。过程检验通常包括首件检验、巡回检验、完工检验。

3. 最终检验

最终检验也称成品检验，目的在于保证不合格产品不出厂。成品检验是在生产结束后、产品入库前对产品进行的全面检验。

成品检验合格的产品，应由检验员签发合格证后，车间才能办理入库手续。凡检验不合格的成品，应全部退回车间进行返工、返修、降级或报废处理。经返工、返修后，产品必须再次进行全项目检验，检验员要做好返工、返修产品的检验记录，以保证产品质量具有可追溯性。

(六) 按照检验地点分类

按照检验地点，商品检验可以分为集中检验、现场检验和流动检验。

1. 集中检验

集中检验是指把被检验的产品集中在一个固定的场所(如检验站)进行检验。一般最终检验采用集中检验的方式。

2. 现场检验

现场检验也称为就地检验，是指在生产现场或产品存放地进行检验。一般过程检验或大型产品的最终检验采用现场检验的方式。

3. 流动检验

流动检验也称巡回检验或临床检查，是指检验员在生产现场按一定的时间间隔对有关工序的产品质量和加工工艺进行的监督检验。流动检验的重点是关键工序。

（七）按照检验方法分类

按照检验方法分类，商品检验可以分为理化检验和感官检验。

1. 理化检验

理化检验是指主要依靠检具、仪器、仪表装置或化学方法对产品进行检验，并获得检验结果的方法。有条件时应尽可能采用理化检验。

2. 感官检验

感官检验也称官能检验，是指依靠人的感觉器官对产品的质量进行评价或判断。对产品的形状、颜色、气味、伤痕、老化程度等进行的检验，通常依靠人的视觉、听觉、触觉或嗅觉等感觉器官进行，并判断产品质量的好坏或合格与否。感官检验又可分为以下几种。

(1) 嗜好型感官检验。如品酒、品茶及产品外观、款式的鉴定，要靠检验人员丰富的实践经验，才能正确、有效地作出判断。

(2) 分析型感官检验。如列车点检、设备点检，要依靠手、眼、耳的感觉对温度、速度、噪声等进行判断。

(3) 试验性使用鉴别。试验性使用鉴别是指对产品进行实际使用效果的检验。通过对产品的实际使用或试用，观察产品使用特性的适用性情况。

（八）按照质量特性的数据性质分类

按照质量特性的数据性质，商品检验可以分为计量值检验和计数值检验。

1. 计量值检验

计量值检验需要测量和记录质量特性的具体数值，取得计量值数据，并根据数据值与标准，判断产品是否合格。

2. 计数值检验

在工业生产中为了提高生产效率，常采用界限量规（如塞规、卡规）进行检验。所获数据为合格品数、不合格品数等计数值数据，而不能取得质量特性的具体数值。

四、商品检验的基本内容

商品检验的基本内容，包括商品的质量、规格、数量、重量、包装及其是否符合安全、卫生要求等。

（一）品质检验

品质检验又称质量检验，指运用各种检验手段，包括感官检验、化学检验、仪器分析、物理测试、微生物学检验等，对商品的品质、规格、等级等进行检验，确定其是否符合贸易合同(包括成交样品、标准等内容)规定。品质检验的范围很广,大体上包括外观品质检验与内在品质检验两个方面。

1. 外观品质检验

外观品质检验是指对商品的外观尺寸、造型、结构、款式、表面色彩、表面精度、软硬度、光泽度、新鲜度、成熟度、气味等的检验。

2. 内在品质检验

内在品质检验是指对商品的化学组成、化学性质、物理机械性能、生物学性质等技术指标的检验。

(二) 数量和重量检验

商品的数量和重量是贸易双方成交商品的基本计量和计价单位,是结算的依据,直接关系着双方的经济利益,也是贸易中最敏感且容易引起争议的因素。商品的数量和重量检验包括商品的个数、件数、打数、令数、长度、面积、体积、容积和重量等的检验。

(三) 包装检验

包装检验是指根据购销合同、标准和其他有关规定,对进出口商品或内销商品的外包装和内包装及包装标志进行的检验。商品包装本身的质量和完好程度,不仅直接关系着商品的质量,还关系着商品的数量和重量,也是商业部门判断商品致残或短缺原因、分清责任归属、确定索赔方的重要依据之一。

(四) 安全检验

安全检验是指根据国家规定和外贸合同、标准以及进出口国的法令要求,对进出口商品有关安全性能方面的项目进行检验,以保证生产使用和生命财产的安全。

(五) 卫生检验

卫生检验是指根据《中华人民共和国食品卫生法》、《化妆品卫生监督条例》、《中华人民共和国药品管理法》等法律法规,对食品、药品、食品包装材料、化妆品、玩具、纺织品、搪瓷器皿、玻璃器皿、塑料制品等进行的检验,以及对生产、加工、储藏的肉食品的卫生检疫,以保障人民健康和维护国家信誉。

(六) 规格检验

规格表示同类商品在量(如体积、面积、长度、宽度、厚度等)方面的差别,与商品品质优次无关。如鞋类的大小、纤维的长度和粗细、玻璃的厚度和面积等规格,只表明商品之间在量上的差别,商品品质取决于品质条件。商品规格是确定规格差价的依据。

五、商品检验的依据

商品检验是一项科学性、技术性、规范性较强的复杂工作，为使检验结果更具公正性和权威性，必须根据具有法律效力的质量法规、标准及合同等开展商品检验工作。

（一）购销合同

买卖双方必须按照《中华人民共和国经济合同法》的要求，签订购销合同，务必将质量及其检验条款写清楚，并共同遵守。一旦发生质量纠纷，购销合同的质量要求即为仲裁、检验的法律依据。

（二）商品质量法规

国家有关商品质量的法律、法令、条例、规定、制度等，规定了国家对商品质量的要求，保障了国家和人民的合法权益，具有足够的权威性、法制性和科学性。商品质量法规是国家组织、管理、监督和指导商品生产与商品流通，调整经济关系的准绳，是各部门共同行动的准则，也是商品检验活动的重要依据。商品质量法规包括商品检验管理法规、产品质量责任制法规、计量管理法规、生产许可证及产品质量认证管理法规等。

（三）技术标准

技术标准是指规定和衡量标准化对象的技术特征的标准。它对产品的结构、规格、质量要求、检验方法、验收规则、计算方法等均作了统一规定，是生产、检验、验收、使用、贸易洽谈的技术规范，也是商品检验的主要依据，对保证检验结果的科学性和准确性具有重要意义。这里的标准可以是国家标准、行业标准和企业标准，到底依据何种标准，应按照合同的约定执行。

六、商品检验的方法

商品检验的方法包括理化检验法和感官检验法。

（一）理化检验法

理化检验法是指在实验室等一定环境条件下，利用各种仪器、器具和试剂等手段，运用物理、化学、生物学原理测试商品质量的方法。它主要用来检验商品的成分、结构、物理性质、化学性能、安全性、卫生性等。理化检验法的显著特点是可用数据定量表示测定结果，其结论较感官检验更客观和精确。同时对检验设备、仪器和检验人员素质也有较高要求。理化检验方法根据其使用原理可分为物理检验法、化学检验法和生物学检验法。

1. 理化检验法的优缺点

理化检验的结果可用数据定量表示，较感官检验客观和精确，但对检验设备和检验条件的要求较为严格，同时要求检验人员应具备扎实的基础理论知识和熟练的操作技术。

2. 理化检验法的分类

1) 物理检验法

物理检验法是指运用各种物理仪器、量具对商品的各种物理性能和指标进行测试检验，以确定商品质量的方法。根据测试检验的内容不同，物理检验法可分为以下几类。

(1) 度量衡检验法。度量衡检验法是指利用各种量具、量仪来测定商品的长度、细度、厚度、体积、密度、容重、表面光洁度等物理特性的检验方法。如纤维的长度、细度，粮谷的容重，水果个体的体积和重量等都适用此检验法。

(2) 力学检验法。力学检验法是指用各种力学仪器测定商品的力学性能的检验方法。商品的力学性能包括抗拉强度、抗压强度、抗冲击强度、硬度、弹性、耐磨强度等。商品的力学性能与商品的耐用性密切相关。

(3) 热学检验法。热学检验法是指使用热学仪器测定商品热学特性的检验方法。商品的热学特性包括沸点、熔点、凝固点、耐热性等。橡胶制品、塑料制品、玻璃制品、搪瓷制品、金属制品、化工制品、皮革制品等，其热学性质与商品质量相关。如搪瓷制品的耐热性测定，是将搪瓷制品加热到一定温度后，将其迅速投入冷水中，以珐琅层在突然受冷时不致炸裂和脱落的温度表示，温度差越大，耐热性越好。

(4) 电学检验法。电学检验法是指利用电学仪器测量商品电学特性的检验方法，如电阻、电容、电导率、介电常数等。对于电器类商品，其电学特性直接决定商品的质量。

(5) 光学检验法。光学检验法是指利用光学仪器如光学显微镜、折光仪、旋光仪等来检验商品光学特性的检验方法。光学显微镜用于观察商品的细微结构，进而判定商品的使用性能。折光仪用于测定液体的透射率，通过透射率的测定可分析液体商品的品质，如通过测定油脂的透射率可判定油脂的新陈与掺假与否。旋光仪是通过对旋光性物质如蔗糖、葡萄糖等的旋光度进行测定，从而判定旋光性物质的纯度。

2) 化学检验法

化学检验法是指运用化学试剂和仪器对商品的化学成分及其含量进行测定，从而判定商品品质的检验方法。化学检验法按检验手段可分为化学分析法和仪器分析法。

(1) 化学分析法。化学分析法是指根据检验过程中试样和试剂所发生的化学反应以及在化学反应中试样和试剂的用量，鉴定商品的化学组成和化学组成中各成分的相对含量的检验方法。以物质的化学反应为基础的化学分析法是一种传统的化学分析方法，所用设备简单，准确度高，是其他化学分析方法的基础，又称常规分析法。

(2) 仪器分析法。仪器分析法是指采用光学、电学方面较为复杂的仪器，通过测量商品的光学性质、电化学性质来确定商品的化学成分的种类、含量及化学结构，以判断商品品质的检验方法。仪器分析法适用于微量成分含量的分析。仪器分析法可分为光学分析法和电化学分析法。光学分析法是通过被测成分吸收或发射电磁辐射的特性差异来进行化学鉴定的，电化学分析法是利用被测物的化学组成与电物理量之间的定量关系来确定被测物的组成和含量的。

3) 生物学检验法

生物学检验法主要用于对食品、动植物及其制品、医药类商品进行检验，它包括微生物学检验法和生理学检验法。

(1) 微生物学检验法。微生物学检验法是指对商品中有害微生物存在的种类及数量进行的检验，它是判定商品卫生质量的重要手段。一般有害微生物有大肠菌群、致病菌等，它们直接危害人体健康及商品的储存安全。

(2) 生理学检验法。生理学检验法用于测定食品可消化率、发热量、维生素种类、维生素含量、矿物质含量等指标。生理学检验一般用活体动物进行试验。

(二) 感官检验法

感官检验法是指以人体感觉器官作为检验器具，对商品的色、香、味、形、手感、音质等感官质量特性作出判定和评价的检验方法。感官检验法适用的商品主要有食品、纺织品、服装、乐器等。

1. 感官检验法的优缺点

感官检验法的优点是操作简便、灵活易行、节省费用，不需要专门的仪器和复杂的设备，方法简便易行，不易破坏商品体，不受抽样数量的限制。特别适用于目前还不能用仪器定量评价其感官指标的商品和不具备采用昂贵、复杂仪器进行检验的条件的企业和团体。

感官检验法的缺点是受鉴定人的生理条件、工作经验及鉴定时的外界环境干扰等限制，其检验结果往往带有主观片面性。感官检验的结果大多数情况下只能用比较性的用词表示或用文字表达，难以用准确数字来表示。

2. 感官检验法的分类

1) 依据检验目的和组成人员的不同分类

按检验目的和组成人员的不同，感官检验法又可分为分析型感官检验法与偏爱型感官检验法两大类。

（1）分析型感官检验法，又称Ⅰ型或A型感官检验法。它以经过培训的评价员的感觉器官作为“仪器”来测定商品的质量特性或鉴别商品质量优劣，以及同种商品之间的差异等。这种检验法要求评价员对商品作出客观评价，尽量避免人的主观意愿对评价结果的影响。为此，在进行检验时必须保证具有以下三大要素：统一的标准评价尺度和评价基准物，规范化的试验条件，训练有素的评价员。

（2）偏爱型感官检验法，又称E型或B型感官检验法。它以未经训练的消费者对商品的感觉来判断消费者对商品的偏爱程度，所以是一种主观评价方法。这种检验不像分析型那样需要统一的评价标准和条件，全凭评价者生理、心理的综合感觉而定，即其感觉程度和主观意识起着决定性作用，因而评价结果往往因人、因时、因地而异，并且允许有相反判断。

2）依据检验时所主要使用的感觉器官的不同分类

依据检验时所主要使用的感觉器官的不同，感官检验法可分为视觉检验法、嗅觉检验法、味觉检验法、听觉检验法和触觉检验法。

（1）视觉检验法。视觉检验法是通过视觉器官来观察商品的外形、结构、色泽、外观疵点、包装装潢等感官指标，并据此评定商品的质量特性的检验方法。视觉检验法对于日用工业品、纺织品主要检验其美学特点和表面缺陷，对于食品则主要检验其新鲜度、成熟度和加工程度。使用视觉检验法应注意以下几点：为使检验者对商品外观评定有所依据，应制定相应的样品标准；检验者应具备丰富的感官检验知识和经验并熟悉标准样品各等级的条件、特征和界限；光线强度应适中。由于视觉检验法是用肉眼观察、评定商品的外观质量，因此鉴定场所的光线强弱是直接影响鉴定结果的重要条件。

（2）嗅觉检验法。嗅觉检验法是凭借嗅觉器官——鼻来鉴定商品气味并评定商品品质的方法。嗅觉是由于商品体发散于空气中的物质颗粒作用于鼻腔嗅觉细胞，产生兴奋并传入大脑皮层引起的感觉。嗅觉检验法应用于对食品、家用化工用品和香精香料等商品的质量检验。凡品质优良的商品均具有其特有的正常气味或香气。嗅觉检验法的检验结果能否正确反映商品的品质，除了检验者自身的素质外，检验场所的清洁度、有无异味对检验结果也有很大影响。因此进行嗅觉检验时，检验场所、盛样器皿、检验者的手和衣物等均不应有不利于嗅觉检验的异种气味。

（3）味觉检验法。味觉检验法是借用人的味觉器官来检查有一定滋味要求的商品品质的方法。味觉是溶解于水或唾液中的物质作用于舌面和口腔黏膜上的味觉细胞，产生兴奋并传入大脑皮层而引起的感觉。基本味觉有酸、甜、苦、辣、咸5种。使用味觉检验法应注意被检样品的温度要与对照样品的温度一致，在一些检验细节上必须严格遵循检验规程，如检验前后必须漱口等。

（4）听觉检验法。听觉检验法是凭借听觉器官来鉴定商品质量的方法。听觉是通过外界商品的音响刺激耳膜引起大脑神经反应而产生的一种感觉。听觉检验法一般用来检验玻璃制品、瓷器、金属制品有无裂痕或其他内在缺陷，评价以声音作为重要指标的乐器、音响装置、家用电器，评定食品的成熟度、新鲜度、冷冻程度等。听觉检验法需要适宜的环境条件，力求安静，尽量避免外界因素对听觉灵敏度的影响。

(5) 触觉检验法。触觉检验法是利用人的触觉器官感受商品，从而对商品品质作出判定的检验方法。触觉是皮肤受到外界刺激而引起的感觉，如触压觉、触摸觉等。触觉检验法主要用于检查纸张、塑料制品、纺织品以及食品和其他日用工业品的表面光滑细致程度、强度、厚度、弹性、紧密程度、软硬程度等质量特性。使用触觉检验法时，应注意环境条件的稳定及手指皮肤正常状态的保持。

3. 减少感官检验主观因素的措施

为了减少主观因素对感官检验结果的影响，可适当采取下列措施。

(1) 制作实物标准，作为感官检验的依据。根据商品品质优次，制成不同等级的成套样品，作为评定商品品质、确定等级的依据。

(2) 集体评审。由具有丰富实际经验的两人以上的鉴定者同时对同一商品进行检验，然后综合各检验者的检验结论对该商品品质作出评价。

(3) 采用记分法。记分法是以感官检验为基础，但用分数表示商品品质或某项品质指标的评价方法。

七、商品检验的程序

(1) 定标。定标是指检验前根据合同或标准规定，明确技术要求，掌握检验手段和方法，拟订商品检验计划。

(2) 抽样。抽样是指按合同或标准规定的抽样方案，抽取样品，使样品对商品总体具有充分的代表性，同时对样品进行合理的维护。

(3) 检验。检验是指在规定要求的环境下，使用一定的检验设备和条件，采用测量、测试、试验等检验方法，检测样品的质量特性。

(4) 判定。判定是指通过将检测的结果与合同及标准要求的技术指标进行对照，根据合格判定原则，对被检商品合格与否作出判定。

(5) 处理。处理是指对检验结果出具检验报告，反馈质量信息，对不合格商品作出处理。进出口商品检验程序大致可分为 4 个主要环节：受理报验→抽样制样→检验鉴定→签证放行。

八、商品抽样

（一）商品抽样的概念

抽样也称取样、采样、拣样，是指从被检验的商品中按照一定的方法采集样品的过程。即在检验整批商品质量时，应用一定的方法，从中抽取具有代表性的、一定数量的样品，作为评定这批商品的质量依据。这种抽取样品的工作，称为商品抽样。

（二）商品抽样的原则

要从一大批被测物品中，抽取到能代表整批被测物品的少量样品，必须遵循如下原则。

1. 代表性原则

绝大多数商品的鉴定，由于鉴定方法的破坏性以及考虑到经济、效率等因素，不可能对全部商品进行鉴定，而只能从被鉴定商品中抽取一部分进行鉴定，这些从被鉴定商品中抽取的样品，是鉴定工作的对象，也是决定商品质量的主要依据，因而要求抽取的样品必须具有代表性。

2. 典型性原则

针对所要达到目的而抽取的能充分说明这一目的的样品称为典型样品。典型样品一般在发现或怀疑商品有腐败、污染、掺杂、伪造及含有某些毒物等情况时采集抽取，此时，所采集抽取的样品应当是可疑的商品，而不能用均匀的样品，以保证所抽样品具有典型性。

3. 适时性原则

由于很多商品的组成、成分、含量等会随着时间的推移而发生迅速的变化，因而要求鉴定者及时抽样并及时进行鉴定。

（三）商品抽样的方法

1. 简单随机抽样法

简单随机抽样法又称单纯随机抽样法，它是对整批同类商品不经过任何分组、划类、排序，按照随机原则抽取检验样品。任何商品都有被抽到的机会。简单随机抽样法通常用于对批量不大的商品的抽样，通常是将此批中各单位商品编号，利用抽签或随机表抽样。

2. 分层随机抽样法

分层随机抽样法又称分组随机抽样法或分类随机抽样法。它是将整批同类商品按主要标志分成若干个组，然后从每组中随机抽取若干样品，最后将各组抽取的样品放在一起作为整批商品的检验样品的抽样方法。

分层随机抽样法适用于对批量较大的商品的检验，尤其是当批中商品质量可能波动较大时，如不同设备、不同时间、不同生产者生产的商品组成的被检批。它抽取的样本有很好的代表性，是目前使用最多、最广的一种抽样方法。

3. 分段随机抽样法

当抽检批可以分成一些小部分（副批）时，如果各部分严密包装，使用分层随机抽样法比较麻烦，此时可以采用分段随机抽样法。分段随机抽样法是将检验批分成若干个小部分，先随机抽出几个小部分，然后再从所抽出的每个小部分中进一步随机抽取一定数量的产品，最后将所抽出的产品集合起来组成样本。

4. 规律性随机抽样法

规律性随机抽样是按一定的规律，从整批待抽商品中抽取样本。即先对同一批商品按顺序编号，并任意确定一个号码作为抽样的基础号，然后每隔一定间隔抽取一个，由于样本分布均匀，因而代表性较好。

5. 系统随机抽样法

系统随机抽样法又称等距随机抽样法、规律性随机抽样法。它是先将整批同类商品按顺序编号，即按自然数进行排列，并随机决定某一个数为抽样的基准号码，然后按已确定的抽样距离机械地抽取样品的方法。这种抽样方法抽样分布均匀，比简单随机抽样更为精确，适用于对较小批量商品的抽样，但当被检商品质量问题呈周期性变化时，易产生较大偏差。

本章小结

本章首先介绍了商品标准及其作用，阐述了商品标准的分类、分级等内容；然后介绍了商品标准化的概念、作用，重点介绍了商品标准化的简化、统一化、系列化、通用化、组合化和模块化；接下来介绍了商品检验的概念、作用、种类和内容，详细阐述了商品检验的各种方法、程序以及商品抽样。

综合案例分析

超市一般商品的收货标准

(1) 商品外箱须完整无损。

(2) 商品包装单位须正确无误，包装牢固。

(3) 送货数量不得多于订单数量，必须在订单规定送货日期前三天或后三天执公司订单送货，否则，可以拒收。

(4) 送货商品的描述、含量、规格等，必须与公司电脑中的商品一致。

(5) 送货商品上的条形码，必须与公司电脑中此商品的条形码一致；不符合者，须粘贴公司店内码，粘贴店内码的位置必须符合公司的要求。

(6) 一年保质期商品必须具有 2/3 的有效时间，一年以上保质期商品必须具有 1/2 的有效时间，否则，可以拒收。

(7) 成套商品配件必须齐全。

(8) 进口商品上必须有中文标志。

(9) 烟、酒等特殊商品,必须粘贴防伪标志。

(10) 家电等商品必须有说明书。

(11) 送货商品必须有质量检验合格证或卫生检验合格证。

(12) 生鲜商品的品质、质量由生鲜部人员负责,收货部负责数量的真实性,同时收货部、防损部对生鲜品质量有必要的监督职能。

思考题

超市的收货标准属于商品标准的哪种类型?为什么?

本章综合练习题

1. 简述商品标准的分类和分级。
2. 商品标准化的形式有哪些?
3. 简述商品检验的方法。
4. 简述商品检验的分类。

实践活动

商品质量检验

实践目标:学会对商品质量进行检验。

实践内容:选取一种熟悉的商品进行检验。

实践要求:对选取的商品用适合的商品检验方法作出评价。

实践成果:撰写商品检验报告。

第四章　商品储运技术

本章学习目标

(1) 了解商品储存的定义、作用、场所和方式；

(2) 掌握商品储存合理化的原则及商品储存管理；

(3) 了解商品养护及商品质量变化；

(4) 掌握商品养护技术；

(5) 了解商品运输的定义和作用；

(6) 掌握运输合理化的因素、运输的原理和运输方式。

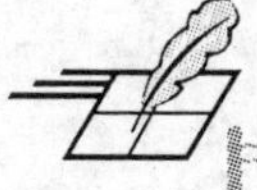

经典案例导入

超市商品库存结构及优化管理方法

众所周知，超市行业的进入门槛较低，对员工的要求似乎也不高，但是，要真正把超市做好并非易事。就拿库存管理方面的工作来说，要想做到灵活掌握，真正发挥出库存管理的优势来，需要高水平的管理人员。

库存管理的目的就是通过采购环节、订货环节、数据分析环节等对超市商品库存的结构状况、库存总量情况进行有效的调节、优化，使门店商品的库存结构趋于合理，库存总金额达到最佳数值，最终实现公司商品库存的高效运转，为公司资金的高效运用打下良好基础。

以下就几项在实际工作中与库存结构变化联系紧密，对库存优化起重要作用的工作简单介绍一下。

（一）应销未订概念及相关处理

若商品状态为可销售、可订货，属正常商品，但是库存数量小于或等于日均销量的3倍，即可认为超市应该正常销售的商品出现了本该订货但未订的现象。

该类商品大多数为超市的结构性商品，属于提高超市服务率、提升公司商品丰富形象的商品，销售情况一般。由于订货人员的工作失误，也有可能使某些畅销商品出现在应销未订的报表上。

通常的解决办法是，通过查询应销未订报表，确定该类商品是否已经下单：如果有订单而供应商没有送货，则要尽快与厂商联系催货，或知会相关采购人员加以解决；如果该商品由于各种原因没有下单，则要立即下单，催促厂家尽快送货；如果该商品厂家已不再生产或者会长期缺货，则建议采购人员尽快改变该商品的状态。

（二）负库存概念及相关处理

商品系统库存数值为负数的商品库存称为负库存。

负库存产生的原因主要有以下几种：由于上次的盘点漏盘或盘点错误而导致商品系统库存比实际库存小，赠品未贴赠品签被当做正常商品销售，收银扫码错误，收货未录入，商品销售包装的改变，商品进货单位与销售单位的不同等。

解决办法主要遵循一个原则，即在查明负库存产生原因的基础上进行解决。由于收银扫码混淆、盘点错误、包装改变、进货与销售单位不符等导致的负库存，应进行相应的库存更正。由于收货错误、将赠品当做商品销售等导致的负库存，则必须追究当事人的责任，同时修正库存数据。

（三）高库存概念及相关处理

单品库存金额大于500元、库存倍数大于4个订货倍数、库存天数大于安全库存天数加上20天、已有一个月内未进货的商品被定义为高库存商品。

产生的原因大致有以下几种：以前促销期间销售预估量过大，导致订货失误，为高库存的形成埋下了隐患；销售高峰期间囤货失误，商品销售旺季未能及时消化库存，导致高库存的产生；季节性商品订货失误导致高库存的产生。

解决办法，简单地说，只要破坏高库存形成的任何一个条件，就可以将该商品从高库存报表里删除。但是具体问题要具体分析，高库存商品必须及时得到实质性解决，主要有两条途径：可退货商品，以退货的方式解决；不可退商品，只能出清，做降价促销堆头陈列处理。对于此类商品，公司订货时应特别注意，切记不能以再订一次货的方式去解决。

（四）如何做好超市的运输管理工作

为了加速货物流通，使货物运输合理化，超市商品管理应本着及时、准确、经济的原则，按照运输车辆“集中管理，分散使用”的综合方法，加强货物运输管理。

第一节 商品储存

一、商品储存的定义

商品储存是指商品离开生产过程但尚未进入消费过程的间隔时间内的停留，也就是在流通领域中的停留存放过程，又称商品储备。

二、商品储存的作用

商品储存是商品物流中的重要环节，是商品经销部门吸收待销商品的重要手段，它对调节社会生产和消费的矛盾、促进商品生产和流通、保证市场供应具有十分重要的作用。

（一）降低运输成本，提高运输效率

由于存在着运输费用率随着运量的增大而减小的规模经济现象，因而尽可能大批量运输是节省运费的有效手段。将连续不断生产出来的商品集中运输或者将众多供应商的商品整合运输，可以通过合并运输和运输配载来充分利用交通工具，降低物流成本。

（二）满足个性化消费的需求

对于需要通过整合运达消费地的产品，在仓库里根据流出去向、流出时间，将产品和零部件进行分拣分类，实现产品组合，可以更好地满足消费者的个性化需求。

（三）消除商品的价格波动

很多商品的生产和消费具有季节性，商品储存可以说是物流的时间控制开关，通过储存时间的调整，可使商品按市场需求的节奏流动，满足生产与消费的平衡需求。对于一般商品而言，进行适当的安全储备，是保证生产稳定进行和促进销售的重要手段，也是对抗交通阻塞和意外事故等偶发事件的重要应急手段。

（四）实现增值服务

在储存商品的同时进行流通加工，可以实现增值服务。在仓储中进行流通加工，既不影响商品的流通速度，又能满足市场的需求变化和不同客户的需要，实现商品的增值。仓储中常见的流通加工形式包括包装、贴标签、改型、上色、定量和组装等。

(五) 从时间和地域上调节供需

从生产和消费两方面来看,其连续性的规律均因产品不同而异。一方面,商品的生产和消费在时间上存在着一定的差异和间隔。因此生产节奏和消费节奏不可能完全一致,由此产生的供需不平衡,就要有储存作为平衡环节加以调控,使生产和消费协调起来,使物资的供应和需求相适应,把商品的生产和消费联系得更好。商品储存可以起到"蓄水池"式的调节作用,体现出物流系统创造物资时间效用的基本职能。另一方面,商品的生产和消费在地域上也存在着差异与间隔。商品要完成空间位置的转移,除了商品运输之外,商品的适当集中储存也必不可少。

三、商品储存合理化的原则

储存合理化就是在保证储存功能实现的前提下,用各种方法实现商品储存的经济性。储存的功能是对需要的满足,实现被储物的"时间价值"。合理储存的实质是在保证储存功能实现的前提下,尽可能地减少投入。储存合理化的原则主要有保证质量原则、保证数量原则、保证时间原则、保证市场供应原则、保证生产稳定原则、保证库存结构原则、保证分布原则和经济原则。

(一) 保证质量原则

保证被储存物品的质量是实现储存功能的根本任务和要求。商品储存是为了销售和消费,在储存过程中,商品的使用价值或多或少地要起变化。因此要求在储存过程中严格监控商品质量,加强对商品的维护和保养,创建和保持适宜的环境条件。在储存活动中增加了多少时间价值或是得到了多少利润,都是以保证质量为前提的。

(二) 保证数量原则

在保证功能实现的前提下,储存有一个合理的数量范围。目前,运用管理科学的方法,已经能在各种约束条件下对合理数量范围作出决策,但较为实用的还是在消耗稳定、资源及运输可控的约束条件下所形成的储存数量控制方法。

(三) 保证时间原则

在保证商品质量的前提下,必须寻求一个合理的储存时间。储存商品的数量越大而销售商品的速度越慢,则储存的时间必然越长,反之亦然。因此,商品储存必须有一个合理的时间范围,不能过长。

(四) 保证市场供应原则

商品储存的根本目的是为了实现商品流通,保证商品的销售,因而商品销售量的多少是影响商品储存量的决定因素，通常应保持一定的比例关系，防止脱销或积压。商品储存量还受生产时间和流通状况的影响，尤其是季节性生产的商品，其再生产周期和商品流通的时间较长，商品储存量相应地较大。此外，还须考虑非正常情况下的安全储存量和必要的储存耗费，以确定适宜的商品储存量，保证市场供应得以正常、持续地进行。

（五）保证生产稳定原则

由于商品的生产和消费在时间、地域、数量上无法同时进行，商品储存便成为支持生产、使生产与流通连接起来的一种重要手段。通过商品储存，商品的生产和消费得以均衡进行，同时使生产避免盲目性和任意性，达到资源的有效配置和充分利用。商品储存应能保证商品生产持续、有效地进行。

（六）保证库存结构原则

商品储存要在数量和结构上适应市场供应的需要，保持恰当的比例关系，以适应消费需求的多层次、多样化的变化情况。同时商品储存还要注意畅销商品和积压商品的转化趋势，进行有效管理。

（七）保证分布原则

不同的市场区域对于商品的需求也是不同的。因此，不同的地区所储存的商品的数量也应该不同。各个区域的仓库只有根据商品的需求储存适量的商品，才能真正实现商品储存的经济性和合理性，不至于造成浪费。

（八）经济原则

商品储存量的多少、库存商品结构情况、储存时间和销售时机的确定，应贯彻经济原则，推算出维持正常商品周转的最佳库存量和库存结构，选择最低库存成本和较少的资金占用，争取在不脱销、不积压的前提下，掌握合理的进货批量和库存储备量，以获得最大的经济效益。

四、商品储存的场所

商品储存的主要场所是仓库。广义上的仓库是指“保管物品的设施”，主要包括为防止物品丢失和损伤而实施保管活动的建筑物、水面、土地等。商品储存的方式与仓库的类型密切相关，根据不同的分类标准，仓库可以分为不同的类型。

（一）按照建筑结构分类

按照建筑结构，仓库可分为库房、货棚和货场。

1. 库房

库房是用于储存商品的房屋，亦称密闭式仓库。库房是应用最广泛的仓库形式。库房为商品的储存和保养创造了良好的环境条件。一般用于存放不能经受雨雪浸淋、风吹日晒，对保管条件要求较高的商品。按照建筑形式，库房可分为平房库房、多层库房、地下室库房；按照建筑材料，库房可分为砖木结构库房、钢筋水泥库房、钢结构库房。不同类型的库房，从库容到性能、用途等方面差异较大。

2. 货棚

货棚是用于储存商品的棚房，是一种简易的仓库，由棚顶、棚架、仓库基础三部分组合而成。其特点是不需要配备养护设施，适用于存放受自然温湿度影响较小的商品，或不能经受雨雪浸淋但能经受风吹日晒的商品。货棚一般用于商品的中转或加工中的临时存放。按照封闭程度，货棚可分为蔽棚、半蔽棚等形式。

3. 货场

货场是用以露天存放商品的场地。一般用围墙、铁丝网、水沟等作为隔离物与非仓库地域隔离开来。货场一般占地面积较大，通常地坪平整，用水泥地板、木材或其他物品垫护商品，用油毡、帆布、厚塑料膜等遮盖商品。货场主要用于能经受风吹日晒、不受自然条件影响的大批量商品，或带有箱、桶等包装的商品的存放。货场结构简单、成本低廉，但对所储存的商品有一定局限性。我国因地理和气候条件的不同，北方比南方使用货场更普遍。

（二）按照基本形态分类

按照基本形态，仓库可分为自用仓库、营业仓库、公共仓库和租赁仓库。

1. 自用仓库

保存自己物品的仓库称为自用仓库，包括工厂仓库（原材料仓库、成品仓库）、商业仓库、事业单位或团体的仓库等。

2. 营业仓库

营业仓库是指为经营仓库保管业务，根据仓库业管理的有关法规设立的仓库。营业仓库面向社会提供仓库保管服务。商业系统、物资系统、外贸系统等的储运仓库以及专业仓库企业的仓库都属于营业仓库。

3. 公共仓库

公共仓库是指政府部门或公共团体、社会团体修建的，为社会物流业务服务的仓库。公共仓库所保管的物资大多是为公共或公益事业而储存、管理或保管的。如铁路车站的货场仓库，交通港口的码头等都属于公共仓库。

4. 租赁仓库

仓库设施的所有者（营业仓库以外的企业或个人）本身并不直接提供保管服

务，而是将其拥有的仓库设施租赁给他人用来储存需保管的物品，这种性质的仓库为租赁仓库。

（三）按照流通环节分类

按照流通环节，仓库可分为产地仓库、集散地仓库、流通中心仓库和消费地仓库。

1. 产地仓库

产地仓库是指以地区性的农、牧、渔产品以及矿产或大量土特产品为主的，具有保温、冷藏、防腐、防蚀、防潮等设备的，设在产地附近的专业设备仓库。

2. 集散地仓库

集散地仓库是指以商品大量集中而又分散的转口交通要道为基地而建设的专供运输保管的仓库。这类仓库除正式库房外，多附设有大型堆货场或积货棚。

3. 流通中心仓库

流通中心仓库主要设立在大城市的周边地区，以疏通、缓和城市中心的交通滞塞以及提高流通效率为主要目的，供批发、转运、作短期保管使用。流通中心仓库多建于大城市的主要火车站、高速公路的出入口，占用大面积场地，并设有宽大的停车场。这些仓库吞吐量大，保管品种多，实施装卸、搬运手段现代化。

4. 消费地仓库

消费地仓库多设在消费城市的周围，以受托保管工商企业存放于该地区的生活资料和生产资料为主要业务。这类仓库又称为“城市仓库”。除进行上述物资保管外，还设有“特别专柜”，如为客户保管珍贵的衣物、家具、书画、古董等。

（四）按照仓库的功能分类

按照功能，仓库可分为通用仓库、专用仓库和特种仓库。

1. 通用仓库

通用仓库也称普通仓库，无特殊的设备要求，主要用于储存一般性商品，技术和操作条件都较简单，但通用性好。这类仓库对各类商品的适应性强，利用率高，在商业仓储业中占较大比重。

2. 专用仓库

专用仓库用于专门储存某大类商品的仓库，如粮食仓库、茶叶仓库、农药仓库、化肥仓库等。一般根据商品的特殊性能和质量要求，设置专用装置和严格的操作程序。这类仓库通用性差，只能固定用于既定商品的专门储存，商品在专用仓库中可进行较长时间的储存。

3. 特种仓库

特种仓库是指具有特殊设施和特别技术要求的仓库。特种仓库的设置与商品储存和科技进步紧密相连。特种仓库主要用于特殊商品的储存，使商品质量能较长时间保持不变，如危险品仓库、石油库、冷库、气调库等。这类仓库技术要求高，专业化程度高，对员工素质要求也较高。现代社会中，冷库已逐渐成为商品储存场所中最重要的形式而被广泛使用，随着技术进步，冷库的库容和用途都在不断地拓展、扩大。

五、商品储存的方式

商品的储存方式包括季节性储存、周转性储存和储备性储存。

（一）季节性储存

季节性储存是指为解决和协调生产与消费的时间性差异而进行的商品储存。对于畅销商品、时髦商品、转季销售的传统商品，季节性储存尤为重要。季节性储存的进货量、库存量和库存结构随市场活动情况而变异较大，往往成为企业市场营销策略的组成部分。

（二）周转性储存

周转性储存是指为维持正常的商品经营业务需要而进行的商品储存，这是商品储存最主要的方式，其商品储存量取决于企业的经营能力和管理水平，与商品的生产周期和调运周期也有直接联系。在实际工作中，周转性储存是保证市场供给、维持企业营销活动正常运作的重要手段，因此应注意压缩不必要的商品库存，减少资金占用。另外，还要考虑货源交接地的运输条件，应留有充分余地，以有效地发挥周转性储存的作用。

（三）储备性储存

储备性储存指一个国家或地区为防备灾荒、抵抗外来侵略或其他应急需要而进行的商品储备。通常存放与国计民生有重大关系的物资性商品，如粮食、棉花、石油、药品等。国家储备的商品主要用于备战备荒、稳定市场和临时特殊应急。这种专项储备未经国家有关部门批准，不能擅自动用或参与商品流通。

六、商品储存管理

商品储存管理包括商品的入库管理、在库管理和出库管理等，是对商品货物进行堆存、保管、保养、维护等的一系列活动。

（一）入库管理

商品的入库管理包括接货、验货和入库三项内容。

1. 接货

根据物品运输部门开出的入库单核对收货仓库的名称、印章是否有误，商品的名称、代号、规格和数量等是否一致，有无更改的痕迹等，只有经过仔细核对后才能确定是否收货。

2. 验货

验货包括对商品规格、数量、质量和包装方面的验收。对商品规格的验收主要包括对商品品名、代号、花色等方面的验收；对商品数量的验收主要包括对散装商品进行称量，对整件商品进行数目清点，对贵重商品进行仔细查收等；对商品质量的验收主要包括核对商品是否符合仓库质量管理的要求、商品的质量是否达到规定的标准等；对商品包装方面的验收主要包括核对商品的包装是否完好无损、包装标志是否达到规定的要求等。

3. 入库

如果商品资料经验收准确无误，则应该在入库单上签字，确定收货，安排商品存放的库位和编号，并登记仓库保管账目；如果发现商品有问题，则应另行做好记录，交付有关部门处理。

（二）在库管理

商品在库管理包括安排储存场所、堆码、养护和在库检查四项内容。

1. 安排储存场所

各种商品的性质不同，对储存场所的要求也不同。应根据储存商品的特性来选择合适的商品储存场所，以确保在库商品的安全。

2. 堆码

堆码是指商品的堆放形式和方法。堆码应符合安全、方便、多储的原则。由于仓库一般实行按区分类的库位管理制度，因而仓库管理员应当按照物品的存储特性以及入库单上指定的货区和库位进行综合考虑和堆码，做到既能够充分利用仓库的库位空间，又能够满足物品保管的要求。堆码形式要根据商品的种类、性能、数量和包装情况以及库房高度、储存季节等条件决定。

3. 养护

仓库管理员应当经常或定期对仓储商品进行检查和养护，对于易变质或对存储环境要求比较特殊的商品，应当经常进行检查和养护。检查工作的主要目的是尽早发现潜在的问题，养护工作主要以预防为主。在仓库管理过程中，应采取适当的温度、湿度和防护措施，预防破损、腐烂或失窃等，保证存储物品的安全。

4. 在库检查

对于库存商品要有定期和不定期、定点和不定点、重点和一般相结合的质量检查制度，并根据检查结果随时调节储存条件，减缓商品的劣变速度。对仓库中贵重的和易变质的物品，盘点的次数越多越好；其余的物品应当定期进行盘点。盘点时应当做好记录，与仓库账目核对，如果出现问题，应尽快查出原因并及时处理。

（三）出库管理

商品出库管理包括核对、配货出库和记账清点三项内容。

1. 核对

提货单经核对无误后仓库管理员才能发货。除了保证出库物品的品名、规格和编号与提货单一致外，还必须在提货单上注明物品所处的货区和库位编号，以便能够比较轻松地找出所需的物品。

2. 配货出库

在提货单上，凡是涉及较多物品时，仓库管理员应认真复核，交与提货人；凡是需要发运的物品，仓库管理员应当在物品的包装上做好标记，而且可以对出库物品进行简易的包装。在填写有关的出库单据、办理好出库手续之后，可予以放行。

3. 记账清点

每次发货完毕，仓库管理员应做好仓库发货的详细记录，并与仓库的盘点工作结合在一起，以便于进行之后的仓库管理工作。

第二节　商品养护

一、商品养护

商品养护是指在商品储存过程中，对商品进行的保养和维护工作。商品养护是防止商品质量变化的重要措施，是仓储保管中一项经常性的工作。从广义上说，商品离开生产领域但未进入消费领域之前这段时间的保养与维护工作，都称为商品养护。

“以防为主，防治结合”是商品养护的基本方针。商品养护的基本任务就是面向库存商品，根据库存数量多少、发生质量变化速度、季节变化等，按轻重缓急分别进行研究，制定相应的技术措施，使货物质量不变，以求最大限度地避免或减少商品损失，降低保管损耗。

二、商品的质量变化

商品在储运过程中，受外界因素的作用，有可能发生物理的、化学的、生理生化的、生物学的变化，使商品质量发生变化。

（一）物理变化

物理变化是指只改变物质的外表形态，不改变其本质，没有新的物质生成，并且有可能反复发生的质量变化现象。商品的机械变化是指商品在外力作用下发生的形态变化。机械变化的结果不是数量损失，就是质量降低，甚至失去使用价值。商品常发生的机械变化有挥发、溶化、熔化、渗漏、串味、沉淀、干缩、玷污以及破碎与变形等。

1. 挥发

挥发是低沸点的液体商品或经液化的气体商品，在空气中经汽化而散发到空气中的现象。挥发速度与气温的高低、空气流动速度的快慢、液体表面接触空气面积的大小等成正比关系。

防止商品挥发的主要措施是加强包装的密封性。此外，要控制库房温度，高温季节要采取降温措施，保持在较低的温度条件下储存商品。

2. 溶化

溶化是指固体商品在保管过程中，吸收空气或环境中的水分达到一定程度时变成液体的现象。

商品溶化与空气温度、湿度、堆码高度有密切关系。对易溶化品应按商品性能，分区分类存放在干燥、阴凉的库房内，不适合与含水分较大的商品放在一起。在堆码时要注意底层商品的防潮和隔潮，垛底要垫得高一些，并采取吸潮和通风相结合的温湿度管理方法来防止商品吸湿溶化。

3. 熔化

熔化是指低熔点的商品受热后发生软化甚至变为液体的现象。商品的熔化，除了受气温高低的影响外，还与商品本身的熔点以及商品中杂质的种类和含量高低密切相关。熔点越低，越易熔化；杂质含量越高，越易熔化。

预防商品的熔化，应根据商品的熔点高低，选择阴凉通风的库房来储存。在保管过程中，一般可采用密封和隔热措施，加强库房的温度管理，防止日光照射，尽量减少温度的影响。

4. 渗漏

渗漏主要是指液体商品，特别是易挥发的液体商品，由于包装容器不严密，包装质量不符合商品性能的要求及在搬运装卸时碰撞震动破坏了包装，而使商品发生跑、冒、滴、漏的现象。商品渗漏，除了与包装材料性能、包装容器结构及包装技术的优劣有关外，还与仓储温度变化有关。因此，对液体商品应加强入库验收和在库商品检验及温度控制与管理。

5. 串味

串味是指吸附性较强的商品吸附其他气体、异味，从而改变本来气味的现象。具有吸附性、易串味的商品，主要是因为其成分中含有胶体物质，以及具有疏松、多孔性的组织结构。商品串味，与其表面状况，与异味物质接触面积大小、接触时间的长短，以及环境中异味的浓度等有关。

预防商品串味，应对易被串味的商品尽量采取密封包装，在储存运输中不得与有强烈气味的商品同车船并运或同库储存，同时还要注意运输工具和仓储环境的清洁卫生。

6. 沉淀

沉淀是指含有胶质和易挥发的商品，在低温或高温条件下，部分物质凝固，进而发生下沉或膏体分离的现象。常见的易沉淀的商品有墨汁、墨水、牙膏、雪花膏等。

预防商品沉淀，应根据不同商品的特点，防止阳光照射，做好商品的冬季保温和夏季降温工作。

7. 干缩

在干燥空气中若严重失水，会使某些吸湿性商品发生脆裂、干缩现象，从而导致商品质量严重下降。常见的易干缩的商品有纸张、皮革及其制品、糕点、水果、蔬菜等。这类商品在储运中应控制环境的相对湿度，使其含水量保持在合理的范围内，并防止风吹日晒。

8. 玷污

玷污是指商品外表沾有其他脏物、染有其他污秽的现象。商品玷污，主要是因生产、储运中卫生条件差及包装不严所致。对于一些对外观质量要求较高的商品，如绸缎、呢绒、针织品、服装等要注意防玷污，对于精密仪器、仪表类也要特别注意防玷污。

9. 破碎与变形

破碎与变形是指商品在外力作用下所发生的形态上的改变。脆性较大或易变形的商品，如玻璃、陶瓷、搪瓷、铝制品等因包装不良，在搬运过程中受到碰、撞、挤、压和抛掷而易破碎、掉瓷、变形等；塑性较大的商品，如皮革、塑料、橡胶等制品，由于受到强烈的外力撞击或长期重压，易丧失回弹性能，从而发生形态改变。对于易发生破碎和变形的商品，要注意妥善包装，轻拿轻放，堆垛高度不能超过一定的压力限度。

(二) 化学变化

商品的化学变化，是指不仅改变物质的外表形态，也改变物质的本质，并生成新物质的质量变化现象。商品发生化学变化，严重时会使商品完全丧失使用价值。常见的化学变化有分解、水解、氧化、老化、腐蚀、燃烧、爆炸、化合和聚合等。

1. 分解

分解是指某些化学性质不稳定的商品，在光、热、酸、碱等因素作用下发生的由一种物质生成两种或两种以上物质的变化现象。分解不仅使商品质量发生不良变化，严重时还会使商品失效。如用作漂白剂的双氧水，在常温下会缓慢分解，在高温下则迅速分解为氧气和水而失去效用。

2. 水解

水解是指某些商品在酸性或碱性条件下，与水发生作用而产生的分解反应。各种不同的商品，在酸性或碱性条件下，发生水解的情况也不一样。如羊毛纤维在碱性溶液中容易分解，而在酸性溶液中则比较稳定。对易于水解或分解的商品，在储运中应避开发生该种变化所需的外部条件。

3. 氧化

氧化是指商品与空气中的氧或其他放出氧的物质接触，发生与氧结合的化学变化。商品氧化，不仅会降低商品的质量，有的商品还会在氧化过程中产生热量，发生自燃，甚至引发爆炸事故。商品容易发生氧化的品种比较多，如某些化工原料、纤维制品、橡胶等。因而在储运时应选择低温、避光和避免与氧接触的环境。

4. 老化

老化是指高分子材料在加工、储存和使用过程中，受日光、热和空气中的氧等环境因素作用而失去原有的优良性能，以致丧失其使用价值。如橡胶、塑料、纤维等制品变软发黏、变僵、变脆、丧失弹性等。商品老化，主要是由于高分子化合物在光、热作用下，成分发生了裂解或聚合反应而引起的。影响商品老化的因素有很多，主要包括构成商品的材料种类、化学组成、结构状态和加工方法，以及物理、化学和生物等因素，如热、光等。在储运该类商品时，要避免日光照射和高温作用。

5. 腐蚀

金属在外界介质作用下发生化学和电化学反应，而使其逐渐遭受破坏的现象称为腐蚀。这种腐蚀可分为化学腐蚀和电化学腐蚀。

化学腐蚀是指干燥的空气中金属与空气中的氧产生反应，在金属的表面形成一层氧化膜，但这层很薄的氧化膜只会影响金属的光泽，使金属表面变暗，对金属制品的质量并无明显的影响，甚至有些金属的氧化膜还能对金属制品起到保护作用。

电化学腐蚀是指金属与周围介质发生电化学作用而引起的金属腐蚀。在潮湿环境下，金属制品与水及溶于水的物质（如盐类以及空气中的二氧化碳、二氧化硫等）接触时会发生电化学反应，使金属离子进入溶液而被腐蚀。电化学腐蚀先在金属表面形成斑点，然后腐蚀会连续进行，如不及时采取防护措施，金属制品会受到严重破坏。

因此，金属制品的储存应注意保持干燥，避免因温差过大而使金属表面凝结水珠，或使金属表面与空气隔绝而防止金属被腐蚀。

6. 燃烧

一般将能发光发热的剧烈化学变化过程称为燃烧。爆炸是指物质自一种状态迅速地转变成另一种状态，并在瞬间以机械功的形式释放出大量能量的现象。

燃烧需要有可燃物质、助燃物质和具有一定的温度，三者缺一不可。多数可燃物质由碳、氢、氧组成；助燃物质属于氧化剂，一般是空气中的氧；各种可燃物质的着火点和燃烧时释放的热能不同，因此，可燃物质的燃烧需要维持一定的温度，才能保证燃烧的完全性。

7. 爆炸

爆炸可分为物理性爆炸、化学性爆炸和核爆炸三类。物理性爆炸是由物理变化所引起的，化学性爆炸是由化学变化所引起的，核爆炸是由原子核反应所引起的。仓储中多发生化学性爆炸。

8. 化合

化合是指商品在储存期间受外界条件的影响，两种及两种以上物质相互作用，生成一种新物质的反应。这种反应一般不是单一存在于化学反应中，而是两种反应（分解和化合）先后完成。化合的结果使商品质量发生变化，甚至失去原有价值。

9. 聚合

聚合是指有些商品在外界条件影响下，能使同种分子相互加成后结合成一种更大的分子的现象。因此储存商品要特别注意日光和储存温度的影响，以免发生聚合反应，造成商品质量降低。

（三）生理生化变化

生理生化变化是指有生命活动的有机体商品，在生长发育过程中，为了维持生命，其本身所发生的一系列变化，如粮谷、果蔬的呼吸作用以及发芽与抽穗，果实和瓜类的后熟作用，鲜蛋的胚胎发育，畜肉、禽肉和鱼肉的僵直与软化作用等。

1. 呼吸作用

呼吸作用是粮食、水果、蔬菜等生物有机体商品生理活动的主要标志，是生物体中的能源物质（主要是糖类）在氧化还原酶作用下，逐步降解为简单物质并放出能量的过程。呼吸作用在有氧和缺氧的条件下均能进行，因而分为有氧呼吸和缺氧呼吸两类。

不论是有氧呼吸还是缺氧呼吸，都要消耗营养物质，降低食品的质量。因而对植物性鲜活食品的有氧呼吸必须采取抑制措施，如降低温度、减少氧的浓度等。但对于动物性活品（如活禽、活畜、活水产品等），为延长生命，必须提供正常呼吸所需要的氧气和温度。

2. 发芽

发芽是指有机体商品在适宜条件下冲破休眠状态而发生的萌芽现象。发芽的结果会使有机体商品的营养物质转化为可溶性物质，供给有机体本身的需要，从而降低有机体商品的质量。在发芽过程中，通常伴有发热、发霉等情况，不仅增加损耗，而且降低质量。因此，对这类商品必须控制其水分，低温储藏，以延长其休眠期，防止发芽现象的发生。

3. 后熟作用

后熟作用是指粮食、谷物、果实、瓜类和以果实供食用的蔬菜类等生物有机体商品离开母株后，在自身催化酶的作用下，发生一系列生理生化变化而使其从收获成熟达到生理成熟的过程。瓜果、蔬菜等的后熟作用，能改进色、香、味以及硬脆度食用性能。但当后熟作用完成后，食品容易发生腐烂变质，难以继续储藏甚至会失去食用价值。因此，对于这类食品，应在其成熟前采收并采取控制储藏条件的办法来调节其后熟过程，以达到延长储藏期、均衡上市的目的。

4. 胚胎发育

胚胎发育主要指鲜蛋的胚胎发育。在鲜蛋的保管过程中，当温度和供氧条件适宜时，胚胎会发育成血丝蛋、血环蛋。经过胚胎发育的禽蛋，其新鲜度和食用价值大大降低。为抑制鲜蛋的胚胎发育，必须加强温、湿度管理，最好在低温或无氧条件下储藏。

5. 僵直

僵直是畜、禽、鱼肉特有的生物化学变化。僵直是指动物在因屠宰或捕捞致死以后的一段时间里，肌肉丧失原有的柔软性和弹性而呈僵硬状态的现象。处于僵直阶段的鲜肉的 pH 值较低，有利于控制致腐微生物的生长繁殖，肌肉组织致密，作为主要成分的蛋白质尚未分解，基本上保持了肉类和鱼类原有的营养价值，适于直接冷冻储藏。

6. 软化

软化是指畜、禽、鱼肉的僵直达到极限（肉的酸度达到最低 pH 值）后，肉中的蛋白酶开始活化并分解肌肉中的蛋白质等，使肉逐渐变软、恢复弹性、多汁并有肉的芳香气味和滋味的现象。

畜、禽、鱼肉的软化速度，受温度影响较大，高温可加速软化，低温能延缓软化。因此，采用冷冻储藏，可以有效防止畜、禽、鱼肉的软化，延长其储藏期限。

（四）生物变化

生物变化是指由微生物、仓库害虫以及鼠类等生物所造成的商品质量的变化。如工业品和食品的霉变、腐败、虫蛀和鼠咬等。

1. 霉变

霉变是指由于霉菌在商品上生长繁殖而使商品中的营养物质转变成各种代谢物，从而使商品出现霉腐气味，甚至长毛的现象。对易霉变的商品，在储存时必须严格控制温、湿度，做好商品的防霉工作。

2. 发酵

发酵是指在酵母菌和细菌分泌的氧化还原酶作用下，使食品中的单糖发生不完全氧化的过程。发酵广泛应用于食品酿造业。

食品储藏时如果发生发酵，不但会破坏食品中有益的营养成分，使食品失去原有的品质，而且会释放出不良气味，甚至会产生危害人体健康的物质。

3. 腐败

腐败是指微生物（主要是腐败细菌）在食品中生长繁殖，利用分泌的蛋白酶，分解食品的蛋白质、氨基酸等含氮物而使食品具有毒性腐臭物的现象。

引起商品霉变和腐败的微生物总称为霉腐微生物。它们大部分属于中温型，适宜生长于 25 ℃～37 ℃的温度下，在 10 ℃以下或 45 ℃以上则难以生长。霉腐微生物属于好氧性微生物，其细胞的呼吸作用需在有氧条件下进行。它们在日光曝晒和紫外线照射下会死亡。储运中保持低温或将湿度控制在 65%以下或造成低氧环境，都能取得防止商品霉腐的效果。

4. 虫蛀

商品在储存期间，常常会遭到仓库害虫的蛀蚀，仓库害虫在危害商品的过程中，不仅破坏商品的组织结构，使商品发生破碎和洞孔，而且排泄各种代谢废物污染商品，影响商品的质量和外观，降低商品的使用价值。除食品以外，其他如毛皮制品、皮革制品、丝毛制品、纸制品等也都含有蛋白质、淀粉、纤维素、脂肪等仓库害虫所喜食的成分。

为有效防止商品储运中的虫蛀、鼠咬现象，应掌握害虫及鼠类的生活习性，做到预防为主，搞好运输工具及仓储环境的清洁卫生，加强日常管理，断绝虫、鼠来源。一旦发现有虫蛀、鼠咬现象，应立即采取措施杀虫、灭鼠，以减少所储存商品的质量损失。

三、商品养护技术

（一）防腐蚀技术

金属商品的电化学腐蚀是造成商品损失的重要原因之一，所以做好金属商品的防腐蚀工作非常重要，也是仓储过程中商品养护的一项重要任务。金属商品的电化学腐蚀除取决于内在因素（如金属及其制品本身的组成成分、电位高低、表面状况）之外，还取决于金属表面电解液膜的存在，因此在防止金属商品电化学腐蚀方法中，相当多的方法是围绕防止金属表面生成水膜而进行的。在仓储过程中使用的主要防腐蚀方法是改善仓储条件、涂油防锈、气相防锈和可剥性塑料封存等。

1. 涂油防锈

涂油防锈是商品流通中常用的一种简便有效的防腐蚀方法。它是在金属表面涂一层油脂薄膜，在一定程度上使大气中的氧、水分及其他有害气体与金属表面隔离，从而达到防止或减缓金属制品生锈的方法。根据防锈油形成膜的性质，可分为软膏防锈油、硬膜防锈油、油膜防锈油三类。除防锈油外，凡士林、黄蜡油、机油等也可用作防锈油脂。

2. 气相防锈

气相防锈是指利用挥发性气相防锈剂在金属制品周围挥发出缓释气体，来阻隔空气中的氧、水分等有害因素的腐蚀作用以达到防锈目的的一种方法。这是一种较新的防锈方法，具有使用方便、封存期较长、使用范围广泛的特点。它适用于结构复杂，不易为其他防锈涂层所保护的金属制品的防锈。常用的气相防锈形式有以下三种。

(1) 气相防锈纸防锈。气相防锈纸是用牛皮纸、石蜡纸、防羊皮纸、防水纸等，浸涂气相防锈剂，经干燥后而成的，用于金属商品的内包装，外层用塑料袋或蜡纸密封。

(2) 粉末法气相防锈。该法是用气相防锈剂粉末，均匀喷洒在金属制品表面或散装在金属制品的包装袋中，也可制成片剂、丸剂放入包装袋，然后密封。

(3) 溶液法气相防锈。此法是用有机溶液或水溶解气相防锈剂而形成的溶液，浸涂或喷涂于金属制品表面，形成一层防锈剂薄膜，然后用塑料袋包装。

应注意的是，采用气相防锈，要根据不同的金属制品，选择不同种类的气相防锈剂。对于气相防锈的形式也要根据需要和实际情况进行选择，只有这样才能达到满意的效果。

3. 可剥性塑料封存

可剥性塑料是用高分子合成树脂作为基础原料，加上矿物油、增塑剂、防锈剂、稳定剂以及防腐剂等，加热溶解后制成的。这种塑料液喷涂于金属制品表面，能形成可以剥落的一层特殊的塑料薄膜，像给金属制品穿上一件密不透风的外衣，它可阻隔腐蚀介质对金属制品的作用，以达到防锈目的。可剥性塑料按其组成和性质的不同，可分为热熔型和溶剂型两类。以上两种薄膜都有阻隔外界环境不良因素、防止生锈的效用，启封时用手即可剥除。

（二）防老化技术

根据影响商品老化的内外因素不同，高分子商品的防老化可以采用以下一些方法。

1. 材料改性

材料改性主要用于提高商品本身的耐老化性能。材料改性的方法有很多，应用较多的有共聚、减少不稳定结构、交联、共混和改进成型加工工艺以及后处理等。

2. 物理防护

物理防护主要用于抑制或减少光、氧等外因对商品的影响。主要方法有涂漆、涂胶、涂塑料、涂金属、涂蜡等。

3. 添加防老剂

能够抑制光、热、氧、臭氧、重金属离子等对商品的老化作用的物质称防老剂。在制品中添加防老剂是当前国内外防老化的主要途径。防老剂的种类主要有抗氧剂、紫外线吸收剂、热稳定剂等。

此外，加强管理、严格控制仓储条件，也是商品防老化的有效方法。

（三）防霉防腐技术

1. 化学药剂防霉

防霉最主要的方法是使用防霉剂，防霉剂能使微生物菌体蛋白凝固、沉淀、变性；或破坏酶系统，使酶失去活性，影响细胞呼吸和代谢；或改变细胞膜的通透性，使细胞破裂、解体。低浓度防霉剂能抑制霉腐微生物，高浓度防霉剂则会使其死亡。

有实际应用价值的防霉剂须具有以下特点：低毒、广谱、高效、长效、使用方便和价格低廉；适应商品加工条件、应用环境，与商品其他成分有良好相溶性，不降低商品性能；在储存、运输中稳定性好等。防霉剂的使用方法主要有添加法、浸渍法、涂布法、喷雾法和熏蒸法等。

2. 气调防霉腐

气调防霉腐是依据嗜氧性微生物需氧代谢的特性，通过调节密封环境中气体的成分，降低氧气浓度来抑制霉腐微生物的生理活动、酶的活性，降低鲜活食品呼吸强度，以达到防霉腐和保鲜目的的一种方法。

气调防霉腐有自发气调和机械气调两种方法。自发气调是利用鲜活食品本身的呼吸作用来降低密封包装中氧的含量，增加二氧化碳浓度而起到气调作用；而机械气调则是采用机械设备将密封包装中的空气抽至一定真空度，再填充二氧化碳或氮气的气调方法。气调若结合低温环境，则能达到较长时间保鲜的目的。气调防霉腐可用于水果、蔬菜、粮食、油料、肉及肉制品、鱼类、鲜蛋和茶叶等多种食品的保鲜。

3. 辐射防霉腐

辐射防霉腐是利用放射性同位素产生的 γ 射线辐射状照射商品的方法。γ 射线是一种波长极短的电磁波，能穿透数米厚的固体物，杀死商品上的微生物和害虫，抑制蔬菜、水果的发芽或后熟，而对商品本身的营养价值并无明显影响。针对不同商品的特性和各种储存目的，辐射防霉腐可分为三种类型。

(1) 小剂量辐照。主要用于抑制马铃薯、洋葱的发芽，杀死害虫和肉类的病原寄生虫，还可延迟水果的后熟。

(2) 中剂量辐照。主要是减少商品中微生物的数量和改变食品的工艺特性，适用于杀灭肉类、鸡蛋、鱼、贝类、水果、蔬菜等食品中的微生物，尤其对致病细菌、害虫的杀灭力较强。

(3) 大剂量辐照。可彻底杀灭食品中的微生物、害虫，延长冻肉、冻鱼、贝类的储藏时间。

关于辐照食品的安全性问题目前还有争议，因而对其照射的剂量、时间以及适宜的照射条件要严格予以控制。

4. 干燥防霉腐

干燥防霉腐是通过各种措施降低商品的含水量，使其水分含量在安全储运水分之下，抑制霉腐微生物的生命活动。这种方法可较长时间地保持商品质量，且商品成分的化学变化也较小。

干燥防霉腐有自然干燥法和人工干燥法两种。自然干燥法是利用自然界的能量，如晾晒、风吹等方法对商品进行脱水干燥。该法经济方便，广泛应用于原粮、干果、干菜、水产海味干制品和某些粉类制品。人工干燥法是在人工控制环境条件下对商品进行脱水干燥的方法。比较常用的方法有热风干燥、喷雾干燥、真空干燥、冷冻干燥以及远红外和微波干燥等。干燥防霉腐法因要采用一定的设备、技术，故费用较高，耗能也较大，在应用上受到一定限制。

5. 低温防霉腐

低温防霉腐是利用低温（一般指 15 ℃以下）条件，抑制食品中微生物的繁殖和酶的活性，有效防止微生物引起的食品质量变化，减弱鲜活食品的生理活动，防止生鲜食品的生物化学变化，降低水分蒸发速度和延缓食品化学成分的变化的一种食品储藏法。它不仅能达到防霉腐的目的，而且有利于减少食品干耗，保持食品的色、香、味,从而较好地保持食品原有的新鲜度、风味品质和营养价值。由于食品的种类、特性和储藏期限不同,采用的储藏温度也不一样。按储藏温度不同,可分为冷却储藏和冷冻储藏两种。

(1) 冷却储藏。冷却储藏(又称冷藏)的储藏温度应为 0 ℃～10 ℃。冷却储藏的食品一般不会结冰,能较好地保持食品的风味品质。但是,食品中酶的活性及鲜活食品的生理活动并未停止,嗜冷性微生物仍能繁殖,所以食品储藏时间不宜过长。

(2) 冷冻储藏。冷冻储藏(又称冻藏),是先将食品在低于冰冻点以下冻结,然后在高于冻结温度的低温条件下储藏的方法。食品冷冻温度和冷冻速度,与冷冻食品的质量关系极大。通常有缓冻和速冻两种方法。

6. 加热灭菌防霉腐

食品经加热处理,可杀灭引起食品变质的微生物,破坏食品中酶的活性,从而达到防霉腐的目的。加热灭菌防霉腐常用于一些食品的储藏。加热灭菌的食品,需有密封的包装,使内容物与外界隔绝,防止微生物的第二次污染和氧气的侵入,以利于食品的长期储藏。

用于食品的加热灭菌方法,主要有高温灭菌法和巴氏杀菌法两种。

(1) 高温灭菌法。高温灭菌法的灭菌温度一般在 100 ℃～120 ℃之间,加热时间为 30 分钟至几小时(随食品原料不同而不同)。此法多用于罐头和袋装蒸煮食品。

(2) 巴氏杀菌法。按杀菌温度和时间,巴氏杀菌法包括下列三种方法。①低温长时间杀菌法。杀菌温度为 62 ℃～65 ℃,加热时间为 30 分钟。在这一杀菌条件下,既可杀灭食品中的致病菌,又不损害食品的风味,可以较好地保障食品的营养价值。②高温短时间杀菌法。杀菌温度提高到 72 ℃～75 ℃,加热时间缩短至 15～16 秒;或在 80 ℃～85 ℃条件下,加热 10～15 秒。虽然加热时间很短,但杀菌温度较高,仍可收到预期的杀菌效果。它是目前采用较多的一种热杀菌方法。③超高温瞬间杀菌法。杀菌温度提高到 135 ℃～150 ℃,加热时间极短(如牛乳超高温瞬间杀菌时间只需 2～8 秒)。由于微生物热致死的温度系数很大,超高温瞬间杀菌具有明显的效果。加热时间极短,能更有效地保持食品的营养成分。用此法处理的食品,储藏效果也较好。

7. 脂渍防霉腐

脂渍防霉腐是利用食盐或食糖溶液产生高渗透压和低水分活度,或通过微生物的正常发酵降低环境的 pH 值,抑制有害微生物生长繁殖,进而达到防霉腐的目的。为了获得更好的感官品质,保证食品卫生及营养价值,还常添加适当的调味品、香料、发色剂和抗氧化剂等物质。此法主要包括盐渍法、糖渍法和酸渍法。

（四）防虫技术

可采用沸水烫煮、汽蒸、火烤等方法杀灭商品中隐藏的害虫。对某些易遭虫蛀的商品，可在其包装或货架内投放驱虫药物。此外，对于储运中害虫的防治还常采用化学、物理、生物等方法，杀灭害虫或使其不育，以维护储运商品的质量。

1. 化学杀虫法

化学杀虫法是利用化学药剂来防治害虫的方法。在实施化学杀虫法时，应考虑害虫、药剂和环境三者之间的关系。化学杀虫法按作用于害虫的方式，主要可分为熏蒸杀虫法、触杀杀虫法和胃毒杀虫法三种。

(1) 熏蒸杀虫法。杀虫剂的蒸汽通过害虫的呼吸系统进入虫体内而使其中毒死亡的作用叫熏蒸作用。而具有熏蒸作用的化学杀虫剂称为熏蒸剂。熏蒸剂挥发出剧毒气体，渗透力很强，能杀死商品内部的害虫，但对人的毒性也很强，使用时要注意熏蒸场所的密封和人身安全。

(2) 触杀杀虫法。杀虫剂接触虫体，透过表皮进入虫体内而使其中毒死亡的作用叫触杀作用。具有触杀作用的杀虫剂，又称为触杀剂。

(3) 胃毒杀虫法。杀虫剂随着诱饵（食物）被害虫吞吃，通过胃肠吸收，进入虫体内而使其中毒死亡的作用叫胃毒作用，这类杀虫剂又称为胃毒剂。

2. 物理杀虫法

物理杀虫法是利用各种物理因素（如热、光、射线等）破坏储运商品上害虫的生理活动和机体结构，使其不能生存或繁殖的方法。物理杀虫法主要包括高低温杀虫法、射线杀虫与射线不育法、微波与远红外线杀虫法和生物杀虫法等。

(1) 高低温杀虫法。高温杀虫法是利用日光曝晒、烘烤等产生的高温作用，使商品中的害虫致死的方法。其原理是：高温下害虫体内水分大量蒸发，蛋白质发生凝固，破坏虫体细胞组织，因此最终导致死亡。低温杀虫法是利用低温，使害虫体内酶的活性受到抑制，生理活动缓慢，处于半休眠状态，不食不动，不能繁殖，时间过久会因体内营养物质过度消耗而死亡。低温杀虫法有库外冷冻、库内通冷风、机械制冷、入仓冷冻密封等方法。

(2) 射线杀虫与射线不育法。射线杀虫与射线不育法是分别用高剂量的与低剂量的 γ 射线辐射虫体，前者几乎可使所有害虫立即死亡，后者可引起生殖细胞突变，导致害虫机体不育。该法具有杀虫效率高、商品组成成分及商品包装不会被破坏、环境不会受污染等特点。

(3) 微波与远红外线杀虫法。微波是一种高频率电磁波，微波杀虫是利用高频电磁场作用，使害虫体内的水分、脂肪等物质在微波作用下，分子发生振动，分子之间产生剧烈摩擦，生成大量的热能，使虫体内部温度迅速上升，导致害虫死亡的一种方法。

(4) 生物杀虫法。生物杀虫法是利用害虫的天敌和人工合成的昆虫激素类似物来抑制和消灭害虫的一种方法。此法可避免化学杀虫的抗药性和对环境的污染,是一种很有发展前途的杀虫方法。

四、商品养护的基本措施

(一) 安排适当的储存场所

产品由生产部门转入流通领域,首先进入储存部门。为了确保其质量不变,应根据商品的性能,选择适当的储存地点,要注意避免与同库储存的商品在性质上相互抵触,避免串味、沾染及其他影响,同时应注意采取的养护措施及方法必须一致。

(二) 严格入库验收

商品在入库之前,通过运输、搬运、装卸、堆垛等,可能受到雨淋、水湿、玷污,或因操作不慎及运输中震动、撞击致使货物或包装受到损坏,通过入库验收才能及时发现,以分清责任界限。因此,对入库货物除了核对数量、规格外,还应该按比例检查其外观有无变形、变色、玷污、生霉、虫蛀、鼠咬、生锈、老化、沉淀、聚合、分解、潮解、溶化、风化、挥发、含水量过高等异状,有条件的还应进行必要的质量检验。

(三) 合理堆垛苫垫

入库商品应根据其性质、包装条件、安全要求等采用适当的堆垛方式,达到安全牢固、便于堆垛且节约仓库的目的。为了方便检查、通风、防火和库房建筑安全,应适当留出垛距、墙距、柱距、顶距、灯距及一定宽度的主走道和支走道。为了防潮和防汛需要,对货垛垛底应适当垫高,对怕潮商品的垛底还需要加垫隔潮层。露天货垛必须苫盖严密,达到风吹不开、雨淋不湿的要求。垛底地面应稍高,货垛四周应无杂草,并有排水沟以防积水。

(四) 加强仓库温湿度管理

各类商品在储存过程中发生的质量变化,多数是由于受到空气温度和湿度的影响所致。因此,不同的商品在储存过程中都要求有一个适宜的温度、湿度范围,这样就需要掌握自然气候变化规律,并采取各种措施,使库房内的温度、湿度得到控制与调节,创造适宜货物储存的温湿度条件以保持商品的质量。

(五) 坚持在库检查

商品在储存期间受到各种因素的影响,在质量上可能发生变化,如未能及时发现,则可能会造成损失,因而需要根据其性质、储存条件、储存时间及季节气候变化分别确定检查周期、检查比例、检查内容，分别按期进行检查或进行巡回检查。在检查中若发现异状，则要扩大检查比例，并根据问题情况，及时采取适当的技术措施，及时处理，防止商品受到损失。

第三节 商品运输

一、商品运输的定义

商品运输是用设备和工具，将商品从一个地点向另一地点运送的物流活动，其中包括集货、分配、搬运、中转、装入、卸下、分散等一系列操作。

二、商品运输的作用

(一) 实现商品的空间效用和时间效用

商品运输通过改变商品的地点或者位置所创造出的价值，称为商品的空间效用；商品运输使得商品能够在适当的时间内到达消费者的手中，称为商品的时间效用。通过这两种效用的产生，才能真正满足消费者消费商品的需要。

(二) 扩大商品的市场范围

在古老的市场交易过程中，商品只在本地进行销售，每个企业所面对的市场都是有限的。随着各种商品运输工具的发明，企业通过商品运输可以到很远的地方进行销售，企业的市场范围可以大大扩展，企业的发展机会也可大为增加。

(三) 保证商品价格的稳定性

如果拥有了一个顺畅的商品运输体系，那么，当本地市场对商品的供给不足时，外地商品就能够通过这个商品运输体系进入本地市场，本地的过剩产品也能够通过这个商品运输体系运送到其他市场，从而保持供求的动态平衡和价格的稳定。

(四) 实现商品的临时储存

运输还具有对物品进行临时储存的功能，也即将运输车辆临时作为存储设施。如果转移中的物品需要储存，而在短时间内又要继续转移，那么卸货、占仓和再装费用也许会超过储存在运输工具中每天支付的费用，此时可考虑将运输工具作为暂时的储存设备。

(五) 促进社会分工的发展

随着社会的发展，为了实现真正意义上的高效率社会，必须推动社会分工的发展，而对于商品的生产和销售来说，也有必要进行分工，以实现高效率。但是，当商品的生产和销售两大功能分开之后，如果没有一个高效的商品运输体系，那么，这两大功能都不可能得到实现。商品运输是商品生产和商品销售之间不可缺少的联系纽带，拥有了它，才能真正地实现生产和销售的分离，促进社会分工的发展。

三、运输合理化的影响因素

运输合理化的影响因素有很多，其中起决定性作用的因素有运输距离、运输环节、运输工具、运输时间和运输费用等。

(一) 运输距离

在运输时，运输时间、运输货损、运费、车辆或船舶周转等运输的若干技术经济指标，都与运输距离有一定的比例关系。因此，运输距离长短是判断运输是否合理的一个基本指标。缩短运输距离从宏观、微观两方面来看都会带来益处。

(二) 运输环节

每增加一次运输，不但会增加起运的运费和总运费，而且要增加运输的附属活动，如装卸、包装等，各项技术经济指标也会因此下降。所以，减少运输环节，尤其是同类运输工具的环节，对合理运输具有促进作用。

(三) 运输工具

各种运输工具都有其使用的优势领域，对运输工具进行优化选择，按运输工具特点进行装卸作业，最大限度地发挥所用运输工具的作用，是实现运输合理化的重要一环。

(四) 运输时间

运输是物流过程中需要花费较多时间的环节，尤其是远程运输，在全部物流时间中，运输时间占绝大部分，所以运输时间的缩短对整个流通时间的缩短有决定性的作用。此外，运输时间短，有利于运输工具的加速周转，能充分发挥运力的作用，有利于货主资金的周转以及运输路线通过能力的提高，对运输合理化有很大作用。

(五) 运输费用

运输费用在全部物流费中占很大比重，运输费用高低在很大程度上决定着整个物流系统的竞争能力。实际上，运输费用的降低，无论是对货主还是对物流经营企业，都是运输合理化的一个重要目标。

> **知识链接**
>
> 商品运输费用
>
> 商品运输费用是商品流通企业为实现商品运输而支付的有关费用，包括将商品从发送地运送至目的地所支付的全部费用。

运输费用的高低，也是各种合理化措施是否行之有效的最终判断依据之一。

四、运输的原理

指导运输管理和运输经营的基本原理包括服务原理、规模原理、距离原理和成本原理。

（一）服务原理

服务原理是指导运输经营的核心原理。任何企业的运输经营活动都是为有空间效应需求的消费者提供服务。运输经营的目标，不仅在于提高装运规模和实现距离最优化，更重要的是满足客户的服务期望。提供怎样的服务、怎样提供服务和为谁提供服务就成了运输的核心要求。

（二）规模原理

规模原理是指运输规模越大，单位重量商品的运输成本就越低。这是因为运输规模越大，分摊到单位重量商品上的固定成本就越少，而单位重量商品的变动成本则保持不变，从而使单位重量商品的运输成本越低。规模原理主要体现在两个方面：一是在一种运输方式中，整车运输的单位重量商品运输成本要低于零担运输的单位重量商品的运输成本；二是在不同运输方式中，运输能力较大的运输工具，其单位重量商品的运输成本要低于运输能力较小的运输工具。例如铁路或水路运输要比公路或航空运输更具有规模经济。

（三）距离原理

距离原理是指商品每单位距离的运输成本随运输距离的增加而减少。其原因与规模原理相似，也是由于随着运输距离的增加，平均分摊到单位距离的固定成本逐渐减少。距离原理要求尽可能发展直达运输，减少运输过程的中转，特别是同种运输方式的中转。

（四）成本原理

企业开展运输经营，必须树立经营成本原理意识，加强运输成本控制，实现运输服务与运输成本的合理统一。因此，应采取最经济、最合理的运输方案，有效利用各种运输工具和运输设施，节约人力、物力和运力，提高运输经济效益，降低货物运输费用。

五、运输方式

（一）公路运输

公路运输是主要使用汽车在公路上进行客货运输的一种方式。公路运输主要承担近距离、小批量的货运,水路运输、铁路运输难以到达地区的长途、大批量货运,以及铁路运输、水路运输难以发挥优势的短途运输。

1. 公路运输商品的类型

(1) 整车运输。一批货物,数量、性质、形状或体积等要求必须单独使用一辆载重为3吨或3吨以上货车装运时,按整车运输办理。

(2) 零担运输。一批货物,数量、性质、形状和体积等均不需单独使用一辆载重为3吨或3吨以上货车装运时,按零担运输办理。

(3) 集装箱。适合以集装箱运输的货物,应按集装箱运输办理。

2. 公路运输的优缺点

公路运输具有以下优点:灵活性强,可以满足用户的多种要求,易于因地制宜,对相关设施要求不高;公路建设期短,投资较低;可以采取"门到门"的运输形式,即从发货者门口直达收货者门口,而不需要转运或反复装卸、搬运。

公路运输具有以下缺点:运输单位小,不适合大量运输,长距离运输运费较高。

(二) 铁路运输

铁路运输是使用铁路列车运送客货的一种运输方式。铁路运输的经济里程一般在200千米以上。铁路运输主要承担长距离、大批量的货运,在没有水运条件的地区,几乎所有大批量货物的运输都是依靠铁路。铁路运输是在干线运输中起主力运输作用的运输形式。

1. 铁路运输商品的类型

铁路运输商品的方法有整车运输、零担运输、混装运输和集装箱运输。

(1) 整车运输。整车运输是以车厢为单位的运输方法,一批货物的重量、体积、形状或性质需要以一辆或一辆以上的货车来装运的,应以整车方式办理运输。

(2) 零担运输。零担运输亦可被称为小件货物运输。一批货物的重量、体积、形状和性质均不需单独使用一辆货车装运的,可按零担方式办理运输。与整车运输相比,这种运输方法费用较高。

(3) 混装运输。混装运输是指将具有同一到达地点的若干小件物资拼装在一个货车上或同一个集装箱中,作为整车运输或集装运输的一种方式。这种运输方法是发挥铁路运输量大、迅速的特点,并与其他运输方式相结合的理想运输方法。

(4) 集装箱运输。一种货物是否适合采用集装箱运输,要从技术角度和经济角度共同审视,有些货物从技术角度看可以用集装箱运输,但从经济角度看并不一定适合。按照货物适合装箱的程度,可将货物分为最佳装箱货、适合装箱货、边缘装箱货和不适合装箱货。

2. 铁路运输的优缺点

铁路运输具有以下优点:运输速度快,高速铁路运行时速可达到210~260千米;运输能力强,能承运大量的货物,是大宗、通用的运输方式;运输成本低,一般说来铁路的单位运输成本比公路运输和航空运输要低得多。

铁路运输具有以下缺点:只能在固定线路上实现运输,需要其他运输手段配合和衔接。

(三) 水路运输

水路运输是使用船舶运送客货的一种运输方式。水运主要承担大批量、长距离的运输,是在干线运输中起主要作用的运输形式。在内河及沿海地区,水运也常作为小型运输工具使用,担任补充及衔接大批量干线运输的任务。

1. 水路运输的类型

(1) 直达运输。直达运输是指在组织货物运输时,利用一种运输工具从起运站、港一直到到达站,中途不经换载、不入库储存的运输形式。直达运输可避免因中途换载而出现的运输速度减缓、货损增加、费用增加等一系列弊病,从而缩短运输时间,加快车船周转,降低运输费用。

(2) 中转运输。在组织货物运输时,在货物运往目的地的过程中,在途中的车站、港口、仓库进行转运换装,称为中转运输。中转运输可以将干线、支线运输有效衔接,可以化整为零或集零为整,从而方便用户,提高运输效率。

2. 水路运输的优缺点

水路运输具有以下优点:运输成本低,能进行低成本、大批量、远距离的运输,适合宽大、质量重的货物的运输。

水路运输具有以下缺点:运输速度较慢,港口的装卸费用较高,不适合短距离运输,受天气影响较大。

(四) 航空运输

航空运输是使用飞机或其他航空器进行运输的一种形式。航空运输的单位成本较高,主要适合运载的货物有两类:一类是价值高、运费承担能力较强的货物,如贵重设备的零部件、高档产品等;另一类是紧急需要的物资,如抢险救灾物资等。

1. 航空运输的类型

(1) 班机运输。班机是在固定航线上固定起降,按预先计划在规定时间进行定期航行的飞机。一般是客货混载,有的航空公司也有专门的货运班机。由于班机一般是客货混装,所以一般货舱舱位有限,不能满足大批物品的运输要求,只能分期分批运输。

(2) 包机运输。包机运输是指由租机人租用整架飞机或若干租机人联合包租一架飞机进行货物运输的物流方式。单程包机,其价格较班机高;如往返使用包机,则价格较班机低。包机适合专运高价值的货物。包机运输可分为整架包机和部分包机两类。

(3) 集中托运。集中托运是指航空代理公司将若干单独发运的物品组合成一整批物品，用一份总运单整批发运到同一站，或者运交预定的代理收货点，经分拨后交给实际收货人的运输方式。它是一种主要针对小批量物品的空运方式。

(4) 航空快递。航空快递是由专门经营快递业务的代理公司组织货源和联络用户，并办理空运手续，或委托到达地的速递公司，或在到达地设立速递公司，或派专人随机将货送达收货人的一种快速运货方式。

2. 航空运输的优缺点

航空运输具有以下优点：速度快，当被运输的货物属于客户急需的物资，或易腐烂、易变质的货物，都可以考虑采用航空运输；不受地形的限制，在火车、汽车都无法到达的地区也可依靠航空运输；运输途中对货物的振动和冲击比较少，被运输的货物只需要简单包装即可，可以节省包装费用。

航空运输具有以下缺点：运费偏高；受重量的限制；受天气的影响；除了靠近机场的城市以外，对于其他地区不太适用，需要与公路运输相结合。

(五) 管道运输

管道运输是利用管道输送气体、液体和粉状固体的一种运输方式。管道运输是靠物体在管道内顺着压力方向循环移动实现的。与其他运输方式的重要区别在于，管道设备是静止不动的。

管道运输具有以下优点：由于采用密封设备，在运输过程中可避免散失、丢失等损失，也不存在其他运输设备在运输过程中消耗动力所形成的无效运输问题；另外，运输量大，适合于运输大量且须连续不断运送的物资；管道受天气情况的影响非常小，可以长期稳定地使用，安全性比较高。

管道运输具有以下缺点：建设投资大，对运输货物有特定要求和限制，功能单一，灵活性差，速度慢。

(六) 联合运输

联合运输是指采用两种或两种以上运输工具或者多个同一种运输工具进行联运，如铁水联运、铁公联运、公水联运、铁公水联运、江河联运、江海联运，以及地区与地区之间的联运等。除了铁路、水路、公路、航空、管道 5 种运输方式之外，联合运输被称为第 6 种运输方式。

联合运输是随着社会上出现专用运输工具以后而出现的。因为一种货物往往不是经过一种运输工具就可到达目的地的，大多还要转用其他运输工具。联合运输就是为了加快运输、方便货主而开展起来的。联合运输综合利用各种运输工具，合理安排运输计划，是充分发挥运输效率的比较好的组织货物运输方式。

本章小结

本章首先介绍了商品储存的定义、作用、场所和方式，阐述了商品储存合理化的保证质量原则、保证数量原则、保证时间原则、保证市场供应原则、保证生产稳定原则、保证库存结构原则、保证分布原则和经济原则，详细讲述了商品的入库管理、在库管理和出库管理；然后介绍了商品养护以及商品质量的物理变化、化学变化、生理生化变化和生物变化，阐述了商品养护的防腐蚀技术、防老化技术、防霉防腐技术以及防虫技术；最后介绍了商品运输的定义、作用，分析了运输合理化的运输距离、运输环节、运输工具、运输时间和运输费用等影响因素，重点阐述了公路运输、铁路运输、水路运输、航空运输、管道运输和联合运输等运输方式。

综合案例分析

胡萝卜的保鲜、包装及运输技术

1. 保鲜

胡萝卜储藏的适宜温度为 0 ℃～3 ℃，低于－1 ℃则易遭受冻害，适宜的空气湿度为 95%以上。胡萝卜没有生理休眠期，在储藏中易发生萌芽和出现糠心，应注意避开高温、干燥环境。储藏环境中 7%的二氧化碳气体条件，可抑制多种病害的发生，有利于延长储藏期。

2. 包装

包装材料：用于包装胡萝卜的编织袋或塑料袋、纸箱等应按产品的大小规格设计，同一规格应大小基本一致，整洁、牢固、透气、美观、无污染、无异味、内壁无尖突物、无虫蛀、无腐烂、无霉变等；塑料袋应符合相关标准的要求。

包装技术：产品应按同品种、同规格进行包装，同一包装内需摆放整齐、紧密。

3. 运输

运输前应进行预冷。运输过程中适宜的温度为 0 ℃～3 ℃，相对湿度为 85%～90%。运输过程中应注意防冻、防雨淋、防晒，通风散热。

思考题

1. 请分析胡萝卜可能发生的质量变化。
2. 本案例中的胡萝卜采用了什么养护技术？
3. 你认为胡萝卜适宜采用什么运输方式？为什么？

本章综合练习题

1. 简述商品储存合理化的原则。
2. 简述商品储存管理的过程。
3. 简述商品的质量变化。
4. 简述商品养护技术。
5. 简述不同运输方式及其优缺点。

实践活动

商品养护实践

实践目标:学会商品养护。

实践内容:选取一种质量易发生变化的商品进行分析研究。

实践要求:分析商品质量可能发生的变化以及应该采取的养护技术和措施。

实践成果:撰写商品养护方案。

第五章　包装概述

本章学习目标

(1) 了解包装的起源、发展、定义、内涵、构成要素、作用等；

(2) 掌握包装分类的相关知识；

(3) 了解包装标准和包装标准化的基本知识；

(4) 了解各种包装材料；

(5) 了解包装机械的相关知识；

(6) 了解绿色包装及绿色包装材料的相关知识。

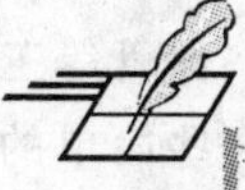

经典案例导入

香奈尔5号香水
——香水瓶成为艺术品

1921年5月，当香水创作师恩尼斯·鲍将他发明的多款香水呈现在香奈尔夫人面前让她选择时，香奈尔夫人毫不犹豫地选择了第5款，即现在誉满全球的香奈尔5号香水。然而，除了那独特的香味以外，真正让香奈尔5号香水成为“香水贵族中的贵族”的却是那个看起来不像香水瓶，反而像药瓶的创意包装。

服装设计师出身的香奈尔夫人，在设计香奈尔5号香水瓶上别出心裁。“我的美学观点跟别人不同：别人唯恐不足地往上加，而我一项项地减除。”这一设计理念，让香奈尔5号香水瓶简单的包装设计在众多繁复华美的香水瓶中脱颖而出，成为最怪异、最另类，也最为成功的一款造型。香奈尔5号以其宝石切割般形态的瓶盖、透明水晶的方形瓶身造型、简单明了的线条，成为一股新的美学观念，并迅速俘获了消费者。从此，香奈尔5号香水在全世界畅销80多年，至今仍然长盛不衰。

1959年，香奈尔5号香水瓶以其所表现出来的独有的现代美荣获"当代杰出艺术品"称号，跻身于纽约现代艺术博物馆的展品行列。香奈尔5号香水瓶成为名副其实的艺术品。对此，中国工业设计协会副秘书长宋慰祖表示，香水作为一种奢侈品，最能体现其价值和品位的就是包装。"香水的包装本身不但是艺术品，也是其最大的价值所在。包装的成本甚至可以占到整件商品价值的80%。香奈尔5号的成功，依靠的就是它独特的、颠覆性的创意包装。"

第一节 包 装

一、包装的起源与发展

(一) 原始社会的包装

包装的起源可以追溯至原始社会，早在8 000多年前，人类的祖先已经开始使用烧制的陶器盛装物品。半坡遗址、龙山遗址的陶器以及在当时被广泛使用的植物叶子、果壳、葫芦、竹筒、兽皮等都被作为人类最早使用的包装载入史册。

原始社会末期，人们为了把猎获的动物送回住地，用天然的藤蔓进行捆扎、包裹，利用大自然赋予的天然材料作为最早的包装物。随着原始畜牧业的不断发展和农耕种植的开始，在耕作、采集、收获农产品的生产活动中，人们用树皮、竹皮、荷叶等天然物充当包装材料。这些最早的包装为更好地完成食物的运送、保管等工作起了重要作用。随着人类生产技术的进步，人们开始逐步学习制作一些简单的包装工具，如用葫芦做成的瓢、用兽皮制作的袋子、把木头挖空后制成的容器等，虽然当时的包装材料只限于天然材料或对天然材料略为加工的低水平上，但标志着人类的一大进步——开始使用包装容器。

(二) 近代社会的包装

到了奴隶社会，由于人类的生产技术水平有了较大的进步，包装的发展也很快，开始出现金属制造的容器，在秦代以前就出现了木材制作的木箱、木桶等容器。随着人类社会分工的不断细化，商业活动日益频繁，远距离的运输活动逐渐发展起来，陆地的商旅、马帮、驼队和海上的商船相继出现，对包装服务的需求越来越旺盛。由于没有良好的包装就无法保证商品贸易和运输的正常进行，在这个时期，篓、密封桶等容器类包装在商品运输中先后出现并发挥了十分重要的作用。进入资本主义社会，随着社会生产力水平的快速提高和工业化进程的加快，包装业也获得了快速发展。

（三）现代包装业

现代包装业始于19世纪末20世纪初。工业革命使生产力水平得到大幅度提高，企业的产品生产能力日益增大，需要大批量向外销售产品。同时，社会生产的发展也使消费者的购买力逐渐增强，对商品的质量和数量的需求也随之提高。为了保证商品在从生产者流向消费者的过程中的安全性，使之保持卫生、无毒、不受污染且保证质量，包装成了必需且行之有效的手段，包装为物品的保存和远距离运输与交换创造了条件。

综上所述，人类社会的发展进程是不断满足衣、食、住、行等物质资料需求的过程。随着人类社会的进步和生产技术的发展，包装从无到有、由简到繁，如今已经发展成为人们生产生活不可缺少的内容。社会产品的流通是在流通领域内不同所有者之间进行交换，同时转化为商品的。商品在流通领域里是通过采购、储存、运输和销售等环节来实现的。商品在质量和数量上完整地从生产领域、流通领域、消费领域来满足消费目的时，都需要与需求相适应的包装。

二、包装的定义及内涵

（一）包装的定义

在中国国家标准《包装术语基础》中将包装定义为："为在流通过程中保护产品，方便储运，促进销售，按一定技术方法而采用的容器、材料及辅助物等的总体名称。也指为了达到上述目的而采用容器、材料和辅助物的过程中施加一定技术方法等的操作活动。"

上述包装定义明确指出包装具有物化劳动的物质形态，而且指出包装是具有劳动形态的技术操作活动过程，并阐明包装是产品生产、流通和消费过程中共有的一种通用器具。这种通用器具必须对产品在流通过程的各环节中具有盛装、保护、便利、效益和识别等属性，从而全面、完整、确切地概括了包装的基本概念。

（二）包装的内涵

包装是商品流通的重要工具，同时，包装及包装容器本身也是一种商品，具有商品的基本属性，即商品性和从属性。

包装的商品性是指包装是人类社会劳动的产品，在商品生产条件下，包装同其他产品一样具有商品性，即具有使用价值和价值。包装的使用价值主要指它在被使用过程中所承担的保护商品等功能，在商品消费时或消费后得以完全实现。包装的价值是指凝结在包装中的无差别的人类劳动，附加在商品上，在商品出售时得到补偿。

包装的从属性是指包装是内装商品的附属品，从属于内装商品。即使在商品包装高度发达的今天，包装种类增多、包装功能多样、包装成本增大，包装始终要从属于内装商品并受到内装商品的制约；包装只有和内装商品结合后，其作用才能体现出来。

三、包装的构成要素

任何包装都是由包装材料、包装容器、包装技术和信息四个要素构成的。

（一）包装材料

包装材料是包装的核心，是构成包装实体的物质基础，没有材料就没有包装。

可用作包装材料的物质有很多，主要包括纸、塑料、金属、玻璃、木材、陶瓷等主要材料及辅助材料。不同的成分、性质和结构决定着包装的性能和质量，并对包装的生产要求、成本水平和回收处理工作等产生重要影响。

（二）包装容器

包装容器是指具有一定空间结构形式的包装材料，是包装技术的承担者。

一个完整的包装结构，包括静态组合成分和动态机构部分。静态组合成分是构成包装实体的骨架，对容器各部分起支撑和连接的作用；动态机构部分是控制内装商品进出数量的功能部件，具有方便使用的作用。只有将二者有机地结合起来，才能最大限度地体现包装容器的作用。

包装容器在流通中还是商品信息的重要载体，印制在包装容器上反映商品特征的视觉信息能够快速传递给顾客。因此，包装容器也是传递商品信息的媒介。

常见的容器结构形式有骨架结构、编织结构、板式结构、空柱结构、薄壳结构、袋式结构等。包装容器在实际应用中，可根据产品对包装功能的要求和包装的目的来决定采用何种包装容器。

（三）包装技术

包装技术是指根据自然科学原理、生产经验和设计要求，用相应的设备、工具，使包装物和内装物组成包装件的方法或工艺操作程序。包装技术水平受周围环境的科学技术发展水平、经济发展水平、政治发展水平、文化发展水平等多种因素的影响。

以包装实际效果来进行分类，包装技术主要包括以下几种相互关联的类型。

1. 防护性包装技术

防护性包装技术是指最大限度地保证内装商品安全的包装技术，包括防震、防潮、防水、保鲜、防锈、防虫害、防盗等包装技术。

2. 适用性包装技术

适用性包装技术是指能使包装在实际应用中体现坚固、耐用、可靠、高效、方便等性能的包装技术。

3. 装饰性包装技术

装饰性包装技术是指能美化被包装商品，体现包装设计者的设计构思，使包装外观具有艺术魅力的装潢、印刷等工艺技术。

4. 经济性包装技术

经济性包装技术是指能降低资源、能源消耗，节省包装成本、流通费用及消费者支出的包装技术。

（四）信息

包装的形、色、质等视觉要素可以迅速地传递商品信息，同时吸引消费者用感官快速接受这些信息，并直接影响其购买行动。

一个完整的包装，通常都包含以上四个要素。在进行包装设计时，应尽可能全面考虑四个要素的最佳组合。同时使包装符合科学、牢固、美观、经济、适销的原则，以使包装的功能得到充分发挥。

四、包装的作用

在市场经济条件下，任何商品要开拓市场、占领市场，都需要在内在质量上不断增强竞争力，同时也需要完美的外在包装，二者缺一不可。实践证明，质量良好的商品，如果没有良好的包装，会在储运过程中造成破损，从而降低其使用价值，甚至完全丧失使用价值，导致无法实现商品的价值。几乎所有的商品都有不同形式的包装，人们的生活与生产也离不开包装，这是因为包装具有多种功能，其具体作用表现在以下几方面。

（一）包装可以容纳商品

容纳是商品包装最基本的功能。许多商品本身没有一定的集合形态，如液体、气体和粉状商品，依靠包装的容纳而具有特定的商品形态，没有包装就无法进行运输、储存和销售。包装的容纳功能不仅有利于商品流通和销售，而且能提高商品价值。

包装还具有集合化功能。集合化功能是容纳的延伸，它是指包装能把许多个体或个别的包装物统一集合起来，化零为整，化分散为集中，这种集合的容纳不仅有利于商品运输，而且可以减少流通费用。

（二）包装可以保护商品的安全

保护商品的安全是指所选用的包装不仅可以适应内装物的特性，而且可以有效抵御流通过程中外界环境各种因素产生的危害。应根据不同商品的特征、形态、运输环境、仓储环境、销售环境等，合理、经济地选用包装材料、容器和技术，充分发挥包装的保护功能，以保持内装商品化学成分和物理性能的稳定，进而保持商品技术、技能的可靠性。同时，对具有易燃性、爆炸性、腐蚀性、氧化性、有毒性、放射性等特性的危险货物，要采用特殊包装，并标有危险品标志，这样做有利于保证商品的安全，以及人、运输工具与周围环境的安全。

（三）包装可以方便商品的生产和流通

商品在流通过程中要经过多个流通环节，需要包装提供各种方便，这对人们提高生产生活质量和提高工作效率都将发挥重要作用。商品包装在流通过程中起到的便利作用包括两方面的含义：一是便利作业；二是便于销售和使用。

便利作业是指包装的外表结构、辅助设施适于装卸、搬运和多层堆码，从而更有效、充分地利用运载工具与库存容积。在生产过程中对于批量生产的商品，包装要考虑生产自动化的要求，兼顾降低生产成本和提高劳动生产率的需要。

便于销售和使用是指包装的整体结构应满足对商品陈列、展示和使用的要求。如悬挂式包装、透明包装、开天窗包装等；同时选择大小合适的包装，使消费者在携带、开启、使用、保管时均感到方便。

此外，还应考虑包装的回收问题，这是进行环境保护、倡导绿色包装的要求。如在塑料容器上预制回收标记，方便人们分辨材质、回收处理。

因此，良好的包装在流通环境中能提高流通效率。便于充分利用运载工具、场库的有效容积，减轻劳动强度，减少货损、货差，从而提高商品在流通过程中的作业效率和质量。

（四）包装可以提高商品的经济效益

在市场经济条件下，商品要在市场上取得优势，不仅要依靠商品的质量，而且要用包装来美化商品。包装具有传达信息功能、表现商品功能和美化商品功能。一款形式新颖、结构精巧、图案别致、色彩柔和的包装，能够起到美化商品、宣传商品和促进商品销售的作用，从而达到提高商品经济效益的目的。

第二节 包装的分类

对包装的科学分类有利于包装材料选择、造型结构设计和美术装潢，促进包装生产的发展；有利于充分发挥包装在生产、流通和消费领域中的作用，方便产品储运和销售；有利于包装行业标准的制定、包装技术的发展，以及实现包装标准化、规格化和系列化；有利于装卸、搬运和存储作业实现机械化、自动化；有利于包装行业经营管理水平的提高。

在生产生活实践中，由于包装在生产、流通和消费过程中所起的作用不同，不同的部门对包装有着不同的分类。如包装生产部门按包装的材料、容器和生产条件进行分类;包装使用部门按包装的防护性能和适应性进行分类;物流部门则按不同的运输方式和运输方法对包装进行分类。

我国对包装的分类,主要有以下几种方法。

一、按包装材料分类

按包装材料进行分类,可将包装分为纸材料包装、塑料材料包装、金属材料包装、木材料包装、玻璃陶瓷材料包装等。

(一)纸材料包装

纸材料包装是指以纸和纸板为原材料而制成的包装。常用的纸包装有纸袋、纸盒、纸桶、纸管、纸箱以及瓦楞纸等,主要用于日用百货、纺织品、食品、饮料、医药、家用电器等商品的包装。由于其原料取自木材、稻草、芦苇、麦秸等,获取容易,成本较低,因此,纸材料包装在现代包装中占有很重要的地位。

(二)塑料材料包装

塑料材料包装是以各种树脂为基材而制成的一种包装。塑料材料包装有塑料薄膜袋、塑料编织袋、硬质塑料桶、塑料瓶、塑料箱等,适用于食品、饮料、针织品、服装以及五金交电等多种商品的包装,是 20 世纪发展起来的新型包装材料,正在以不同的形式、品种替代常规使用的多种包装材料和容器。

塑料的原料来自煤、石油、天然气等,由于具有气密性好,易于成形封口,防潮、防渗漏、防挥发,透明度高,化学性能稳定,以及耐酸、耐碱、耐腐蚀等许多优良特性,因而塑料越来越被广泛应用。有的塑料包装质地轻软、易于折叠封合,有的塑料包装质地坚硬,能防振缓冲和耐压,具有保护内装物的良好性能,因此,塑料包装发展前景广阔。

(三)金属材料包装

金属材料包装是指以马口铁、白铁皮、黑铁皮、薄钢板、铝箔等为原材料而制成的各类包装。常用的金属材料包装有各种金属桶、罐、听、盒、气瓶、集装箱等,主要用于运装液态、气态、粉状、糊状等生活用品、化工品,以及各种贵重物品的包装。

金属材料包装的优点是:具有良好的机械强度,耐冲撞;密封性较好,耐光;具有良好的延展性,易于加工;容易回收利用。金属材料包装的缺点是:化学稳定性差,容易锈蚀腐蚀,成本较高。

(四)木材料包装

木材料包装是指用木板、胶合板、纤维板制成的包装。常用的木材料包装有各种箱、桶、托盘等，主要用于包装怕压、怕振动冲击的仪器、仪表和各种机械类商品。

木材料具有独特的耐压、耐冲击以及适应多种气候的特性，而且容易加工，是重要的包装材料，适用范围广泛。但是，木材料价值较高，虽属可再生资源但生长期较长，我国的森林覆盖面较小，大量砍伐树木容易造成水土流失，破坏生态平衡，国家已采取强制性措施限制发展木材料包装，提倡采取以钢代木、以塑代木、以纸代木和以竹代木等措施。

（五）玻璃陶瓷材料包装

玻璃陶瓷材料包装是指以玻璃、陶瓷为原料而制成的包装。常用的玻璃陶瓷材料包装有玻璃瓶、玻璃罐、陶瓷瓶、陶瓷坛、陶瓷缸等，主要用于包装液体饮料、药品、调味品、化工原料、化工制品等。玻璃、陶瓷均为以硅酸盐为主要成分的无机性材料，原料丰富，制造工艺简单，易于成型，成本低廉；质地坚硬，化学性质稳定，耐腐蚀，密封性能好，易于回收。但玻璃和陶瓷的韧性差、脆性大，易因受冲击而破碎。

（六）其他材料的包装

1. 纤维制品包装

纤维制品包装是指以天然、人造和合成纤维等为原材料而制成的包装。常用的纤维制品包装主要有麻袋、布袋、维尼纶无纺袋、合成纤维编织袋等，多用于包装粮食、食糖、面粉、淀粉、水泥、陶土、白云石等粉状和小颗粒状的物品。其中，棉、麻材料来源于农作物，资源受到限制，而且本身强度较小，易于破损，所以今后会限制发展这类材料的包装。合成纤维由于其资源丰富、强度大、耐磨、耐酸碱、耐腐蚀，可以作为现代包装的理想材料，具有广泛的发展前景，可以作为研发方向，对其予以积极开发、充分利用。

2. 复合材料包装

复合材料包装是指以纸、塑料、铝箔等薄膜黏合而成的材料制成的包装。近几年各种复合材料发展很快，复合材料多制成袋式、包式和盒式包装，主要用于包装饮料、果酱、榨菜等液态、糊状以及含液体的固态食品等。复合包装的特点是坚韧、轻便，密封性好，是一种保存性能极好，便于携带、使用的新型食品包装，在今后很长时期内会有较好的发展前景。

3. 条编包装

条编包装是指以天然的竹条、藤条、荆条、柳条、芦苇、稻草等材料编织而成的包装。常用的有各种篓、筐、包、袋等，主要用于盛装水果、蔬菜、薯类、药材等。条编包装虽然强度低、容易破损，但其原料多为农副产品，资源丰富，制作简便，多由农民从事加工生产，生产成本较低，可以促进农村经济发展，是一种被提倡充分利用的包装。

二、按包装形态分类

按包装形态分类，可将包装分为个包装、内包装和外包装三种。按包装层次来说，第一层为个包装，也称初级包装、销售包装；第二层为内包装，也称二级包装、中包装；第三层为外包装。具体到某一种商品，选择包装形态时还要综合考虑商品性质、形态、种类和销售方式等，并非所有商品都要严格按照三个层次模式包装，有的只需初级、二级包装即可满足功能需求。

（一）个包装

个包装是以一件商品为一个销售单元的包装形式，是直接盛装和保护商品的最基本的包装形式，多在商品生产的最后一道工序中形成并随同商品直接销售给顾客。例如墨水、汽水、醋、酒、酱油和化妆品所需的瓶子、罐子，火柴、磁带、卷烟所需的盒子，牙膏、药膏所需的软管，咖啡、茶叶、罐头食品所需的听等。

个包装的特点是包装件小、技术要求较高。包装要求印贴商标，有商品及其使用和保存方法简介，便于消费者识别、选购、携带和使用，外观要求美观并起到美化、宣传商品，以及指导消费、促进销售和赢得市场等作用。

（二）内包装

内包装是指以若干件个包装商品组成一个小的整体的包装形式。如 10 盒卷烟组合成一条，12 支铅笔组成一盒，5 双或 10 双袜子组成一包等。内包装的设计目的是形成一个特定数量的销售单元集合体，在销售过程中起到保护商品、简化计量和利于陈列等作用。

（三）外包装

外包装是对个包装、内包装的进一步组合，外包装所含商品数量不一，往往数量较大。外包装的目的是在运输、储存过程中保护商品，方便运输、储存、装卸、搬运和清点交接。因此，外包装也称为运输包装，常见的外包装形式有瓦楞纸箱、木箱、钢桶、塑编袋等。

三、按包装目的分类

按包装目的，包装可以分为销售包装、组合包装和运输包装。

（一）销售包装

销售包装，也称初级包装，日本称之为个体包装。这类包装的设计目的是在购买阶段形成一个销售单元以提供给最终使用者或顾客。销售包装直接与内装商品接触，随同商品一起销售给顾客。为了促进销售，通常对此类包装的造型和装潢要求较高。

（二）组合包装

组合包装，也称二级包装，日本称之为内包装。这类包装的设计目的是在购买阶段构成一个特定数量的销售单元的集合体，它既可以销售给最终使用者或顾客，也可以只用来为销售货架补充货物。此类包装可以和内装商品分离并且不影响其特性。组合包装主要起到便于运输、计量、陈列和销售的作用。

（三）运输包装

运输包装，也称三级包装，日本称之为外包装。这类包装的设计目的是便于搬运和运输大量的销售单元或组合包装，以防止搬运和运输中对内装商品的损伤。例如，纸箱（桶）、木箱（桶）等包装。运输包装一般不包括公路、铁路、船舶、航空运输的集装箱。运输包装通常体积较大，外观尺寸标准化程度高，耐压，可反复使用，表面印有明显的识别标志。它具有保障商品安全，方便储运、装卸，加速交接、点验等作用。

四、按贸易惯例分类

（一）内销商品包装

内销商品包装是指在国内周转和销售的商品包装，又可分为商业包装和工业包装。

商业包装是指把商品作为一个销售单位的包装方式，所以也被称为销售包装。其目的是诱发消费者对商品的购买欲望和兴趣，以便实现商品价值和使用价值。

工业包装是指以便于商品运输和储存为目的的包装形式，其作用是保护商品在流通环节和运输过程中不受损失或减少损耗，所以又称为运输包装。

内销包装划分的商业包装和工业包装概念，在实际运用中不是绝对的，视包装的状态和流通条件，在不损害商品和便于流通的原则下，可以互相转化和通用。

（二）外贸出口商品包装

外贸出口商品包装是指我国对外贸易运销到外国或国际市场上的商品的包装，按国际贸易的习惯，又可分为出口商品运输包装和出口商品销售包装。

对于出口商品运输包装，主要考虑远距离运输和不同运输方式换装作业条件的要求，加强包装结构强度和进一步组合成大型的集合包装。对于出口商品销售包装，除了考虑商品的性质、气候等自然环境条件外，还要在包装的设计造型、装潢美术、工艺技术加工等方面，充分考虑不同国家、民族、宗教的习俗和爱好，并根据商品销售所在国的要求以及适应国际市场的特点等因素来进行包装。

（三）特殊商品包装

特殊商品包装是指工艺品、古董文物、科学尖端保密产品、国防保密物资产品以及其他重要的军需品等所需的具有特定用途的包装。这些产品都需要有特殊的技术保护和安保措施，要求包装具有更好的抗压、抗震和抗冲击性能，以便确保运输过程中的安全。

五、按包装的使用范围分类

（一）专用包装

专用包装是指根据内装物的状态、性质以及技术保护、流通条件的需要而专门为某种或某类货物的运输而设计、制作的包装。采用专用包装是根据商品某些特殊的性质来决定的。例如：茶叶吸附性很强，易发生串味而使品质降低，应采用专用茶叶箱包装；易挥发和燃烧的汽油类，须采用严密封装的铁制油桶包装；腐蚀性较强的商品，要采用耐酸、耐碱和耐其他化学腐蚀的陶瓷器皿、罐子等包装。这些包装都有专门的设计制造流程和科学的管理方法。

（二）通用包装

通用包装是指货物在性质、状态上对包装没有特殊要求，用一种包装装运多种商品而广泛使用的普通包装容器。例如，塑料袋、塑料箱、塑料瓶、瓦楞纸箱、玻璃陶瓷容器等，这些包装既可以用于日用百货、化妆品，也可以装食品或者药品等。通常这类包装是根据标准系列尺寸制造的，用以包装各种无特殊要求或无标准尺寸的产品。

六、按包装使用次数分类

按包装使用次数分类，可将包装分为一次用包装、多次用包装和周转包装。

（一）一次用包装

一次用包装是指只能使用一次，不再回收利用的包装，它是随同商品一起出售或在销售过程中被消费了的销售包装。这种包装在拆装后，因包装容器受到破坏不能按照原包装再次使用，只能回收处理或者改为他用。

（二）多次用包装

多次用包装是指回收后经适当的加工整理仍可使用的包装。多次用包装是对原包装进行再次使用,重新包装商品。多次用包装符合可持续发展的要求,可以节约大量的能源和原材料,降低包装成本和费用,有利于加强环保和促进经济协调发展。

(三) 周转包装

周转包装是指工厂和商店用于固定周转、多次利用的包装容器,如饮料瓶、硬质木箱等。

七、按包装在流通领域中的作用分类

按包装在流通领域中的作用分类,可将包装分为销售包装,运输包装和集合包装。

(一) 销售包装

销售包装也称为内包装或小包装,是指以保护商品、传递商品信息、宣传商品、美化商品、方便消费为目的的包装。销售包装不仅能够保护商品,适合运输、装卸和储存,而且能美化商品、宣传商品,便于商品陈列展销,便于消费者识别、选购、携带和使用。

(二) 运输包装

运输包装也称外包装或大包装,是指以保障商品安全,方便装卸和储运,加速交接、点验为目的的包装,或者说是用于盛装一定数量的销售包装商品或散装商品的大型包装。运输包装容积大、结构坚固、标志清晰、搬运方便。

(三) 集合包装

集合包装将商品包装生产流水线一直延伸到集装箱,结合运输工具的特点,使生产和消费的物流组织起来,成为新的生产技术措施。集合包装包括集装箱、集装袋和托盘组合包装。

八、其他分类

按结构形式分类,可将包装分为固定式包装、折叠式包装和拆解式包装;按抗御变形能力分类,可将包装分为硬包装、半硬包装和软包装;按防护技术分类,可将包装分为防锈包装、防振缓冲包装、密封包装和保鲜包装等;按技术操作方法分类,可将包装分为压缩包装、捆扎包装、收缩包装和拉伸包装等。

第三节　包装标准和标准化

一、包装标准

包装标准是指为了取得商品包装的最佳效果，根据包装科学技术、实际经验，以产品的种类、性质、质量为基础，在有利于产品生产、流通安全和厉行节约的原则上，经有关部门充分协商并经一定审批程序，对包装的用料、结构造型、容量、规格尺寸、印刷标志以及盛装、衬垫、封贴和捆扎方法等方面所作的技术规定，从而达到同种、同类商品所用的包装逐渐趋于一致和优化的目的。

二、包装标准的层次

从包装标准所涉及的范围来分析，包装标准大致可分为包装综合基础标准、包装专业基础标准和商品包装标准三个层次。

（一）包装综合基础标准

包装综合基础标准是指整个包装专业都应共同遵守，同时在一些跨行业、跨部门、跨专业的与包装有关的经济技术和科学活动中也应共同遵守的标准。包装综合基础标准也是制定其他包装标准的前提，包括包装管理标准、包装标志标准、包装规格型号标准、包装测试标准、包装技术标准和包装术语标准等。

1. 包装管理标准

包装管理标准是指为了指导包装管理工作、方法的标准化，提高包装管理的水平，关于包装的设计程序、抽样检验规则、质量认证、事故仲裁、回收利用等方面的规定等。

2. 包装标志标准

包装标志标准是指为了统一标志的使用，在流通过程中保护货物及搬运者的安全，便于识别和保护产品，便于产品的使用和消费，对普通货物和危险货物所规定的指示性图示和标志。包括危险货物包装标志标准、包装储运图示标志标准、运输包装收发货标志标准等。

3. 包装规格型号标准

包装规格型号标准是指为了使包装件与运输包装容器以及港口码头、储存仓库等模数化，以充分利用运输包装容器的空间，提高运输效率，节省运输费用，促进包装运输系统的现代化，规定包装的规格、尺寸、形状、容积等内容。包装规格型号标准包括包装规格标准、包装尺寸标准、包装形状标准和包装容积标准。

4. 包装测试标准

包装测试标准是指为了判断包装质量而对包装材料、容器、包装件的检测和试验提供公认的准则,以利于正确、统一地评价包装防护效果。包装测试标准规定了检测和试验的类别、原理、抽样、操作、精度要求,所用的仪器、设备,检测或试验条件、方法、步骤、数据分析,结果的计算、评定,合格标准,以及复验规则等。

5. 包装技术标准

包装技术标准是指为了指导包装技术的科学、合理实施,保证商品包装的质量,避免货物遭受物流环境作用而损失,对包装的一些特殊技术和方法所作的种种规定。包括防霉包装技术标准、防锈包装技术标准、防潮包装技术标准、防水包装技术标准、缓冲包装技术标准等。

6. 包装术语标准

包装术语标准是指有关一般包装的术语和定义的规定,如包装通用术语标准、包装机械术语标准、包装容器术语标准等。

(二) 包装专业基础标准

包装专业基础标准是指针对包装专业的某个方面制定的,而在整个包装专业范围内有所涉及时均应遵守的标准。包装专业基础标准包括包装材料标准、包装容器标准等。

1. 包装材料标准

包装材料标准是指为了合理选用标准化材料而规定的包装材料的适用范围、种类、质量要求、选用原则、形状尺寸、制造方法、测试方法、检验和采购规范等方面的内容。包装材料标准包括纸包装材料标准、塑料包装材料标准、金属包装材料标准、玻璃陶瓷包装材料标准和纤维植物包装材料标准等。

2. 包装容器标准

包装容器标准是指为了合理选用标准化的容器而规定的包装容器的适用范围、种类、选用原则、结构与尺寸、材料、使用方法、技术条件、质量检验等方面的内容。包装容器标准包括纸包装容器标准、塑料包装容器标准、金属包装容器标准、玻璃陶瓷包装容器标准和纤维植物包装容器标准等。

(三) 商品包装标准

商品包装标准是指为使同类和同种包装通用化、系列化,并在产品生产、运输、装卸、储存、销售、消费等各方面取得商品包装的最佳效果,依据包装科学技术和实践经验以及产品形态与性能,对商品的销售包装和运输包装的各个方面作出的统一规定。

商品包装标准所包括的专业范围是极为广泛的，大致包括农业、水产、食品、医药、建材、化工、纺织、轻工、电子、仪器、兵器、机械、邮电等二十四大类标准。

商品包装标准是针对某商品包装的科学合理化而制定的，是整个包装标准化的最终目标。包装综合基础标准和包装专业基础标准是为商品包装标准化服务的。

三、包装标准化

包装标准化是指为使包装达到定型化、规格化和系列化而展开的制定、发布和实施包装标准的有组织的活动。

包装标准化的主要内容包括统一包装材料、统一包装造型结构、统一包装尺寸、统一包装容量、统一包装标志、统一包装方法和统一捆扎方法等。

四、包装标准化的作用

通过包装标准化工作，制定出符合各部门要求的包装标准，加强各种标准之间的衔接和协调，既可以为包装生产提供技术依据，又能够促进各部门、各生产单位间的有机联系。通过包装标准化活动，实现包装材料、包装容器的标准化、系列化、通用化，合理发展包装品种，扩大同类、同规格包装产品的批量，为组织包装专业化生产创造条件，促进包装工业的高速发展。因此，包装标准化具有提高包装质量、减少消耗和降低成本的重要作用。

（一）提高包装生产效率

实行统一的包装标准，简化了包装的规格型号，使同类产品的包装可以相互通用。这样可使零星、分散和小批量的包装生产，转变为集中、大批量的专业化包装生产，有利于包装生产向机械化、自动化方向发展，从而提高包装生产效率。

（二）便于识别和计量

标准化的包装规定了明确的标志与标志书写的部位，便于从事商品流通的工作人员进行识别和分类。同时，整齐划一的包装，每箱或者每个容器中的重量一致、数量相同，便于进行商品计量。包装标准化可使包装设计科学合理，简化和统一了包装容器的规格型号，所以在生产和流通过程中便于识别、使用和计量。

（三）降低包装成本

由于包装标准化使包装材料、包装结构、包装规格型号统一，所以在进行包装设计制造时可以充分、有效地使用原材料，不仅可以大量节省包装材料，而且由于包装整齐划一，堆码容易排列组合，能够提高仓库的容量和运输工具的运量。

（四）保证包装质量

实行包装标准化，使包装设计合理、规格尺寸统一，不仅便于搬运和装卸，而且为货物的堆码和储存提供了良好的条件。包装标准中对各项质量指标作了明确规定，有利于保证与提高包装的质量，使产品在流通过程中免受损失。

（五）有利于包装的回收使用

标准化的包装在尺寸、重量、结构、用材等方面均作了最佳选择，包装的箱体或者容器比较坚固、安全。由于包装标准化使包装规格、型号统一，因此有利于包装容器的相互通用，便于就地组织包装回收利用，节省了回收空包装容器在地区间的往返运费，降低了包装储存费用。

（六）有利于实现机械化

首先，包装标准化有利于商品包装生产的机械化以及装卸、运输和储存的机械化。商品包装生产和运输、装卸、堆码等一向靠手工操作，包装标准化可以用机械生产标准化的包装箱、包装容器，量大的商品还可以生产标准灌装机、包装机，装卸时可用标准起吊设备、车辆、导轨，降低装卸劳动强度。包装和储运、装卸的机械化不但提高了劳动生产率，而且减少了商品损失。

其次，包装标准化有利于港口、码头各项工作的机械化。标准化的包装使得从工厂到销售商店可实现门对门的运输，有利于在码头、港口处实行货运物资的科学分流和管理，有利于港口、码头各项工作的机械化，使码头积存商品显著减少，物流速度加快。

（七）有利于产品走向国际市场

为了适应国际市场的需要，提高产品的竞争力，要求产品实行标准包装和执行国际包装标准。特别是对于集装运输的集合包装，采用国际标准包装系列，更有利于产品走向国际市场。

五、包装模数化

（一）包装模数

包装模数是指包装容器长、宽的尺寸基数。根据包装模数设计的包装容器能较好地利用储存和运输空间。

（二）物流模数

物流模数是指物流设施与设备的尺寸基准。要实现包装标准化，首先必须实现包装模数化。

（三）包装模数化

包装模数化是指对包装的规格、尺寸和流通环境中各种空间或平面尺寸进行模数协调，制定标准尺寸系列，使标准尺寸合理化、系列化和通用化。具体来说，就是使商品的内外包装之间、单件包装与组合包装之间实现模数协调，同时使包装模数与物流模数相互协调。

（四）包装模数化的作用

通过包装模数与物流模数的协调，使商品销售包装、运输包装、集装箱、集装箱托盘以及运输车辆、火车车厢、轮船船舱、港口码头、储存仓库等都按模数的对接关系进行配套，有利于包装容器的最佳装配以及交通工具和货位的最大限度利用，适应现代化大流通和现代包装运输系统的需要，从而获得最佳经济效益。

第四节 包装材料

包装材料是指用于制造包装容器和构成商品包装的材料的总称。

一、包装材料的分类

包装材料一般分为主要包装材料和辅助包装材料。主要包装材料包括纸和纸板、金属、塑料、玻璃、陶瓷、竹类、天然纤维与化学纤维、复合材料等；辅助包装材料包括缓冲材料、涂料、黏合剂、油墨、衬垫材料、捆扎材料、钉结材料等。

包装材料在工业生产中占有重要地位，是发展包装技术、提高包装质量和降低包装成本的重要物质基础。

二、包装材料的性能要求

从现代包装要求来看，包装材料应具有以下性能。

（一）安全性能

安全性能是指包装材料与内装商品特别是食品直接接触时，不能给内装物带来污染，不能危害消费者的健康。这就要求包装材料本身无毒、无异味、无菌，甚至具有杀菌作用。在一定条件（温度、溶剂、接触面、长时间储存）下，塑料包装材料中的增塑剂、抗氧化剂以及金属包装材料中的锡等有害物质会扩散并迁移到内装商品特别是食品上，形成潜在毒性。

（二）保护性能

保护性能是指包装材料要能保护内装商品，防止其损失、变质。涉及包装保护功能的包装材料性能主要有：机械强度，防潮、防水性，无毒、无异味，耐酸、耐碱性，耐热、耐寒性，耐油性，透光及遮光性，透气性，防紫外线穿透性，气温变化适应性等。

（三）易加工性能

易加工性能是指包装材料应该具有易加工、易成型、易填充、易封合等特点，能适应自动包装机械操作要求，生产效率较高。

（四）外观装饰性能

外观装饰性能是指包装材料的形状、颜色、纹理要美观，能产生陈列效果，提高商品价值，激发消费者的购买欲望。

（五）生态环保性能

生态环保性能是指包装材料要有利于生态环境保护，有利于节省资源。

三、选择包装材料的基本原则

包装材料是商品包装的物质基础。由于科学技术的进步，包装材料的发展日新月异，包装形态更是千变万化。包装材料不仅可以被消费者具体、直观地触及，更重要的是在商品包装中承担着信息载体的作用。对包装材料的选择也是包装设计的重要环节，是影响包装效果的主要因素。选择包装材料要依据以下原则。

（一）适应流通的需要

为保证商品在流通过程中的安全，商品包装材料必须具有一定的强度，应牢固、坚实、耐用。为了适应不同的运输方式和运输工具的要求，还应有选择地利用相应的包装容器和技术处理方法，更好地使包装整体适应流通领域中的不同储存、运输条件和强度要求。

（二）适应商品特性的要求

商品包装必须依据不同商品自身的特性，分别采用与之相适应的包装材料与包装技术，使包装完全符合被包装商品不同的物理、化学性质的要求。只有这样，才能充分发挥包装的作用，适应商品流通的需要。

（三）适应标准化的要求

商品包装推行标准化由来已久，对商品包装的规格、容（重）量、包装材料、结构造型等方面进行规范，可以使包装行业实现规模经济，降低生产成本；还可以推进物流行业的标准化进程，易于识别、计量和运输，有利于保证包装质量和商品安全。

（四）适应"适量、适度"包装的要求

"适量、适度"包装主要是对销售包装而言的，包装容器的大小应与内装商品相适应，包装费用的多少应与内装商品相吻合。"过度包装"多指预留空间过大、包装费用占商品总价值比例过高，会损害消费者利益，误导消费者。

（五）适应经济性的要求

经济性主要是指包装所消耗的成本和代价。在市场中，经济性是影响消费者的购买行为的重要指标，包装的价值要在市场中实现，必须适应经济性的要求，否则会因为包装成本过高而影响商品的销售。

（六）适应创新性的要求

包装必须适应市场的要求，不断开拓进取，在创新中求发展。创新不仅要在包装的外表上追求形式新颖，而且要在包装材料的使用、包装技法的运用等方面努力，通过包装创新给消费者带来新意和实惠，以刺激其购买欲望。

（七）适应绿色环保的要求

对于商品包装的绿色、环保要求，应从两个方面来认识。

首先，包装的材料、容器、技术本身对商品与消费者而言，必须是安全和卫生的。

其次，包装的技术、材料、容器等对环境而言，是安全和环保的。

在选择材料和制作工艺上要遵循可持续发展的原则，尽可能做到节能、低耗、无污染、可回收利用，至少要求包装材料在废弃之后可以安全降解。

四、主要包装材料的特征

（一）纸和纸板

纸和纸板是目前最主要的包装材料，其产值占包装总产值的45%左右。纸和纸板主要有以下特征：具有适宜的强度、耐冲击性，密封性好；具有良好的成型性和可折叠性；具有可印刷性；价格低，重量轻；可回收和再生。

纸和纸板由于难以封口，特别是受潮后牢固度会下降，气密性、防潮性、透明性

较差，因而在包装应用上受到一定限制。

一般包装用纸以牛皮纸、纸袋纸、包装纸、玻璃纸为主，包装纸板以箱板纸、黄板纸、瓦楞纸、白板纸、白卡纸为主。用纸和纸板制成的包装容器主要有纸箱、纸盒、纸桶、纸袋、纸杯、纸盘等，广泛应用于运输包装和销售包装。

（二）塑料

塑料是指以树脂为主要成分，加入增塑剂、填充剂、润滑剂、着色剂等添加剂，在加工过程中流动成型的材料。塑料是合成的高分子化合物，可以自由改变形体样式。塑料是利用单体原料通过合成或缩合反应聚合而成的材料，由合成树脂及填料、增塑剂、稳定剂、润滑剂、色料等添加剂组成，其主要成分是合成树脂。

塑料在整个包装材料中所占的比例仅次于纸和纸板，包装用塑料的消费量约占塑料总消费量的1/4，在许多方面逐步取代了传统的包装材料。作为包装材料，塑料改变了商品的包装面貌，在包装中的应用较普遍。

塑料与其他包装材料相比有很多优点，塑料包装材料在其拉伸强度、刚性、抗冲击性、耐穿刺性等机械性能方面，在某些强度指标上较之金属、玻璃等包装材料要低一些，但较纸材要高得多；在包装行业中应用的塑料材料，其某些特性可以满足包装的不同要求，如塑料的抗冲击性优于玻璃，能承受较大的重量。塑料包括软性的薄膜、纤维材料以及刚性的成型材料。

塑料作为包装材料也有一些缺点：强度不如钢铁；耐热性不如玻璃；在外界因素长时间作用下易老化；有些塑料在高温下会软化，在低温下会变脆，强度下降；有些塑料袋有异味，所含的某些有害成分可能会渗入内装物；易产生静电而造成污染；塑料包装废弃物处理不当会造成环境污染等。

主要塑料包装材料有聚乙烯塑料(PE)、聚氯乙烯塑料(PVC)、聚丙烯塑料(PP)、聚苯乙烯塑料(PS)、聚酰胺(PA)、聚乙烯醇(PVA)、聚酯塑料(PET)、乙烯乙酸乙烯酯共聚物(EVA)、聚偏二氯乙烯(PVDC)、聚碳酸酯(PC)，以及钙塑和木质塑料等。

（三）包装用金属材料

金属的种类有很多，包装用金属材料主要有钢材、铝材及其合金材料。包装用钢材包括薄钢板、镀锌低碳薄铁板、镀锡低碳薄钢板(俗称马口铁)等。包装用铝材有纯铝板、合金铝板和铝箔等。金属材料具有良好的机械强度，牢固结实，耐碰撞，不破碎，能有效保护内装物品；密封性能优良，阻隔性好，不透气，防潮，耐光；具有良好的延伸性，易于加工成型；金属表面有特殊的光泽，易于进行涂饰和印刷，可获得良好的装潢效果；可回收利用，不污染环境。然而，金属材料成本较高，一些金属材料如钢铁的化学稳定性较差，易发生锈蚀，遇酸、碱易被腐蚀，因而限制了其在包装上的应用。金属材料主要用于制造运输包装桶、集装箱，以及饮料、食品和其他商

品的罐、听、盒等包装物，另外还有少量用于加工各种瓶罐的盖底以及捆扎材料等。

此外，包装还常用玻璃、陶瓷、木材等其他材料。

第五节　包装机械概述

一、包装机械的定义

包装机械是指完成全部或部分包装过程的机器。包装过程包括成型、填充、裹包等主要包装工序，以及与其相关的清洗、干燥、杀菌、贴标、捆扎、集装和拆卸等前后包装工序，转送、选别等其他辅助工序。

目前，在工业生产中，主要包括三大基本环节，即原料处理、中间加工和包装。包装是工业生产中非常重要的环节。包装机械是实现包装机械化、自动化的根本保证。

二、包装机械的作用

包装机械能够提高包装的质量和效率，并能够实现包装过程的标准化，因此包装机械在现代工业生产中起着重要的作用。

(一) 提高生产效率，改善劳动条件

包装机械实现了包装生产的专业化，从而大幅提高了生产效率。包装机械化降低了工人的劳动强度，改善了劳动条件，有利于保护环境、节约原材料、降低产品成本。以往，在用手工包装液体产品时易造成产品外溅，在用手工包装粉状产品时易造成粉尘飞扬。采用包装机械能防止产品的散失，既保护了环境，又节约了原材料。

(二) 保证了包装产品的卫生和安全

机械化包装能够提高产品包装质量，增强市场销售的竞争力。如食品和药品对卫生和安全性要求很严格，采用机械化包装，可以避免人手和食品、药品的直接接触，减少对食品和药品的污染。同时，由于机械化包装速度较快，食品和药品在空气中的停留时间较短，从而减少了受污染的机会，有利于食品和药品的卫生与安全。采用真空、充气、无菌等包装机，可使产品的流通范围更加广泛，延长产品的保质期，方便产品的流通。

(三) 减少包装场地面积

包装机械有利于减少包装场地面积，节约基建投资。当产品采用手工包装时，由于包装工人多、工序不紧凑，所以包装作业占地面积大、基建投资多。而采用机

械包装后，物品和包装材料的供给比较集中，各包装工序安排比较紧凑，从而减少了包装的占地面积，可以节约相关费用。

（四）包装的规格化和标准化

机械包装便于实现包装的规格化和标准化，从而便于在物流活动中进行计量。

（五）降低包装成本和储运费用

对于松散产品，如烟叶、丝、麻、棉花等产品，采用压缩包装，可以大大缩小体积，降低包装成本，节省库容，减少保管费用，方便运输，降低运输成本。采用包装机械包装液体、粉状产品时，可以减少液体外溅、粉尘飞扬等，既能防止产品的失散又能保护环境，而且有利于节约原材料，降低产品成本。

三、包装机械的分类

（一）按包装产品的类型分类

1. 通用包装机械

通用包装机械是指在指定范围内适用于包装两种或两种以上不同类型产品的机器。

2. 专用包装机械

专用包装机械是指专门用于包装某一种产品的机器。

3. 多用包装机械

多用包装机械是指通过调整或更换有关工作部件，可以包装两种或两种以上产品的机器。

（二）按包装机械的自动化程度分类

1. 半自动包装机械

半自动包装机械是指由人工供送包装材料和内装物，并能自动完成其他包装工序的机器。

2. 全自动包装机械

全自动包装机械是指自动供送包装材料和内装物，并能自动完成其他包装工序的机器。

（三）按包装机械的功能分类

按功能分类，可将包装机械分为充填机械、灌装机械、裹包机械、封口机械、贴标机械、清洗机械、干燥机械、杀菌机械、捆扎机械、集装机械、多功能包装机械、包装材料制造机械、包装容器制造机械，以及完成其他包装作业的辅助包装机械。我国目前国家标准采用的就是这种分类方法。

（四）其他分类

除了上述三种分类方法外，包装机械还可以采用如下分类方法：按照包装对象分为食品、药品、日用工业品、化工产品等包装机械；按照包装容器分为装箱、装盒、装桶、装袋、装罐等包装机械；按照包装层次分为单层包和多层包机械；按照包装大小分为小包、中包和外包等包装机械；按照包装物形态分为固体和液体等包装机械；按照包装传送方式分为单位包装机、间歇运动多工位包装机、单头连续运动多工位包装机、多头连续运动多工位包装机等包装机械。

四、包装机械的结构

（一）机身

机身是整个机械的刚性骨架，机身用于安装、固定、支撑包装机械所有的零部件，满足其相互运动的要求。因此，机身必须具有足够的强度、刚性和稳定性。

（二）动力系统

动力机与传动系统动力机是机械工作的原动力，在包装机械中通常指电动机和空气压缩机，个别情况也有采用燃动机或其他动力机的。传动系统是指将动力机的动力与运动传给执行机构和控制系统，使其实现预定动作的装置。传动系统通常由传动零件，如带轮、齿轮、链轮、凸轮等组成，或者由机、电、液、气等多种形式的传动组成。

（三）供送系统

供送系统是指将包装材料（包括刚性、半刚性包装材料和包装容器及辅助物等）进行定长切断或整理排列，并逐个输送到预定工位的系统。如糖果包装机中包装纸的供送、切断机构。有的供送系统在供送过程中能完成制袋或包装容器的竖起、定型、定位等工作。一些封罐机的供送系统还可完成罐盖的定向、供送等工作。有的供送系统具有计量功能，能够对被包装物品进行计量、整理、排列，并将其输送到预定工位。有的供送系统可完成被包装物品的定型、分割等工作。如饮料灌装机的计量和液料供送系统，饼干包装机的饼干整理、排列和供送系统。

（四）传送系统

传送系统是指将包装材料和被包装物品由一个包装工位顺序传送到下一个包

装工位的系统。单工位包装机没有传送系统。全部包装工序在包装机上往往分散成几个工位来协同完成,所以必须有专门的机构来传送包装材料和被包装物品,直到把产品输出。主传送机构的形式,一般决定了包装机的形式并影响其外形。

(五) 执行系统

执行系统是指直接完成包装操作,即完成裹包、灌装、封口、贴标、捆扎等操作的机构。如糖果裹包机的前、后推糖板,抄纸板,糖钳子和扭结手等组成的机构就是包装执行机构;封罐机中的卷封滚轮也是包装执行机构。

(六) 输出系统

输出系统是把包装好的产品从包装机上卸下、定向排列并输出的机构。有的包装机械的成品输出是由主传送机构完成的或是靠包装产品的自重卸下的。

(七) 控制系统

控制系统由各种手动和自动装置组成。在包装机械中,从动力的输出、传动系统的运转到包装执行机构的动作与相互配合,以及包装产品的输出等,都是由控制系统指令操纵的。控制系统包括包装过程、包装质量、故障与安全的控制等。

五、包装机械的特点

包装机械应用于食品、医药、化工及军事等多种行业,具有以下特点。

(一) 结构复杂

大多数包装机械结构复杂、运动速度快且对动作配合要求较高。为了满足性能要求,对零部件的刚度和表面质量等都有较高的要求。

(二) 种类繁多

包装对象、包装工艺的多样化使包装机械在原理与结构上存在很大的差异,即使是完成同样包装功能的机械,也可能具有不同的工作原理和结构。

(三) 更新换代快

由于包装机械不断地向高速化发展,机械零部件运转极易疲劳,并且社会的进步对包装机械的要求也越来越严格,为满足市场需求,包装机械应及时更新换代。

(四) 电机功率小

由于进行包装操作的工艺动力一般都较小,所以电动机所需的功率也较小。

（五）多功能性

包装机械不属于经常性消耗产品，而是生产数量有限的专业机械。为提高生产效率、方便制造和维修、减少设备投资，目前包装机械大都具有通用性或多功能性。

（六）自动化程度高

包装机械的自动化程度高，大部分已采用单片机控制，实现了智能化。包装机械一般都采用无级变速装置，以便灵活调整包装速度、调节包装机械的生产能力。

（七）符合卫生、安全要求

用于食品和药品的包装机械应便于清洗，与药品和食品接触的部位要用不锈钢或经化学处理的无毒材料制成，符合药品和食品的卫生、安全要求。

第六节　绿色包装

随着人们环境、生态意识的增强，绿色包装已逐渐成为当今社会人们追求并为之奋斗的目标。发展绿色包装，开发绿色材料，解决包装废弃物的污染，已经成为各国实施环境保护的重大举措之一。发展绿色包装的意义主要体现在：包装绿色化可以减轻环境污染，保持生态平衡；绿色包装顺应了国际环保发展趋势的需要；绿色包装是世界贸易组织（WTO）及有关贸易协定的要求；绿色包装是绕过新的贸易壁垒的重要途径之一；绿色包装是促进包装工业可持续发展的唯一途径。

一、绿色包装的发展历程

绿色包装起源于 1987 年联合国环境与发展委员会发表的《我们共同的未来》。到 1992 年 6 月联合国环境与发展大会通过了《里约环境与发展宣言》、《21 世纪议程》，随即在全世界范围内掀起了一个以保护生态环境为核心的绿色浪潮。根据人们对绿色包装的理念的认识与层次，可以把绿色包装的发展划分为三个阶段。

（一）20 世纪 70 年代至 80 年代中期

这一阶段关于绿色包装的主题是“包装废弃物回收处理”，即以回收处理，减少包装废弃物对环境的污染为主要方向。这个时期，最早颁布的法令有美国 1973 年的《军用包装废弃物处理标准》。中国在 1996 年颁布了《包装废弃物的处理与利用》。

（二）20 世纪 80 年代中期至 90 年代初期

这一阶段关于绿色包装的主题是“3R1D”，即美国环保部门就包装废弃物提出的三点意见：①尽可能对包装进行减量化，不用或少用包装；②尽量回收利用商品包装容器；③不能回收利用的材料和容器，应采用可生物降解的材料。同时，欧洲的许多国家也制定出本国的包装法律规范，强调包装的制造者和使用者必须重视包装与环境的协调性。

（三）20 世纪 90 年代中后期

这一阶段关于绿色包装的主题是 LCA(life cycle analysis)，即“生命周期分析”，又被称为“从摇篮到坟墓”的分析技术。生命周期分析是把包装产品从原材料提取到最终废弃物的处理的整个过程作为研究对象，进行量化的分析和比较，以评价包装产品的环境性能。这种方法的全面性、系统性、科学性已经得到的人们的重视和承认，并作为 ISO 14000 中的一个重要的子系统而存在。

> **知识链接**
>
> ISO 14000标准
>
> 国际标准化组织（ISO）就环境保护制定了相应的ISO 14000标准。ISO 14000是一套严格、严谨的标准体系，它科学地规范了人类环境保护的准则和条件。

二、绿色包装的定义

绿色包装是指对生态环境和人体健康无害，能循环复用和再生利用，可促进国民经济持续发展的包装。也就是说包装产品从原材料选择、产品制造、使用、回收和废弃的整个过程均应符合生态环境保护的要求。绿色包装包括节省资源、避免废弃物产生，易回收复用，再循环利用，可焚烧或降解等生态环境保护要求的内容。

绿色包装包括两个方面的含义：保护环境与节约资源。这两者相辅相成，不可分割。其中保护环境是核心，节约资源与保护环境又密切相关，因为节约资源可减少废弃物，也就是从源头上对环境进行保护。

绿色包装可分为 A 级绿色包装和 AA 级绿色包装。A 级绿色包装是指废弃物能够循环复用、再生利用或降解，含有毒物质在规定限量范围内的适度包装。AA 级绿色包装是指废弃物能够循环复用、再生利用或降解，且在产品整个生命周期中对人体及环境不造成公害，含有毒物质在规定限量范围内的适度包装。上述分级主要考虑到首先要解决包装使用后的废弃物问题，这是世界各国进行环境保护共同关心的问题，也是一个需要持续关注和解决的问题。

三、绿色包装的4R1D原则

（一）减少包装材料(reduce)

在满足保护、方便、销售等功能的条件下，应尽可能减少原材料的使用量，进行适度包装，使包装材料的应用量达到最少，避免过分包装。在保证盛装、保护、运输、储藏和销售功能的前提下，首先要考虑尽量减少包装材料的使用量，这样才能从源头上达到节约资源、降低能耗、缩减成本，减少排放物和废弃量的目的。

（二）可重复使用(reuse)

可重复使用是指为节约材料和降低能耗，不轻易废弃可以再用于盛装产品的包装制品。而在进行包装结构的设计时则要考虑包装材料的选取，并符合这一理念。

（三）可回收再生(recycle)

可回收再生是指把废弃的包装制品进行回收处理、再利用。如废弃的瓦楞纸箱是一般性包装用纸的原料之一，又是纸浆模塑工业包装的主要原料。理论上，废弃的纸浆模塑制品能够重复使用5～6次以上。再生纸、再生纸板、再生塑料、玻璃、陶瓷和金属包装制品等废弃后，可经再熔再造，制成新的同样的材料或包装制品。

（四）获得新的价值(recover)

获得新的价值即利用焚烧来获取能源和燃料。有些材料和包装制品，可通过处理而获得新的可利用的物质，产生新的价值。如对废弃塑料进行油气化处理，可获得使用价值较高的油气或燃气等。

（五）可降解(degradable)

包装材料可降解有利于消除白色污染。那些废弃后不能重复使用，也不能进行回收循环再生处理的，或是回收价值不大的包装废弃物，应当能够在自然环境中降解销蚀，使其不对自然生态环境构成污染。

另外，包装材料从原材料采集、材料加工、产品制造、产品使用、废弃物回收再生，直到其最终处理的生命全过程对人体和环境均应无毒无害，包装材料中不应含具有毒性的元素、病菌、重金属或含量应控制在有关标准以下。

四、绿色包装系统

（一）绿色包装系统

绿色包装系统是指绿色原材料由采集到生产成绿色包装材料，然后再经过绿色加工，生产出绿色包装制品并加以应用的生产过程系统。绿色包装系统包括绿色包装设计、绿色包装材料的选择和加工、绿色废弃物的回收处理、绿色包装工程的评估体系与标准等环节。

（二）绿色包装系统设计的原则

绿色包装系统设计的原则主要有：

（1）要使整个工程系统成为绿色系统，其各个子系统（环节要素）均为无污染环节，以此全面保证最终产品是绿色的；

（2）在生产过程中要节约能源、节省材料，充分利用再生资源；

（3）要符合包装产品的 4R1D 原则，包装产品要轻量化、可重复使用、可循环再生、可获得新的价值、可降解。

（4）要有较强的市场竞争能力，符合国际潮流，受人青睐。物美价廉，市场看好。实用性强，使用方便，适应消费者的心理。融入国际环保的大环境，满足人们的绿色消费需求。

五、包装材料对环境的影响

包装材料是国民经济与社会发展的基础和先导。在包装材料的采伐、提取、制备、生产加工、运输、使用和废弃过程中，一方面包装材料推动着社会经济发展和人类文明进步；而另一方面包装材料耗费着大量的能源与资源，并且排放出大量的废气、废水与废渣，污染着人类的生存环境。包装材料对环境与资源的影响表现在以下三个方面。

（一）包装材料本身造成污染

包装材料因自身化学性能变化会导致对内容物或环境的污染。例如：聚氯乙烯（PVC）热稳定性较差，在一定温度下（14 ℃左右）会析出氢和有毒物质氯，对内容物产生污染（许多国家禁用 PVC 做食品包装），而在燃烧时又产生氯化氢（HCl），导致酸雨产生；包装工业用作发泡剂来生产各种泡沫塑料的氯氟烃（CFC）则是破坏地球上空臭氧层的罪魁祸首。

（二）包装材料生产过程造成污染

包装材料生产中一部分原料经过加工形成包装材料，另一部分原料变成污染物排入环境。如排出的各种废气、废水、废渣与有害物质，以及不能回收利用的固体材料，会对周围环境造成危害。

（三）包装材料的废弃造成污染

包装多属一次性用品，大量的包装产品约80%最终成为包装废弃物。从全世界来看，包装废弃物所形成的固体垃圾在质量上约占城市固体垃圾总质量的1/3。与此相对应的包装材料则造成对资源的巨大浪费，许多不能降解或不能回收利用的材料构成了对环境污染最主要、最重要的部分，尤其是以一次性发泡塑料餐具和一次性塑料购物袋形成的"白色污染"对环境造成的危害最为严重。

六、绿色包装材料的概念

绿色包装材料是指能够循环复用、再生利用或降解腐化，不造成资源浪费，并在材料，存在的整个生命周期中对人体及环境不造成公害的包装材料。因此，用于制造包装容器和构成产品包装的材料应与生态环境相适应，即材料的整个生命周期环境负载低、可循环、资源利用效率高。

绿色包装材料应具备以下特性：

(1) 包装材料生产不过度消耗资源，从源头减少包装资源的耗损，可保证对能源的节省；

(2) 包装材料生产过程无污染，不排放有害废气、废水、废渣，有适当的"三废"处理；对废弃物的最终处理不污染环境，不造成环境负载；

(3) 原材料可再资源化，包装材料使用后或解体后可以再利用；

(4) 包装材料中不含有害物，对人体和生物无危害；

(5) 包装材料生产成本较低，有合理的性价比，可保证原料的持续生产和使用。

> 知识链接
>
> 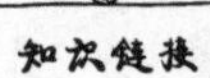
>
> 白色污染
>
> 所谓"白色污染"，是指由于农用薄膜、包装用塑料膜、塑料袋和一次性塑料餐具（以下统称塑料包装物）等的丢弃所造成的环境污染。由于废旧塑料包装物大多呈白色，因此被称为"白色污染"。白色污染的主要来源有食品包装、泡沫塑料填充包装、快餐盒、农用地膜等。

七、绿色包装材料的种类

（一）可重复使用的包装材料

1. 玻璃材料

玻璃材料在包装工业中具有重要作用。从传统包装发展到现代包装，玻璃材料一直以其特殊的性能和特征用于液体包装。它干净、直观、造型优美，保质、保味，可以回收重复使用，或以回收碎料的形式再生利用，对玻璃可以实施薄壁化、高强度、低脆性的轻量设计，其在包装上的优良品质是其他材料所不能代替的。

2. 金属材料

金属在包装材料中的用量相对不大，其种类主要有钢材、铝材，其成型材料是薄板和金属箔。前者属刚性材料，一般是直接制桶、制罐；后者为柔性材料，一般采取真空蒸镀的方法在其他材料上镀上一层金属膜，不仅可节省金属材料的使用，而且能达到强化材料、阻光的效果。金属具有以下特点：延展性好，强度高，阻隔性好，表面光滑、光亮易于印刷，可在包装上极大地节省材料，金属包装制品（如铝质罐）及其材料可回收、回炉再造利用或重复利用，利用率高。金属包装制品的循环使用、轻质金属制品以金属代木等都属于绿色环保设计。

3. 塑料材料

塑料包装是现代商品包装的重要标志。塑料包装从出现到被大量、广泛应用，发展很快，可以说在包装历史上具有里程碑意义。它的出现大大地改变和调整了整个包装材料的结构与布局，令商品包装呈现出崭新的面貌，使包装水平上了一个台阶。塑料的特点与性质有：质轻，易加工成型，物理性能优越，强度高，韧性、耐磨性、防潮性好，阻隔性强，加工形式多样，可配合各种新的加工技术，材料透明、有光泽，易于印刷，生产过程节能，原材料来源丰富。有些塑料容器，回收清洗后可以多次重复使用。

塑料包装材料的合理使用，应选用易回收、易再生的塑料品种；选用不会产生危害的塑料等，也是使塑料包装材料摆脱“白色污染”的重要措施。

（二）可再生的包装材料

对于可再生的包装材料可用物理方法和化学方法两种方法实现再生。物理方法是指将材料直接、彻底净化、粉碎，无任何污染物残留，经处理后的材料再直接用于再生包装容器。化学方法是指将回收的聚酯薄膜（PET）粉碎、洗涤之后，在催化剂作用下，使 PET 全部解聚成单体或部分解聚，纯化后再将单体重新聚合成再生包装材料。包装材料的重复利用和再生，仅仅延长了塑料等高分子材料作为包装材料的使用寿命，当达到其使用寿命后，仍要面临对废弃物的处理和环境污染问题。

1. 纸质材料

纸包装材料在整个包装工业中占有重要地位，是包装工业的支柱材料之一。纸包装有以下特点：经济、重量轻、缓冲性好、折叠成型性好；具有适当的坚牢度，耐磨、耐冲击性较好，容易达到卫生标准，经化学方法处理可以反复利用多次，直至纤维消失为止。

纸的原料主要是天然植物纤维，在自然界会很快降解，不会造成环境污染，也可回收重新用于造纸。纸浆模塑制品除具有质轻、价廉、防震等优点外，还具有透气性好，有利于生鲜物品的保鲜，在国际商品流通上，被广泛应用于蛋品、水果、玻璃制品等易碎、易破、怕挤压物品的周转包装上。除此之外，纸材料还有纸浆注型制件、复合材料、建筑材料等多种用途。纸材料可以分为包装纸、纸板和纸浆模塑。

2. 农作物秸秆材料

农作物秸秆可以制造秸秆纤维发泡材料、秸秆托盘，可用秸秆直接造纸，可以采用稻麦草纸浆压铸技术生产易拉罐，还可以利用秸秆制作一次性餐具等。其不足主要是产品工艺、制品外观、性能均不成熟。

（三）可降解材料

可降解包装材料，通常指可降解塑料，是指在特定的时间及造成性能损失的特定环境下，其化学结构发生变化的塑料材料。常见的塑料包装废弃物不能自然分解进入自然界的物质循环系统，但是可降解塑料包装材料既具有传统塑料的功能和特性，又可以在完成使用寿命之后，通过阳光的作用或土壤和水中的微生物的作用，在自然环境中降解和还原，最终以无毒形式重新进入生态环境中，回归大自然。

按降解机理的不同，可降解材料可分为光降解塑料、生物降解塑料和复合降解塑料。

1. 光降解塑料

光降解塑料是指可在光的作用下发生降解的塑料。光降解可分为合成型光降解与添加型光降解两类。合成型光降解，是在聚合物合成过程中引入一些易断开的弱链，或接上一些见光分解的感光基团和转移的原子，这样遇到光的作用就会发生化学反应，从而导致聚合物大分子的降解，其长链断裂为易被微生物吞食的小分子碎片。添加型光降解，是在塑料的配料中加入一定量的光敏剂，遇到光的作用同样发生降解，方法较为简单，成本也比较低。

2. 生物降解塑料

生物降解塑料是指可在细菌、霉菌微生物的作用下发生降解的塑料。因材料内部结构或成分存在能被普通微生物分解的因素，包装废弃后，在自然环境中经微生物的吞噬、吸收而分解成小分子化合物，直至最后被分解成水和二氧化碳等无机物。生物降解塑料可分为微生物合成型生物降解塑料、合成高分子型生物降解塑料和掺和型生物降解塑料。掺和型生物降解塑料是在塑料中掺和一定量的淀粉、天然秸秆、稻草、果壳等具有生物降解性的物质，经加工后形成有一定生物降解性的包装制品。

3. 复合降解塑料

复合降解塑料是在光、生物共同作用下发生降解的塑料。在塑料中加入生物降解淀粉、可控降解光敏剂及自动氧化剂等物质,使塑料经使用后性能下降,并定时分裂成碎片,此后再经微生物作用和自动氧化剂的反应,塑料将迅速分解。

可降解塑料为塑料包装材料无害化开辟了新途径。这是继金属材料、无机材料、高分子材料之后的第四种新包装材料。但是作为一种新型包装材料,可降解塑料还存在降解程度、价格、降解过程是否存在有害等问题亟待解决。

知识链接

十种可食性包装材料

常用的可食性包装材料有如下几种:
(1) 大豆蛋白可食性包装膜;
(2) 壳聚糖可食性包装膜;
(3) 蛋白质、脂肪酸、淀粉复合型可食性包装膜;
(4) 耐水蛋白质薄膜;
(5) 以豆渣为原料的可食性包装纸;
(6) 可食性包装容器;
(7) 玉米蛋白质包装膜(纸、涂层);
(8) 虫胶片或蛋白质涂层包装纸(容器);
(9) 玉米淀粉、海藻酸钠或壳聚糖复合包装膜(纸);
(10) 生物胶涂层包装纸。

(四) 可食性包装材料

可食性包装材料即对人体无害,可以被人食用的包装材料。人体可自然吸收,当然也可以在自然环境中风化销蚀。其所用原料都是天然有机小分子和高分子物质,如氨基酸、凝胶、蛋白质、植物纤维等,具有无毒、无味、透明、质轻和卫生的特点。可食性包装材料可以有效解决污染问题,其应用、开发前景较好。

可食性包装材料是解决食品包装废弃物与环保之间的矛盾的好办法。在进行部分食品包装的设计中,可制成一种不影响被装食品原味的可食性包装膜。

材料的选择固然重要,但除此之外,在包装设计中注意节省包装材料、尽量不用复合材料也是符合绿色环保包装理念的做法。

本章小结

本章首先介绍了包装的起源、发展、定义、内涵、构成要素、作用等包装的基本知识;其次介绍了包装按包装材料、包装形态、包装目的、贸易惯例、包装使用范围、包装使用次数以及包装在流通领域中的作用等进行的分类;然后介绍了包装标准和标准化的基本知识;接着介绍了包装材料的分类、性能要求及选择原则,阐述了纸、塑料、金属等主要包装材料的特征;之后介绍了包装机械的定义、作用、分类、结构和特点等基础知识;最后介绍了绿色包装和绿色包装材料等知识。

综合案例分析

山姆森玻璃瓶——
一个价值 600 万美元的玻璃瓶

说起可口可乐的玻璃瓶包装,至今仍为人们所称道。1898 年,鲁特玻璃公司一位年轻的工人亚历山大·山姆森在同女友约会时，发现女友穿着一套筒型连衣裙，看起来非常美。约会结束后，他突发灵感，根据女友穿着这套裙子的形象设计出一个玻璃瓶。

经过反复修改，亚历山大·山姆森不仅将瓶子设计得非常美观，使之很像一位亭亭玉立的少女，他还把瓶子的容量设计成刚好一杯水大小。瓶子试制出来之后，获得大众交口称赞。有经营意识的亚历山大·山姆森立即到专利局申请专利。

当时，可口可乐的决策者坎德勒在市场上看到了亚历山大·山姆森设计的玻璃瓶后，认为非常适合作为可口可乐的包装，于是他主动向亚历山大·山姆森提出购买这个瓶子的专利。经过一番讨价还价，最后可口可乐公司以600万美元的天价买下此专利。要知道在100多年前，600万美元可是一项巨大的投资。然而，实践证明可口可乐公司这一决策是非常成功的。

亚历山大·山姆森设计的瓶子不仅美观，而且使用起来非常安全，易握不易滑落。更令人叫绝的是，其瓶型的中下部是扭纹型的，如同少女所穿的条纹裙子；而瓶子的中段则圆满丰硕，体现出少女的身材之美。此外，由于瓶子的结构是中大下小，当它盛装可口可乐时，给人的感觉是分量很多的。采用亚历山大·山姆森设计的玻璃瓶作为可口可乐的包装以后，可口可乐的销量飞速增长，在两年的时间内，销量翻了一番。从此，采用山姆森玻璃瓶作为包装的可口可乐开始畅销美国，并迅速风靡世界。600万美元的投入，为可口可乐公司带来了数以亿计的回报。

思考题

1. 本案例说明包装有什么作用？
2. 本案例体现了包装设计应满足什么要求？

本章综合练习题

1. 包装的构成要素有哪些？
2. 包装的作用是什么？
3. 简述包装的分类。
4. 包装标准化的作用是什么？
5. 包装材料的性能要求有哪些？
6. 简述主要包装材料的特征。
7. 包装机械的结构是什么？
8. 简述绿色包装的4R1D原则。

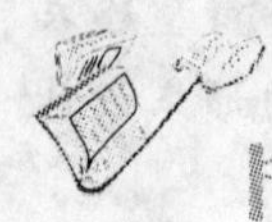

实践活动

商品包装分析

实践目标：学会分析商品的要素。

实践内容：选取一种商品包装进行分析研究。

实践要求：分析选取的商品的包装材料、包装容器、包装技术和信息，分析该包装是否是绿色包装，为什么？

实践成果：撰写商品包装分析方案。

第六章　纸材料包装

本章学习目标

(1) 了解纸、纸板和纸包装的特性；

(2) 掌握纸盒包装及纸盒包装工艺；

(3) 掌握纸箱包装及纸箱包装工艺；

(4) 了解纸袋、纸罐、纸管、纸杯、纸碗、纸桶、纸制液体包装盒和衬袋纸箱等纸包装；

(5) 了解纸包装的应用及发展趋势。

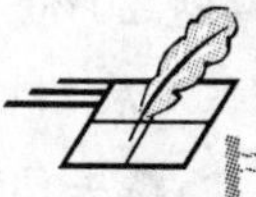

经典案例导入

纸包装材料的发展趋势

“纸、塑料、金属、玻璃”被称为包装材料的四大支柱。其中，纸制品的增长速度最快，缘于纸的价格最便宜，既可以回收再利用或用作植物肥料，也符合环保要求。纸类包装材料今后的发展趋势如何呢？业界专家认为，纸包装材料在向复合多元化方向发展。随着人们生活水平的不断提高，传统单一的纸包装材料已经不能满足多元化的包装要求，纸包装材料正在向复合多元化的方向发展。

1. 复合纸用胶黏剂朝环保方向发展

目前，欧洲和美国的软包装用胶黏剂已逐步转向水性和无溶剂产品，许多国家和地区都建立了相应的法律法规，明确规定用于食品和药品包装的黏合剂，必须符合安全环保的要求。由于价格和印刷工艺方面的限制，水性黏合剂在中国市场的应用比例仍然很低。

随着我国环保法规的日趋健全以及人们自身健康意识的提高，质量好、无污染、与国际标准接轨的环保型胶黏剂正在逐渐成为复合纸用胶黏剂的主流产品。

而我国水性胶黏剂技术也在不断发展，日趋成熟，不少胶黏剂厂家陆续推出水性胶黏剂。在不久的将来，水性胶黏剂将占据我国复合纸用胶黏剂市场的主要份额。

2. 食品包装用功能型专用纸板走俏

我国目前生产的纸板品种单一，没有为区别不同包装物而分类，更没有针对不同食品对包装材料需要的不同功能生产专用的食品包装纸板。目前我国的食品盒、糕点盒、快餐盒等这些包装直接入口食品的纸板，又不具有抗油性能，渗出的现象更是相当普遍。今后要求造纸企业需针对不同食物对包装材料的要求，研制、生产用于包装固体食品和液体食品的功能型专用纸板。

3. 发展无污染的植物分离制浆造纸技术

植物分离法制浆造纸技术，系指利用催化分离技术在蒸煮环节中将稻麦草等植物纤维分离出来，制造各种纸（瓦楞纸、箱板纸、包装纸等）以及高强度纤维板。非纤维部分经处理后制得的植物粉可用作饲料。这种技术在生产中除使用少量催化剂外，不添加任何加工原料，比起化学造纸大大节省了用水。经环保部门对排放水进行检测，其 pH 值符合国家要求。

包装业界有个说法："纸和纸板的消费水平是衡量国家现代化和文明程度的重要标志。"我国国民经济的快速发展以及纸制品产品的迅速增长，为我国造纸工业发展提供了广阔的市场。2003 年我国造纸工业增长 17%，2004 年增幅达 20%。自我国加入世界贸易组织以来，瓦楞纸箱、纸盒、纸袋和印刷工业更是迅猛发展，加上外贸进出口贸易迅速扩大，直接拉动了对纸产品的需求量的增长。此外，纸类包装材料与纸容器的增长势头十分迅猛。

随着包装工业的发展，包装材料中纸制品的产量增长最快，所占比例也最大。纸包装容器具有成本低、节省资源、机械加工性能好、能适应机械化大生产、易于印刷、使用时无害无毒、便于回收等优点。因此，商品领域里的瓦楞纸箱、纸盒、纸袋深受消费者欢迎。因其是绿色、符合环保的包装，更居包装材料使用量之首。在当今世界节约能源与防止环境污染的形势下，无污染、无公害的"绿色包装"正在全球悄然兴起，既能满足透气、防潮、抗震、抗压等多种要求，又便于回收利用且不造成环境污染的纸包装材料，与塑料包装材料、玻璃包装材料、金属包装材料相比，无疑具有更广阔的发展前景。

纸在包装材料中占有重要的地位，统计资料表明，工业发达国家的纸质包装在包装材料中占 40%～50%，我国的纸质包装在包装材料中占 40%。纸及纸板是制造包装容器的主要原料。纸质容器成本低、重量轻、没有金属熔出，其应用越来越广泛，在生产及运输中，要在了解其性能的基础上加强管理。

第一节　包 装 用 纸

一、纸包装的优点

纸包装是指以纸或纸板为原料的包装，以纸盒与纸箱为主。纸包装具有许多其他包装无法比拟的优点。

（一）能有效地保护产品

用瓦楞纸板制成的纸箱，其弹性明显优于用其他材料制成的包装容器。用纸板制成的包装容器，具有适宜的强度和弹性，以及耐冲击性和耐摩擦性。

（二）具有优良的折叠性和成型性

纸材料的自身特性使其能比较容易地采用各种方法进行加工，既可以手工加工，也适用于机械化、自动化等大规模包装生产方式。纸质包装容器可以折叠成平板状，占用空间较小，便于进行运输和仓储。

（三）有利于商品的美化和营销

纸包装结构变化多样，印刷性能优良，有利于商品的美化和营销。纸容器可设计出各种不同的形状，如圆形、方形等，还能进行盒内衬隔、摇盖延伸、压曲线、开窗等加工。纸及纸板都由纤维交织而成，易于吸收油墨和涂料，所印刷的图案和文字美观、清晰、牢固。此外，还可以与塑膜、铝箔等材料加工成复合材料，使其具有更优良的性能。

（四）原料来源丰富，成本低廉

纸质包装容器的原料来源广泛，易于取材，可使用各种植物纤维如木材纤维、草秸纤维、棉麻纤维、竹类纤维等进行生产，其成本较低。

（五）卫生、无毒，无环境污染

纸材料对人体无害，很多国家广泛采用纸容器进行食品包装。废弃的纸材料既可以快速降解，又可以作为原料进行再生产，不像塑料类材料那样会产生环境污染。

然而，作为一种重要的包装材料，纸质包装在使用过程中也存在不足，如易吸潮，强度和刚度不够理想，外观不够高雅，以及质地不够优良等。

二、包装用纸材料的分类

包装用纸材料一般分为纸和纸板两类。

纸和纸板是按定量和厚度来区分的。定量是纸的单位面积重量，通常以每平方米的克重来表示。凡是定量在 200 克/平方米和厚度在 0.1 毫米以下者通称为纸；定量在 200 克/平方米和厚度在 0.1 毫米以上者则称为纸板。

在包装中，纸可以直接包装商品，也可以加工成各种包装纸袋等；纸板则多需要加工成纸箱、纸桶等包装容器来使用。

（一）纸

纸可分为一般包装纸、特殊包装纸和包装装潢纸。

1. 一般包装纸

一般包装纸有牛皮纸、纸袋纸、包装包裹纸等。

2. 特殊包装纸

特殊包装纸有邮封纸、鸡皮纸、羊皮纸、上蜡纸、透明纸、半透明玻璃纸、沥青纸、油纸、耐酸纸、抗碱纸、防水带胶纸、接触防锈纸、气相防锈纸等。

3. 包装装潢纸

包装装潢纸有书写纸、胶版纸、铜版纸、压花纸、涂层纸等。

（二）纸板

纸板可分为包装用纸板、工业技术用纸板、建筑用纸板和印刷与装饰用纸板。

1. 包装用纸板

包装用纸板有箱纸板、黄纸板、白纸板、浸渍衬垫纸板等。

2. 工业技术用纸板

工业技术用纸板有电绝缘纸板、沥青防水纸板等。

3. 建筑用纸板

建筑用纸板有油毡纸板、隔音纸板、防火纸板、石膏纸板等。

4. 印刷与装饰用纸板

印刷与装饰用纸板有字型纸板、封面纸板等。

三、包装用纸的主要性能指标

（一）外观质量

外观质量即外观性能，主要指包装用纸是否存在尘埃、孔洞、针眼、折皱、折筋、网印、斑点、浆疙瘩、裂口、卷边、色泽不一等肉眼能观察到的各种缺陷。

（二）物理机械性能

物理机械性能是指包装用纸的物理机械强度，是包装用纸保证质量的重要性能，可分为静态强度和动态强度。

1. 静态强度

静态强度是指包装用纸在静止条件下测定的强度，主要包括抗张强度、耐破度、耐折度等。

2. 动态强度

动态强度是指包装用纸受力后瞬时扩张而破裂的强度，主要包括抗破裂强度、抗戳穿强度、抗压强度等。

（三）化学性能

化学性能主要是指包装用纸的化学成分、水分和灰分的含量，各种添加剂的含量，以及酸碱度、黏度等性能。这些性能取决于制造过程中所选用食物纤维原料的种类，非纤维物质添加数量、种类，以及蒸煮、漂白的方法和程度等。

含水量是包装用纸的通用化学性能要求。当其含水量高于12%时，会发生纸质松软、变色甚至发霉；当含水量低于9%时，容易发脆、干裂、卷曲，机械强度降低，易破裂。

不同种类的包装用纸，其化学性能要求各不相同。特殊包装用纸的化学性能要求尤为严格，如防锈纸不能含游离酸、氯和碱性物质；食品包装纸不能含有毒物质，pH 值要适当，填料含量适宜等。

（四）表面性能和适印性能

表面性能包括平滑度、粗糙度、抗磨性、黏合性等，都对包装的实施具有重要影响，采用专用仪器可以予以测定。

适印性能包括吸墨性、印刷平滑性、表面均一性、可压缩性、抗水性、尺寸稳定性、表面强度以及不透明度等。这些性能对印刷装潢、图案、字迹和标志的质量都会产生重要影响。

四、主要包装用纸

包装所用纸张应具有强度大、含水量低、透气性小的特点，不含对所包装产品有腐蚀性的物质，并具有良好的印刷性能。具有上述性能的纸张才适合被用于各类产品的包装。

一般纸张均可用于包装，但为了满足不同商品包装的需要，使包装用纸达到所要求的强度指标，保证被包装的货物或产品完好无损，往往需要对原纸张进行加工，制成各种具有特殊性能的包装纸。目前，生产的包装用纸品种有很多，主要包括以下几种。

（一）羊皮纸

羊皮纸有两种，即动物羊皮纸和植物羊皮纸。

1. 动物羊皮纸

动物羊皮纸是用羊皮、驴皮等动物皮经洗皮、加灰、磨灰、干燥等多道加工工序制成的纸张。由于动物皮来源有限且成本较高，近代多采用植物羊皮纸来代替动物羊皮纸。

2. 植物羊皮纸

植物羊皮纸又叫硫酸纸，是原纸经过浓度为72%的硫酸处理几秒钟，再用清水洗净、甘油润饰而成。因硫酸的水解作用使原纸表面纤维素胶化，变得坚韧、紧密、弹性好、抗水、不透气、不透油。植物羊皮纸按用途一般可分为工业包装用羊皮纸和食品包装用羊皮纸。

工业包装用羊皮纸按定量可分为75克/平方米、60克/平方米、45克/平方米三种。防油、防水、防湿强度大的特性使其适用于化工药品、仪器、机器零件等工业产品的包装。做内包装材料使用时应注意金属制品与之接触时的变色、腐蚀问题。

食品包装用羊皮纸按定量可分为60克/平方米、45克/平方米两种，适用于食品、药品、消毒材料的内包装，也可用于其他需要不透油性、耐水性的包装。

工业包装用羊皮纸和食品包装用羊皮纸均可加工成卷筒纸，尺寸可以视用户需求而定，没有统一规定，但要求纸张的纤维组织均匀，纸面平整，无折痕、沙子、污点等。

（二）食品包装纸

普通食品包装纸由100%的化学浆抄制而成，不经涂蜡处理。食品包装纸主要用于直接包装入口的食品，可分为一号、二号、三号三种。一号食品包装纸为双面光纸，两面必须平滑；二号、三号食品包装纸为单面光纸，光面应有较好的光泽。

因为食品包装纸直接包装入口的食品，在生产过程中绝对禁止采用回收的废纸作原料，生产过程中也禁止添加荧光增白剂等有害助剂。

（三）中性包装纸

中性包装纸是用100%硫酸盐木浆抄制而成的纸。其突出特点是强度高，要求纸张不腐蚀金属，一般生产成本比较高。这种纸比较粗糙，对克重的要求不是很严格。

中性包装纸在工业上的用途极为广泛，在我国主要用于包装军用品或其他专用产品，也可以用于包装食品、肥料等。中性包装纸也可细分为纸和纸板两种。

（四）玻璃纸、防油纸及蜡纸

1. 玻璃纸

玻璃纸是由高度打浆、细磨的亚硫酸盐木浆制成的纸，可视需要漂白，是一种透明或半透明的防油纸。玻璃纸的特点是具有像玻璃一样的平滑表面，密度、透明度较高。

2. 防油纸

防油纸与玻璃纸材质类似，属于不压光的玻璃纸。

玻璃纸和防油纸非常适用于食品包装，其总产量的 85％用于食品包装，在自动包装机上工艺性能较好，而且容易印刷；其保香、保味性能好，湿强度也较高。主要包括：用于包装面包、冰糕的单层纸袋，脱水汤料包装袋，糕点、冷冻混合物的原包装，以及咖啡、糖和饼干的双层或多层包装袋等。

3. 蜡纸

蜡纸是在玻璃纸基材上涂蜡生产出来的。蜡纸用于包装食品有许多优点：无异味、不变质、无毒性，可与食品直接接触，具有良好的防护性和热封性。

（五）牛皮纸

牛皮纸是高级包装用纸，因其质地坚韧、结实，类似牛皮而得名。牛皮纸是由纸浆经长纤维游离状打浆、施胶、染色抄纸等工艺加工而成的。

牛皮纸从外观上来分有单面光、双面光、有条纹和无条纹等品种。牛皮纸一般为黄褐色（即纤维本色），也可以加工成彩色牛皮纸。牛皮纸具有高耐破度和良好的耐水性。

牛皮纸的用途十分广泛，大多供工业品包装用，也可供棉毛丝绸织品、绒线、五金交电及仪器等包装用，还可加工制作成档案袋、卷宗、纸袋、信封的砂纸基材等。

（六）纸袋纸

纸袋纸可用来生产多层纸袋，目前约有二十多种纸袋纸。

对纸袋纸的基本要求是：要有较高的抗拉强度、耐破抗力及撕裂抗力。纸袋的坚固性取决于纸袋纸的强度。下面着重介绍几种主要的纸袋用纸。

1. 普通纸袋纸

普通纸袋纸是制作纸袋的主要纸种，一般采用 100％的未漂白硫酸盐化学纸浆制造，可加入废纤维素。普通纸袋纸主要用于制造水泥纸袋，所以有时也称为水泥纸袋纸，也可用作制造杂货用纸袋或大纸袋、运输包装纸袋、包裹用纸以及涂胶和涂沥青用纸。纸袋纸具有中等光泽和平滑度,多孔性,抗拉强度和撕裂强度高等特点。

2. 微皱纹纸袋纸

微皱纹纸袋纸可显著增大纸袋的强度,不仅适用于制成防水纸,还可具有各种覆盖层,如聚乙烯涂层、硅树脂涂层等。用微皱纹纸袋纸制成的纸袋伸展性好、韧性强、耐撕裂,特别适用于混合型运输、出口运输及远距离运输。

3. 微细皱纹纸袋纸

微细皱纹纸袋纸与普通皱纹纸袋纸的区别在于它有非常细微的皱纹,几乎不易觉察到,且纵向和横向都具有较高的拉伸率(8%~12%),不易破裂,易于进行各种加工以及复制聚乙烯涂层等。

4. 防潮纸袋纸

防潮纸袋纸是用未经漂白的硫酸盐化学纸浆加入碳酰胺树脂、乳酸、聚酰胺树脂、沥青等附加物料制造而成的。

各种包装原纸都具有很强的吸湿性和透潮性,当被包装的金属产品或其他产品与纸接触时,易产生腐蚀和潮解,并随纸的吸湿量的增加而增大。采用防潮纸袋纸,可以保证在潮湿情况下纸的强度不受影响,这对保证产品质量及使用性能具有非常重要的意义。使用中应注意防潮纸受周围介质及温度影响有时会失去防潮性能。

5. 复制纸和增强纸袋纸

复制纸是以两层定量为 65 克/平方米的纸为纸基,中间用沥青黏合而成,具有较高的防水性及较高的破断强度,可用于包装湿性物品,还可用作纸袋的内表层。应注意复制纸不宜在零下 40 摄氏度以下的低温条件下使用。

增强纸袋纸是在两层纸间用黏结性较高的耐火沥青固定合成纤维、玻璃纤维交织而成的,还可以涂以聚乙烯涂层。它的特点是有很好的延展性、耐湿性,可多次使用。

6. 涂布纸袋纸

纸袋纸为了达到防潮性能及其他性能的目的,可以采用涂布的方法。常见的涂布纸袋纸有沥青油纸、沥青涂布纸、聚乙烯涂层纸、硅胶涂层纸、蜂蜡涂层纸、橡胶沥青涂层纸等。

7. 铝-塑复合加工纸

在工业产品包装中,多采用牛皮纸,而塑料可以采用聚乙烯薄膜、聚丙烯、聚酯薄膜等,特别是采用聚酯薄膜制成铝-塑复合加工纸。这种复合纸在折叠时,铝箔不易折断和形成针孔,可以保持其优异的防潮性能。

由于铝-塑复合加工纸可以根据包装商品的要求来调整纸的结构,从而满足其对不同性能的需要。所以,无论是工业产品包装,还是商品包装、食品包装,都广泛采用铝-塑复合加工纸。

这类加工纸的品种有很多,可以根据不同的需要选择不同的纸张。

8. 防锈纸

为了使纸包装的金属制品不生锈,可以利用各种防锈剂对包装纸进行处理。一般是将防锈剂溶解于蒸馏水或有机溶剂中成为溶液,然后对包装纸进行浸涂、刷涂或滚涂,干燥后即成为防锈纸。防锈剂一般具有挥发性,为了延长其防锈时间,多以涂有防锈剂的一面直接包装工件,并在反面涂以石蜡、硬脂酸等。

五、主要包装用纸板

纸板的原材料多采用稻草、麦草、芦苇、甘蔗渣、破布、废纸、木材以及工业无机纤维等。纸板的生产工艺简单,用本色纸浆即可,不需要施胶和加填料。

纸板在生产生活中被广为采用,特别是商品包装使用纸板的数量越来越大,主要用途是制作包装容器和衬垫材料。纸板可分为单层纸板和多层纸板。

(一) 纸板的基本要求

包装用各类纸板的基本要求有以下几个方面。

(1) 表面应具有良好的印刷性能,本身应具有良好的折叠性;

(2) 经过裁切后,纸板应完全平整,没有任何翘曲,且纸板层与层之间不能有脱层现象;

(3) 应具有足够的劲度,产品包装和堆高后能保持外形;

(4) 应具有良好的抗水性、抗油性以及尺寸稳定性,能耐受多种气候条件;

(5) 应具有一定的耐磨性。

(二) 纸板的种类

常用的包装纸板主要包括以下几种。

1. 包装纸板

包装纸板是专用于制作工业产品和商品包装纸盒的一种薄型纸板,可分为平板纸板和卷筒纸板两种。

2. 黄纸板

黄纸板又称草纸板,是一种低级包装纸板,以稻草或麦草浆为主要原料。黄纸板具有一定的耐破度和挺度,主要用于包装衬垫以及将印刷好的或未经印刷的胶版印刷纸等裱糊在表面,制作各种中、小型纸盒,包装食品、糖果、皮鞋等。

3. 白纸板

白纸板的主要用途是经彩色套印后制成纸盒,供商品包装用,起保护、装潢、美化和宣传商品的作用，是销售包装的重要包装材料。白纸板常用于儿童玩具、药品、食品、牙膏等商品的销售包装。

4. 牛皮箱纸板

牛皮箱纸板的原料可以采用100%未漂硫酸盐木浆挂面、废纸浆作芯层及底层，也可以采用50%以上的硫酸盐木浆、竹浆挂面，50%以内的废纸浆、化学纸浆、褐色磨木浆、化学草浆等挂底，因而又称挂面纸板。牛皮箱纸板具有物理强度高、防潮性能好、外观质量好等特点，是运输包装用的高级纸板。它主要用于制造高级商品及外贸商品的包装纸箱。如电视机、电冰箱、大型收录机、缝纫机、自行车、摩托车、五金工具、小型电动机等商品的运输包装，采用的就是牛皮箱纸板。

5. 箱纸板

箱纸板与牛皮箱纸板一样，都是用来制作运输包装纸箱的主要材料，但箱纸板的质量低于牛皮箱纸板，以其为材料制作的是中、低档包装纸箱，多用于一般百货包装。国产箱纸板按质量可分为A、B、C、D、E五个等级，其中A、B、C三个等级为挂面纸板。

(1) A等箱纸板：适宜制作精细、贵重和冷藏物品包装用的出口瓦楞纸板。

(2) B等箱纸板：适宜制作出口物品包装用的瓦楞纸板。

(3) C等箱纸板：适宜制作较大型物品包装用的瓦楞纸板。

(4) D等箱纸板：适宜制作一般物品包装用的瓦楞纸板。

(5) E等箱纸板：适宜制作轻载瓦楞纸板。

6. 瓦楞纸板

瓦楞纸板是在包装工业中应用最广泛的一种纸板，特别是商品包装，可以用来代替木板箱和金属箱。瓦楞纸板具有较高的强度，其挺度、硬度、耐压性、减震性、耐破性、延伸性等性能均比一般纸板高，由其制成的纸箱比较坚挺，有利于保护所包装的产品。

(1) 瓦楞纸板的优点。瓦楞纸板应用广泛，主要是因为它与传统的包装材料相比具有以下优点：①由瓦楞纸板制成的空瓦楞纸箱通常是以折叠起来的形式或铺开的形式运送的，能够提高运输工具和库房的使用率；②瓦楞纸板包装箱的成本较低，与同体积的木箱相比，其重量仅为木箱的1/5～1/4，与内部尺寸相同的普通木箱和胶合板相比，其成本仅为同体积木箱的2/5～2/3；③瓦楞纸板包装箱具有很好的减震性能，可以避免包装商品受到碰撞和冲击；④瓦楞纸板包装箱在制造过程中的金属用量仅占木箱制造过程中的金属用量的5%；⑤对于瓦楞纸板包装箱的纸与纸板的生产，可以使用多种类型的浆料，根据我国国情，应该贯彻“以草代木”的方针；⑥瓦楞纸板箱的生产，可在高度机械化与自动化、高效率的设备上进行，以提高生产效率；⑦瓦楞纸板箱的使用，可实现商品包装的自动化，从而减轻工厂的包装工作量，降低产品包装过程中的成本，减少车间所需要的生产面积；⑧瓦楞纸板箱可以有良好的外观造型、质量以及非常好的彩色印刷，便于宣传商品；⑨纸板箱还可以由瓦楞纸板与各种覆盖物或防潮材料结合起来进行制造，以大大扩展纸板箱的使用范围。例如，防潮瓦楞纸板箱可用来装运蔬菜、水果，有聚乙烯覆盖层的瓦楞纸板箱可用于包装易吸潮的产品或包装要求表面非常清洁的制品。

(2) 瓦楞纸板的强度的影响因素——湿度。瓦楞纸板的强度受环境相对湿度的影响很大，当相对湿度增大时，纸板的含水量就会增加，强度就会下降。

(3) 瓦楞纸板的形状。瓦楞纸板先由瓦楞原纸轧成屋顶瓦片状波纹，然后将瓦楞纸与两面箱板黏合制成。

瓦楞纸板按其瓦楞的形状可分为 U 型、V 型和 UV 型三种。U 型瓦楞纸板富于弹性，缓冲性能好，耐压力强，粘胶时施胶较多，用芯纸多，容易贴合，但施加过重的压力后不能恢复原状；V 型瓦楞纸板平面压缩强度大，缓冲性能较差，使用胶黏剂较少，用芯纸少，不易贴合；UV 型瓦楞纸板具有前两者的优点，耐压强度较高，应用较广泛。

(4) 瓦楞纸板的类型。瓦楞纸板按其材料的层数，可分为以下几种类型：①由一层平的和一层瓦楞形组成的双层瓦楞纸板；②由两层平的和一层瓦楞形组成的三层瓦楞纸板；③由三层平的和两层瓦楞形组成的五层瓦楞纸板；④由四层平的和三层瓦楞形组成的七层瓦楞纸板。

瓦楞纸板是具有各向异性的材料，不同方向具有不同性质，平面和端面都有刚度和减震性。三层瓦楞纸板的应用最为广泛，包装要求不同，可采用不同类型的瓦楞形式，如单楞双层、单楞双面(三层)、双楞双面(五层)等。

瓦楞纸板可以分为 5 种：大瓦楞 A 型纸板，小瓦楞 B 型纸板，中瓦楞 C 型纸板，微瓦楞 E 型纸板，超微小瓦楞 K 型纸板。国内常采用前四种瓦楞纸板。

(1) 大瓦楞 A 型纸板。此类纸板具有很好的弹性，大的高度和大的瓦楞间使其具有减震性能。这种楞型的纸板可以用来制造用以包装易碎物品以及对冲撞和各种载荷要求很高的产品的包装箱，还可以用来制作各种衬套、衬垫和减震部件等。

(2) 小瓦楞 B 型纸板。此类纸板常用于制作具有足够的刚性，且并不要求具有减震防护性能的产品的包装箱。常用于包装各类罐头、日用化学品、小包装的食品，以及其他小五金、木器家具等。B 型瓦楞纸板与 A 型瓦楞纸板相比，具有较高的刚性，可以得到较好的印刷质量。两层 B 型瓦楞纸板可用来包装要求对表面予以防护的产品，如贵重家具、图画美术品、灯具等。

(3) 中瓦楞 C 型纸板。三层 C 型瓦楞纸板是最常用的一种瓦楞纸板。这种纸板综合了 A 型瓦楞纸板和 B 型瓦楞纸板的特性，同样具有足够的刚性和良好的减震性能，可以用来包装各类易碎物品以及要求对表面予以防护的产品。

(4) 微瓦楞 E 型纸板。目前，微瓦楞 E 型纸板的应用越来越广泛。纸板面上每米长度内瓦楞数较多，并有平坦的表面和很高的平面刚度，能获得高质量的装潢印刷效果，这一点对于日用品的包装尤为重要。这种纸板运输及存放所占空间较小，可以更经济地使用运输工具和库房。微瓦楞 E 型纸板最适宜用来包装各类日用商品、家用电器、器皿以及各种成套商品。例如，七层微瓦楞 E 型纸板可用来制造托垫、集装箱等。微瓦楞 E 型纸板还可与其他各种形式的瓦楞纸板进行组合，以满足各类包装的要求。

近几年，在国际市场尤其是欧洲市场上，一些替代厚纸板的微型瓦楞纸板材料备受关注，以 F 楞和 C 楞的三层瓦楞纸板发展速度最快。

7. 平黏合纸板

平黏合纸板是一种多层材料，由两层或两层以上的平面纸板在纸板黏合机上紧密黏结而成。对于纸板的层数，根据对纸板箱的强度等要求而定。其主要技术指标由基础纸的性质决定。浆液中硫酸盐纸浆含量越多，则纸板的拉伸抗力越高，制作的纸板箱包装强度越高，抗潮性越好。平黏合纸板还可以添加聚乙烯覆盖层。

平黏合纸板包装箱可用于包装果品蔬菜、各种备用零件、五金制品等。

平黏合纸板主要用于制造普通的四扇折叠式包装箱、带盖的包装箱以及托盘式的包装箱，或者具有木板条的联合式的包装箱等；耐潮性纸板可用作高寒地区运输产品的转运包装箱。

第二节　纸盒包装

一、纸盒的定义及分类

（一）纸盒的定义

纸盒作为包装容器，是指体积较小的纸容器，一般为长方形，如牙膏盒、肥皂盒、药品盒以及文教用品和各种食品包装盒，主要用于销售包装。

纸盒的原料大多数都是纸板或瓦楞纸板，属于半刚性容器。由于纸盒具有原材料来源广泛、制造成本较低、重量较轻的特点，在使用过程中便于存放、运输，并可回收利用或作为造纸的原材料，因此纸盒至今仍为包装的基本形式之一。

由于纸盒的主要原料为纸板，不透明，而且耐水性、防潮性和防气性较差，强度与成型性也有限，因而常采用纸板与塑料、铝箔复合材料等，改善纸盒的防水性、防潮性和气体阻隔性，还可以按需要开窗口，衬以透明玻璃纸或透明塑料片，使其具有一定的装潢效果。

（二）纸盒的分类

纸盒的结构、种类、式样繁多，分类方法也较多。

1. 按加工工艺划分

纸盒按加工工艺可分为折叠纸盒和粘贴纸盒两大类。

(1) 折叠纸盒。折叠纸盒是将纸板裁切、压痕后制成的纸盒。折叠纸盒在不装产品时可折压成片状，在使用时可拉开成型。折叠纸盒属于机制纸盒，是纸盒中应用范围最广、结构变化最多的一种销售包装容器。折叠纸盒是由白纸板、挂面纸板、双面异色纸板、涂布白纸板、铸涂白纸板及其他涂布加工纸板等具有较好的耐折性能和弯曲强度的纸板制成的。纸盒制成后装入商品前可以平板式折叠放置，便于运输储存，适合大批量的机械化生产和机械化包装，成本低、效率高。纸盒表面多进行精美印刷装潢，适于进行销售包装展示。

(2) 粘贴纸盒。粘贴纸盒是将裁切的纸板用纸裱糊的纸盒。它的刚性较折叠纸盒好，但不能折叠，因此粘贴纸盒又称固定纸盒。它是用贴面材料与基材纸板黏合裱糊而成的。其特点是：成型后不能折叠展平；储存运输占用空间大；制造过程为手工半机械化生产，生产效率较低。其优点是：纸盒戳穿强度高、压缩强度高；纸盒面料、形状的可选范围较大，适于小批量生产。粘贴纸盒的式样主要有天地盖式、糖盘盖式、抽屉式、摇盖式、圆盒式和异型盒式等。所用基材有黄纸板、灰纸板、白纸板等，贴面材料主要有光纸、招贴纸、胶版纸、牛皮纸、书写纸和铜版纸等。

2. 按用纸定量划分

纸盒按用纸定量可分为薄纸板盒、厚纸板盒和瓦楞纸盒三类。

(1) 薄纸板盒。薄纸板盒是指主要用料为定量在 200～350 克/平方米的白纸板、灰纸板、牛皮纸板、铜版纸、牛皮纸及透明纸等的纸板盒。这类纸板盒大多是折叠式的，亦称折叠纸盒。薄纸板盒一般是将纸板经过模切、压痕后制成盒坯片，或再将盒坯片的侧边黏接，形成方形或长方形的筒，然后压扁制成盒坯，装盒时再折叠成各种纸板盒。它主要用于糕点、食品、内衣、鞋类、药品、牙膏、香皂、文教用品、糖果烟酒等物品的包装。薄纸板盒的式样有很多，有扣盖式、手提式、固定式、两页式、开窗式、衬里式、插装式、套筒式、抽屉式等多种。此外还有不同的正多面体与不等边体折叠盒。

(2) 厚纸板盒。厚纸板盒的主要用料为定量在 300 克/平方米以上的纸板，采用黄板纸、有光纸、胶版纸、铜板纸、书皮纸等裱糊而成，也可用扁钉钉接，但不能折叠。厚纸板盒可分为裱糊盒和固定纸盒两种。厚纸板盒形式多样，主要有：一页装订式纸盘，由一块厚纸板加工而成；二页装订式纸盒，其底、盖是两块厚纸板，成型时四周用扁钉联结；套盖式裱糊纸盒，其底、盖部高度相等，套装稳固，挺力好；幅盖式裱糊纸盒，由盒身与抽匣两部分组成；连盖式裱糊纸盒，盒盖固定裱接在盒身上，有内、外插口两种；圆形裱糊纸盒，盒身呈圆盘或圆筒状，顶和底模压卷边，圆纸片从内嵌入顶和底部，再予以裱糊；盒盖低于盒身式纸盒，需在盒身开口内衬边，使盒盖与突出的部分相吻合。厚纸板盒可采用各种装饰材料裱糊成外观精美的包装盒,用于礼品、纪念品和贵重工艺品等的包装。

(3) 瓦楞纸盒。瓦楞纸盒一般采用楞数较密、楞高较低(D或E型)的瓦楞纸板制成,外层常用牛皮箱纸板,或进行过彩色装潢印刷的胶版纸或铜版纸裱糊。这类纸盒多用扁钉钉结,少数用黏合剂连接。瓦楞纸盒有穿插式和纸箱式两类,主要用于瓷器、玻璃制品等易碎产品的销售包装。

此外,纸盒的分类方式还有很多种,如根据成盒方式可以分为黏结式、钉结式、插接自锁式等,根据用途可以分为纸盒和纸容器,根据生产工艺可分为机制纸盒和手工纸盒。

(三) 纸盒的选用原则

纸盒属于包装容器,包装容器的选用涉及的因素有很多。在选择纸盒时,遵循"与产品保管使用相适应"的原则。如果产品易于从盒的狭窄面放入或取出,则可选用插装式,即采用盖片插入式封口和开启的纸盒;如果产品较重或有密封性要求,则应选用套盖式裱糊纸盒,用盖片黏结方式封口;如果产品为分散的颗粒状,容易因盖片松开而散漏,如皂片、图钉等,则应选用扣盖式结构的薄纸板盒;如果产品易碎且不易从盒的狭窄面放入或取出,则应选用插装式浅盘盒,如糕点、饼干、服装和工艺美术品等。为了宣传商品或便于顾客了解和选购商品,应适当选用开窗式纸盒,如牙刷、首饰和生日蛋糕等。

二、纸盒的包装工艺

纸盒的包装工艺包括手工装盒工艺、半自动装盒工艺和全自动装盒工艺。

(一) 手工装盒工艺

手工装盒工艺是最简便的装盒方法,不需要设备投资和维修费用,但装盒速度慢,劳动生产率低,对食品和药品容易产生污染。在一些经济条件差,廉价劳动力充足的工厂多采用这一工艺,如牙膏厂的牙膏装盒等。对于规模较大、对劳动、生产率要求较高的企业,已经不再采用手工装盒工艺。

(二) 半自动装盒工艺

半自动装盒工艺一般由操作工人配合装盒机来完成装盒过程。在装盒过程中只有将产品和产品的使用说明书装入盒中是手工操作,其余工序,如取盒坯、打印、撑开、封底、封盖等都由装盒机械来完成。

半自动装盒机的结构比较简单,对纸盘种类和尺寸的适应性较强,在换产时调整设备所需时间较短,很适合多品种小批量产品的装盒,而且移动方便,有的还装有转轮,可以从一条生产线很方便地转移到另一条生产线。

（三）全自动装盒工艺

全自动装盒工艺多采用横向装盒方式，产品由机器自动装入盒内，产品推入的方向与运盒输送带的运动方向互相垂直。不论与装瓶机还是与装软管机相连接，产品在装盒之前均处于平放位置，若充填机为直立位置输出时，则在产品输送带上方的适当位置放置导板，将产品逐渐翻倒成水平位置后再装盒。对于成组装盒的产品，多数也采用横向装盒。

全自动装盒机向盒坯储存架内放置盒坯还需要手工，其余工序均由机械完成，装盒效率很高。由于全自动装盒机械结构复杂，换产时调整设备所需时间长，对操作和维修技术要求高，设备投资大，在产品装盒尺寸范围方面受到限制，比较适用于单一品种产品的大批量装盒，如牙膏、香皂、药品等，远不如半自动装盒机械灵活、实用。

三、选用装盒工艺时的注意事项

装盒工艺与产品、盒、盒坯供应及装盒设备之间关系密切，选用时必须予以统筹考虑，一般应注意以下几点。

（一）盒与盒坯应尽量委托专业制盒厂进行加工

专业制盒厂印刷、装饰和制盒设备齐全，可进行专业化生产，成本低、质量高，品种多样，可节省设备投资，即使将来产品种类和尺寸发生变化，也不存在更换制盒设备问题。若本地区或附近地区无制盒厂家，则可考虑建立制盒车间。

（二）装盒工艺根据具体情况而定

包装盒的种类和形式根据产品的性质、市场销售情况和有关技术要求而定。因此，装盒工艺的选择，要根据产品的性质、规格、产量以及盒的特点、装盒机械的性能来确定。

（三）装盒设备的生产能力和自动化程度

装盒机的装盒方式要根据装盒工艺来确定，装盒机的生产能力和自动化程度应根据产品的批量、生产能力以及换产的频繁程度来选择，尤其要与产品生产设备的正常生产能力相匹配，还要考虑在产品生产高峰期能否保证完成装盒任务。

装盒机械的自动化程度应适当，并非越高越好，既要符合操作维修人员的技术水平，又要保证能达到最佳经济效益。在订购设备时，还要考虑到产品装盒的某些工序所需要的附属装置能否与之配套。

第三节　纸 箱 包 装

箱与盒之间没有明显的界限，它们形状相似，习惯上尺寸小的称盒，尺寸大的称箱。作为包装容器，箱主要用于运输包装。纸箱按制箱材料的不同可分为硬纸板箱、瓦楞纸箱等，其中供长时间储存和运输用的多为瓦楞纸箱。本节主要讨论与瓦楞纸箱包装相关的技术问题。

一、瓦楞纸箱的定义和分类

(一) 瓦楞纸箱的定义及其发展

瓦楞纸箱，即用瓦楞纸板制成的箱，是纸制容器中应用最为广泛的包装容器。

由于瓦楞纸箱具有价格低廉、箱体轻便牢固、便于运输装卸、包装防护性能好、便于自动化加工生产、表面印刷性能好、可以回收利用、有利于环境保护等优点，在储运包装和销售包装中，其使用范围最广、用量最大，被广泛应用于家用电器、纺织品、食品等运输包装。瓦楞纸箱的使用范围越来越广、发展速度越来越快，已经成为当今世界各国普遍采用的最重要的包装形式之一。随着全社会环境保护意识的加强，今后大量商品将使用纸箱、纸盒作包装，瓦楞纸箱的生产和应用前景广阔。

(二) 瓦楞纸箱的分类

1. 按我国国家标准分类

根据我国国家标准，瓦楞纸箱可分为单瓦楞纸板箱和双瓦楞纸板箱两种基本类型。

2. 按内包装商品的质量和箱的综合尺寸分类

按内包装商品的质量和箱的综合尺寸（长、宽、高之和），可将瓦楞纸箱分为三类共 30 种。第一类主要用于出口及贵重物品的运输包装；第二类用于内销物品的运输包装；第三类用于短途运输及廉价商品的运输包装。在技术标准中，对 30 种纸箱所用纸板的耐破强度、边压强度和戳穿强度都有具体要求。

3. 按箱型结构分类

按箱型结构，可将瓦楞纸箱分为折叠式瓦楞纸箱、固定式瓦楞纸箱和异型式瓦楞纸箱三种。

(1) 折叠式瓦楞纸箱。折叠式瓦楞纸箱是最常见的一种，其中以通用开缝箱的应用最为广泛。它由一张瓦楞纸板经过模切、压痕后折叠而成，多为上下开口，也有侧面开口的。有顶部和底部折片，组装成型时即形成纸箱的底和盖。接合处可用箱钉钉合，也可用胶黏剂黏接，还可用胶条封合。折叠式瓦楞纸箱使用前可折叠平放，具有便于存放、占地少、使用方便、密封防尘、内外整洁等优点。纸箱结构简单，便于进行机械化、自动化生产，生产效率较高。此外，箱面还可按包装商品的不同要求，印上图案、商标等。

(2) 固定式瓦楞纸箱。固定式瓦楞纸箱也称立体纸箱，它是由多片纸板组合而成的，依据结构可以细分为装横头对口箱、天罩地装横头箱、天罩地一页成型箱、糖盘盖装横头箱等形式。依据钉接部位不同，可分为端部钉接式纸箱与正身钉接式纸箱两种。

固定式瓦楞纸箱耐压强度较高，箱体不能折叠，空箱存放占地大，箱体结构较复杂，生产效率较低。固定式瓦楞纸箱因挺力较好，适宜于装较重、较大的产品。

(3) 异型式瓦楞纸箱。异型式瓦楞纸箱是根据被包装商品的形状和要求设计而成的，其特点是包装设计合理、造型美观、结构巧妙。异型式瓦楞纸箱较折叠式瓦楞纸箱和固定式瓦楞纸箱更为新颖美观，是汲取了多种产品的款式精华、结合具体产品要求设计而成的，式样繁多、包装合理、造型美观，结构巧妙。多数可一页成型，形式变化多样，能达到包装上的多种要求。此类纸箱多在模切压痕机上制作。

4. 按照防水方式分类

按照防水方式，可将瓦楞纸箱分为耐水瓦楞纸箱和隔水防潮瓦楞纸箱。二者都是在箱的外表进行防水处理。耐水瓦楞纸箱是在瓦楞纸中加入了耐水剂，在纸箱与液相或气相的水分接触时，具有一定的抵抗能力。隔水防潮瓦楞纸箱一般采用浸蜡原纸制造，再经表面防水处理，有时这类纸箱还采用纸塑复合材料，防水防潮性能较好。

另外，近来发展出一种采用塑料制成的钙塑瓦楞箱，也具有较好的防水防潮性能。

（三）瓦楞纸箱的强度

瓦楞纸箱的强度试验，除要进行瓦楞纸板的耐破强度、戳穿强度、端压强度、折角压缩强度、平压强度和黏接强度等试验外，还要进行纸箱本身的静态和动态强度测试。

纸箱的静态强度主要包括压缩强度和封缄强度。

纸箱的动态强度试验包括振动冲击强度、翻滚强度、跌落强度、倾斜冲击强度试验等。

此外，还要进行纸箱的喷淋试验和耐候试验，以测定纸箱的耐雨淋能力，同时测定其他气候变化，如温度、湿度、海雾等对纸箱强度的影响。

（四）瓦楞纸箱的选用

在选用瓦楞纸箱时首先要兼顾产品的性质、重量、储运条件和流通环境。其次应依据防震包装设计原理和瓦楞纸箱设计方法进行设计。还应遵循有关标准，如出口商品包装要符合国际标准或外商的要求并经过有关的测试。在进行瓦楞纸箱的选用时一般应注意以下两点。

1. 瓦楞纸板的瓦楞型号

瓦楞纸板的型号按楞高可分为 A、B、C、E 四类，不同瓦楞纸板的力学性能不同。

A 型瓦楞纸板的平面压力最高，抗压强度较大；B 型瓦楞纸板则相反；C 型瓦楞纸板的平面压力、垂直压力、平行压力和缓冲力都较高。

瓦楞纸板间的厚度，A 型最大，C 型次之，B 型再次之，E 型最小。由于厚度小的纸板加工折弯较容易，因此，B 型瓦楞纸板广泛应用于对箱的耐压强度要求不高的包装运输。

根据瓦楞纸板的不同力学性能，单面瓦楞纸箱用 A 型或 C 型瓦楞纸板为好，双面瓦楞纸箱以 A、B 型或 B、C 型瓦楞纸板相结合为宜，接近外表面的用 B 型瓦楞纸板，能起到抗冲击作用；将 A、B 型或 B、C 型瓦楞纸板相结合，可提高纸箱的机械性能。

从印刷适性上比较，B 型和 C 型瓦楞纸板均方便印刷。

2. 瓦楞纸箱的箱形

在保证瓦楞纸箱质量的前提下，应尽量节约材料和包装费用。

容积相同的瓦楞纸箱，其长、宽、高之比为 2:1:2时最省料，比例为 1:1:1时最费料。因此，应尽量避免采用正方形的瓦楞纸箱。还要考虑到产品对瓦楞纸箱容积的利用率，瓦楞纸箱对集装箱、卡车、火车车厢容积的利用率，以及仓储运输时堆垛的稳定性。

二、纸箱的装箱工艺

装箱工艺与装盒工艺相似，但一般装箱的产品较重，体积较大，有的还要加装一些防震、加固和隔离等附件，尺寸和重量都比较大，因此，装箱的工序和所用设备比装盒复杂。纸箱的装箱工艺有以下几种分类。

（一）根据装箱过程的自动化程度分类

根据装箱过程的自动化程度，可将装箱工艺分为两类，即手工操作装箱、半自动与全自动装箱。

1. 手工操作装箱

用人工先把箱坯撑开形成筒状，然后将一个开口处的翼片和盖片依次折叠并封合作为箱底，产品从另一开口处装入，必要时还要先后放入防震、加固材料，最后封箱。若用黏胶带封箱可用手工进行，如产量较大，则采用封箱贴条机；若用捆扎带封箱，一般采用捆扎机。

2. 半自动与全自动装箱

半自动与全自动装箱所采用的机械，其动作多数为间歇运动方式，有的高速全自动装箱机械采用连续运动方式。采用半自动装箱设备时，取箱坯、开箱、封底均为手工操作。

（二）根据产品装箱方式分类

根据产品装箱方式不同，可将装箱工艺分为三类，即装入式装箱工艺、裹包式装箱工艺和套入式装箱工艺。

1. 装入式装箱工艺

装入式装箱工艺是打开箱坯，封好箱底，把计数、排列、堆积好的物品从开口处装入箱内。产品包装不同，如罐、瓶、袋、盒等，装箱时的方向也不同。因此，装入式装箱工艺又可细分为水平推入式装箱工艺和垂直装入式装箱工艺两种。

1）水平推入式装箱工艺

水平推入式装箱工艺主要适用于便于排列堆积的、形状对称（如圆形、方形等）的块状产品。装箱时，把产品沿水平方向推送并装入箱内。

自动装箱机工作时，机械装置首先把箱片取出，然后由输送装置将其输送到箱子成型工位，借助于开箱成型机构使其撑开并封合底部而成箱形，并在装箱工位等待装箱；然后把按照一定格式排列堆积的产品用推板沿水平方向推入箱内；最后在传送过程中翻转 90°，完成顶盖的封合。

水平推入式装箱速度为低速和中速，一般为 10～25 箱/分钟，最高不超过 30 箱/分钟。水平推入式装箱采用卧式装箱机，为间歇操作，有半自动装箱和全自动装箱两类。半自动装箱需要人工放置空箱，装箱速度为 10～12 箱/分钟，全自动装箱机械设有取箱坯以及开箱和产品堆叠装置，装箱效率较高。

2）垂直装入式装箱工艺

垂直装入式装箱工艺适于用玻璃、塑料、金属和纤维板制成的容器包装产品，分散件或成组包装件均可。因此，垂直装入式装箱工艺广泛应用于饮料、酒类、食品、玻璃用具、石油化工产品和日用化学品等产品的包装。

不论采用上述哪种装箱方式，垂直装入式装箱工艺的过程都是：取出箱坯，撑开成筒状，先封箱底，然后打开上口的翼片和盖片；将空箱移至规定位置，开始装入产品，装箱的产品多数已经具有包装，它们的堆积、分层、计量等均由机械完成；装箱后将纸箱向前移动，经过上盖折片和贴封条后，即完成了全部的装箱工艺过程。

垂直装入式装箱工艺根据被装箱产品的特性不同、装箱的目的要求不同，可分为以下几种。

（1）跌落式装箱工艺。装箱的软袋包装产品，沿慢速皮带和快速皮带输送；箱片经开箱后成为箱形，当箱形被输送到待装箱工位时，则已完成了底面的折片封底作业，成为上盖打开的纸箱；袋装产品经活门到达可转动的装箱板处待装，当装箱板向下转动时，产品就自由落入纸箱内，由于借助于移箱机构的作用，能使产品在箱内按照一定顺序排列堆积，直至装满为止；而后把纸箱向前移动，在经过上盖折片和贴封条作业后，就完成了全部的装箱工艺过程。

(2) 吊入式装箱工艺。装箱机工作时，带有隔板的空箱由传送带输送到瓶子导向架的下方位置，待装箱的瓶子由链板输送带向左方输送；当瓶子到达待装箱工位时，把挡光板推开，使光电装置发出信号，抓头梁下降，气动夹头把瓶颈套住，并借助于压缩空气把瓶颈夹紧；在链条的带动下，抓头梁快速上升，由于双摇杆机构的作用，使抓头梁沿大链轮作呈圆弧轨迹的平移运动。当抓头梁两端的滚轮沿着导向槽垂直下降到最低位置时，气动夹头松开，使瓶子落入带有隔板的箱内；接着主电动机反转，抓头梁上升，通过大链轮的作用，使它回到原始位置，进入下一个装瓶卸瓶工作循环；已装瓶的箱子由传送装置送到下一工序。

(3) 夹送式装箱工艺。夹送式装箱工艺适用于具有平行六面体形状的物品的装箱。装箱时，靠装箱机上的一对机械辊子作相反方向转动，把物品夹持送入箱内。物品由传送带输入，当物品通过所规定的数量时，光电计数装置就发出信号，其控制装置一方面使汽缸活塞杆伸出，阻挡后续产品通过，另一方面使汽缸活塞杆上的滚子沿回程槽运动；在汽缸活塞杆缩回的过程中，推料板把一组待装箱的物品推向装箱工位处，即两个辊子之间的支撑平面上，接着两个辊子相向转动，把物品夹送入箱内；而后箱子的传送带向前输送一个步距，从而完成一组物品的装箱工作循环。

2. 裹包式装箱工艺

裹包式装箱工艺是用展开的瓦楞纸板或厚的纸板把计数、排列、堆积好的产品四周裹包起来，并胶黏封合以便进行储运和堆垛。装箱时，首先要把堆积在纸板库架上的具有压线和切角的单张瓦楞纸板箱片取出，折成直角形，然后把按照一定格式排列堆积的产品，用推料板推到该箱片的指定位置上，按照箱片上的压线进行制箱裹包，经上胶和封口后送出。

裹包式装箱与普通装箱相比有许多优点：产品能被紧紧地包在箱内，在运输过程中可避免箱内产品间相互碰撞、变形或摩擦现象；可节省瓦楞纸板和封合胶，提高效率。目前高速的裹包装箱生产速度可达 60 箱/分钟，中速的裹包装箱生产速度为 10～20 箱/分钟，半自动式的裹包装箱生产速度为 4～10 箱/分钟。

3. 套入式装箱工艺

套入式装箱工艺是将打开的箱坯从上套入堆积好的产品上。套入式装箱多适用于过重、易散、不适合移动翻转的物品。套入式装箱只需移动箱坯，一次装箱，可节省能源、降低工作强度且操作简单，在大型家电等产品包装中的应用日益广泛。套入式装箱工艺按装箱物品装入数量不同可分为单体套入装箱和集合套入装箱。

(1) 单体套入装箱。单体套入装箱时，纸箱一般采用两件式：一件比产品略高一些，撑开后多先将上口封住，下口没有翼片和盖片；另一件为浅盘式的盖，开口向上，无翼片和盖片，长宽尺寸略小，可以插入高件中形成一个倒置的箱盖。装箱时，先将浅盘式的盖放在装箱台板上，里面放置防震垫，如有需要可放木质托盘；装入产品后将高的一件纸箱从上部套入，直到浅盘插入其中；最后用塑料带捆扎。电冰箱、洗衣机等体积较大，不适宜搬运、翻倒的产品，采用套入式装箱最为适合。

(2) 集合体套入装箱。集合体套入装箱是指把经过排列堆积(集积)后的盒装、袋装、瓶罐类集合体套上纸箱而完成装箱的方法。

此外，还有一种特殊的装箱方式——箱装袋。箱装袋就是在瓦楞纸箱内装有一个塑料或复合材料的袋子，有灌袋口并装有封口盖式带管的阀门，可手工装箱，也可半自动装箱。其装箱过程是将空袋先装在空箱内，灌满液料后，将袋上的盖或阀旋紧，然后封箱。灌满液体的袋正好填满纸箱的空间。取用时不需开封，将露在箱外的放液盖或阀开启即可。

三、装箱设备的选择

一般情况下，生产厂设有装箱车间，而瓦楞纸箱多由专业的制箱厂供应。生产厂对装箱设备的选购非常重要，应充分考虑以下几个问题。

(1) 对于体积小、重量轻的产品，如盒、小袋包装品、水果等，在产量不大、劳动力充沛的条件下，可考虑采用手工装箱。对于批量大、自重大或易碎的产品，如瓶装液体产品、软包装饮料、蛋品等，可考虑选用半自动装箱设备。

(2) 对于生产批量大、要求生产效率高的单一品种产品，如啤酒和汽水等产品，应考虑选用全自动装箱机械。

(3) 全自动装箱机械机构复杂，一般还要与产品排列、排行、堆叠装置配合使用，生产速度和效率都很高。但它要求机器本身动作协调、配套装置齐全、运转平稳、控制系统灵敏可靠，对操作和维修人员的技术水平的要求也较高。

第四节　其他纸容器包装

纸和纸板制成的包装容器，还包括纸袋、纸罐、纸管、纸杯、纸碗、纸桶、纸制液体包装盒和衬袋纸箱等。

一、纸袋

纸袋是一端开口的、由纸质或纸复合材料制成的扁平管状容器。纸袋是在包装中使用量仅次于瓦楞纸箱的纸制包装容器。纸袋从形状上可分为信封式、扁平袋式、方底袋式、六方底袋式、M 形折叠式和手提方底袋等，其封口方法主要有黏合、缝合、胶带封口、钉针封口和热压封口等。纸袋的用途广泛、种类繁多，主要用于商品的运输和销售包装。

纸袋包装的优点是简便廉价，搬运携带方便，运输成本较低；能有效防止污染，适用于食品和零散商品、服装的包装；纸袋外表面适合印刷，有利于进行广告宣传；可重复使用，废弃纸袋便于进行回收利用和处理。

纸袋的生产制造方式主要有黏合和缝制两种。纸袋的材料用得最多的是纸袋纸和牛皮纸，包括各种弹性纸袋纸和加筋纸袋纸。根据需要还可以选择各种漂白的、半漂白的、以加色的硫酸盐木浆抄造的强韧纸和纸板，以及经涂布加工具有防水、防潮、防渗透和防虫等功能的加工纸。还有用纸、沥青、织物、塑料等材料复合加工的复合纸制造的高强度的防水防潮纸袋和其他特种用途的纸袋。

二、纸罐和纸管

纸罐是以纸板为主要材料制成并配有纸质或以其他材料制成的底和盖的圆筒形容器。罐身可用以高性能纸板与铝箔、塑料等制成的复合材料，具有防潮、防渗透的功能，又有一定的强度和刚度，制成的罐重量轻、不生锈、价格便宜，可代替铝罐、马口铁罐，广泛用于粉状、晶状的食品、糖果、糕点、咖啡、干果等固体食品和液体饮料、油脂等食品的包装，还大量用于化工产品、医药产品和其他工业产品的包装。

纸罐可分为两片型纸罐和管式纸罐两种。

两片型纸罐大部分以涂塑纸板为基材，罐口内直径与罐底内直径相等，罐身呈方形或圆形。这种容器成品因不能层叠，包装体积较大，重量较轻，运输、仓储成本较高，因此制罐设备多与包装线相连，或与填料机及包装设备同线。

管式纸罐则是用已制成的纸管，以速干水乳胶或热熔胶料封边方法加装底片，仅适用于与填料及包装设备同线操作。

纸管大量应用于纺织工业和合成纤维工业的卷轴管，管直径从 1～2 毫米到 1.5 米不等。

三、纸杯、纸碗及纸碟

（一）基材

纸杯、纸碗及纸碟等纸容器的基材有一定的国际标准，主要纸材为符合国际标准的长纤维纸板。这种基材是硫酸盐漂白纸板，其横向延伸率高于 3%，而含碳量少于 1%，纸质本身应具有高度的结合力。制造纸杯容器的原材料主要有以下几种。

(1) 非涂塑纸板适用于上蜡的冷饮杯及某些纸罐，符合苯胺印刷的要求。

(2) 单面涂塑纸板适用于不涂蜡的冷、热饮两用纸杯及纸罐，其涂塑层为低密度(高压)聚乙烯，涂塑量一般为 18 克/平方米，这种聚乙烯具有热熔封边的功能。

单面涂塑纸板的价格一般比非涂塑基材高10%左右。

(3) 双面涂塑纸板适用于较高档的冷、热两用纸杯及纸罐，纸板上聚乙烯的涂量一面为18克/平方米，另一面为14克/平方米。涂塑较厚的一面做容器的内面，较薄的一面做印刷面。因涂塑层表面光滑，在印刷时需加电晕处理，印刷效果好，可做出较高档的成品。双面涂塑纸板的价格比非涂塑材料大约高20%左右。

其他原料还有无毒水性油墨，可食的无毒“直链式”石蜡及少量无毒无色润滑用矿物油。

(二) 纸杯

纸杯是用于盛装冷、热饮料的小型纸制容器，分为扩口形、缩口形及圆柱形三种。纸杯通常采用180～230克/平方米的白纸板，也可用以铝箔、塑料等复合加工的纸复合材料制成。

一般冷饮用的纸杯用蜡浸渍加工的蜡-纸复合纸板制成，而热饮用的纸杯用纸-聚乙烯复合纸板制成。纸杯包括冷饮杯、热饮杯和双层热饮杯三类。根据原材料和制作工艺，可将纸杯分为如下三种。

1. “湿蜡”纸杯

“湿蜡”纸杯在国内的应用比较普遍。“湿蜡”纸杯用非涂塑纸板为基材，成型时以水乳性速干胶料封边及上蜡，经微热处理后冷却而成。

2. “干蜡”纸杯

“干蜡”纸杯在国外的应用比较普遍。其生产工艺与湿蜡纸杯相同，但喷蜡量较少，经较高温度的热处理后，将蜡料温度提升而透于纸纤维内，外观比较干爽及光滑，手触时无蜡料的感觉，专用于投币式(冷)饮料自动贩卖机，此类纸杯具有不会因机内温度高而不能从杯筒中滑降的优点。

3. 较高档涂塑纸杯

较高档涂塑纸杯在欧、美、日等国的应用比较普遍。该类纸杯用单面或双面涂塑纸板为基材，以热风或超声波封边，不需上蜡。双面涂塑纸杯可冷、热饮两用，可避免因水分的渗透而使杯身变软。

(三) 纸碗

纸碗用于快餐面食，一般用定量为300克/平方米以上的白纸板复合20微米厚的聚乙烯的复合纸板制成。纸碗大致可分为三大类：普通纸碗、软高档纸碗和高档双层纸碗。

普通纸碗以单面或双面涂塑且较厚的纸板为基材，碗身比传统聚苯乙烯料碗矮，碗口较宽，盛汤时可承受温度至100 ℃左右。普通纸碗正逐步替代发泡塑料碗。

较高档纸碗在构造上与普通纸碗相同，但外层加装一层波形隔热外壳，因成本、技术等因素制约，尚未得到大量应用。

高档双层纸碗则与双层热饮纸杯结构相同，现正在积极研发中。

（四）纸碟

纸碟主要用于包装微波炉烹调食品及快餐食品。所用的复合纸板是以漂白硫酸盐浆纸板为基材，涂以低密度聚乙烯、高密度聚乙烯、聚丙烯、聚对苯二甲酸乙二醇酯等制成的复合纸板。这样的复合纸板具有耐水、耐油、耐热性。纸碟中较浅的纸盘可折叠，较深的纸碟多用树脂复合纸板从卷筒纸或干板纸经模切、热压成型制成。

四、液体包装用纸容器

液体包装用纸容器即复合材料软包装容器，是以纸板为基材经复合加工的蜡纸板铝塑复合材料制成的，主要用于牛奶、饮料、酒类等饮料的包装。液体包装用纸容器具有卫生无毒、对气体的阻隔性高、防渗透性好、热封性好等优点。

按纸盒的供给方式不同，液体包装用纸容器可分为两类：一类是以复合包装纸卷筒形式出厂，在纸盒成型-灌装机上进行纸盒成型-灌装-封口；另一类是模切、粘贴成筒状物出厂，在灌装生产线上热封。

液体包装用纸容器的外形有山脊式（屋脊式）和平顶式两种。

五、衬袋纸盒和衬袋纸箱

这类纸包装容器是由外包装的瓦楞纸箱或瓦楞纸盒及内包装的塑料袋组合而成的，用于液体的运输包装。衬袋纸盒的容积在 2 000 毫升以下；衬袋纸箱的容积为 5～20 升。

衬袋纸盒和衬袋纸箱包装容器的优点是空容器可以折叠存放、对内容物有良好的保护功能，用后不需回收、易于处理，箱盒表面适合印刷、有利于进行广告宣传。

六、纸板桶

纸板桶又称纤维纸板桶、多层纸板桶和硬纸板桶。其桶身由瓦楞纸板或多层纸板层合而成，并进行防水、防油处理，也可加塑料内衬袋，以适合包装液体或膏状物体。纸板桶主要用于散装化学品的包装以及其他工业产品的储存与运输包装。

纸板桶可以通过耐破强度试验、抗压强度试验和跌落试验等性能试验来进行检验。

第五节 纸包装的应用及发展趋势

进入21世纪,随着人们环保意识的增强,环保包装材料的研究和开发日益受到社会的重视,以纸代木、以纸代塑已经成为发展方向。纸和纸板因其优良的力学性能以及可回收利用的特性,在包装材料领域中所占比重日益增大。为了更好地利用纸和纸板,人们对各种纸包装材料的构成、性能及包装技术不断进行研发,新型纸包装制品和纸包装技术不断涌现。

一、新型纸包装制品

(一) 蜂窝纸板

蜂窝纸板是根据自然界的蜂巢结构原理制成的,把瓦楞原纸用胶接方法连接成无数个空心立体正六边形,形成一个整体的受力件——纸芯,并在其两面黏合面纸而形成的一种纸制板材。

蜂窝纸板的特点是质量轻、强度大、刚度高,具有缓冲、保温、隔热、隔音等优异性能,经特殊处理后具有阻燃、防潮、防霉、防静电等性能,因而成为一种新型、优质的环保包装材料。

(二) 代木重型包装

代术重型包装是指使用高强多层瓦楞纸箱,非木制品托盘,以及边、角、底、顶加固结构材料加工而成的包装制品。代木重型包装一般采用七层瓦楞纸板,可以通过自动生产线做成重载包装箱,与木质托盘(近年来逐渐改用纸质托盘和非全木组合托盘)在箱底固定连接。

(三) 高强度瓦楞纸复合板

高强度瓦楞纸复合板借鉴蜂窝板芯纸排列结构的形状,改变传统瓦楞纸板的瓦楞纸卧式排列结构,采用瓦楞纸立式紧密排列结构。

高强度瓦楞纸复合板强度高,有较强的抗压、抗弯和缓冲性能,可替代重型瓦楞纸板、蜂窝纸板和木板包装,是一种新型的环保包装材料。

(四) 特重型瓦楞纸板

特重型瓦楞纸板使用新的生产工艺技术,解决了重型瓦楞纸板生产工艺难度大、成本费用高、黏合难度大等技术难题。

特重型瓦楞纸板表面质量好,黏合牢固,戳穿强度、边压强度优良,防潮性能好,可回收降解,无污染,是一种理想的代木产品。

（五）增强夹心瓦楞纸板

增强夹心瓦楞纸板即“瓦中瓦”，是继蜂窝纸板、重型瓦楞纸板及特重型瓦楞纸板之后的又一新型的以可增强结构组合而成的包装材料。增强夹心瓦楞纸板是利用纸板制成的防震抗压包装箱。它是以普通瓦楞纸板做面里，在两层面里纸板之间加入瓦楞纸板和纸管结构，增加纸板的强度。

（六）纸浆模塑制品

纸浆模塑是指把废纸或成品纸打碎成浆，经真空吸附，用模具塑造成型的过程。成品称为纸浆模塑制品。纸浆模塑制品通常可分为两类：一类是用成品纸浆作原料生产的快餐盒、盘以及方便面碗等日常生活用品；另一类是用废纸作原料生产的包装、衬垫、充填材料。因纸浆模塑制品在力学测试中等同或优于发泡塑料，故常被用于替代工业用发泡材料，以解决发泡塑料污染问题。

纸浆模塑制品由于纸结构本身的弹性和其特有的几何结构，具有质轻、缓冲、阻燃、防潮、防静电、环保等优点。废弃后在自然环境中可以自行分解、循环再生。

相对于纸制品加工行业来说，纸浆模塑制品因其原材料为生产瓦楞纸箱及其他纸制品包装的边角料，只需经过粗加工即可进行生产，可回收利用，且使用领域广泛，市场容量大，故市场发展前景广阔。

（七）其他新品

1. 凹凸复合纸板

凹凸复合纸板是一种集瓦楞、蜂窝两类箱纸板优势为一体的全新结构的复合纸板。

凹凸复合纸板在克服了瓦楞纸板横向强度低、易变形的弱点与蜂窝纸板生产工艺复杂、质量难以控制、生产效率低的弱点的同时，汲取了瓦楞纸板生产工艺发展完善、生产效率高的优势以及蜂窝纸板强度高、强度分布均匀、无方向性的优点。

凹凸复合纸板的抗压强度、耐冲击强度、环压强度等各项物理指标均能满足箱纸板的技术要求，其最为突出的特点是：芯纸出纸率几乎为100%，远高于瓦楞纸板，且原纸定量配伍灵活，纸板厚薄可调，可双层成型，即使里纸克重大大降低也可保持表面的平整度。

2. 微型瓦楞纸板

近几年来，在国际市场上出现了一种用于代替厚纸板的微型瓦楞纸板材料。

超薄型瓦楞纸板包括G楞、E楞和F楞。其中尤以F楞（楞高0.75毫米）和G楞（楞高0.50毫米）为主的三层瓦楞纸板代替厚纸板的趋势十分明显。G楞纸板是其中的佼佼者，预计在未来5年内将占据10%的硬纸板市场，E楞纸板逐渐被G楞纸板替代。相对于硬纸板,G楞纸板的优点在于强度高、有降价空间。

目前,有的国家已经开始应用N楞(楞高0.46毫米)、O楞(楞高0.30毫米)等更小楞型的瓦楞纸材料。与同类型的传统纤维厚纸板相比较,微型瓦楞纸板具有耗材少、弹性好、缓冲力强的特性。

3. 防潮高强度低克重瓦楞原纸

由上海广发造纸厂试制成功的防潮高强度低克重瓦楞原纸,能阻止潮气侵入瓦楞原纸,适用于需要防潮的产品包装,更适用于食品、水果、蔬菜、药品等。

防潮高强度低克重瓦楞原纸的各项物理性能指标均超过国家瓦楞原纸标准,吸水性和渗透性都达到国际同类产品的水平。由防潮高强度低克重瓦楞原纸制成的纸箱的挺度、抗压戳穿、耐破等质量指标有明显提高。

4. 新材料瓦楞纸板

英国大卫·史密斯包装公司和日本TBI-WAI-LKK公司联合生产出以纸代木的包装新材料——TRI-WALL-PQK瓦楞纸板,其技术性能符合美国国家标准PPD-B640D和世界上42个国家的政府标准。这种新材料瓦楞纸板重量轻(箱重仅为同容积木箱重的25%～30%)、容量大、强度高,耐水性好、密封性强、缓冲效果好,设计美观实用、灵活多样化,适于折叠堆放、搬运方便,节省储藏空间,还可以重复使用。

5. 有防伪功能的新型纸板

瑞典Iggesund纸板公司开发出一种用以保证包装用的纸板安全的技术,使这种包装使用的纸板无法被复制、伪造。这种新型纸板带有一种类似水印的标记,只有在紫外光的照射下这种标记才可显现。Iggesund公司将一个安全鉴定特征标记直接结合应用到纸板包装中。这种标记不能通过印刷或纸制品加工技术来复制,增加了仿制者造假的难度。

二、纸包装的市场发展趋势

(一) 纸包装的市场前景较好

目前我国人均消耗纸板和纸与经济发达国家的差距很大,瓦楞纸板的消耗差别更大。随着我国改革开放的深入发展和人民生活水平的不断提高,我国纸包装制品消费将不断扩大,纸包装的市场前景较好。

(二) 采用纸包装的行业越来越多

这是由于“绿色包装”的世界潮流使许多行业放弃了原来的木、塑、陶、玻、筐、篓等包装用品,而采用纸包装,纸包装的应用范围不断扩大,涉及的行业也越来越多,日用品、水果、食品、服装、建材、纺织、化工、电器、仪表、电视机、电冰箱、空调、摩托车等大都采用纸箱包装；不仅干燥的商品采用了纸包装，而且饮料、乳制品等也改用了纸包装。因此，纸包装的市场正日益扩大。

（三）高档次包装纸及纸板大有市场

据统计，我国进口包装纸及纸板占国内消费量的20%以上，主要用于包装装潢。由此可见，包装制品即各种容器的发展虽然取得了重大进展，但现在的状况只是基本满足低、中档包装的需要，高档次、性能优异的包装容器仍然短缺。

三、纸包装产品的研发趋势

纸包装产品的研发趋势主要包括以下几个方面。

（一）研发市场需要的低克重、高强度、绿色环保的纸包装

“低克重”有利于节约资源、降低成本，“高强度”可以有效保护商品、减少破损，“绿色环保”符合时代发展趋势。

（二）研发食品包装用功能型专用纸板

我国目前生产的白板纸品种单一，没有区别不同包装物的分类，也没有针对不同食品对包装材料需要的不同功能生产专用的食品用包装纸板。

今后应针对包装不同食物的需要，研制生产供包装固体食品类及包装液体食品类的功能型专用纸板。如包装糕点等直接入口食品的纸盘纸板、包装食盐等防光防潮的纸罐纸板、包装供蒸烤加工的半成品类食品的纸盒纸板、包装牛奶、果汁的纸罐纸板等。

（三）研发市场需求量大的植物纤维快餐盒

随着人们环保意识的提高，为满足生活的实际需要，一次性纸制快餐盒等食品包装制品受到广大消费者的青睐。由于纸制快餐盒成本较高，因此十分需要发展以稻草、麦秸、甘蔗渣、糠壳等农作物纤维为原料的绿色环保型植物纤维快餐盒。

（四）研发适应市场需要的多功能纸包装

纸包装的多功能化是指纸包装在完成包装使命后，仍具有可利用的功能，并使之成为解决包装废弃物的途径之一。纸包装的多功能化成为纸包装材料能够发挥优点，进而得以发展的重要保证。例如，许多国家和地区使用黏合箱，具有重复利用价值。

（五）研发具有标准化、系列化尺寸的包装

为适应市场多样化和价格竞争的需要，纸包装行业普遍采用高生产率集中制板、分散制盒（箱）的生产方式，包装尺寸的标准化、系列化也日益受到大家的重视。

本章小结

本章首先介绍了纸包装的优点、包装用纸材料的分类、主要性能指标、主要包装用纸和纸板；接着阐述了纸盒和纸箱包装的定义、分类及工艺；然后介绍了纸袋、纸罐、纸管、纸杯、纸碗、纸桶、纸制液体包装盒和衬袋纸箱等其他纸容器包装的特点和用途；最后介绍了纸包装的应用及发展趋势。

综合案例分析

无菌纸包装技术

随着人们生活水平的不断提高，以及人们消费习惯的改变和食物结构的改善，人们的健康意识越来越强，乳品对人的益处已逐步被广大消费者所认可。但是，由于我国幅员辽阔、地域差异大，对于对保鲜要求比较严格的牛奶来说，长距离分销是一个必须解决的障碍。无菌纸包装就是解决这个问题的一种有效途径。无菌纸包装最大的优点是：在无菌条件下，能最大限度地保留原有食品的营养成分和风味。因此，无菌纸包装目前在牛奶包装中得到了广泛应用。

(一) 无菌纸包装

用于无菌纸包装的材料实质上是一种复合材料，是由纸、聚乙烯、铝箔、沙林树脂多层复合而成的纸板，其中纸为结构材料，而铝箔则为高阻隔性材料。无菌纸包装主要有屋顶包、砖形包、枕形包等。

(二) 无菌纸包装的优点

牛奶的无菌包装是一种技术含量较高的灌装形式，不仅可以提高乳制品的安全性，而且可以扩大产品的销售范围。其优点有：

(1) 产品无需任何添加剂，确保对人体无害；

(2) 产品能保持原有风味；

(3) 产品无需冷藏，即可达到理想的保鲜期。

(三) 无菌纸包装系统

纸卷成形包装系统是目前应用最广泛的无菌纸包装系统，包装材料由纸卷连续提供给包装机，经过一系列成形过程进行灌装、封合和切割。

1. 无菌纸包装系统的纵封/横封结构

包装材料从纸卷进入包装机后上升到包装机的背后，纵封贴条经热黏合到包装机的一侧。纵封贴条黏合主要有以下两个功能：加强纵封的接合和防止产品外漏。横封是通过两步来完成的，既黏合和切割。

2. 无菌纸包装环境的形成

无菌纸包装系统的双氧水灭菌通常分为以下两个步骤。

(1) 双氧水膜的形成。在包装纸灭菌前均匀地在与产品接触的表面涂上一层双氧水膜是保证其灭菌的前提条件，敞开式无菌包装系统的这一过程是由双氧水槽实现的。

(2) 包装纸的灭菌。涂上双氧水膜的包装纸经挤压滚轮除去多余的双氧水，向下经导轮、成形环等形成纸筒，一直到达管加热器和横封区域。

(四) 无菌纸包装技术的现状和发展

无菌纸包装技术早在半个世纪前就已问世，20世纪60年代初开始应用于欧洲市场，目前主要包装鲜奶和饮料等液态食品。目前，无菌纸包装在我国乳制品中仅占10%，而在发达国家乳制品中占65%。现在，国家已将液态奶无菌纸包装列为优先开发项目，并斥资20亿元扶持液态奶工业的发展。由此可见，我国液态奶无菌纸包装具有极大的发展空间，市场前景较好，同时为相关科研单位带来了新的机遇和挑战。

思考题

1. 请结合案例谈谈无菌纸包装用纸的主要性能指标有哪些。
2. 请按照纸盒的不同分类标准对无菌纸包装进行分类。
3. 选用装盒工艺有哪些注意事项？

本章综合练习题

1. 纸包装的优点有哪些？
2. 包装用纸和纸板主要有哪些？
3. 纸盒包装的分类及工艺有哪些？
4. 纸箱包装的分类及工艺有哪些？
5. 纸袋、纸罐、纸管、纸杯、纸碗、纸桶、纸制液体包装盒和衬袋纸箱等纸包装的特点及用途有哪些？
6. 新型纸包装有哪些？

实践活动

纸包装分析

实践目标：学会分析纸包装的材质、容器。

实践内容：选取一种纸包装商品进行分析研究。

实践要求：分析选取的商品的纸包装材料、纸包装容器、可能采用的包装工艺，了解该包装的优缺点。

实践成果：撰写纸包装分析方案。

第七章　塑料包装

本章学习目标

(1) 了解塑料包装材料的种类和性能；
(2) 掌握塑料包装容器的分类和选用；
(3) 掌握模压成型、注射成型、中空吹塑成型、热成型、旋转成型等塑料成型加工技术。

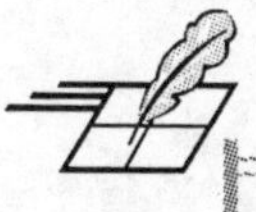

经典案例导入

白酒塑料软包装已逐渐成为趋势

从古至今，白酒的包装离不开陶瓷、玻璃、泥瓦罐等容器。它们具有渗透性小、密封性好、耐腐蚀性强、可使白酒长期储存不变质等优点，但也存在着一些难以克服的缺点。首先是不耐撞击，易破碎；其次是携带不方便，主要是体积较大，仅仅几瓶就占据了很大的空间，这也造成了其储存和运输成本较高；再者是酒瓶价格较高，用过后就成了负担。近年来市场上也出现了塑料瓶装白酒，它克服了玻璃瓶易破碎和容量重量比小的问题，但无法克服容量体积比小的问题，而且它的密封性也比不上玻璃瓶。以复合软包装袋作为白酒包装，在保证密封性的前提下，解决了瓶装白酒容量体积比小的问题。所以，尽管瓶装白酒仍是市场上的主流，但用塑料软包装印刷袋装白酒已逐渐显示出其蓬勃的生命力。

20 世纪 50 年代以后，塑料制品在包装行业中有了比较广泛的应用。经过半个多世纪的发展，塑料制品以其品种繁多、性能优越、成型方便以及成本低廉等优势，在与木材、玻璃、金属、纸品等传统包装材料的竞争中后来居上。塑料包装材料不仅在发展速度上令其他传统的包装材料望尘莫及，而且在用量上也超过了木材、玻璃、金属等包装材料，仅次于纸包装材料，位居第二位。

目前，塑料包装材料的发展有三大趋势，即塑料制品向薄壁化、轻量化和大型化方向发展，塑料包装材料向共聚化、复合化和多功能化方向发展，塑料包装材料生产工艺向高速化、自动化和无污染化方向发展。

第一节　塑料包装材料

塑料即可塑造成型的材料，它以合成树脂为主要原料，加入添加剂，在一定温度、压力条件下塑制成型或制成薄膜。

塑料是一种可塑性极强的高分子材料，是近代发展起来的新型包装材料。塑料的主要成分是树脂，可根据制作不同包装容器的需要加入各种添加剂，如填料、增塑剂、着色剂、润滑剂、防老化剂、固化剂以及抗静电剂等。

树脂包括天然树脂和合成树脂。天然树脂是树木中分泌出来的脂质物，受自然条件的限制而产量有限。合成树脂是利用化学方法，从煤、石油和天然气中取得乙烯、丙烯等单体低分子化合物，经合成得到的高分子化合物。由于合成物的分子量大，又称为高聚物，在常温常压下，能保持形态不变，在一定的温度和压力下可以制成各种包装容器和器材。通常未成型以前称为合成树脂，而成型之后称为塑料。

一、塑料包装材料的材质

（一）聚乙烯塑料

聚乙烯(PE)塑料是通用热塑性塑料，具有质轻而柔软、不易脆化、无臭无味、无毒、化学稳定性强、电绝缘性能好等优点。

聚乙烯塑料按密度可分为高密度聚乙烯塑料、中密度聚乙烯塑料和低密度聚乙烯塑料三类。

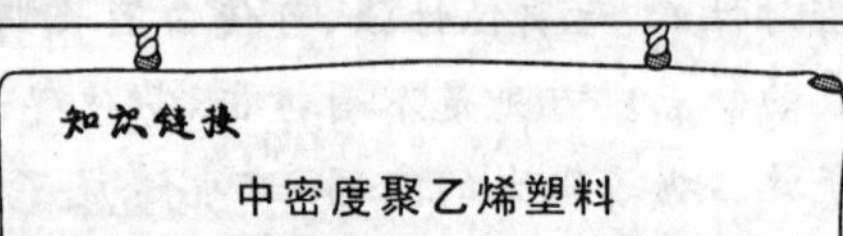

知识链接

中密度聚乙烯塑料

中密度聚乙烯塑料由于性能介于高密度聚乙烯塑料和低密度聚乙烯塑料之间，既保持了高密度聚乙烯塑料的刚性，又有低密度聚乙烯塑料的柔性、耐蠕变性，集两者优点于一身，在制造配气管、配水管以及通信线路和电缆护套方面占有绝对优势，因而越来越受到市场的关注。

高密度聚乙烯塑料呈半透明状，易成型、耐冲击、成本低，但其环境应力开裂性使容器无法承受压力，制成容器的透明度也较差。适用于制造大型包装容器和重包装袋，以及各种桶、瓶、杯、盘、盒等容器。

中密度聚乙烯塑料的机械性能、电绝缘性和耐腐蚀性都优于低密度聚乙烯，常用于制造配气管、配水管，以及通信线路和电缆的护套。

低密度聚乙烯塑料具有良好的抗冲击强度、透明度、柔软性，但其抗张强度与硬度较差，广泛用于制造薄膜和包装袋，经常与其他材料相结合用于生产复合包装材料。

此外，聚乙烯塑料还可用于制造软管、泡沫材料及涂层材料。

（二）聚氯乙烯塑料

聚氯乙烯(PVC)塑料是一种氯乙烯加成聚合物，在室温常态下具有一定硬度，且熔融温度和分解温度接近，加工前先要加增塑剂、稳定剂改性，以提高材料的柔软性，降低加工温度。聚氯乙烯塑料具有良好的装饰印刷性能，化学性能稳定，机械性能较好，透明度好，呈淡蓝色，经久易变黄，多做成深蓝色容器，常用来制作热成型容器及包装材料。

由于聚氯乙烯塑料中含有的氯乙烯单体是致癌物，且处理时特别是焚烧处理时会引发环境问题，近年来逐渐被聚酯塑料替代。

（三）聚酯塑料

聚酯(PET)塑料是一种含有酯类键的聚合物，分为热塑性塑料和热固性塑料两种。常用的聚对苯二甲酸乙二醇酯是一种缩合聚合物。

聚酯塑料无色透明，有光泽，有较好的韧性与弹性，有较高的机械强度，有较好的耐热性、耐寒性和耐油性，有良好的防潮性、防水性与气密性，有极好的防止异味透过性和极小的水蒸气透过率。

聚酯塑料是优良的食品包装材料，特别适宜用作饮料的包装材料。目前聚酯塑料瓶已经逐渐取代了玻璃瓶，大量用于含气饮料的包装，是很有发展前途的包装容器。聚酯薄膜与聚乙烯、聚丙烯等热封合性好的树脂共聚或涂层制成复合薄膜，可用作冷冻食品及需要加热杀菌食品的包装材料。聚酯塑料是环保型材料，其回收利用率较高。

（四）聚丙烯塑料

聚丙烯(PP)塑料是一种加成聚合物，可分为无规聚丙烯、全同力构聚丙烯和间同力构聚丙烯。其中，全同力构聚丙烯在包装材料中被广泛使用。

聚丙烯塑料具有良好的韧性和拉伸性，耐冲击、耐磨、耐腐蚀，绝缘性和耐热性能好，质轻、机械强度比聚乙烯高，水蒸气阻隔性好。聚丙烯塑料可用于吹塑和真空成型制造各种瓶、杯等，也是做编织袋、打包带的良好材料。

聚丙烯塑料不适于用作油脂的包装材料。

（五）聚苯乙烯塑料

聚苯乙烯(PS)塑料是一种加成苯乙烯聚合物，由于无法结晶，侧基的整体属性对链的旋转起阻碍作用，使之脆度极大，属于硬质塑料，具有刚性，印刷性较好，表面富有光泽，耐化学腐蚀性强，无毒、无味，是一种成本低、质轻、强度较高的包装材料。

在包装工业中常用改性聚苯乙烯（如抗冲聚苯乙烯和高抗冲聚苯乙烯）注塑成型制造各种桶、深杯、盘、盒等包装容器，也用拉伸聚苯乙烯和泡沫聚苯乙烯制成浅杯、盘、盒等包装容器，适用于盛装食品、酸或碱。

（六）聚酰胺塑料

聚酰胺（PA）塑料是由单体胺和羧酸官能团聚合而成的缩合物，是一种半结晶性材料。聚酰胺塑料通常被称为尼龙。

聚酰胺塑料具有良好的力学性能和热稳定性，优异的耐磨性能，较高的抗张强度、硬度和抗疲劳强度，耐光性、耐蒸汽、加热性和气密性较好，有良好的印刷与装饰性能，无毒。

聚酰胺塑料主要用于软包装，特别是在食品包装、医用包装上应用广泛，可以使用环氧乙烷或蒸汽消毒，改性尼龙还可以用辐照法消毒。此外，还可用于制造打包带和绳索，其坚固性比聚丙烯打包带好。

（七）聚醋酸乙烯塑料

聚醋酸乙烯（PVA）塑料是醋酸乙烯的加成聚合物，无定型，有韧性和刚性，是用于水溶性商品的较好的包装材料。

将聚醋酸乙烯经热处理制成的聚乙烯醇具有耐水、保味、耐油、透气率低的优点，其薄膜对保持食品的新鲜度，防止氧化变色、变味和变质具有显著的效果，适用于一些化工产品（如农药、消毒剂、燃料等）的包装。

（八）酚醛塑料

酚醛（PF）塑料俗称“电木”，是以酚醛树脂为主要成分的热固性塑料。

“酚醛玻璃钢”就是以酚醛树脂浸渍玻璃纤维丝、玻璃布经热压而成的酚醛玻璃纤维增强塑料。

酚醛塑料的特点是机械强度大、刚性好，耐热性高，可在150～200 ℃的温度下长期使用，短期内可在300 ℃温度下使用，耐磨、耐腐蚀、尺寸稳定，绝缘性能好。

酚醛塑料可做各种桶、罐等包装容器以及集装箱等各种集装器具。

（九）脲醛塑料

脲醛（UF）塑料俗称“电玉”，是以由尿素与醛类缩聚制得的树脂为主要成分，再添加填充剂、着色剂和润滑剂制成“电玉粉”，经加热、加压而成的，属于热固性塑料。

脲醛塑料无臭无味，着色力强，色彩鲜艳、美观，形似美玉，表面硬度大，不易燃烧,耐热,有一定的机械强度,不变形。但其脆性较大,耐酸、耐碱和耐水性差,吸水性较强。

脲醛塑料可以制成各种包装容器,在醋酸或沸水中浸泡会析出游离甲醛,故不适于做鲜果汁、酱菜等食品的包装。用脲醛树脂制成泡沫塑料,具有减振、缓冲、质轻和保温的特点。

(十)其他塑料

1. 乙烯-乙酸乙烯酯共聚物塑料

乙烯-乙酸乙烯酯共聚物(EVA)塑料属热塑性塑料,一般用作密封材料的塑料薄膜,特别适用于托盘收缩包装。除单层膜外,它还可以与其他材料共聚形成多层复合膜。例如,乙烯-乙酸乙烯酯共聚物与高密度聚乙烯复合成的薄膜材料,可以代替玻璃纸和蜡纸,成为快餐食品的理想包装材料。

2. 聚偏二氯乙烯塑料

聚偏二氯乙烯(PVDC)塑料的主要特点是透明度高,机械强度大,气密性和防潮性极佳,耐有机溶剂和油脂,热收缩性能与自黏性较好。

聚偏二氯乙烯主要用作食品包装薄膜,由于它的透气、透湿率较低,用于包装食品,能防止水分蒸发而引起的失重和腐败,又不会使干燥食品吸潮,可防止鱼、肉和油脂类食品氧化,有利于长期储藏保鲜。它可用于密封包装和杀菌食品包装,并可用作家庭日用的包装材料。

3. 聚碳酸酯塑料

聚碳酸酯(PC)塑料无色透明,具有良好的光泽,优良的耐热性、耐寒性和抗冲击韧性,可用于加压杀菌;机械强度较高,耐化学腐蚀性好,能阻止紫外线透过;其透气性、吸水性和吸湿性较弱。

聚碳酸酯可制作蒸煮食品包装袋以及饮料器具、容器和其他食品包装材料。其缺点是热封合时容易起泡,透明度降低。因此,做食品包装材料时,要与聚乙烯等复合,以改进其热封合性。

4. 钙塑材料

钙塑材料是20世纪70年代出现的一种新型改性材料,是由聚乙烯、聚丙烯和聚氯乙烯加入碳酸钙等添加剂制成的复合材料。钙塑材料兼有塑料、木材和纸板三者的特性,质地均匀,化学稳定性好,耐热、耐水、耐氧化。

二、塑料包装材料的添加剂

树脂是塑料中最主要的组成成分,起着胶黏剂的作用,能将塑料中的其他组分黏结成整体。塑料组分中除了树脂外,还有添加剂。树脂是决定塑料类型、性能和用途的根本因素,加入不同的添加剂可以改变塑料的性质,以适应产品性能和加工技术的需要。

单一组分塑料中树脂含量几乎达到100%，在多组分塑料中，树脂的含量约为30%～70%。其中的添加剂主要包括以下几种。

（一）填充剂

填充剂又称填料，是塑料的重要组成部分，它是使合成树脂呈惰性的补充材料。填充剂的加入可以起到增量的作用、能降低成本，可以改变塑料的硬度、抗冲击强度、耐磨性和稳定性，可以改善塑料的耐热性能和部分化学性能，还可以美化外观。

填充剂的种类很多，通常分为两类，即有机填料和无机填料。常用的有机填料有木粉、棉花、纸张和木材单片等；常用的无机填料有碳酸钙、硅酸盐、黏土、滑石粉、石膏、石棉、金属粉、玻璃纤维等。

填充剂的用量由性能需要来决定，多在40%以下，有时会超过合成树脂的用量。

（二）增塑剂

要使树脂成型时增大流动性而改善加工性能，并使产品增加柔韧性和弹性，必须使塑料本身或通过增塑剂进行增塑。增塑剂克服了链与链之间的分子作用力（引力），阻止了分子链之间的相互缠结，能促进大分子链的相互运动，且保持最小的摩擦系数，起到一种内部润滑剂的作用。在加工过程中，温度越高，分子链与分子链之间的增塑剂就渗透得越快，塑料的柔韧性就越强。如果没有增塑剂，塑料不可能制成薄膜、片材、管子和其他柔软产品。

增塑剂一般要求无色、无毒，热稳定性好、挥发性低。常用的增塑剂多为低熔点的固体或黏稠液体，与树脂有良好的相溶性。常用的增塑剂主要有邻苯二甲酸酯、脂肪二元酸酯、磷酸酯、环氧化合物、含氯化合物等。

增塑剂单独或与其他成分一起加入基本树脂时，能增强塑料的柔韧性、抗冲击性、弹性、可模塑性和柔软度。有时增塑剂的加入也会减弱强度、耐热性、稳定性和抗溶剂性。因此，塑料制品需要什么样的性能，在很大程度上取决于使用什么类型的增塑剂。

（三）稳定剂

塑料制品特别是聚合物在加工和使用过程中，由于受热、光或氧的作用，过早地发生降解、氧化断链、交联等不可逆劣变现象，会使材料性能变坏。为了使塑料制品质量稳定，阻缓材料劣化，延长使用寿命，通常在其组分中加入稳定剂，所以稳定剂又称抗老化剂。

稳定剂的加入可抑制聚合物因光照、热、高能辐射、超声波、水、氧、微生物等因素造成的降解，使塑料变色、脆裂、强度下降等变化过程减缓。由于不同聚合物降解的机理不同，选用的稳定剂也不同。

稳定剂根据作用的不同，分为热稳定剂、光稳定剂、抗氧剂等。

热稳定剂是以改善树脂热稳定性为目的而添加的，它可以与具有催化作用的金属离子结合。如进行聚氯乙烯成型加工时的塑料熔融流动温度接近于分解温度，容易分解出 HCL，而 HCL 又会起催化作用，使聚氯乙烯加速分解。为了防止发生这一现象，可在其组分中加入热稳定剂，如以硬脂酸盐为热稳定剂以阻缓这种变化。常用的热稳定剂有脂肪酸、亚磷酸酯及硫醇类等。

光稳定剂包括光屏蔽剂、紫外线吸收剂等。常用的光稳定剂有 α-羟二苯甲酮衍生物等。

抗氧剂可以抑制合成树脂氧化、降解。常用的抗氧剂有酚/芳香胺、正磷酸酯类以及部分含硫化合物等。

稳定剂的选用要视塑料制品的用途而定，包装食品的塑料制品必须选用无毒稳定剂，儿童玩具制品也应选用低毒或无毒稳定剂。

（四）固化剂

固化剂又称硬化剂。它的作用是在塑料树脂中生成横跨键，使分子交联，由受热可塑的线型结构变成网状的热稳定结构。在成型前加入固化剂，才能成为坚硬的塑料制品。

固化剂的种类有很多，通常因塑料制品及加工条件不同而异。常用的固化剂有环氧、醇酸树脂等。用于酚醛树脂的固化剂是六次甲基四胺，用于环氧树脂的固化剂有胺类、酸酐类、酰胺类等化合物，用于聚酯树脂的固化剂多为过氧化物等。

（五）着色剂

颜色是塑料制品的一个重要特色，使用的着色剂能将塑料制品染成淡色、深色、大理石色及其他各种颜色。

塑料制品常用的两种基本着色剂为染料与颜料。染料与颜料的重要区别是溶解度，染料在塑料化合物中能充分溶解，而颜料相对来说不易溶解，但能扩散到整个塑料制品中。在塑料制品的整个使用过程中，颜料比染料更稳定，不易褪色。近几年，出现了一种新型着色剂——色母料，它可以在加工成型过程中加入到塑料制品中。塑料制品厂可将这种着色剂和塑料成分拌在一起，或在加工时直接加入这种着色剂使塑料变色。

（六）润滑剂

为了改进塑料熔体的流动性能，减少或避免其对塑料制品加工设备的黏附，提高制品表面光洁度，常向塑料中加入一类添加剂——润滑剂。一般聚烯烃、聚苯乙烯、醋酸纤维素、聚酰胺(尼龙)、ABS 树脂、聚氯乙烯等在成型加工过程中常常加入润滑剂。

根据作用不同,润滑剂可分为内润滑剂和外润滑剂两类。

内润滑剂与塑料树脂是相溶的,加入后可减少树脂分子间的作用力,降低熔体黏度,削弱聚合物分子之间的内摩擦。常用的内润滑剂包括硬脂酸及其盐类、硬脂酸丁酯、硬脂酰胺等。

外润滑剂主要用于改善聚合物熔体与加工设备的热金属表面的摩擦。它与聚合物仅有很弱的相溶性,在成型过程中,容易从内部析出黏附在设备的接触表面上,形成润滑剂层,降低了熔体和接触表面间的摩擦,防止聚合物熔体对设备的黏附。属于这类润滑剂的有硬脂酸、石蜡、矿物油及硅油等。

(七) 其他

塑料中除上述组分外,有时根据特殊用途,还可以加入发泡剂、防黏剂、增韧剂、抗静电剂、防雾剂等。因此,塑料通常是由合成树脂与添加剂等组分共同组成的。

反映各种添加剂与树脂质量的比例关系通常称为配方。配方是根据塑料制品的用途、所需性能和成型要求,结合各种组分的特性及来源制定的,合理的配方既能改善加工工艺条件,又能以较低的成本生产出优质产品。配方要经过多次反复实践,才能不断得到完善和提高。

三、塑料的性能

各种塑料都具有不同的独特性能,也都具有高聚物的共同性能。作为包装材料,塑料有如下性能。

(一) 塑料的优点

1. 质量轻、机械性能好

包装用塑料质量轻,其密度大多数在 0.9～1.4 克/立方厘米之间,按单位重量计算的强度较高,对物流特别是运输而言,可以起到节省运输费用、增加实际运输能力的作用。

塑料的机械性能,包括抗拉强度、抗压强度、抗弯曲强度、抗冲击强度等,主要取决于材料自身的聚合度、结晶度和内聚力等因素。由于聚合物内部没有电子和离子,所以塑料无导电能力,是优良的绝缘体。

2. 阻隔性能好

塑料的阻隔性能包括对气体和水蒸气的阻隔性。根据不同的商品对包装阻隔性能的不同要求,可以制成阻隔性不同的包装。对于容易因氧气、水分作用而氧化变质、发霉腐败的食品可以制成阻气包装、防潮包装、防水包装等；对于要求有一定气体和水分透过的蔬菜水果类生鲜食品，可以制成各种保鲜包装。

3. 抗化学腐蚀性能好

塑料对酸、碱、盐等化学药品有较好的抗腐蚀性能，其中聚四氟乙烯耐强酸性能最好、最稳定。以石棉为填料制成的石棉酚醛塑料包装容器可盛装浓盐酸，磷酸和氢氟酸，硬质的聚氯乙烯包装容器可盛装浓硫酸和各种浓度的盐酸。

4. 加工适应性能好

塑料特别是热塑性塑料的加工适应性能非常容易控制，无论是对热成型、机械加工还是对热封，都有良好的适应性，便于塑制成型、机械加工和热封包装。

5. 具有良好的光学性能和装饰性

许多塑料包装材料具有良好的透明性，容易成型、容易染色、可以印刷装潢，制成的包装容器具有很好的展示、促销效果。

6. 卫生性能良好

聚合物树脂只要严格控制好单体数量，是没有毒性的，可以确保卫生。

（二）塑料的缺点

（1）耐光性一般较差。塑料易受氧气、光、热、外力的作用而产生老化或变形。

（2）耐热性弱。塑料的耐热温度为 60 ℃～300 ℃，温度升高则性能明显下降，会变软、变形，甚至分解变质；在低温下有冷脆现象，甚至会发生质变。

（3）易燃烧。塑料的燃点多数比较低，有明火即可燃烧，部分塑料还有自燃现象。

（4）易产生静电。塑料在摩擦或干燥的情况下可产生静电。

（5）热膨胀系数大，尺寸稳定性差。产品受热时，尺寸易发生变化。

（6）回收有一定难度，易对环境造成污染。

四、塑料包装材料的分类

塑料的品种有很多，从不同角度、按照不同原则有不同的分类方式。常用的塑料分类方法有以下两种。

（一）按照合成树脂的分子结构及其特性分类

按照合成树脂的分子结构及其特性，可将塑料分为热塑性塑料和热固性塑料。

1. 热塑性塑料

热塑性塑料是指由经多次反复加热仍具有可塑性的合成树脂制得的塑料。热塑性塑料的合成树脂都是线型或带有支链型结构的聚合物，因而受热变软后会成为可流动的稳定黏稠液体，具有可塑性，可加工成一定形状的塑件。在这一过程中一般只有物理变化，因而其变化过程是可逆的。如再加热，又可变软塑制成另一形状，如此可以反复进行多次。

聚乙烯、聚丙烯、聚苯乙烯、聚氯乙烯、有机玻璃、聚酰胺、聚甲醛、ABS、聚碳酸酯、聚砜等塑料均属热塑性塑料。

2. 热固性塑料

热固性塑料指由加热硬化的合成树脂制得的塑料。

热固性塑料的合成树脂是带有网状结构的聚合物，在加热之初，因分子呈线型结构，具有可溶性和可塑性，可塑制成一定形状的塑件；当继续加热使温度升高，分子呈现网状结构，树脂变成不熔的形状结构，其形状固定下来不再变化。再加热也无法软化，不再具有可塑性。在这一变化过程中既有物理变化，又有化学变化，且变化过程是不可逆的。

酚醛塑料、氨基塑料、环氧塑料、有机硅塑料等均属热固性塑料。

（二）按应用范围分类

按应用范围，可以将塑料分为通用塑料、工程塑料和特种塑料。

1. 通用塑料

通用塑料主要包括六大品种：聚乙烯塑料、聚氯乙烯塑料、聚苯乙烯塑料、聚丙烯塑料、酚醛塑料和氨基塑料。这类塑料的特点是产量大、用途广、成型性好、价格低。通用塑料的产量占塑料总产量的80%左右，构成了塑料工业的主体。

2. 工程塑料

工程塑料常指能承受一定外力作用，具有良好的机械性能和尺寸稳定性，在不同温度下能保持其优良性能，可以作为工程结构替代材料的塑料。几乎所有的热塑性塑料乃至热固性塑料都可作为工程塑料。目前常用的工程塑料包括聚酰胺塑料、聚甲醛塑料、聚碳酸酯塑料、聚苯醚塑料、聚四氟乙烯塑料等。

3. 特种塑料

特种塑料是指具有某些特殊性能的塑料。特种塑料有较好的耐热性、电绝缘性及耐腐蚀性，如氟塑料、聚酰亚胺塑料、有机硅树脂、环氧树脂等。特种塑料还包括为某些专门用途而改性制得的塑料，如导磁塑料及导热塑料等。

第二节　塑料包装容器

塑料包装容器主要包括以塑料为原料经加工成型制成的各种销售包装、运输包装和集合包装。由于塑料包装容器具有质量轻、强度大、耐磨、耐腐蚀、防潮、防水、阻隔性好、易加工成型以及价格低廉等特点，使之迅速进入包装领域，随着塑料工业的发展,其应用领域不断扩大。

一、塑料包装容器的概念

塑料包装容器是指根据商品对包装容器的要求,选择适宜的塑料原料,用塑料成型机械,经加热、加压、模具成型,冷却后打开模具取出修整而制成的容器。

广义地讲,凡是由塑料制造的各种可用于包装的容器均属塑料包装容器。塑料薄膜袋与塑料编织袋都属于塑料包装容器的范畴,但袋类包装材料与普通塑料包装容器在形态、制造方法与使用特点以及人们的观念上都存在着较大的差异,因此一般不将袋类包装材料列入塑料包装容器。

二、塑料包装容器的分类

塑料包装容器的种类有很多,不同容器的性能及用途也不相同,可从以下三个方面进行分类。

(一)根据成型方法不同分类

根据成型方法不同,可将塑料包装容器分为热成型容器、注射成型容器、吹塑成型容器和旋转成型容器。

1. 热成型容器

热成型容器是指将热塑性塑料片状材料加热至高弹状态,采用适当的模具或夹具在压力作用下使其贴近模具型面,经冷却获得的成品容器。如盘、盒、杯、碗、泡罩、浴缸、玩具等半壳状薄壁容器均属热成型容器。热成型容器具有制品适应性强、应用范围广、设备投资少、模具制造方便等特点。

2. 注射成型容器

注射成型容器是指采用注射成型机,通过加热、挤压成型等工艺制得的容器。如注射成型得到的盒、杯、盘、小型广口瓶,集装箱、集装托盘、各类周转箱,以及各类桶盖、瓶盖、密封盖、塞、罩等。

3. 吹塑成型容器

吹塑成型容器可分为注射吹塑成型容器与挤出吹塑成型容器。注射吹塑成型容器是指经过热流道模具注射加温后,沿模芯杆送进瓶模具或通过模芯杆吹成的容器。注射吹塑成型容器在加工过程中需要两套模具,一套用于型坯,另一套用于最终容器,因此,模具成本较高。挤出吹塑成型容器是指采用模具将空心塑料型坯加热、吹入空气成型的容器。

注射吹塑成型和挤出吹塑成型是生产塑料瓶最常用的方法。生产小型瓶注射吹塑成型优于挤出吹塑成型,生产大型瓶挤出吹塑成型更为经济。

4. 旋转成型容器

凡是采用旋转成型工艺制得的容器均属旋转成型容器，如一些大型的集装箱、贮槽、贮罐、轻便桶等。

(二) 根据容器材料不同分类

根据容器材料不同，可将塑料包装容器分为低密度聚乙烯塑料包装容器、高密度聚乙烯塑料包装容器、硬聚氯乙烯塑料包装容器、聚丙烯塑料包装容器、聚苯乙烯塑料包装容器、聚碳酸酯塑料包装容器以及聚酰胺塑料包装容器、乙烯-醋酸乙烯共聚物塑料包装容器等。

(三) 根据容器外形结构不同分类

根据容器外形结构不同，可将塑料包装容器分为塑料箱、盒类，塑料瓶类，大型塑料桶、罐类，半壳状塑料容器类，塑料软管类，以及塑料集装箱、托盘类。

1. 塑料箱、盒类

塑料包装箱、盒主要采用注射成型和模压成型制得。

塑料包装箱广泛用于食品、饮料、啤酒等玻璃瓶装或袋装商品的周转及运输包装，也大量用于工厂内半成品、配套零件等的周转包装。塑料包装箱根据使用需要有矩形、方形、梯形以及其他形状。多用热塑性塑料如聚丙烯、高密度聚乙烯等加工而成。

塑料包装盒广泛用于食品、医药用品、化妆品等物品的包装。塑料包装盒结构普遍为广口状，多为一次性使用的销售包装容器。主要采用聚乙烯塑料、聚苯乙烯塑料和脲醛塑料等加工而成。

2. 塑料瓶类

塑料瓶有圆形、方形、异形以及带把手的瓶，瓶口多有螺纹。塑料瓶广泛用于饮料、医药用品、化妆品、洗涤剂、农药等货物的包装。

塑料瓶可采用聚乙烯、聚丙烯、聚氯乙烯、聚苯乙烯、聚酯等多种热塑性塑料加工制成。小口颈瓶多采用中空吹塑成型，广口瓶可采用中空吹塑和注射成型。

3. 大型塑料桶、罐类

大型塑料桶、罐的容积从 5 升到 250 升不等，主要用于化工产品、工业原料、油类、盐渍食品的包装。塑料桶、罐多用聚乙烯、聚丙烯等加工而成。成型方法可采用挤出吹塑和旋转成型等。塑料桶、罐的口部结构有小盖密封式、大盖密封式和敞口盖密封式等；薄壁大容量的塑料桶胆常作为铁桶的防腐蚀内胆使用；由聚乙烯共聚物制成的可压扁折叠的软塑桶常用于液体饮料和盐渍酱菜的包装。

4. 半壳状塑料容器

半壳状塑料容器多为一次性使用的薄壁容器，大量用于冰淇淋、快餐面、儿童食品、医药用品以及日用品的包装，在超市和自动包装机中应用广泛。

半壳状塑料容器是以塑料片材如聚氯乙烯、双向拉伸聚苯乙烯、发泡聚苯乙烯、聚乙烯等片材为原料，采用热成型方法加工而成的杯、盒、碗、盘及其他半壳状容器。

5. 塑料软管类

塑料软管多采用低密度聚乙烯或复合材料制成。塑料软管主要用于医药、食品、化妆品、水彩颜料、油墨及日用化工产品等膏状、乳状或液状商品的包装。聚乙烯软管管体用挤出法成型，管肩管颈用注射法成型，两部分熔接在一起构成软管。

6. 塑料集装箱、托盘类

塑料集装箱、托盘对强度要求较高，多采用高分子量聚乙烯和增强塑料制成，主要用于商品的运输包装。其成型方法有注射成型和模压成型。小型塑料集装箱、托盘主要用于储运一些怕挤压的商品，如糕点、水果、鲜蛋、蔬菜等的包装。大型塑料集装箱和托盘的应用更为广泛。

塑料包装容器除以上类型外，还包括塑料袋及容器附件，如瓶盖、瓶塞及缓冲包装用泡沫衬垫等。

三、常用塑料包装容器

（一）塑料桶

塑料桶主要用于装运各类液态货物和化工原料产品，根据不同的分类标准有不同的分类方法。

1. 根据制作材料不同分类

塑料桶按制作材料不同可分全塑桶、钙塑桶和钢塑桶三类。

全塑桶是用高密度聚乙烯(HDPE)、低密度聚乙烯(LDPE)、聚丙烯(PP)、聚氯乙烯(PVC)等塑料制成。钙塑桶由塑料中掺入无机填料而制成。钢塑桶是内胆用塑料、外壳用钢板而制成，兼具两者之长，耐腐蚀、机械强度高。

2. 根据结构形式不同分类

塑料桶按结构形式不同可分为顶开式、收口式和密封盖式三类。

顶开式塑料桶由桶身和桶盖组成，接合形式有螺纹接合式和封闭器夹口接合式两种。收口式塑料桶是将其桶颈收缩为小口，并设两个提手；密封盖式塑料桶的桶体顶部设注入口和塞孔，均嵌入槽口内，桶底为凹进型。

此外，还有聚乙烯、聚丙烯、聚氯乙烯等通过中空吹塑法成型的各种造型的塑料桶。

（二）塑料箱

塑料箱有全塑箱和钙塑箱两类。

1. 全塑箱

全塑箱主要用作周转箱，结构造型有孔格型、手板型、凹凸型等。由于质量轻、耐腐蚀，易清洗、运输方便、堆垛安全，极大地改善了对内装物的保护性，因而得到广泛运用。根据用途可分为啤酒周转箱、饮料周转箱、食品周转箱和鲜蛋周转箱等。

2. 钙塑箱

钙塑箱是仿照瓦楞纸箱制成的一种能折叠的箱型。钙塑箱具有质量轻，尺寸准确，外形美观，适于印刷、装潢，防潮、防水，可折叠，以及机械强度高等优点，可用作日用工业品、纺织品、食品、冷冻食品、水果、家用电器、电焊条等产品的运输包装。

钙塑箱是以高压聚乙烯、低压聚乙烯、聚丙烯等塑料为原料，添加碳酸钙（$CaCO_3$）、硫酸钙（$CaSO_4$）和亚硫酸钙（$CaSO_3$-$2H_2O$）等无机钙盐进行改性，用挤出法或压延法制成成型片板，热压成瓦楞芯材，然后用芯材与平片材热压成瓦楞板材，再按瓦楞纸箱的制作方法制成的。

（三）塑料袋

1. 塑料薄膜袋

塑料薄膜袋是一种平面状结构的包装容器，根据原料加工工艺不同可以分为普通塑料薄膜袋、低发泡塑料薄膜袋和复合材料薄膜袋。

（1）普通塑料薄膜袋。普通塑料薄膜袋是用各种热塑性塑料吹塑而成的，具有透明、柔软、质轻和化学性能稳定等特点。

（2）低发泡塑料薄膜袋。低发泡塑料薄膜袋以聚乙烯为原料，并添加发泡剂、活化剂，通过吹塑工艺制成。其机械性能好、质量轻，适于装运各种轻泡货物。

（3）复合材料薄膜袋。复合材料薄膜袋根据使用基材、涂料和黏合剂不同而具有不同的特性，多具有单一薄膜袋不具有的优良性质和特种功能。既可以使用不同的塑料薄膜相互复合，也可以用塑料薄膜与铝箔、化纤、纸张等进行复合。在选用复合材料时，要根据内装物的性质、状态，以及内装物装袋后是否需要再加工等特殊要求。例如，蒸煮食品袋，需要阻隔性和耐蒸煮性好，可选用铝箔复合袋。

2. 塑料编织袋

塑料编织袋是用热塑性塑料薄膜拉伸、剪切成丝状，经编织机编织筒形、片形材料，再经裁剪、缝合而成的。

塑料编织袋具有质轻、韧性好、强度大、耐酸、耐碱、耐腐蚀、化学稳定性好、防潮、隔湿等优良性能。通常包括全塑编织袋、全塑涂膜编织袋两种。

(1) 全塑编织袋。全塑编织袋的经线、纬线均用塑料丝编织而成，具有较强的抗拉强度，但其经纬线的相对位置不够固定，塑料丝位置易滑动，甚至出现并丝现象，使得袋体不够严密，有漏孔、漏缝等缺陷。

(2) 全塑涂膜编织袋。全塑涂膜编织袋的内层涂一层聚烯烃薄膜，使其经纬线的相对位置固定，并堵塞其细微孔眼而使袋体紧密严实，可以避免渗漏，增强袋体的防潮、防湿性能。适于装运各种怕湿、怕潮的货物。

塑料编织袋的强度不仅与塑料丝的品种有关，而且与其经、纬线的密度有关。塑料编织袋的断裂强度与其编织密度有直接关系，编织密度越大，单位面积的塑料丝线就多，每根塑料丝线承受的拉力就越小，塑编袋的抗断裂强度就越大；反之，如果编织密度小，单位面积的塑料丝线就少，每根塑料丝线承受的拉力就越大，塑编袋的抗断裂强度就越小。

四、塑料包装容器的选用

塑料包装容器品种繁多、性能各异，要选好用好塑料包装容器，需要注意以下几方面的问题。

(一) 了解商品性能及包装要求

对需要包装的商品的性能及商品对包装的要求要有清楚的了解，这是避免盲目性、选好塑料包装容器的基础。

塑料包装容器一般采用模塑法制得，其形态主要取决于成型方法及使用的模具。有时相同或相似的形态是采用不同的方法制得的。成型方法不同，往往会对塑料包装容器的性能、成本带来很大的影响，因此在选择塑料包装容器时，必须对其成型方法有所了解。

(二) 了解各种塑料特性

对塑料包装容器常用的各种塑料的特性要有清楚的了解，这对正确选用塑料包装容器十分重要。

塑料包装容器的材质决定着塑料包装容器的基本特性。具有相同或相似形态的塑料包装容器，由于塑料材料性质的不同，其性能会有较大的差异。

(三) 了解包装容器的可互换性

强调了有针对性地选择、使用塑料包装容器的重要性，还应该看到多种塑料包装容器在某些应用领域并存的局面相当普遍。应该看到在许多应用领域中，存在着多种塑料包装容器的可互换性。塑料包装容器使用中的可互换性对于生产厂家是十分有利的。可以根据市场上各种塑料包装容器价格的变化，适时地更换塑料包装容器的品种，降低生产成本；还可以在原料供应渠道出现问题时，及时找到适当的替代品。

五、塑料包装容器的可持续发展战略

可持续发展要求我们考虑问题不仅要从当前的需要出发，而且要考虑其对今后的长远影响，要造福于子孙后代。对于塑料包装容器而言，最基本的要求是尽可能节约资源和减少对环境的影响。

在确保使用功能的前提下，推行塑料包装容器的新设计，选用高性能的新型塑料或者新配方，提高塑料包装容器的科技含量，降低塑料包装容器的单耗，认真对待塑料包装容器的回收再利用问题，既有利于减少废弃塑料包装容器总量和环境保护工作，又有利于降低塑料包装容器的生产成本，无论对整个人类社会还是对塑料包装容器的生产企业都是十分有利的。

第三节　塑料制品的成型加工技术

塑料制品的成型加工是根据各种塑料的固有性能，利用一切可以实施的方法，使其成为具有一定形状而又有使用价值的物品或定型材料。

目前塑料制品的主要成型加工技术有模压成型、注射成型、中空吹塑成型、热成型、旋转成型等。

一、模压成型

模压成型又称压缩模塑或压制成型，是将粉状、粒状或纤维状物料放入成型温度下的模具型腔中，然后闭模加压，而使其成型并固化，开模取出制品的方法。

模压成型是一种比较成熟的成型方法，主要用于热固性塑料的成型加工，少数用于热塑性塑料的成型加工。在对热塑性塑料进行模压成型时，需要先将塑料加入模具型腔中，逐渐加热施压，塑料变成黏流态并充满整个型腔后停止加热，开启冷却装置，待塑料冷却到热变形温度以下后开启模具，取出制品。由于需交替地加热和冷却，其成型周期长，只适用于对制品有特殊要求的场合（如要求制品内应力低、成型面积较大、熔体黏度高而难以流动的热塑性塑料）。

（一）模压成型的优缺点

1. 优点

模压成型的优点有：设备和模具结构简单，制造费用低，精度要求低；占地面积小，投资相对较小且收益显著；成型压力低，原料损耗少；纤维状填料的定向性小，受塑料种类和填料种类的影响小，是制备高强度制件的常用方法。

2. 缺点

模压成型的缺点有：成型周期长，生产效率低，制品精度低，劳动强度大，手工操作多，模具使用寿命短等。

随着其他成型方法的发展和普及，模压成型使用得越来越少，但在塑料容器加工中仍然是一种不可缺少的成型方法，且广泛应用于成型包装箱、盒、周转箱及盖的生产中，适宜使用的材料有酚醛塑料、氨基塑料、醇酸塑料等。

（二）模压成型设备

1. 压机

压机又称模压机，是模压成型的主要设备，通过模具对塑料施加压力，开闭模具和顶出制品。目前使用的多为液压式压机。

2. 分类

(1) 压机根据动力来源可分为机械式压机和液压式压机。机械式压机多采用螺纹传动；液压式压机根据传动液体的不同又可分为油压机和水压机，目前广泛使用的是油压机。

(2) 压机根据液压式压机的结构不同可分为上动式压机、下动式压机和滑动式压机或回转式压机。一般国产小吨位（如 45 吨、63 吨、100 吨等）液压机多为上动式压机，多用于压缩模塑；而大吨位（如 1 000 吨、1 500 吨、2 000 吨、3 000 吨等）液压机多为下动式压机，多用于板材的层合成型。

（三）模压成型工艺

模压成型是将预热、预压的模塑材料定量地加入已预热的凹模内，然后合模，置于压机上加压加热。塑料在型腔内受热受压，熔融塑化向型腔各部位充填，多余部分从分型面溢出，塑料充分固化后，卸压启模制成塑料容器。

模压成型过程中型腔内模塑材料应注意产生气体的及时排放，通常是在模具闭合加热后再将其松动少许，以便排出型腔中的气体。模压制品在脱模后还需要进行加工和热处理，以提高制品的物理机械性能及外观质量。

二、注射成型

注射成型又称注射模塑或注塑成型，加工方式是将粉状或粒状塑料从注射机的料斗送入加热的料筒内，加热塑化熔融后，借助螺杆、柱塞的推力，压缩并向前移动，通过料筒前端的喷嘴，快速注入温度较低的闭合模腔中，经过冷却定型，开启模具获得制品。

注射成型适用于周转箱、集装箱、托盘、手提箱、包、盒和盖子等包装容器的成型。

(一) 注射成型的优缺点

1. 优点

注射成型的优点有:适用原料广泛,产品多样且尺寸精确,成型周期短,生产效率高,自动化程度高等。

2. 缺点

注射成型的缺点有:设备投资大,模具结构复杂,制造成本高。

(二) 注射成型的主要设备

注射成型的主要设备包括注射机和模具。

注射机是一种专用的塑料成型机械,它是利用塑料的热塑性,经加热融化后,加以高压使其快速流入模腔,经冷却成为各种形状的塑料制品。

(三) 注射成型工艺

注射成型是间歇操作,一个操作周期需经过塑化、注射和定型等几个步骤。

1. 塑化

塑化即塑料在料筒内经加热达到流动状态,并具有良好可塑性的全过程。因此可以说塑化是注射成型的准备过程。对塑化的要求是:塑料在进入模腔之前应达到规定的成型温度,并能在规定时间内提供足够数量的熔融塑料,且熔料温度应均匀一致,不发生或极少发生热分解。上述要求与塑料的品种、工艺条件的控制以及注射机的塑化结构均密切相关,而且直接决定着成型制品的质量。

2. 注射

注射即螺杆或柱塞前移,将塑化好的熔料推压注入闭合模腔的过程。注射过程中所采用的注射压力、注射速度等工艺条件与塑料成型制品的特性、结构及质量密切相关。

3. 定型

定型过程从塑料熔体进入模腔开始,注满模腔的熔体在一定条件下冷却定型,直至制品从模腔中脱出。具体可分为充模、压实、倒流和冷却等几个连续阶段。

(1) 充模阶段。从螺杆或柱塞前移直至塑料充满模腔为止。

(2) 压实阶段。从熔体充满模腔起至柱塞或螺杆撤回为止。压实过程中塑料熔体会因冷却而发生收缩,但料筒内的熔料由于螺杆或柱塞的压力,仍会向模腔内继续注入,补足因冷却收缩而出现的空隙。压实阶段直接影响成品塑料容器的密度、成型收缩程度和表面美观程度。此外,取向分子会由于温度的不断降低而被冻结,这一阶段也是大分子取向形成时期,阶段时间越长,分子取向程度也越大。

(3) 倒流阶段。从螺杆或柱塞后退开始到浇口处熔料冻结为止。倒流过程模腔内的压力比流道内高，塑料熔体的倒流使模腔内的压力迅速下降。如果螺杆或柱塞后退时浇口处熔料已冻结，或者在注射机的喷嘴中装有止逆阀，则倒流阶段不存在。因而有无倒流、倒流多少是由压实的时间和压力决定的，冻结的压力和温度是影响制品收缩率的重要因素。

(4) 冷却阶段。从浇口的塑料完全冻结起到制品从模腔中脱出为止。冷却过程是为了使制品在脱模时具有足够的刚度，避免扭曲变形。冷却过程由于模内塑料的温度、压力和体积都有变化，脱模时模内压力与外界压力的差值称为残余压力。残余压力的大小与压实阶段的时间长短有关系。残余压力为正值时，脱模比较困难，制品容易破裂；残余压力为负值时，制品表面容易有陷痕、内部容易有真空泡。所以只有在残余压力接近零时脱模才能顺利并获得较好的产品。

塑料从进入模腔即逐渐被冷却，直到脱模时为止。如果冷却过急或模腔温度不均，会导致收缩不均匀，所得制品将会产生内应力、翘曲、变形等。因此，模具温度控制会直接影响注射成型制品的质量。

三、中空吹塑成型

中空吹塑成型是将挤出或注射成形所得的半熔融态管坯或型坯置于模具中，然后闭合模具，向管坯中通入空气将其吹胀，使之紧贴于模腔壁，再经冷却脱模得到某种形态的中空制品的一种加工方法。

（一）中空吹塑成型方法

不同吹塑方法由于原料、加工要求、产量及生产成本的差异，在加工不同产品中具有各自的优势。中空吹塑成型主要包括三种方法：挤出吹塑、注射吹塑和拉伸吹塑。此外还有多层吹塑、压制吹塑、蘸涂吹塑、发泡吹塑、三维吹塑等多种成型方法，但产量仅占吹塑制品的1%。

1. 挤出吹塑

挤出吹塑是将热塑性塑料的粒料或料粉经过挤出机塑化后，通过特定的模具制成熔融状的管状型坯，然后进行吹塑。

挤出吹塑主要用于未被支撑的型坯加工，吹塑制品的75%采用挤出吹塑成型。挤出吹塑的优点是生产效率高，设备成本低，模具和机械的应用范围广；缺点是废品率较高，废料的回收、利用差，制品的厚度控制、原料的分散性受限制，成型后必须进行修边操作。

根据挤出吹塑的出料方式不同，分为直接挤出吹塑和贮料缸式挤出吹塑。

直接挤出吹塑是通过模具经挤出机直接制得型坯后，经吹塑制备塑料容器的一种成型方法。直接挤出吹塑具有设备简单、实施方便、价格低廉、投资少等特点。但处于半熔融状态的型坯，挤出过程中容易下淌，从而导致成品壁厚明显不均。直接挤出吹塑适用于生产小型容器。

贮料缸式挤出吹塑是在挤出机和模头之间增设一个贮料缸，贮料缸的截面可以是圆形或环形的，挤出机不断地将塑化好的熔融状态塑料送入贮料缸中，贮料缸中的物料达到一定量时挤出机停止运转，贮料缸的柱塞迅速向前运动，使熔融好的塑料通过模头形成型坯。贮料缸式挤出吹塑设备可生产大容器、成品壁厚均匀，但设备较复杂，投资较大。

2. 注射吹塑

注射吹塑是利用对开式模具将型坯注射到芯棒上，型坯冷却至坯表层固化，移动芯棒时型坯形状不会破坏变形，将芯棒与型坯送至吹塑模具中闭合，通过芯棒导入压缩空气使型坯吹胀形成所需要的制品，冷却定型后取出。

注射吹塑成型制品具有无拼缝线、不需修整，螺纹或瓶口尺寸精度高、不必精加工，产量极大，辅助设备少，产品的底部强度高，材料损耗少，壁厚均匀，生产效率高等优点。但设备投资大，加工周期较长，且对操作人员要求高，容器尺寸受限制（容器的高度不能过高），形状不能太复杂。

注射吹塑主要用于以金属型芯支撑的型坯加工生产小型精密容器。吹塑制品的 24%是用注射吹塑成型的。

3. 拉伸吹塑

拉伸吹塑是在特定的温度范围内，在型坯延伸成型的同时使制品壁中产生大分子的定向排列并固定下来以提高塑料容器的性能，然后将加热到适当温度的有底型坯置于模具内，用拉伸杆进行轴向拉伸后再吹塑的成型方法。

拉伸吹塑具有生产效率高、质量容易控制，成品韧性高、刚性好、抗冲击，可以改善透明度与光泽度，阻隔性、气密性好等优点。但对拉伸温度控制要求高，设备投资大。

拉伸吹塑适宜生产形状简单的小型容器，吹塑制品的 75%属于双向拉伸产品。拉伸吹塑包括挤出—拉伸—吹塑，以及注射—拉伸—吹塑两种方法，多用于加工双轴取向的制品，可以降低生产成本和改进制品性能。

4. 多层吹塑

多层吹塑是使用多层复合型坯经吹塑成型工艺制备容器的成型方法。各种不同塑料层的合理匹配，可以克服单层塑料容器的缺点，实现各层塑料性能的有效互补。

（二）中空吹塑成型的适用范围

中空吹塑成型多用于生产各种塑料瓶子、水壶、提桶、儿童玩具、人体模特、汽车靠背及内侧门、啤酒桶、储槽、油罐及油箱等中空塑料制品。

四、热成型

热成型是将热塑性塑料片材夹在框架上加热至软化，利用外力（如用柱塞、模芯机械的方式，或用真空产生的气压差、压缩空气等气动方式）将其压在模具上，冷却后得到容器的一种方法。

（一）热成型的优缺点

热成型技术的优点有：可获得最薄壁厚（0.05 毫米）的塑料容器，可制作从小型到超大型的塑料容器，适宜各种批量的生产类型，片材厚薄自由、无严格限制，设备投资少、换产容易，模具改型成本低。

热成型技术的缺点有：成品尺寸精度低，纵深比受限制，多为半壳状容器，深度有一定限制，成品须修整加工，劳动强度大等。

（二）热成型方法

1. 真空热成型

真空热成型是把热塑性塑料板、片固定在模具上，用辐射加热器进行加热至软化温度，用真空泵把片材和模具间的空气抽掉，借助大气压力使板材覆盖在模具上成型，冷却后塑件收缩，借助压缩空气使成品从模具中脱出。

2. 加压热成型

加压热成型是借助压缩空气的压力，将加热后软化的塑料板压入型腔而成型的方法。

（三）热成型的适用范围

热成型技术广泛应用于日用食品与冷藏食品包装用的杯、盘、碗、盒等，以及工业产品、车辆、游船、箱包、电冰箱等大型产品的包装与制作。

五、旋转成型

旋转成型是把粉状或液状的树脂按制品重量计量后，置于滚塑模中，通过加热模具使树脂熔融塑化到流动状态后，纵、横向滚动旋转，靠重力作用均匀布满模具型腔的各个部分，经冷却定型、脱模获得成品。旋转成型技术多适用于精度要求不高的大型中空制品的小批量生产。

（一）旋转成型与注射成型、中空吹塑成型的区别

（1）使用粉状或糊状树脂；

(2) 树脂在模具内熔融塑化;

(3) 使用双轴向旋转模具;

(4) 模具不承受压力且无须安装复杂的水冷却管道。

(二) 旋转成型的优缺点

1. 优点

旋转成型的优点有:可制得形状复杂的完全中空制品,无接缝线;成品壁厚较均匀,内应力极小;尺寸稳定,不易变形、凹陷;设备投资少;可成型双层结构的制品;废料少;大容积制品生产经济。

2. 缺点

旋转成型的缺点有:制品外观效果较差,尺寸精度低,成型周期长,能耗较大。

本章小结

本章首先介绍了塑料包装材料的材质、添加剂、性能及分类,然后阐述了塑料包装容器的概念、分类和常用塑料包装容器以及塑料包装容器的选用,最后阐述了模压成型、注射成型、中空吹塑成型、热成型、旋转成型等塑料成型加工技术。

综合案例分析

葡萄酒专家声称塑料酒瓶无法保鲜

红酒爱好者在购买那些放在塑料瓶中的红酒时,不得不开始考虑一些专家的警告:也许你买的红酒不如你想象中那么新鲜。

一项最新的调查表明,葡萄酒存储在聚乙烯瓶中6个月后就会开始氧化。

这项发现将极大影响 Waitrose 超市和玛莎超市葡萄酒的销量。这两家大型超市刚刚加大塑料瓶红酒的储量并保证这些红酒在一年之内可以保持新鲜。

波尔多的葡萄与葡萄酒研究院发现,无论是单重塑料包装还是多重塑料包装,葡萄酒的气味和一些化学成分都会在6个月后被改变。但是放在玻璃瓶中就依旧保持原样。而且白葡萄酒比红葡萄酒更容易被塑料瓶氧化。

Waitrose 的葡萄酒专家则表示他们推出的 PET 瓶包装至少能保证红酒在12个月内新鲜如初,“而且从环保角度来说,塑料瓶更优质。”“我们一直谨慎推出 PET 瓶,其原因就是我们对葡萄酒的口味非常重视。”

(资料来源:http://info. china. alibaba. com/news/detail/v0-d1009659349. html,2010/5/15)

思考题

本案例说明选用塑料包装容器有哪些注意事项？

本章综合练习题

1. 简述塑料包装材料的材质及特点。
2. 塑料的性能是什么？
3. 常用的塑料包装容器有哪些？应如何选用？
4. 塑料制品的主要成型加工技术有哪些？

实践活动

塑料包装分析

实践目标：学会分析塑料包装的材质、容器。

实践内容：选取一种塑料包装商品进行分析研究。

实践要求：分析选取的商品的塑料包装材料、塑料包装容器、可能采用的塑料成型加工技术，分析该包装的优缺点。

实践成果：撰写塑料包装分析方案。

第八章 木质包装

本章学习目标

(1) 了解木材的构造及性能；

(2) 掌握胶合板、纤维板和刨花板等人造板材的相关知识；

(3) 了解包装用竹制品的构造、性质等相关知识；

(4) 掌握木箱的结构、分类、用材、包装和检验；

(5) 了解木桶、木盒以及木托盘等木质包装容器。

经典案例导入

出境木包装为何频遭退运

日前，江苏某五金矿产有限公司向美国出口一批花岗岩台面，由天然木箱包装。该批货物在美国通关时，被当地检疫部门发现木箱的支撑木未按国际标准加施IPPC标志，不符合本国检疫规定，要求将支撑木作退运处理，并将货物暂扣于入境口岸。

该事件并非个案，据国家质检总局出境货物植物检疫违规信息平台显示，2009年1月—9月，我国出口货物因木质包装原因共被国外通报120余批次，其理由主要是木质包装带树皮、携带疫情、IPPC标志不符合标准要求或标志不清晰等情况，其中未加施IPPC标志情况占2/3。而伴随的处理措施包括对木包装进行销毁、再次除害处理、退运，甚至连同出口货物一同退回国内，退运数量已有55批次。

针对以上情况，检验检疫部门提醒相关企业，应及时了解我国和国际对进出境货物木质包装相关规定和最新进展，在签订国际贸易合同时，要明确提出木质包装检验检疫及处理的要求，约定相应的违约责任条款。更须注意的是，相关企业要严格自律,避免因小失大,造成不必要的贸易纠纷和经济损失。

(资料来源:何丹军,马广一,张倩.出境木包装为何频遭退运.中国国门时报,2009-11-12)

木材作为包装材料,具有悠久的历史。随着科技的进步,先后出现了许多新型优质包装材料,但由于木材具有其他包装材料无法比拟的特性,依旧被广泛应用于包装中。

用木材做包装材料具有很多优点:作为可再生资源的木材,其分布广、取材容易,质轻,抗压强度高,有一定弹性,能承受一定程度的冲击和震动,有一定的耐久性且价格低廉,加工容易且绿色环保。因此,在现今的包装工业中,木质包装仍然占有很重要的地位。

然而,木质包装也有一些缺点:木材内部组织结构不均匀;易受环境温度、湿度的影响而变形、开裂、翘曲,使强度降低;易腐朽、易燃、易被白蚁蛀蚀等。其中一些问题经过适当处理后可以消除或减轻。为了更好地使用和利用木材,充分发挥其优点,就必须对木材的构造和性能有一些基本的了解。

第一节 木材的构造及性能

一、木材的构造

木材的构造是决定木材性能的重要因素,只有了解了木材的构造,才能掌握木材的性能。因此研究木材的构造是实现木材合理使用的重要手段。

用肉眼或放大镜来观察,会发现木材内部的组织结构是不均匀的。还需要从不同方向观察、研究其特征,才能了解木材的性能。一般多采用横切面、径切面、弦切面三个基本切面来对木材进行观察、研究。

横切面是垂直于树轴的剖面。在横切面上可以看到树皮、形成层、木质部、年轮、导管、脂道、髓心、心材、边材等。纵切面是与树轴平行的剖面,通过树轴的纵切面为径切面,不通过树轴的纵切面为弦切面。未经加工的木材通常由以下几个部分组成。

(一)树皮

树皮是树干的最外一层,是树木的保护层。由外皮软木组织(或称栓皮)和内皮组成。一般树种的树皮约占横切面积的5%~20%。树皮的颜色、形态和厚薄随树种、树龄而异。

(二)新生层

新生层位于树皮内皮和木质之间,是一层很薄的黏膜。新生层由分生能力很强的细胞组成,是木质和树皮的细胞的起源。新生层的细胞分裂增生时,既在其内侧表面长出新的木质细胞,又在其外侧表面生长出树皮细胞。木质细胞分裂后,立即开始在直径和长度两个方向长大,构成木质部。春季新生层增生很快,冬季几乎停止增生,所以在一年中树木生长快慢是不均匀的,形成人们所见到的年轮。

(三) 木质部

木质部是由新生层经多年生长积累而来的。在每年的春季,树木生长最旺盛,由于生成薄壁宽腔的导水细胞较多,因而木质松软、颜色浅淡。随着季节、气候的变化,树木生长逐渐减慢,厚壁窄腔的支撑细胞逐渐增生,因而木质坚硬、颜色较深。到了冬季,树木停止生长,最终在树木横切面上形成明显的木质分界线,即我们常说的年轮。

年轮在径切面上与树轴形成有角度的带形条纹;在弦切面边缘上,条纹与径切面上近似,中间部分呈现近于椭圆的套环形状。年轮中支撑细胞越多,木质越坚硬。常用横切面上沿半径方向一定长度中所含支撑细胞宽度的总和占该长度的百分比来衡量木材的质量。

(四) 髓心和髓线

髓心在木质的中心,是最初生成的木质。各种树木髓心的大小差异较小,其直径约在 3~5 毫米之间,由中心长出,成辐射状并与树轴垂直,输送和储存养分,并穿过各层的径向管道,称为髓线或射出髓、木射线等;在韧皮部分的髓线称为韧皮射线。不同树木的髓线粗细不同,针叶树的髓线非常细小,不易辨别;阔叶树的髓线较多,其中某些树种如麻栎、青冈栎等的髓线宽大易见。

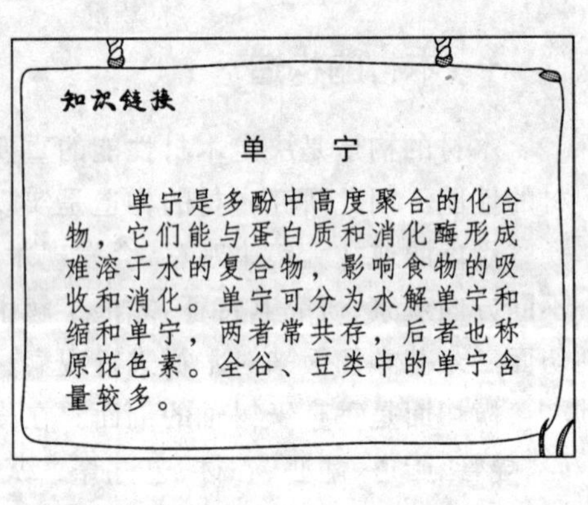
知识链接

单　宁

单宁是多酚中高度聚合的化合物,它们能与蛋白质和消化酶形成难溶于水的复合物,影响食物的吸收和消化。单宁可分为水解单宁和缩和单宁,两者常共存,后者也称原花色素。全谷、豆类中的单宁含量较多。

髓心和髓线大多由薄壁细胞组成,木质松软,强度低而脆弱,不耐腐蚀,在干燥和使用过程中最易沿此开裂。

(五) 心材和边材

心材是指靠近髓心的木质,是由年老的或已死的细胞组成的,生命力较差但木质极硬,原有孔隙已经被树脂和单宁填充,因而颜色较深,耐腐蚀且质硬强度高。心材质量虽佳,但由于靠近髓心,木节较多、不易弯曲。

边材是指远离髓心的部分,由年轻的或新生的细胞组成,具有旺盛的生命力,含有较多的水分、淀粉和油脂等物质,颜色浅、易腐烂,强度也较低。边材质软、节少,便于弯曲。

松杉、麻栎等树种的心材和边材易于区分，称为心材类木材。桦树、山杨等树种的心材和边材不易区分，称为边材类木材。云杉、冷杉、山毛榉等树种的心材和边材基本同色，但心材含水较少，称为熟材类木材。

二、木材的物理性质

木材的质量主要取决于其物理性质和化学性质。在使用过程中最受关注的是物理性质中的吸湿性，木材所有的性能都受到木材含水量的影响。木材的主要物理性质有外观、吸湿性、变形、含水量、重量等。

（一）外观

各种树木的木质都具有一定的颜色、纹理和气味。如果受到树龄、生长环境、虫害、外伤等因素的影响，木材的原有特征会有一些改变，但仍然可通过木材的外观来鉴别木材的树种和品质。

1. 颜色

一种树木具有一定的颜色，由它的颜色可以识别木材的树种和品质。一般木材的颜色，心材比边材深，夏材比春材深。所以木材的颜色在一定程度上可以反映木材的密度、强度和耐久性。

木材颜色不正常标志着木材即将变质或已经变质。如含水量多的木材比干燥的木材颜色深；受菌类感染的木材会改变颜色，甚至出现红、褐、蓝等暗色的斑点或条纹，感染菌类过多过久会有霉变、腐朽的恶臭气味。长时间暴露于空气中的木材呈暗灰色；受过高温作用的木材多变成黑色。

2. 纹理

针叶木材具有均匀而简单的纹理，阔叶树木材则由于树种的不同而具有各自特有的纹理，因此，纹理常作为识别木材树种的方法之一，也是选用木材的重要依据。例如，松、杉、水曲柳、麻栎等树种的弦切面以及槭、山毛榉等树种的径切面，都有美观的纹理，最适于做精制的包装木箱。

3. 声音

木材有很强的传声性，干燥的木材沿顺纹方向传声性更好。敲击木材时，如声音清晰、响亮的多是干燥而坚实的木材。木材含水量增加或木材密度较小，其声音都会减弱。腐朽的木材只能发出喑哑的声音。

4. 气味

木材含有多种天然有机化合物，其中某些化合物特别是树脂、油脂、单宁等挥发性化合物，都能使木材发出特有的气味。各树种所含的化合物并不相同，因而根据木材的气味可以区别其树种。新砍伐的木材气味最大，随木材日益干燥和储存时间的增加,气味会逐渐减弱。当木材失去或改变了固有的气味时,说明木材已经变质,如发出霉腐气味,则说明木材早已腐朽。

(二) 吸湿性和含水量

1. 木材的吸湿性

木材从空气中吸收水分的能力,称为木材的吸湿性。随着环境的温度、空气的相对湿度的变化,木材的吸湿性也会改变。当环境温度越低或湿度越大时,木材吸水能力也越强;如果环境温度升高或空气的相对湿度降低,则木材中的水分会向空气中散发,这就是木材的还水性。木材内部的水分与空气中的水分会保持一种动态的平衡。

2. 木材的含水量

木材中的水分含量根据不同情况用不同含水率表示。

1) 相对含水率和绝对含水率

相对含水率是指木材中的含水重量与当时湿木重量的百分比。

绝对含水率是指木材中的含水重量与木材绝对干燥后重量的百分比。

2) 饱和含水率

木材在干燥过程中,内部水分逐渐向外输送,当全部自由水分挥发后,细胞壁中仍充满着吸附水,为木材含水量的临界点——纤维饱和点,此时木材的相对含水率称为饱和含水率。

3) 平衡含水率

由于木材具有吸湿性和还水性,当周围空气的蒸汽压与木材表面的蒸汽压相等时,木材中水分达到吸收和散发的动态平衡,这时的含水率称为平衡含水率。

降低木质包装容器吸湿性的主要措施是在其外层涂以油漆等防水性保护层,还须在一定时间间隔重复涂漆,用以克服木材的吸湿作用。

(三) 变形

从木材构造上看,边材中的水分常比心材中的水分变动得快。木材在干燥过程中,各部分的干燥速度也不同。水分在木材中的移动速度在不同方向上是不一致的,顺纤维方向最快,径向次之,弦向最慢。水分在木材中的移动速度还随着木材密度的减小而升高。木材细胞的体积又随着含水量的增减而胀缩。这些因素使木材各部分体积的变动不一致,极易引起木材的变形,甚至由于应力的增大而开裂。

1. 干缩与湿胀

当木材的含水率小于饱和含水率时,如吸附水的增减会使细胞壁随之产生胀缩,从而引起木材体积的胀缩。一般厚壁细胞比薄壁细胞胀缩量大,紧密而重的细胞比松软而轻的细胞胀缩量大，木材的横向比纵向胀缩量大，木材的夏材比春材胀缩量大，横纹方向比纵纹方向胀缩量大，弦向比径向胀缩量大。

为了使木制品在使用中不发生胀缩或尽可能减少胀缩，必须在加工前将木材干燥，使之与使用时环境的平均相对湿度平衡；也可合理地使用宽度小的板材、径向板材、纹理相互垂直的胶合板，或适当采用容重轻、胀缩性小的木材。

2. 变形与翘曲

由于木材各部分在干燥过程中的干燥速度不同，各方向的干缩率也不相同，使得木材在干燥过程中极易变形。变形严重时，木材因产生内应力而发生翘曲甚至开裂。

木材的变形和翘曲受其原来的树种、部位、形状、厚薄、宽窄、年轮、纹理以及干燥速度等多种因素的影响。通常木材的变形是向髓心和湿面方向突出，向垂直木纹的方向翘曲，接合处松弛或凸起甚至出现裂纹和开裂。

3. 开裂

干燥不均匀时，在木材内部产生应力超过木纹横纹抗拉强度，就会引起木材的开裂。即使由于木材较厚，其强度能抵抗其内力而不致开裂，在加工以后也会由于其内应力的存在和产生的表面塑性变形而引起木材变形、翘曲或开裂。

为了避免收缩产生的开裂，必须在干燥木材的过程中采用适当的措施，使木材干燥均匀。在选用木材制品时，应尽可能采用胶合板等代替木材，或采用容重轻、收缩性小的木材。

（四）重量

多数树种的木材比重变动不大，在 1.3～1.7 之间，通常采用平均值 1.5。干燥木材的容重平均约 500 千克/立方米，所以木材的空隙率是很大的。木材的容重受树种、部位、树龄、生长条件、空隙率、含水率等因素的影响，通常小于 1 000 千克/立方米。

影响木材容重最主要的因素是含水率，通常以含水率为 15%时的容重作标准，称为标准容重。木材容重可作为计算自重和运输重量的依据。容重的大小也表明木材一系列物理力学性质的差别，如果木材容重大，则强度大，胀缩也大；如果木材容重减轻，则表明木材已开始腐朽，容重减轻得越快，腐朽越严重。

三、木材的力学性质

包装材料所需关注的木材的力学性质主要包括抗压强度、抗拉强度、静力抗弯强度、抗冲击弯曲强度、抗剪强度、硬度、弹性模量等。

（一）抗压强度

根据受力方向与木纹的关系，可将木材的抗压强度分为顺纹抗压强度和横纹抗压强度。横纹抗压强度又可分为径向抗压强度和弦向抗压强度。

木材的顺纹抗压强度较大而且较稳定，是木材使用的主要形式，常用的木材顺纹抗压强度极限为 30～70 兆帕。

木材的横纹抗压强度极限远小于顺纹抗压强度极限。针叶树的顺纹抗压强度极限约为横纹的 10～15 倍，而弦向抗压强度极限约为径向抗压强度极限的 1.5倍。

（二）抗拉强度

木材顺纹抗拉强度约为抗压强度的 3～4 倍，通常可达 100～150 兆帕。由于抗拉制品端部结合处受到拉力时，先破坏于横纹受压或剪切，因而目前还无法充分利用木材的顺纹抗拉强度。

木材的横纹抗拉强度极小，约为顺纹抗拉强度的 1/20～1/40。所以木质包装材料通常不用作承担横纹受拉的制品。

> **知识链接**
>
> 顺纹抗拉强度与横纹抗拉强度
>
> 木材顺纹抗拉强度是指木材沿纹理方向承受拉力荷载的最大能力，木材横纹抗拉强度是指垂直于木材纹理方向承受拉力荷载的最大能力，木材的顺纹抗拉强度较大，为顺纹抗压强度的2~3倍。

（三）静力抗弯强度

木材具有优良的静力抗弯强度。一般木材的静力抗弯强度极限为 50～110 兆帕，约为顺纹抗压强度极限的 1.5～2.0 倍。

当木质包装材料承受抗弯静力时，由于其抗拉强度极限大于抗压强度极限，制品的受压区域首先发生皱折，然后在拉力区折裂。

（四）抗冲击弯曲强度

木材是非常好的抗冲击弯曲材料，常用作承受横向冲击载荷的包装材料。春材与夏材区别明显的树种，其径向抗冲击弯曲强度比弦向高。阔叶树中的散孔材两个方向的抗冲击弯曲强度几乎没有差别。一般阔叶树的横向抗冲击弯曲强度比针叶树大 0.5～2.0 倍。

（五）抗剪强度

木纹对木材的抗剪强度有极大的影响。顺纹抗剪强度极限最小，并随剪切面与年轮夹角的大小而改变。多数树种顺纹抗剪强度受年轮方向的影响很小；而具有粗大髓线的树木，其弦向抗剪强度较径向抗剪强度约高 10％～30％。顺纹抗剪强度极限一般为 4～15 兆帕，约为顺纹抗压强度极限的 15％～25％。

横纹抗弯破坏的剪切面多数与木材纤维平行，其强度极限一般为顺纹的 3～7 倍。但在实际使用中，由于木质包装材料先因横纹受压而被破坏，所以利用价值不大。

木材的横纹切断强度极限远远高于横纹抗剪强度极限，对此，实际上也很难充分利用。

（六）硬度

木材的硬度随纹向变化，如针叶树与阔叶树的横切面硬度较纵切面硬度分别大 35%和 25%。多数树种径切面和弦切面的硬度大致相同，而具有粗大髓线的树种，其弦切面的硬度比径切面的硬度大 5%～10%。

（七）弹性模量

木材的弹性模量与金属材料没有可比性，这是木制品容易变形的又一个主要原因。木材的抗拉、抗压弹性模量也与纹向有关，顺纹比横纹大 7～30 倍，抗剪弹性模量约为抗压弹性模量的 1/10～1/3，多数树种的弹性模量为 10 000～15 000 兆帕。

四、木材的工艺性能

木材在采伐和造材方面较其他材料简单，而且容易切削加工，只需要使用简单工具，利用榫、胶、钉或与金属元件相连接的方法，即可制成精细的包装容器。采用木工机械加工，能又快又好地制得所需的木质包装容器。

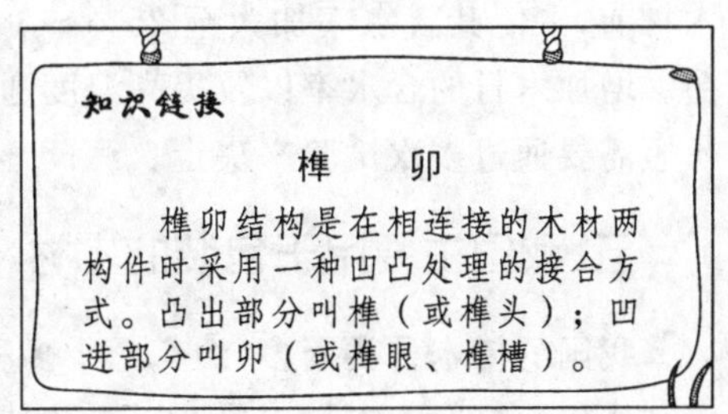
知识链接

榫 卯

榫卯结构是在相连接的木材两构件时采用一种凹凸处理的接合方式。凸出部分叫榫（或榫头）；凹进部分叫卯（或榫眼、榫槽）。

多数木材具有以下工艺性能。

（一）握钉力

握钉力又称持钉力和裹钉力，是木材重要的工艺性能之一，常用钉、榫等方法连接成木制包装容器。木材握钉力是因木材纤维为钉子所挤压或切断而使木材对钉子产生的压力。

木材纤维的方向对握钉力有重要的作用，平行纤维方向的握钉力比垂直方向小 25%，弦向和径向的握钉力相差不大。

握钉力会随树种、容重和含水率的变化而改变。通常阔叶树比针叶树的握钉力大；紧密、干燥和容重较大的木材比松散、潮湿和容重小的握钉力大。钉子尺寸、种类也会影响木材的握钉力，如木材对大钉的握钉力比小钉大，对方钉的握钉力比圆钉大，对螺丝钉的握钉力比普通钉大。

（二）抗劈裂性

木材顺纹容易劈裂也是木材的特性之一。衡量木材的抗劈裂性通常是以单位长度能承担的最大静力劈裂载荷为依据。

木材的抗劈裂性对握钉力有较大的影响，给木材砍劈加工带来困难。一般针叶树的抗劈裂性较阔叶树小，针叶树弦向的抗劈裂性比径向小；阔叶树由于髓线比较发达，其径向的抗劈裂性比弦向小，尤其是具有粗大髓线的木材更加明显。

（三）弯曲能力

木材的弯曲能力是制造弯曲和弧形木质制品的主要选材依据。木材的弯曲能力主要取决于木材的塑性，以阔叶树的环孔材塑性最好，如栎、柳、榆、水曲柳、山毛榉等树种的弯曲能力最高，散孔材次之，针叶树最差，如红松、白松的弯曲能力最差。在同一树种中，树龄越小弯曲能力越好，如果木材有木节、斜纹、裂纹和腐朽的部位则不会有好的弯曲能力。

木材吸附水分增多时，纤维变软而易于弯曲，干燥后即硬化定型。加高环境温度以增大纤维的塑性，有助于使木材弯曲成型，经冷却后可以硬化定型。通常弯制木材前，常使其含水率加大至25%～30%，并加热至90 ℃～140 ℃，然后进行弯曲。增加木材的含水率以及提高温度通常采用水煮法或蒸汽处理，而处理时间的长短需要通过多次试验来决定。

五、我国主要用于包装的木材

我国的树木种类繁多，约有七千多种，适于制材的树木有两千种以上，而常用于制作包装材料的木材主要有以下几种。

（一）红松

红松又名海松或红果树，为我国东北长白山、小兴安岭地区的主要常绿树木，树高可达30～40米，胸径可达4米。红松树干纹理通直，年轮匀窄、明晰；组织结构均匀，木质轻软；易干燥、干缩率小，即使在较高温度（110 ℃）中干燥时也不易开裂和变形；强度中等，握钉力适中且不易劈裂；耐腐朽，容易加工，切削面光滑，易于油饰、胶接。红松是用途很广的优良木材，一般用于制造包装箱、家具等。

（二）马尾松

马尾松又名青松或纵杨，是盛产于长江流域、珠江流域以及台湾等地的常绿乔木，通常树高可达30米，胸径可达1.5米。

马尾松的木材组织结构中粗，材质轻硬；纹理通直间或略斜而不均匀；木材具有针状大而多的脂道，有显著的松脂气味，抚摸时有油腻感；强度中等，握钉力强；

干缩率中等，干燥时易于开裂；不耐腐蚀，易受白蚁侵蚀；对于胶接油饰和防腐处理略难于红松。马尾松用途有限，一般用于包装箱。

（三）白松

白松通常指冷松、鱼鳞松（云松），主要产于我国东北地区。

白松木材颜色呈淡黄色，纹理通直；木质较轻，强度中等，易于加工；边材与心材不明显；树脂含量小，易于开裂和腐蚀；易干燥，干缩率中等。在工业中，白松多用于造纸或制造包装用的板材。

（四）杉木

杉木又名杉树，为常绿的乔木，主要分布于长江流域以南地区。杉木是一种速生树木，20～30 年就可以成材。

杉木的木质纹理匀直；结构强度较好，木质较轻软；易干燥，干缩率小；在干燥过程中不易出现问题；强度中等，加工容易，韧性很大；横断面很粗糙，纵剖面易起毛；握钉力弱并易沿木纹劈裂；油饰性差，漆后光泽不好，但胶接性良好，耐腐蚀性强；有香气不受白蚁侵蚀，且不易翘曲。杉木一般多用来制作小型包装制品。

（五）桦木

桦木为落叶乔木，产区分布于全国，在稍寒地区生长迅速，以东北的白桦和枫桦产量最大、材质最好、应用最广。

桦木材色黄褐至浅红褐，有光泽，无特殊气味；纵理通直，结构细致；材质较硬，强度中等，易干燥，不翘裂，干缩率大；耐腐蚀性差，内部常发生心材腐朽而影响使用；油饰性能良好，胶接性能中等；易于加工和作防腐处理，握钉力强，但易劈裂。工业上多用作胶合板材料，也可用来制作包装箱。

（六）椴木

椴木遍布全国，是东北地区的重要阔叶树种之一，在华北地区生长也很普遍。

椴木纹理通直，结构颇细，年轮明晰、宽而匀；材质轻软，强度中弱；易干燥且不易发生缺陷，干缩率中等；不耐腐蚀，但防腐处理容易；油饰性中等，胶黏性好，不宜开裂，加工容易。多用作中低级胶合板的原料及供美术装饰板用。

（七）毛白杨

毛白杨别名大叶杨、白杨、响杨等，主要分布于华北、西北和华东等地。

白杨纹理通直，结构细致，木质轻软；正常时易干燥，不翘曲变形；耐久性和强度较好；油饰性、胶黏性良好；握钉力弱，但不劈裂。在工业上用途很广，是造纸、纤维胶合板的优良原料，还可以制作包装箱、容器及其他细小的制品。

第二节　包装用人造板材

人造板材除胶合板外，所使用的原料均系采伐过程中的剩余物，使树杈、截头、板皮、碎片、刨花、锯屑等废料都能得到利用。人造板材强度高、性能好。人造板材的种类很多，主要有胶合板、纤维板、刨花板等。

一、胶合板

（一）胶合板的特点

木材的突出特点是顺纹强度高，横纹强度低，利用这个特点，胶合板是把两块相邻的薄板按互相垂直的纹理方向胶合起来，这样就可以发挥顺纹方向强度高的优点，使各方向强度相近，从而大大改进了木材的强度。

（二）胶合板的制作工艺

胶合板是将原木浸泡蒸煮后，沿年轮旋切成大张的薄木片，经过剪切、干燥、涂胶再经压制而成。胶合板一般采用热压固化胶合、冷压胶合和模压成型三种制造方式。

1. 热压固化胶合

热压固化胶合是先把树脂溶液涂在木片上，放置至干燥，然后进行装配，再进行热压，使树脂固化将木片牢固地黏合在一起，热压温度 140 ℃，压力应在 5～7 兆帕范围内，时间为 3～10 分钟。

2. 冷压胶合

冷压胶合是将树脂溶液涂在木片上，尚未干透即进行冷压黏合，利用压力使树脂液渗入木材内，一般要施加压力 0.5～1 兆帕，时间为 4 小时以上。

3. 模压成型

模压成型是利用旋切的单板木片，经过干燥、涂胶，用成型模具在 115 ℃温度下热压成型，再经过加工装配而成。模压胶合板制品表面平滑、质轻、坚固、不易变形和开裂，吸水率低，具有防潮防腐性能，可以制成各种形状的产品和容器。

胶合板品质的好坏与所采用的黏结剂品种有很大的关系，常用的黏结剂有干酪素胶、酚醛树脂胶、尿醛树脂胶等。

（三）胶合板的结构

胶合板的木片层数均采用奇数层，一般为 3～11 层，即三层板、五层板、七层板等，相邻两木片的纤维互相垂直。

胶合板的表层称为表板（也称面板或被板），中间各层称为心板（也称中板）。表板长向是顺纹的称为顺纹胶合板，表板宽向是顺纹的称为横纹胶合板。一般用低廉、软质的木材做心板，而表板则针对各种胶合板的用途选用美观贵重、优质的硬质木材制作，且两片表板的纹理平行，使制成的胶合板面积大、光洁美观、结构均匀、强度高而各向大致相同，不翘曲变形、不开裂、不易膨胀和收缩，利用率约为普通板材的2～3倍。

（四）胶合板的原料

胶合板一般采用椴木、桦木、樟木、色木、核桃楸、黄波罗、水曲柳、柞木、栎木等阔叶树种制作，针叶树类如马尾松、云杉、云南松等也可制作胶合板，但针叶树制作的胶合板质量较阔叶树制作的要差。

（五）胶合板的种类

我国生产的阔叶树及针叶树材胶合板，按使用性能可分为以下四大类。

1. 阔叶树材普通胶合板

阔叶树材普通胶合板按其板质和加工工艺质量可分为三个等级。一等质量最好，三等质量较低。胶合板的厚度一般为2.5毫米、2.7毫米、3.0毫米、4.0毫米。自4毫米以上按每毫米递增。其中厚度为3.0毫米的为常用规格。

(1) 耐气、耐沸水类胶合板(NQF)。具有耐久、耐煮沸或蒸发处理、耐干热和抗菌等性能，可以在室外使用。

(2) 耐水胶合板(NS)。能在冷水中浸泡，能经受短时间热水浸泡，并具有抗菌性能，但不抗煮沸。

(3) 耐潮胶合板(NC)。能耐冷水短期浸泡，适于室内常态下使用。

(4) 不耐潮胶合板(BNC)。多用于室内常态下使用，具有一定的胶合强度。

2. 松木普通胶合板

松木普通胶合板共分四类，每类按其质量和加工工艺同样可分为三个等级。

一类胶合板完全耐水、耐热、抗真菌，能在室外长期使用。

二类胶合板耐水、抗真菌，可在潮湿条件下使用。

三类胶合板耐湿，适宜于室内使用。

四类胶合板不耐水、湿，只能在室内干燥条件下使用。

（六）胶合板的用途

胶合板可用于制作家具及各类包装箱等制品。

二、纤维板

（一）纤维板的特点

纤维板（包括中密度板和高密度板）是利用各种木材的纤维和棉秆、稻草、芦苇等植物纤维制成的人造板。纤维板不受树种、规格的限制，不需用原木，凡木材的边角、碎料、截头、板皮、刨花、枝杈等都可以利用。

纤维板的性质与胶合板类似，板面宽大，构造均匀，无木材的天然缺陷，耐磨、耐腐蚀、不易胀缩、翘裂，还具有良好的绝缘性能等优点。经油浸或特殊加工后，还能耐水、耐火和耐酸，其利用率可达90%以上。

（二）纤维板的制造工艺

纤维板的制造过程，是先将原料经机械破碎后再放入蒸压釜中蒸压，变软后研磨成为分离的纤维，调成木浆，加入防水剂（石蜡）、胶黏剂（松香），排去水分，加热、加压、脱模而成。也可将纤维干燥，然后加入胶料或树脂，压制成型。

（三）纤维板的分类

纤维板因成型时温度和压力不同，分为硬质、半硬质和软质三种。硬质纤维板是在高温高压下成型而制得，软质纤维板不经过热压处理而制成。

（四）纤维板的用途

纤维板多用于制作家具、包装箱。

三、刨花板

如果用原木加工成包装箱，此时木材的利用率仅为38%左右，尚有62%不能充分使用，其中锯末占15%，刨花占17%，边角碎木占28%。刨花板就是利用碎木、刨花经过切碎加工后与胶黏剂拌和，再经过热压制成，因此，刨花板又称碎木板或木屑板。

（一）刨花板的特点

刨花板的板面宽，花纹美丽，没有木材的天然缺陷，但易吸潮，吸水后膨胀率较大，且强度不高。一般可以作为小型包装容器，也可以作为大型包装容器的非受力壁板。

刨花板幅面尺寸基本上与胶合板相同，厚度尺寸为6毫米、8毫米、10毫米、13毫米、16毫米、19毫米、22毫米、25毫米、30毫米等。

(二) 刨花板的分类

根据加工工艺不同,可将刨花板分为平压法刨花板和挤压法刨花板两类。

1. 平压法刨花板

平压法刨花板所受的压力与板面垂直,刨花排列的位置与板面平行。

平压法刨花板分为单层、三层及渐变三种。根据使用需要可进行覆面、涂饰等二次加工,也可直接使用。

刨花板的性能与所采用的黏合剂类型和制作工艺有关。刨花板的检验主要关注尺寸准确,组织均匀、坚固,表面平整、洁净,无缺角、断裂、翘曲、开胶、脱落等现象。

2. 挤压法刨花板

挤压法刨花板所受压力与板面平行。

挤压法刨花板分为实心和管状空心两种,须经覆面加工后才能使用。

第三节　包装用竹制品

竹是亚洲特产,种类很多且产量极大,我国约有 200 种左右,主要生长在南方,年产量超过 20 亿根。

竹材具有生长周期短、质轻、强度高、弹性大、不易骤然折断、价廉等优点,能代替木材的部分用途。能代替木材制作包装容器的竹材主要有毛竹、苦竹和淡竹三种。

毛竹又称江南竹、孟宗竹,长 10～25 米,直径 1～20 厘米。毛竹产量约占竹材总产量的 50%,材质坚韧,用途极广。苦竹也称刚竹、台竹,长 6～22 米,直径 10 厘米左右。产量比毛竹少,用途仅次于毛竹。淡竹长约10 米,直径 3～10 厘米,质坚韧致密,易于劈细,多用作工艺品的原料。

一、竹材的构造

用于包装工业制品的竹材,主要是竹的地上茎(俗称竹竿),由竹青(表皮),竹肉(纤维管束与基本组织)和髓部所组成。沿竹茎纵向每隔一定距离有一环状突出,称为竹节,竹枝即生于节上。竹节能增加竹茎的刚度。两竹节之间称为节间,靠近地面部分节间最短。纤维管束是组成竹材的主要部分,是传递水分和养料的通道,在竹的横切面上呈现为许多斑点。纤维管束在纤维构造上又可分为导管、纤维、筛管和细胞腔等。竹青部分的纤维管束含有较多的木质素,分布致密,强度比木材高;靠近髓部的纤维管束分布较稀,强度不及木材。由此可见,竹材各部分的强度是沿着横切面半径方向自内向外逐渐增大的。

竹材的基本组织由薄壁细胞组成，分布在纤维管束的周围，用以储存养分，其强度不高。节间细胞排列整齐与竹轴平行，无斜纹或交错现象，因而竹材强度特别是抗拉强度高。竹节部分的细胞呈扭结状且纤维数量较少，其强度仅为节间的50%左右。

二、竹材的性质

竹材的性质呈各向异性，其物理、力学性质比木材稳定。

(一) 竹材的物理性质

1. 含水率

竹材的纤维管束中含有能溶于热水、酒精的戊糖、果胶和淀粉等物质(占重量的6%～13%)，有强烈的吸湿性和还水性。竹材的含水量会随外界温度和湿度的变化而改变，但无明显的纤维饱和点。

2. 体积胀缩

竹材体积胀缩也随含水量变化，而且各个方向的变化不一致，弦向最大(约0.274%)，径向次之(约0.255%)，纵向最小(约0.222%)。

竹青的弦向收缩量几乎是髓部的三倍，而纵向收缩量小于髓部收缩量，因此竹材在干燥过程中极易翘曲和开裂。

3. 比重

竹材的比重受含水量的影响，以烘干后的重量为准，一般介于0.6～1.2克/立方米之间。竹材的比重会随部位、纤维管束分布情况以及竹节的不同而变化。通常竹节部分比重略大于节间，竹青比重较竹肉大50%，基部比重大于梢部。

4. 耐久性

竹材在较高温度和湿度环境中容易发霉、变色和腐朽，降低强度；耐久性也不及木材。用于木材的防腐剂和处理方法也可以用于竹材，以氯化锌或硫酸铜作防腐剂效果最好。

竹材特别是受压或受弯的竹材，开裂是影响其耐久性的重要原因。为防止开裂可采用刮去竹青的办法，并用铁丝线或铁箍缠紧；也可进行蒸压处理(蒸汽压力为0.2兆帕，时间为2小时)，但效果比较一般。

(二) 竹材的力学性质

竹材的力学性质随竹材的种类、竹龄、部位和生长条件的不同而有明显差异，受含水量和竹纹方向的影响也很大。一般来说，毛竹、台竹的力学性质以生长6年的竹材最大，超过或不及6年的都有所降低；顺纹方向大于横纹方向，节间部分大于竹节部分，竹青部分大于竹肉部分，基部大于梢部。顺纹抗拉强度一般在90兆帕以上，顺纹抗压强度一般在50兆帕以上。

三、竹材质量检验

（一）竹龄的鉴别

竹材年龄通常根据经验估计，一般生长不足3年的，竹皮青嫩，节间表面有灰色粉末，节下长有白粉，竹茎细长。竹龄渐长后，竹皮逐渐转为白色或淡黄色、黄色至深黄色（受水侵蚀后则变白黄色，皮上常现云状斑痕）。竹龄超过3～4年时，竹质渐密，可以砍伐使用；达到6～7年后，皮色已黄、节间生有白色蜡质粉，竹肉增厚、坚硬、密实、质量最佳。山阳面生长的竹材，竹皮色淡黄而略带白色，质地较好；山阴面生长的竹材，竹皮呈青色，质地稍差，易受虫蛀。

（二）竹材的质量要求

优质竹材的竹茎匀直，不易弯曲；表皮青黄，所生白粉完整；竹肉厚实坚硬，篾性柔软、薄而长、不易折断、无斑疤、变色、干裂、损伤等缺陷。检验竹材时还应注意所抽取竹材样品的代表性。

四、竹编胶合板

竹编胶合板是根据竹篦片纤维条理结构，相互垂直，按经纬编织成席后经干燥、涂胶、组坯、热压合而成。虽然传统的木制包装在我国包装行业中起举足轻重的作用，但是应该看到，作为一个木材资源贫乏的国家，我国必须寻找其他材料代替日益宝贵的木材。而竹材就是很好的代替材料之一，特别是近几年开发的竹编胶合板。

（一）竹编胶合板的性能

竹编胶合板具有良好的物理性能和化学性能：产品幅面大，纵横方向物理力学性能差异较小；强度高、防湿性能好；不脱落、不变形、抗虫蛀；耐磨、耐冲击、外观美观大方；易于加工，可锯、可刨、可钉。

竹编胶合板若与相同厚度的木材比较，其静弯曲强度和抗拉强度与木材（云松）横纹方向基本相同，比木材的顺纹静弯曲强度大20多倍。竹编胶合板层厚可在2～20层之间选择应用。

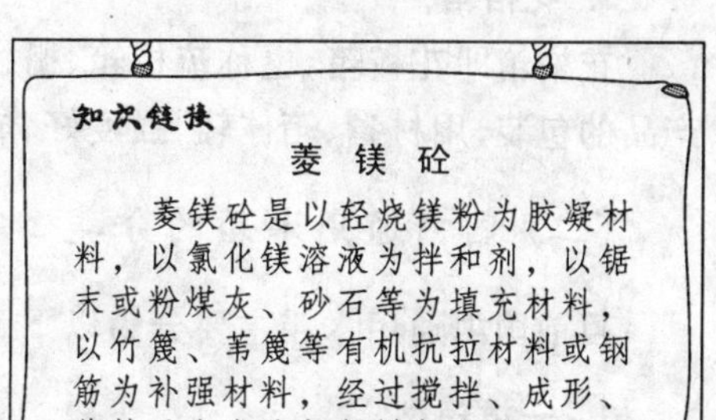
知识链接

菱镁砼

菱镁砼是以轻烧镁粉为胶凝材料，以氯化镁溶液为拌和剂，以锯末或粉煤灰、砂石等为填充材料，以竹篾、苇篾等有机抗拉材料或钢筋为补强材料，经过搅拌、成形、养护后生成的氯氧镁复合物。

（二）竹编胶合板的用途

竹编胶合板在我国越来越广泛地用

作包装材料,常用于机械设备包装、出口机电产品包装以及制成各类大、中、小型包装箱,代替木材,节省资金,成本可比木材包装降低一半左右。

竹材除了制成竹胶板代替木材制作包装箱外,还可以编织成竹筐,包装蔬菜、水果以及一般的小型机电产品,还可以作为菱镁砼包装材料中的筋材。

第四节 木质容器包装技术

尽管木包装正在被塑料包装、纸包装、金属包装等取代,但目前传统的木制品包装容器仍在包装行业中起着举足轻重的作用。木质容器主要有木箱、木桶、木盒以及木托盘,其中木箱为最常用的包装容器。此外还常把竹条、柳条、藤条、荆条编的筐篓和笼也归入木质包装容器中。

一、通用木箱

(一) 通用木箱的结构

通用木箱是由墙板(侧板)、挡板(端板)、底板和盖板组成的长方体、正方体箱型结构。通用木箱包括封闭箱和花格箱。

1. 封闭箱

封闭箱即满板箱,多采用木板、胶合板、竹胶板和纤维板等材料对接而成。对接形式有对口平接、扒钉平接、裁钉平接、槽口搭接和榫舌镶接等。对口平接是将相邻木板条的侧面对齐合拢,用衬条板加钉固定;扒钉平接是将紧密拼合的木条用扒钉钉合成整体;裁钉平接是在相接木条板的侧面用两头尖的铁钉或竹签裁钉而成;槽口搭接是将对接的两侧刨锯成厚度对半的槽口拼接而成;榫舌镶接是将相接木板条的两侧刨锯成凸凹榫槽,再将凸榫头嵌入凹槽而成。衬条板起着连接木板、加固木箱的作用,衬条板的长度、宽度和厚度视木箱规格和内装物的重量而定。箱体结合是先将墙板与挡板结合成箱框,再将底板钉接在箱框上而成。

封闭箱适用于有防锈、防潮、防霉要求的产品的包装。

2. 花格箱

花格箱即花板箱,也称疏板箱、栅栏箱,适用于怕磕碰但无需防湿防潮处理的产品的包装,用材省、箱体轻、强度好、成本低。

(二) 国内通用木箱的分类

目前国内通用木箱主要分为以下四种类型。

1. 一类箱型

一类箱型用于内装物重量在 25 千克以下的各类产品。这种箱型是在箱体挡板外部两端钉有两条竖衬板条，用铁钉钉接而成，箱板有满板和花板之分。

2. 二类箱型

二类箱型用于内装物重量在75千克以下的各类产品。这种箱型的特点是在箱体挡板外部两端除钉有两条竖衬板条外，其上下两端钉有两条横衬条板，用铁钉钉接而成，在箱体的中部再用两道木板或铁腰加固。

3. 三类箱型

三类箱型用于内装物重量在50～200千克之间的各类产品。这种箱型的结构特点是在箱体挡板外部各钉有两条竖衬条板和横衬条板外，在满板木箱的中部钉有两道衬板加固。花板木箱的墙板为竖木板，其箱盖与箱底用横衬条板加固。

4. 四类箱型

四类箱型用于内装物重量在40千克以下的产品。这类箱型的结构特点是箱体的墙板、挡板和盖板均用胶合板或纤维板，其两侧、两端均用衬条板钉合加固。

（三）通用木箱的用材选择

根据加工和使用箱板材料质量的优劣，通用木箱可分为三个等级。其中一级只限于出口、援外、军工以及需要严格防护措施的产品。箱板材的含水率一般不得超过25%。

根据包装的内容不同，对木制包装箱的木材有不同的要求。木材的密度、相应的硬度和握钉力等性能是选择包装用材的依据。

1. 军工包装箱

军工包装箱要求不易裂、无腐朽，钉钉容易，握钉力及抗冲击、抗弯、抗压强度适宜。木材最好选用红松、红杉、柏科、鸡毛松、冷杉、云松以及杨木、柳木、椴木、栗木等树种，其次是松木、落叶松和铁杉等，这两类是目前大力提倡使用的树种。再次为白蜡木、桦木和山核桃等。

2. 机电产品等重型包装箱

机电产品等重型包装箱用材主要考虑木材强度。阔叶木材用龙脑香、白蜡木、水青冈和野桉等，针叶树材可用松科及柏木等。

3. 茶叶包装箱

茶叶最忌讳有异味和污染。目前公认枫香属的树种最适合于包装茶叶，其次有枫杨、刺桐、蓝果木、黄梁木、橄榄木、木棉、桦树、泡桐、柳木和杨木、金钱松等。

杉木是茶叶包装箱的忌用材，因为杉木香气会污染茶叶。

4. 食品包装箱

食品包装箱包装的食品多为食糖、面粉、蔬菜、水果、鱼类、蛋白、油脂、牛奶、乳酪和蜂蜜等，包装箱用材同茶叶包装箱要求相近，出口包装箱还要求木材无臭无味、色浅等。树种还可以选择油桐、七叶树、珙桐、喜树、悬铃木以及冷杉、鸡毛松等。

椴木是食品包装箱的忌用材。

5. 一般包装箱

一般包装箱树种较多，但以中等硬度以下、容易钉钉者为佳。其树种还可以选择山黄麻、樟科、连香树、马尾松、软合欢、梧桐、臭椿、白木香、八宝树、八角枫、刺槐、橡胶树、血桐、黄桐等。

（四）通用木箱的加工工艺

通用木箱的加工工艺应关注以下几点。

1. 拼合

拼合要求严密，缝宽不超过 3 毫米。根据需要，可用扒钉或瓦楞钉平接，也可用槽口搭接、榫舌镶接，断面可用燕尾榫结。开榫的箱板，凿缝必须靠接严密，不得有贯通的离缝。

拼钉格条箱时，其空隙的间隔宽度要视产品的体积状况、零整程度，以及在装卸、运输、保管期间保证产品的质量与完整，来决定需要采用的尺寸。板条间隙要匀称适度，衬条板要相互平行、垂直或对角对称。

2. 钉接

钉接要求钉子钉实、钉尖盘倒。需要关注的技术指标包括：衬条板钉距应为 80 毫米，要双排平行交错钉成棋盘形，底、盖、侧板按箱头板周围边沿平均钉距为 25 毫米；全箱最宽钉距不得超过 80 毫米，窄板须逐块加钉钉实，裂板加双钉；钢带的钉距约为 100 毫米；包角不得少于 4 个钉子；钉子长度约等于板厚的两倍加 7～15 毫米；用扒钉连接木箱时，一个扒钉只能代替一个圆钉。

3. 拼板

拼板的技术指标包括：箱头板最窄宽度不小于 60 毫米，底盖、侧板最窄宽度不小于 40 毫米。格条箱底板宽度不得小于 80 毫米。拼板边线应相互平行，两侧不允许有腐朽、死节、钝棱。拼合角应成直角，允许倾斜不超过 2 毫米。最窄板条应置于拼板中间。斜板对拼时，单板小头的宽度不得小于 40 毫米。拼合板的长宽只允许正公差，但不得大于 3 毫米。

4. 衬条板

衬条板要与木箱周围边线平行或斜行对称、对齐、撑足、钉固，不得凸出。内部衬条板的长度，应比木箱内部高度小 2 毫米，其宽度按下列箱头板长度计算：箱头板不足 250 毫米者，衬条板不小于 30 毫米；箱头板不足 300 毫米者，衬条板不小于 45 毫米；箱头板不足 450 毫米者，衬条板不小于 60 毫米；箱头板不足 600 毫米者，衬条板不小于75毫米；箱头板不足800毫米者，衬条板不小于90毫米。

5. 板面光滑度

不需要刨光的箱板和衬条板，其表面瓦楞状锯痕的深度不得超过1.5毫米。需要刨光的箱板和衬条板，必须刨制平滑。凹陷、毛刺、沟痕等粗糙不平的面积，不得超过板面的5%。

6. 把手、提带

产品重量超过50千克时，应在木箱两端的箱头板上安装把手或提带。可采用槽形横条板和金属条、片构件，或用质量较好的绳索提带。

7. 扎结、包角

木箱封合后，需要保持一定牢固强度时，可用钢带或铅丝扎结长箱两端和中间箱身，平直紧贴钉牢；也可用薄钢板或带钢包角，但铅丝只适用于长度在600毫米以内的小型木箱，加热处理过的铅丝不许使用。

（五）包装木箱的性能试验

对于新设计的包装箱，包装材料和箱体结构有较大改变的老产品包装箱，以及在需要抽检时，要进行包装箱的性能试验。通常大、中型木箱需要进行起吊、喷淋试验；海运平顶木箱需要进行堆码试验；中、小型木箱要进行跌落试验；防震包装箱要进行公路运输试验。

1. 起吊试验

按正常吊装方式以正常速度起吊，升至一定高度后紧急制动。一般高度为1.5～1.6米，以便观察滑木弯曲变形。然后左右移动3～5厘米，匀速降落地面，如此重复3～5次。

试验后检查箱体，无明显变形者为合格。

2. 喷淋试验

将被试空箱封合后水平放置，以100±20升/（平方米·小时）的喷水量均匀垂直向下喷水。喷水头离箱顶高度不低于2 000毫米，喷淋时间不少于1小时。喷淋完毕，清理外部并开箱检查，箱内无水漏入为合格。

3. 堆码试验

1）大、中型木箱堆码试验

试验分两步进行，考察横梁的承载能力，考核主柱承载能力，然后综合评价是否合格。

> **知识链接**
>
> **挠　度**
>
> 弯曲变形时横截面形心沿与轴线垂直方向的线位移称为挠度，用y表示。简言之就是指梁、桁架等受弯构件在荷载作用下的最大变形，通常指竖向方向y轴的，就是构件的竖向变形。挠度与荷载大小、构件截面尺寸以及构件的材料物理性能有关。

考察横梁的承载能力需要将试样箱置于平整水泥地面上，在箱顶均匀堆放砂后，使承载压力不小于 0.0049 兆帕，1 小时后观察箱顶的挠度，最大挠度不大于 50 毫米为合格。

考核主柱的承载能力需要将试样箱置于平整水泥地面上，在箱顶先放负载平板，荷重放在平板上，使对箱顶压力不小于 0.0196 兆帕，1 小时后检查，木箱无明显变形为合格。

2) 中、小型木箱堆码试验

可直接在箱顶加载，也可放置负载平板后加载。加载量（包括负载平板）可按下式计算：

$$F=KW(H-h)/h$$

式中，F 为堆码试验载荷量，单位为牛顿。K 为流通中包装件或容器的变劣系数：流通时间小于 1 个月，则 $K=1$；流通时间为 1～3 月，则 $K=1.2$；流通时间为 3～6 月，则 $K=1.5$；流通时间大于 6 个月，则 $K=2$。H 为储存期间包装件的最大堆码高度，单位为毫米。h 为包装件的高度，单位为毫米。W 为包装件的重力，单位为牛顿。

堆码 24 小时后检查，箱体无明显变形为合格。

4. 公路运输试验

将试样箱置于卡车中后部，加以适当固定。在三级公路中级路面上，以 25～40 千米/小时的速度行驶，行驶里程不少于 200 千米，然后检查。外包装无破损及明显变形，内试件无松散、损伤及明显位移，以及试件的有关性能、精度、参数等在规定允差内者为合格。

5. 跌落试验

将质量小于等于 100 千克的试样箱提到一定高度后自由跌落到撞击平台上。撞击平面应为平整、坚硬的水平面，撞击平台总重量不小于试件质量的 50 倍。若撞击平台是钢板，则其厚度不小于 13 毫米。跌落高度根据装卸情况选择，一般有 50 毫米、100 毫米、150 毫米、200 毫米、300 毫米、400 毫米、600 毫米、800 毫米、1 000 毫米、1 200 毫米等多种。每一试样箱连续跌落 7 次，跌落位置分别为一角及组成该角的三个面和三条棱。试验后，检查试件的性能、参数、精度有无变化，若仍在规定允差范围内，则为合格。

二、木桶

（一）木板桶

木板桶由多块木板扎箍而成，形状有圆桶形和腰鼓形两种。腰鼓形木板桶被称为琵琶桶。木材通常为杉木、色木或柞木，固紧箍环可用金属带、金属丝、竹、木或绳索,也可混用。

密封型木板桶可盛装液态物品。根据内装物的不同,其内壁要涂覆相应的涂层。如装水溶液产品,内壁可涂蜡;装油性物料,内壁可涂硅酸脂;非食品类液体不涂覆胶合剂等。

非密封型木板桶用来装放干燥物品,如药品、化工原料等。

琵琶桶的容量从 4～225 升不等。它允许沿其腰部或侧壁滚动,两端面可竖立,便于搬运和贮放,但不允许沿桶的边缘滚动。

宽封型木板桶应以腹部着地贮放,同时使侧壁上的桶孔朝上。

(二) 胶合板桶

胶合板桶的桶身用胶合板,桶盖、桶底用木板。这种桶重量轻,适于盛装化工品。

(三) 纤维板桶

纤维板桶的桶身用纤维板,桶盖、桶底用木板。它的用途和特点与胶合板桶类似。

(四) 其他

我国传统木桶类容器种类还有很多,如提桶、木盆等,有些至今还在应用。

三、底盘

桶、罐类及一些大型设备的运输、装卸有时不需要装入容器中,但需用底盘包装。底盘多为木制,规格多样。根据装卸方法不同,底盘可分为三类:可用于滚杠或起吊的底盘,仅用于滚杠装卸的底盘,既不用来起吊也不用于滚杠的底盘。

四、木笼

木笼是用于装运大型牲畜的主要容器。

本章小结

本章首先介绍了木材的构造、物理性质、力学性质和工艺性能,以及红松、马尾松、白松、杉木、桦木、椴木和毛白杨等主要用于包装的木材;接着阐述了胶合板、纤维板、刨花板等包装用人造板材的特点、分类和制作工艺等;然后介绍了包装用竹制品的构造、性质、质量检验以及竹编胶合板;最后介绍了木桶、木盒以及木托盘等木质包装容器,重点阐述了木箱的结构、分类、用材、包装和检验。

综合案例分析

机电产品的出口运输木箱包装设计

机电产品的出口运输木箱包装必须保护产品在运输过程中不发生破损。下面以一台由德国运往中国的机器设备作为实例，通过它来了解一下德国的机电设备出口运输包装工艺流程。已知该设备的重量、尺寸以及对防锈包装的要求，用船将该设备运往上海。

通过相应软件很快计算出包装箱的结构尺寸和干燥剂用量的大小，验算后也得知将要采取的固定防护措施是合理的。

将包装木箱的结构尺寸通过计算机传输给加工车间，这里就会按设计要求选用相应的包装材料和包装辅助材料，并把由五根滑木、两根端木和底板组成的底座，由上下框木、斜撑、箱板等组成的侧板端板，由梁撑、连接梁、顶板和防水材料等组成的顶盖分别加工组装好，然后运往包装车间。

包装时首先按照紧固螺栓的位置在底座滑木上钻好所需螺孔。在底板上铺上一层气泡塑料薄膜，防止底板损伤热封复合膜，其上再铺一层塑料铝箔复合薄膜，然后再在复合薄膜上铺上一层气泡塑料薄膜。这时就可以把设备吊放在薄膜之上。因为底脚螺栓要穿过薄膜，所以此处必须在塑料铝箔复合薄膜两面用橡胶密封垫圈加以密封，以防将来外部湿气进入塑料铝箔封闭起来的空间里。上紧螺母后用两根安全捆扎带将设备紧固在木箱底座上，并注意安全捆扎带与设备接触的地方要用纸板护棱保护起来，以防损伤设备表面。再把两块木条钉在侧面底座上卡紧设备。接下来悬挂干燥剂袋，在设备顶部先覆盖一层气泡塑料薄膜，再覆盖一层塑料铝箔复合薄膜。然后将上下两块塑料铝箔复合薄膜热封，封至还剩一个小洞时，用抽气装置检查密封情况，然后将此孔热封起来。

最后用钢钉钉上端板，在底座两侧钉上辅助立柱，然后钉上侧板，再将横梁搭在辅助立柱上并钉连它们，接下来钉好顶盖。这里要说明的是，德国很多出口包装企业都采用辅助立柱与侧板、横梁与顶盖分开装配的方法，实践证明这样装配的确简单、方便。接下来在标有由此起吊的底棱上分别钉上护铁。然后在顶盖外表钉上一层防晒、防雨的塑料薄膜，其下垂边缘覆盖端侧板上部 20 厘米，这时即可钉上棱护铁。接下来在端侧板喷印向上、怕湿、重心点、包装合同号、木材预处理等标志，并注明产品名称、包装尺寸、重量、运往目的地等信息。到此为止，整个设备的出口运输包装得以完成。

（资料来源：http://blog. china. alibaba. com/blog/enjoypacking/article/b0-i10078233. html，2009 年 12 月 30 日）

思考题

1. 案例中描述的机电产品的出口运输木箱应该采用封闭箱还是花格箱？为什么？

2. 机电产品的包装箱应采用什么材质？

3. 对机电产品的包装木箱应进行哪些性能试验？

本章综合练习题

1. 简述木材的构造。

2. 简述胶合板、纤维板、刨花板等包装用人造板材的特点。

3. 简述通用木箱的用材选择。

4. 简述通用木箱的加工工艺。

5. 简述木桶的类型。

实践活动

木质包装分析

实践目标：学会分析木质包装的材质和容器。

实践内容：选取家中的一种木质包装商品进行分析研究。

实践要求：分析所选取的商品的木质包装材料、木质包装容器，了解该商品选用该木质包装的理由，提出在使用中体会到的该木质包装的优缺点。

实践成果：撰写木质包装分析报告。

第九章　金属包装

本章学习目标

(1) 了解金属包装材料的起源、性能和分类；
(2) 掌握包装用钢材和包装用铝材的相关知识；
(3) 掌握不同的金属包装容器的特点和工艺流程；
(4) 掌握金属食品罐、喷雾罐和金属软管等金属包装容器的包装技术。

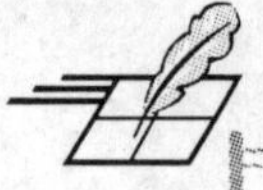

经典案例导入

易拉罐——包装容器之王

20世纪30年代，易拉罐在美国成功研发并生产。这种由马口铁材料制成的三片罐——由罐身、顶盖和底罐三片马口铁材料组成，当时主要用于啤酒的包装。目前我们常用的由铝制材料制作而成的二片罐——只有罐身片材和罐盖片的深冲拉罐，诞生于20世纪60年代初。

易拉罐技术的发展，使其被广泛运用于各类商品包装当中，啤酒、饮料、罐头目前大多都以易拉罐进行包装。据悉，全世界每年大约生产的铝制易拉罐已经超过2 000亿个。目前，易拉罐已经成为市场上应用范围最广，消费者接触使用最多、最频繁的包装容器，是名副其实的包装容器之王。易拉罐消费量的快速增长，使得制造易拉罐的铝材消费量也大幅增长，目前制作易拉罐的铝材已经占到世界各类铝材总用量的15%。

随着易拉罐使用量的增加，世界各国为了节省资源和减少包装成本，纷纷研发更轻、更薄的新型易拉罐。铝制易拉罐也从最开始的每1 000罐25千克，缩减到20世纪70年代中期的每1 000罐20千克。现在的铝制易拉罐每1 000罐的重量只有 15 千克，比 20 世纪 60 年代的相应平均重量减轻了大约 40%。

除了推出更轻、更薄的铝制易拉罐以外，目前各国对易拉罐的回收利用率也在不断增高。早在 20 世纪 80 年代，美国铝制易拉罐的回收利用率就已经超过 50%，在 2000 年达到 62.1%。日本铝制易拉罐的回收利用率更高，目前已超过 83%。

(资料来源：费明乾，刘妮丽．十大经典创意包装营销案例．北京商报，2007-09-03)

金属包装材料属于传统包装材料，金属包装业则是中国包装工业的重要组成部分。作为一种重要的日用消费品包装形式，金属包装与商品已融为一体。金属包装作为实现商品价值和使用价值的载体，在生产、流通、销售和消费领域中，发挥着极其重要的作用，产值约占中国包装工业总产值的 10%，主要为罐头、食品、饮料、化工、油脂、药品及化妆品等行业提供包装服务。

第一节　金属包装材料

一、金属包装材料概述

金属包装材料主要是指被压延成薄片，用于商品包装的金属材料。

现代化冶金工业的发展为各行各业提供了大量的金属材料，并制作成各种金属包装容器，广泛应用于工业产品包装、运输包装和销售包装中。金属包装材料是最主要的包装材料之一。目前，在世界各国包装材料的产量和工业产值中，金属包装材料仍占有相当高的比重。美国金属包装材料产量多于塑料包装材料，约占第二位；中国、日本和欧洲等国，金属包装产量仅次于纸包装和塑料包装，占第三位。随着包装工业的不断发展，金属包装材料的产量和质量还会得到进一步提高。

二、金属包装材料的性能

金属包装材料之所以应用越来越广泛，发展很快，主要是因为它有许多优于其他包装材料的性能特点。

（一）机械强度高

金属包装容器的壁厚可以制作得很薄，重量轻，耐压强度较高，不易破损。这样使得包装产品的安全性有了可靠的保障，并便于运输、存储和装卸。

（二）综合防护性能良好

金属包装材料对气、水及水蒸气的透过率极低(几乎为零)，保香性好，并且完全不透光，能够有效避免紫外线的有害影响；其阻气性、防潮性、遮光性和保香性远远超过塑料、纸张等其他类型的包装材料；此外，其性能还表现为耐高温、耐虫害、耐有害物质的侵蚀等。这些性能使得金属包装能长时间保持商品的质量，延长商品货架寿命，广泛应用于食品、药品、化工产品的包装。

（三）加工性能好

金属包装材料加工工艺成熟，能连续进行自动化生产。金属包装材料具有良好的延展性和强度，可以轧制成各种厚度的板材、箔材。板材可以通过冲压、轧制、拉伸、焊接制成各种形状的包装容器；箔材可与塑料、纸等进行复合；金属铝、金、银、铬、钛等还可镀在塑料薄膜和纸张上。因此，金属可以通过各种加工，充分发挥其优良的性能。

（四）外表美观

金属包装材料具有独特的金属光泽，通过印刷装饰，可使商品外表更加华丽、美观，利于销售，同时可以提高商品的价值。此外，各种金属箔和镀金属薄膜也是非常理想的商标材料。

（五）原材料资源丰富

金属包装材料的原材料主要是用铁和铝，这两种原材料在地球上的蕴涵量极为丰富，金属中铁的可开采量居第一位，其次是铝。而且这两种材料的生产已经形成大规模工业化，制成的包装材料品种繁多。

（六）便于回收利用

金属包装容器可回炉再生，循环利用其材料，既节约了能源，又减少了环境污染，是理想的绿色包装材料。

金属包装材料虽然有以上优良的性能特点，但也有不足之处，主要是化学稳定性较差，耐腐蚀性不如塑料和玻璃，尤其是钢质包装材料容易锈蚀。一般金属包装材料应在表面再涂布一层防锈涂层，防止外界和内装商品的腐蚀破坏，同时也有效防止金属中的有害物质对商品的污染。金属包装材料比其他包装材料的价格高，综合包装成本也较高。

三、金属包装材料的分类

金属材料的种类非常多，但用于包装上的材料品种并不多。金属包装材料按材质主要分为钢材和铝材两大类。

（一）钢材

包装用钢材具有良好的塑性和延展性，制罐工艺性好，有优良的综合防护性能，但冲拔性能没有铝材好。钢质包装材料的最大缺点是耐腐蚀性差，容易生锈，必须通过采用表面镀层和涂料等方式处理后才能使用。但是钢材资源非常丰富，生产能耗和成本较低，使其用量仍然占金属包装材料的首位。

按照表面镀层成分和用途的不同，钢质包装材料主要包括下面几种。

1. 低碳薄钢板

低碳薄钢板主要用于制造商品运输包装的大型金属容器，如集装箱、钢箱、钢桶、钢托盘等。

2. 镀锡薄钢板

镀锡薄钢板又称马口铁，是制罐的主要材料，大量应用于罐头包装的制作，也可用来制作其他食品和非食品罐。

3. 镀锌薄钢板

镀锌薄钢板又称白铁皮，是制罐材料之一，主要用于制作工业产品的包装容器。

4. 镀铬薄钢板

镀铬薄钢板又称无锡钢板，是制罐材料之一，可部分替代马口铁，主要用于饮料罐的制作。

（二）铝材

铝质包装材料的使用历史较短，但由于铝在某些方面具有比钢更加优异的性能，使其在包装方面的用量越来越大。铝的资源丰富，提炼方法也有了很大的提高，作为包装材料发展很快，目前，在某些方面已经取代了钢质包装材料。

铝材的主要特点是质量轻、无毒无味，具有优良的加工性、可塑性、延展性和冲拔性。铝的表面洁净有光泽，化学性质稳定，不易生锈。铝的主要缺点是耐腐蚀性差，如果作为食品容器或用于盛装腐蚀性物质的话，需要对铝罐内壁进行涂料或镀层以改善其耐腐蚀性能。铝的强度比钢低，生产成本比钢高，因此铝材主要用于销售包装，很少用在运输包装上。

包装用铝材主要有下面几种形式。

1. 铝板

铝板包括纯铝板或铝合金薄板，是制罐材料之一，可替代部分马口铁，主要用于制作饮料罐、药品管和牙膏管等。

2. 铝箔

铝箔采用纯度为99.5%以上的电解铝板，经压延制成，厚度在0.005～0.2毫米之间。铝箔是用途很广的工业材料，在包装领域中应用十分广泛，一般包装用铝箔都是作为阻隔层，和纸、塑料等制成复合材料使用，以提高阻隔性能。

3. 镀铝薄膜

镀铝薄膜主要以塑料薄膜和纸作为底材，在其上镀上极薄的铝层。镀铝薄膜作为铝箔的替代品被广泛应用。由于镀铝薄膜是在塑料薄膜和纸上镀上极薄的铝层，所以其隔绝性能要比铝箔差，但耐刺扎性能优良，在实用性能方面超过了铝箔。镀铝薄膜材料常用于制作包装衬袋。

金属包装材料按材料厚度还可分为板材和箔材。一般将厚度小于0.2毫米的称为箔材；大于0.2毫米的称为板材。金属板材多为厚度小于1毫米且大于0.2毫米的薄板材料，主要用于制造各种包装容器。包装材料中的箔材多为铝箔，主要是与塑料、纸等材料制成复合包装材料，应用于各种商品包装中。

第二节　包装用钢材

一、低碳薄钢板

（一）低碳薄钢板的结构和生产工艺流程

根据包装工业的特点，金属包装材料大多都制成箱、桶、罐类包装容器，其生产制作过程是将薄板经过冲压成型或拉拔成型，这就要求包装材料必须具备一定的强度，具有足够的塑性和韧性，也就是要求钢材中的组织结构大多数为铁素体。因此，包装用钢材主要是含碳量低于0.25%的低碳薄钢板。

低碳薄钢板的生产工艺流程为：平炉或转炉生产的低碳钢→热轧→板坯→热轧→带钢→酸洗→冷轧→电解清洗→退火→平整→剪切整齐（呈矩形或卷材）→低碳薄钢板。

（二）低碳薄钢板的规格和表面质量

低碳薄钢板共有23个不同厚度规格，主要集中在0.25～2毫米之间。钢板在不同的宽度和长度时，允许有一定的偏差。低碳薄钢板四角都应切成直角，切斜和镰刀弯不得超出钢板宽度和长度的允许偏差。

低碳薄钢板表面应平整、光滑，不能有氧化铁皮和泥土痕迹，并按其表面质量分为两组。其表面质量规定如下。

第一组

（1）有掀钢板时所造成的轻微折印；

（2）表面上有轻微的粗糙面和局部麻点，其深度不大于钢板厚度负偏差；

（3）有股长不超过20毫米的折角或缺角；

（4）在保证钢板公称尺寸的前提下，边部裂口不得超过3个；

（5）呈锖色或酸洗后有轻微的黄色薄膜。

第二组

(1) 有掀钢板时所造成的折印；

(2) 两面有深度不大于厚度偏差的局部麻点；

(3) 有股长不超过 30 毫米的折角或缺角 1 个；

(4) 距板边 5 毫米以内的裂口不超过 5 个；

(5) 在钢板厚度负偏差范围内的轻微压痕以及宽度不大于 10 毫米的不显著的厚边；

(6) 呈锖色及酸洗后有轻微的黄色薄膜。

钢板每米的波浪度和瓢曲度，第一组不得超过 10 毫米；第二组不得超过 20 毫米。

（三）低碳薄钢板的性能

低碳薄钢板的机械强度高，具有优良的加工性能和综合防护性能，遮光性强，热导率高，耐热性和耐寒性良好，易于印刷装饰，是制作各种运输包装用金属容器和金属罐的主要材料。低碳钢板耐腐蚀性较差，需要表面加镀层或涂料处理。为了保证制作金属包装容器的良好性能，必须对低碳薄板原材料进行杯突试验和冷弯试验。钢板的杯突试验值按钢板的不同厚度分为 S 和 P 两个级别。冷弯试验是将钢板在冷状态下，垫以钢板厚度两倍的垫片进行弯曲 180°的试验，弯曲后应能伸直到原来的状态。

（四）低碳薄钢板的用途

低碳薄钢板主要用来制作各种运输包装用金属容器和钢质金属罐基材。低碳薄钢板制成的金属包装容器强度高、密封性好、载重量大，能长期反复使用。在运输包装中低碳薄钢板主要用于制作各种大型容器，如集装箱、钢桶、钢箱、钢托盘等。

1. 集装箱

集装箱是一种密封型的包装箱，是具有 1 立方米以上容积的包装容器。各种物品采用集装箱作运输包装，具有安全、简便、快捷、节省人力和包装材料的优点，并适用于各种运输工具的联运和机械化装卸，是一种先进的运输方式。集装箱能显著减少货损，对贵重、易碎、怕潮的高档商品尤为必要。集装箱在途中转运时，可不动箱内货物，直接进行换装，并能进行快速装卸。

2. 钢箱

钢箱是一种容积小于集装箱的小型运输包装容器，可代替木质周转箱，用于工业产品的运输包装。钢箱坚固耐用，有效保护商品，破损率小，可节约大量木材和运输包装费用，减少损失。现已大量用于自行车、玻璃、机电产品、汽车配件等产品的运输包装。

3. 钢桶

钢桶主要用于液体货物的运输和贮存，如蜂蜜、食用油及农药、溶剂等化工产品。用于装运蜂蜜等食品的钢桶，其内壁必须涂刷有机涂料，防止生锈及溶出铅、铁、锌等重金属离子污染食品，并延长钢桶的使用寿命。近年来还出现了一种新型液体产品贮运容器——铁塑桶，它是由外层的钢桶和塑料内胆装配而成的，这种铁塑桶特别适用于不能用钢桶储运、周转的腐蚀性较强的化学试剂、药品或酱油、醋、饮料等液体食品。

4. 钢质金属罐基材

钢质金属罐均是以低碳薄钢板为基材，再经表面防锈镀层处理而形成的。

二、镀锡薄钢板

镀锡薄钢板也称镀锡板、马口铁，是两面镀有纯锡的低碳薄钢板。镀锡薄钢板是传统的制罐材料，至今仍是制作食品罐的主要罐材。镀锡板有光亮的外观，良好的耐腐蚀性和制罐工艺性能，易于焊接，适于涂料和印铁，但其冲拔性能比不上铝板，因此大多数制成以焊接和卷封工艺成型的三片罐结构，也可以做成冲拔罐。

（一）镀锡薄钢板的结构和生产工艺流程

镀锡薄钢板的组织结构从里往外由钢基板、锡钛合金层、锡层、氧化膜和油膜等五层组成。

1. 钢基板

钢基板主要用于制作一般罐类，其厚度为0.2～0.3毫米。其加工性能良好，制罐后具有一定的强度。

2. 锡钛合金层

锡钛合金层为锡铁合金结构，电镀锡板含锡量为≤1克/平方米，热浸镀锡板为5克/平方米。锡钛合金层耐腐蚀，过厚则加工性和可焊性不良。

3. 锡层

锡层由纯锡构成，电镀锡板镀锡量为5.6～22.4克/平方米，热浸镀锡板为22.4～44.8克/平方米。锡层美观、易焊、耐腐蚀且无毒。

4. 氧化膜

氧化膜主要由氧化亚锡、氧化锡等构成，具有防锈、防蚀、防硫化斑痕等特性。

5. 油膜

油膜主要由棉籽油或癸二酸二辛酯构成，起润滑和防锈的作用。

镀锡薄钢板主要的生产工艺流程为:酸洗低碳薄钢板→电镀锡→软熔处理→钝化处理→涂油→检查→剪切→分类→包装。

(二) 镀锡薄钢板的组织性能

镀锡薄钢板一般采用酸性电镀工艺镀锡,也可采用热浸镀锡工艺。钢板经电镀锡后表面呈银白色,这种镀锡层厚度为 0.4～2 微米,在技术上一般以单位面积的镀锡量(克/平方米)来表示。镀锡薄钢板电镀后的镀锡层孔隙很多,抗蚀性能不好。因此必须在电镀后进行软熔处理和钝化处理,使其表面分别生成锡铁合金层和氧化锡层,使镀层光亮,并使镀层与钢板的结合力增强和孔隙减少,才能有效提高耐腐蚀性能。

镀锡薄钢板表面电镀锡,主要是锡的电极电位比铁高,化学性质稳定,因此可对钢板起防锈保护作用。但必须保持镀锡层的完整,若被划伤,甚至仅有微小的孔隙而暴露出钢基,也会因产生阳极腐蚀而使钢板很快被锈蚀。

(三) 镀锡薄钢板的主要技术指标

1. 镀锡量

镀锡薄钢板表面锡量的多少,以单位面积镀锡的质量表示,单位是克/平方米。镀锡量是决定镀锡薄钢板的耐腐蚀性能的指标之一。使用时可根据罐装的不同要求,选用不同镀锡量的镀锡薄钢板。镀锡薄钢板根据两个表面镀锡量是否相同可分为等厚电镀锡板和差厚电镀锡板两种。等厚电镀锡板两面镀锡量相等,差厚电镀锡板则是内壁一侧镀锡量多,外壁一侧少。对于外壁还需要进行彩印的空罐可选用差厚电镀锡板。

2. 规格尺寸

镀锡薄钢板的规格尺寸包括板的厚度、宽度和长度。可根据包装用途、罐形和罐号的要求来选择使用。

3. 调质度

镀锡薄钢板经过轧制塑性变形或热处理后将具有一定的综合机械性能,如硬度、塑性、回弹性等,调质度是表示镀锡薄钢板综合机械性能的一项指标,通常用洛氏表面硬度 HR30T 表示(当厚度≤0.22 毫米时用 HR15T 表示),并用表面洛氏硬度计测定。

4. 钢基板种类

钢基板种类多指低碳薄钢板的种类,不同种类的钢板在成分、质量及应用上都有一定的差异。

5. 涂料

镀锡薄钢板根据镀锡后表面是否涂料,分为素铁和涂料铁两类。素铁不经过涂料，主要适用于不与内装物直接接触的包装。涂料铁则是在内侧涂布了有机物涂料的镀锡薄钢板，适用于大部分食品罐头包装。涂料是由有机高分子树脂（如环氧树脂、酚醛树脂）、溶剂及少量添加剂按一定比例制成的具有适当黏度的糊状物质，用辊筒涂印到镀锡薄钢板的内壁表面，经过 200 ℃以上温度烘烤而成。涂料的作用是隔离罐壁与内装物，防止腐蚀和阻止溶出的铅、铁、锌等重金属离子对食品等内装物的污染。

（四）镀锡薄钢板的用途

镀锡薄钢板具有一定的强度，容易加工成型，可以钎焊，能进行涂料印花，并有光泽亮丽的外观和良好的耐腐蚀性能，可作为重要包装材料，用于制作商品包装容器和对工业产品的包装。特别是在食品工业和药品工业中应用更加广泛，大量用于制作各种食品包装（水果、肉类等）、饮料罐头盒、糖果、茶叶、饼干听盒等。此外，它还是玻璃、塑料瓶罐的良好制盖材料。

三、镀锌薄钢板

镀锌薄钢板，简称镀锌板，又叫白铁皮，是制罐材料之一，广泛用于制作各种金属包装容器。用镀锌板所制的包装容器，强度高、密封性能好，是工业产品包装中应用较多的一种包装材料。

（一）镀锌薄钢板的结构及生产工艺流程

镀锌薄钢板是在酸洗薄钢板后，经过热浸镀锌处理，使钢板表面镀上厚度为 0.02 毫米以上的锌保护层而成。因为锌的电极电位比铁低，化学性质较活跃，在空气中能很快生成一层氧化锌薄膜，这层氧化锌薄膜非常致密，保护了里面锌和钢板不受腐蚀。即使擦破了镀锌层，由于锌先发生氧化而保护了铁，这样可大大提高钢板的耐腐蚀性能。用镀锌板制成容器后，就不必再进行表面防腐处理。

镀锌薄钢板的生产工艺按照镀锌方法可分为热镀法和电镀法两种。热镀锌板产量占绝大部分，是用于包装的主要镀锌板。

热镀锌板的生产工艺流程为：轧制薄钢板→电解清洗→退火→平整→剪切→酸洗处理→在熔融液态锌中浸镀→水洗→风干→镀锌薄钢板。

（二）镀锌薄钢板的质量要求

镀锌薄钢板按其表面质量和形状可分为三组，每组允许有下列规定的表面缺陷。

第一组

(1) 股长不超过 10 毫米的折角或缺角一个；

(2) 在钢板一侧边缘上 3 毫米以内的裂口不超过 3 个；

(3) 镀锌后仍能看见由于酸洗除去氧化皮而生成的轻微的麻点；

(4) 在钢板的两面上有局部细小的锌粒以及在钢板端部宽度不超过 20 毫米的镀锌厚边，不允许有锌的块状堆积；

(5) 在不损坏锌层的条件下，钢板全长上允许有由于传送装置的拉料辊所引起的长带。

第二组

(1) 有股长不超过 20 毫米的折角或缺角一个；

(2) 在钢板一侧边缘上 6 毫米以内的裂口不超过 5 个；

(3) 边缘上有高度不超过 3 毫米、宽度不超过 50 毫米的波浪形纹路；

(4) 在钢板的一面上直径不超过 3 毫米的气泡不多于 10 个或直径不超过 5 毫米的气泡不多于 3 个；

(5) 在钢板的表面上有细小的锌粒以及在钢板一端上自边缘算起有宽度不超过 15 毫米的锌堆积；

(6) 直径不超过 5 毫米的表面暗斑不多于 5 个，此暗斑易于用刮刀刮去而不损坏镀锌层；

(7) 钢板表面有镀锌良好的麻坑、锖色斑点，以及未损坏镀锌层的轻微的锌疤、锌瘤、毛刺、划伤和压印。

第三组

(1) 有股长不超过 30 毫米的折角或缺角一个；

(2) 在钢板的两面上直径不超过 10 毫米的气泡不多于 8 个或直径不超过 20 毫米的不破裂的气泡不多于 5 个；

(3) 直径不超过 25 毫米的未洗去的黑斑不多于 3 个或宽度不超过 12 毫米、长度不超过 75 毫米、总面积不超过 1 平方厘米的带状黑斑；

(4) 边缘上有高度不超过 8 毫米、宽度不超过 100 毫米的波浪形。

（三）镀锌薄钢板的其他性能要求

镀锌薄钢板在每米上的瓢曲度和波浪度，第一组不超过 10 毫米，第二组不超过 20 毫米，第三组不超过 25 毫米。此外，镀锌薄钢板还应达到下列性能试验要求。

1. 反复弯曲试验

试验夹在钳口半径为 3 毫米的虎钳中向两边弯曲 90°至折断时，应经受的反复弯曲次数为：

板厚 0.35～0.75 毫米折断时，应经受 6 次；

板厚 0.75～0.8 毫米折断时，应经受 5 次；

板厚 0.9～1.2 毫米折断时，应经受 4 次；

板厚 1.3 毫米以上折断时，应经受 2 次。

2. 镀锌强度试验

厚度0.35～0.8毫米的镀锌薄钢板试样，垫以厚度相等的垫片，弯曲到180°时不应有露出钢板表面的镀锌层脱落或裂缝。

3. 镀锌薄钢板外观要求及用途

镀锌薄钢板的机械性能和镀锡薄钢板、镀铬薄钢板相近，它的表面光亮，强度和韧性良好，耐腐蚀性能较镀锡薄钢板和镀铬薄钢板差，价格较低。镀锌薄钢板是应用较多的金属包装材料，主要用于制作工业产品包装容器，还可用于制作汽车润滑油、油漆、化学品、洗涤剂等方面的金属罐。

四、镀铬薄钢板

镀铬薄钢板简称镀铬板，也称无锡钢板，是20世纪60年代初为减少贵重金属锡的用量、降低成本而发展起来的一种镀锡薄钢板代用材料。

镀铬薄钢板是表面镀有铬和铬的氧化物的低碳薄钢板，它的结构由钢基板、金属铬层、水合氧化铬层和油膜组成。镀铬薄钢板和镀锡薄钢板的钢基板是相同的，因而它们的强度和加工性能也基本相同。镀铬薄钢板的耐腐蚀性较镀锡薄钢板差，镀层只能在弱酸弱碱环境下起到保护作用，因此必须经内外壁涂以涂料层后方可使用。涂料后的镀铬板，其涂膜附着力特别优良，适合于制作罐底、盖和冲拔罐。镀铬薄钢板的光泽不如镀锡薄钢板，而且焊接困难，制罐时不能采用锡焊接缝，只能用熔接法或黏合法接合。镀铬薄钢板尚未广泛替代镀锡薄钢板，主要用于制作腐蚀性较小的啤酒罐、饮料罐以及经内外涂装后用于制作冲拔罐与食品罐的底和盖等。

第三节　包装用铝材

一、包装用铝材的性能特点

铝是仅次于钢铁产量的一种金属，但铝材用作包装材料的历史只有40余年。近年来，铝在包装方面用量越来越大，这是由它所具有的优良性能决定的。

（一）包装用铝材的优点

(1) 质量轻。铝是轻金属，相对密度为27，约为钢等金属的1/3，因此用铝材制作的包装容器具有质量轻的优点，可节约运输费用。

(2) 有优良的加工性能。铝的延展性、拉拔性优良，可以通过一次拉拔做成两片罐，铝可以做得很薄，还能以铝箔和镀铝的形式用于包装。

(3) 表面性能好。铝在空气和水汽中不生锈，表面光洁美观，易于印刷，不必另镀金属保护层，而经表面涂料后可耐酸、碱、盐等介质。

(4) 无毒无味。铝材制成的包装不影响内装物的风味质量，再加上无硫化物和重金属污染，这对食品、医药品和化妆品的包装尤为重要。

(5) 阻隔性能好。铝对气体、水蒸气、气味物质、光线等具有良好的阻隔性能，可以有效地保护产品，延长食品的保质期。

(6) 再循环性能好。铝罐可回收再生利用，从而降低成本和能耗。目前国际市场对铝包装的主要争议是认为铝的生产能耗太高，增加了包装成本。对于这点，解决的办法是加强铝罐的回收再利用，再生铝可节能95%。在日本，因为铝资源短缺，所以非常重视铝罐的回收工作。

(7) 能与其他材料如纸或塑料等复合成复合材料，如镀铝薄膜等，其应用范围更加广泛。

(二) 包装用铝材的缺点

铝材作为包装材料也存在一些不足。

(1) 耐腐蚀性差。铝的正常耐酸碱范围的pH值为4.8～8.5，酸性食品会与铝发生化学反应放出氢而导致包装罐的膨胀，但对铝罐内壁进行涂料处理或者复合处理就可以改善其耐腐蚀性能。

(2) 焊接性能差。在容器成型时，很难对铝材进行焊接加工，因此铝材的加工局限性较大。

(3) 材质较软、强度较低。铝材的强度不如钢材，而且表面容易刮伤，铝的薄壁容器受碰撞后易于变形，主要用于销售包装，但成本较高。

二、包装用铝材的分类

包装用铝材的应用主要包括铝板、铝箔和镀铝薄膜三种形式。

(一) 铝板

铝板分为纯铝板和铝合金板材两种。纯铝板质软，强度低，使用时受到限制，因此很少单独用作包装材料。由于铝板延展性好，适于生产很薄的铝箔、包装铝管等。

制作铝包装容器的板材多采用铝合金板材。为了使制造的容器坚硬，通常在严格控制的条件下，向纯的熔融铝中添加硅、铜、镁、锰等配制成铝合金，使强度和硬度得到显著提高。最常用的是铝镁、铝锰合金，特别是加入镁可明显提高材料的强度。但添加以上元素后的铝合金与纯铝相比，其抵抗酸碱腐蚀的能力有所下降，所以铝板均须经涂料处理后方可使用。

铝合金板材的生产工艺流程是：铸铝→热轧→冷轧→退火→冷轧→热处理→校平→钝化处理(生成氧化铝薄膜)→涂料→铝合金板材。

铝合金板材的力学性能会影响到其加工性能和容器的使用性能，因此，在生产某种容器时，常根据容器的结构来选择材料的加工性能，如抗拉强度、可塑性、伸长率等，根据容器的使用情况来选择材料的厚度、强度、硬度等。

铝合金板材主要用于制作铝质包装容器如罐、盒、瓶管等，因其加工性能好，也是制作易开罐盖的专用材料。

（二）铝箔

用于包装的金属箔中，应用最多的就是铝箔。铝箔是采用纯度为 99.5%以上的电解铝或铝合金板材压延而成的，厚度在 0.2 毫米以下。一般包装用铝箔多与其他包装材料复合使用，作为阻挡层，能提高阻隔性能。

铝箔虽然很薄，但作为包装材料，它具有以下优点。

(1) 重量轻，有利于降低运输费用。

(2) 具有良好的隔绝性、遮光性及保香性，能防潮、不透气，可以有效防止包装物的吸潮、氧化、挥发、变质。

(3) 具有良好的耐热性，高温和低温时形状稳定，可作为烘烤用的容器使用。

(4) 保护性强，使包装物不易受细菌、霉菌、昆虫的损害。

(5) 光泽性好，对热和光均有较高的反射能力，其反射率达 83%～85%。表面光泽好，具有优良的装饰、展销效果。

(6) 机械特性良好，适用于自动包装机械使用。

(7) 二次加工、模压性和压花性好。

(8) 可印刷性和复合适应性好，便于着色，很容易与纸、塑料等材料贴合，进行复合加工。

(9) 无毒，对环境不易产生公害。

铝箔虽然具有上述优点，但铝箔由于本身强度较低，耐撕裂性差，折叠时容易裂口，易被酸碱腐蚀，不能热黏合封口，因此很少单独使用，绝大多数铝箔常与塑料薄膜、纸张等材料进行复合加工，以复合材料的形式使用。这样既保持了铝箔的优良性能，又弥补了铝箔在某些包装性能方面的不足。

（三）镀铝薄膜

镀铝薄膜是一种新型复合软包装材料，通常采用特殊工艺在塑料薄膜或纸张表面(单面或双面)镀上一层极薄的金属铝，即成为镀铝薄膜。因为镀铝层较脆弱，容易破损，所以一般在上面再复合一层保护用塑料膜如聚乙烯、聚酯、尼龙等。

镀铝薄膜与铝箔复合材料有许多相同的优良性能：

(1) 阻隔性能优良，货架寿命长，适用于食品、药品等的包装；

(2) 具有金属光泽，光反射率可达 97%，使商品增添华贵高档感，提高销售价值；

(3) 镀铝层导电性能好，能消除静电，因此封口性好，尤其包装粉末状产品时不会污染封口部位，保证了包装的密封性，大大减少了渗漏；

(4) 镀铝层厚度可任意选择；

(5) 易于印刷加工。

此外，镀铝薄膜还有优于铝箔复合材料之处。

(1) 镀铝薄膜具有优良的耐折性和良好的韧性，很少出现针状孔的裂口，无柔曲龟裂现象，因此隔氧性也更加优越，这对包装敏感和容易失味食品，以及保持产品外观是重要的。

(2) 镀铝层比铝箔薄得多，因而成本也比较低。

鉴于上述优点，镀铝薄膜是一种既成功又经济的新型复合包装材料。近年来，镀铝薄膜在欧美等国被逐渐推广，已在不少产品上取代了铝箔复合材料（如在香烟包装方面，镀铝纸正在逐步取代铝箔纸）。镀铝薄膜主要用作食品（如快餐、点心、肉类）、农产品等的真空包装，以及香烟、药品、酒类、化妆品等的包装及商标材料。

总之，由于镀铝薄膜有较为全面的保护功能、良好的加工性和具有宣传魅力的装潢效果，近年来已成为发展迅速、工艺技术日益成熟、生产能力和产品品种不断增加的新型复合包装材料。

第四节　金属包装容器

一、金属包装容器概述

金属包装容器的发展历史悠久，特别是镀锡薄钢板容器，一直在食品和其他物品包装中占主导地位。在金属容器中占比例较大的是金属罐，传统的金属罐由罐身、罐盖和罐底三部分组成，通常称为三片罐。20 世纪 40 年代，人们研制开发了铝制二片罐的制造方法，现代制罐工艺技术的发展，已使二片罐在食品、饮料及其他行业得到了广泛的应用。最初的二片罐制造材料主要为铝，后来镀锡薄钢板和低锡铁也成了二片罐的制造材料。

金属包装容器的分类方法很多，根据结构形状和容积大小的不同分类，可分为金属罐、金属箱、金属桶、金属盒、金属软管等。按材质分类，可分为镀锡薄钢板、镀铬薄钢板、镀锌薄钢板、铝合金容器等。镀锡薄钢板、镀铬薄钢板、铝合金制成的容器常用于食品、罐头、饮料、日用化学品等，镀锌薄钢板制成的容器一般用于工业产品。

金属包装业是我国包装工业的重要组成部分，主要为食品、罐头、饮料、油脂、化工、药品及化妆品等行业提供包装服务。

二、金属罐

在金属容器中，金属罐的应用最为广泛，特别是应用在食品罐头和饮料等的包装上。国家也制定了相应的标准，用于规范金属罐的设计、制造、使用和流通。

（一）金属罐的分类

金属罐的主要类型有三片罐和二片罐，金属罐的分类如表 9-1 所示。

表 9-1　金属罐的分类

类　型	说　明
三片罐	由罐盖、罐底和罐身三个主要部分连接而成的金属罐
二片罐	由连底的罐身和罐盖两个主要部分组成的金属罐，有浅冲罐、深冲罐、变薄拉伸罐
锡焊罐	罐身接缝处钢板互相勾合，用锡或锡合金焊接的三片罐
电阻焊罐	罐身接缝处钢板互相搭接，用电阻焊接机焊接的三片罐
黏接罐	罐身接缝处用尼龙等黏合剂黏接而成的三片罐，多用无锡薄板制造
浅冲罐	用浅拉伸法制造的二片罐，其罐高与罐径之比小于 1
深冲罐	用多级拉伸法制造的二片罐，其罐高与罐径之比大于 1
变薄拉伸罐	罐底与罐身是一体的，且罐底与罐身是用拉伸和罐壁压薄法形成的二片罐，分铝制和钢制两种

无论是三片罐还是二片罐，最常见的罐形是圆形罐，此外还有方形罐、椭圆形罐、梯形罐等异型罐。圆形罐在所有的罐形容器中是制造最容易、用料最省、容积最大的，但外形单调、没有特色。异型罐造型独特，但制造困难，用料多，成本也较高。

（二）金属罐构件

金属罐构件有底盏、易拉盖和全开盖等，如表 9-2 所示。

表 9-2　金属罐构件

构　件	说　明
底盏	用于三片金属罐底部的称罐底，用于三片罐、二片罐顶部的称罐盖
易拉盖	一种在开启部位有刻痕，装有提拉附件，以方便开启的金属盖，有拉环式、留片式、按钮式
全开盖	一种沿盖周边全部撕开，便于取出食物的一种金属易开盖

（三）三片罐的制造工艺流程

三片罐中的圆形罐和异型管的成型制造工艺基本相同。空罐生产的主要任务是把金属板制成符合规格要求的空罐容器，要求不漏气，有良好的密封性。

三片罐根据罐身制造工艺的不同，可分为压接罐、黏接罐和焊接罐三种。这三种罐的区别在于罐身侧缝的结合方法不一样，而罐盖、罐底，以及罐盖、罐底与罐身的结合方法基本相同。

1. 压接罐

压接罐的罐身是沿用传统的切角、端折、成圆、压平等工艺制造而成的，主要用于对密封要求不是十分严格的食品罐，如茶叶罐、月饼罐、糖果巧克力罐和饼干罐等；如果是对密封要求比较高的包装，则要增加一道焊锡工序，以确保罐身侧缝的密封性能。

以圆形罐为例，其罐身的典型制造工艺流程为：印铁→烘干→裁剪→切角、切缺→去应力→端折→成圆→压平→焊锡（对密封要求严格的罐）→翻边→滚筋→罐身。

2. 焊接罐

焊接罐是罐身纵缝采用焊接密封制造而成的金属罐。焊接方式通常是电阻焊，电阻焊是将待焊接的两层金属板重叠置于连续转动的两滚轮电极之间，通电后靠电阻产生的热使滚轮之间的被焊金属接近熔化状态，并在滚轮的压力下连成一体，形成焊线。

镀锡薄钢板和镀铬薄钢板金属罐均可用电阻焊法制作。电阻焊节约了贵重的锡，并避免了铅锡对内装食品的污染；焊缝搭接宽度小（不超过 1 毫米），节约了材料，而且强度高，密封性好；焊缝小，彩印面积大，外形美观；焊缝厚度薄，便于翻边、缩颈和封口等后续工序的操作，提高生产效率。因此焊接罐已经成为三片罐主导产品，大量用于加热杀菌食品等的包装。

焊接罐所用的镀锡薄钢板，必须在焊接部位留有一定宽度的印刷空白，叫做“留空”，以避免印刷油墨对焊接质量造成不利影响。焊接罐除“焊接”一道工序与压接罐不同外，大部分工序与压接罐基本相同，所用设备与压接罐也基本相同。

焊接罐罐身制造工艺流程为：印铁→切板→卷圆→焊接→补涂→烘干→翻边→罐身。

3. 黏接罐

由于镀铬薄钢板等材料的焊接性差，于是出现了用有机黏合剂（主要是耐高温的聚酰胺树脂系黏合剂）黏接罐身纵缝的制罐工艺。与电阻焊工艺相比，它在印刷时不留空白，因而罐身外形更加美观；采用价格便宜的无锡钢板，可以降低成本。

为保证足够的强度,罐身接缝的搭接宽度较大,一般为5～6毫米。

根据黏接工艺不同,可将黏接罐的制罐工艺分为黏合剂压合法和黏合剂层合法两种。

(1) 黏合剂压合法。在镀铬薄钢板的端部涂上约6毫米宽的尼龙系黏合剂,成圆时,使涂有黏合剂的部位重合后加热到260 ℃,然后充分压紧,使结合处的黏合剂固化再冷却。

(2) 黏合剂层合法。将镀铬薄钢板先剪切成中板,在中板两端层压上薄膜状黏合剂,黏接薄膜的内侧,把薄板的端面包起来,再把中板剪切成罐身板,为黏合工序做准备,接着完成罐身制造工序。罐身缝搭接部分宽度为6毫米。

黏接是一种有发展前途的制罐方法,黏接罐的罐身制造工艺流程为:薄板上涂布黏合剂→切罐身板→切角→成圆→罐身黏接压紧→急冷(使黏合剂固化)→翻边→封底→喷补内外涂料→烘干→罐身。

从黏接罐的罐身制造工艺来看,除了罐身纵缝黏接工序与焊接和压接罐有所不同外,大部分工序基本相同。

(四) 二片罐制造工艺流程

二片罐的罐身和罐底为一体,没有罐身纵缝和罐底卷边,所以称为二片罐。二片罐生产周期短,工艺简单,密封性好,广泛应用于啤酒及含气饮料的包装。国际上也有人将二片深冲罐用于罐头食品等的包装,其应用范围越来越广。

二片罐由于罐身成型工艺不同,目前主要包括浅冲罐、拉伸罐和变薄拉伸罐等三种。根据使用材料不同,可将二片罐分为铝制二片罐、镀锡板二片罐和镀铬板二片罐。

1. 浅冲罐

浅冲罐常用的材料是镀锡板和镀铬板。多采用浅拉伸法将镀锡板或镀铬板等金属薄板一次拉拔成型而制成罐底和罐身。通常罐高与罐径之比小于1,其形状可为圆形、椭圆形、方形等,由于罐身较浅、无接缝,多用于盛装鱼、贝、虾、蟹类罐头等包装,可以减少罐壁的腐蚀。

由于浅冲罐主要是利用镀锡板和镀铬板的延展性,在冲模的挤压作用下产生塑性变形,以制成所需的容器形状,工艺流程比较简单,关键工序是冲压罐身与修整切边。在冲床上借助不同的冲压模具,可完成不同形状容器的成型。

浅冲罐罐身的典型制造工艺流程为:镀锡板或镀铬板→喷油(棕榈油)→切板→冲罐身→切边→翻边→罐身。

2. 深冲罐

深冲罐的特点是壁厚均等、强度刚性好。因此,它适应的包装范围更广,其长径比可以大于1,一般可达1.5:1,它可以在成型前的平板上涂布表面涂料。除此之外，它所需设备成本低，且规格尺寸更易适应不同的需要。

深冲罐适合的材料主要是铝、镀铬板和马口铁，其形状可以是圆形，也可以是异形，主要用于深加工食品的包装。

制罐时，罐身和罐底用多次拉伸法制成，一般最少为 2 次拉伸，即先将金属薄板冲制成杯体，通过多级拉伸，杯体的内径越来越小，使底部的部分材料转向罐壁，而不是将罐壁部分压薄，罐壁和罐底的厚度保持原板厚度不变。

深冲罐罐身的制造工艺流程为：涂油的金属板材→切板→冲成杯状→再次冲杯（根据罐高可能需若干次）→冲压罐底膨胀圈→修边→翻边→滚压加强筋→表面装饰→检漏→罐身。

3. 变薄拉伸罐

变薄拉伸罐又称冲拔罐，冲拔罐最大的特点是长径比很大，一般为 2:1，最大可达 5:1，罐壁经多次拉伸后变薄，因此，这种罐身结构很适合于含气饮料的包装，因为内压的存在可以支撑罐壁。近年来，液态氮在包装上的应用日趋增多，其汽化倍数可达 700 倍以上，当用来盛装非含气饮料或固体食品时，也可以借助液态氮进行包装。微量的液态氮足以用来支撑罐壁。另外，冲拔罐的生产还具有设备简单、生产效率高等特点。冲拔工艺只能成型圆形罐，而不适合制作异型罐。目前冲拔罐大量用于诸如啤酒等含气饮料的包装。

冲拔罐的成型原理和设备比较简单，先将金属薄板冲制成杯体，通过多级拉伸，罐壁逐渐变薄，在罐壁延伸变薄的同时，提高了罐身高，而罐径不变。冲拔罐的制作主要经过预冲压和多次变薄拉伸两个重要流程，所以称为变薄拉伸罐。

冲拔罐罐身的制造工艺流程为：卷材涂润滑油→下料→冲压预拉伸成杯状→多次拉伸变薄→冲底成型→修边→清洗润滑油→烘干→涂白色珐琅质→表面印刷→涂内壁→烘干→缩径翻边→检漏→罐身。

三、金属桶

金属桶是指用较厚的金属板（大于 0.5 毫米）制成的容量较大（大于 20 升）的容器。金属桶具有良好的力学性能，耐压、耐冲击、耐碰撞；有良好的密封性，不易泄漏；对环境有良好的适应性，耐热、耐寒；装取内装物、贮运方便；根据内装物的不同，某些金属桶有较好的耐蚀性；有的金属桶可多次重复使用等。金属桶可用于贮运液体、浆料、粉料或固体的食品及轻化工原料，包括易燃、易爆、有毒的原料。

常用金属桶的种类有钢桶、镀锌钢桶、镀锡钢桶和铝桶。钢桶是用低碳钢板制成的圆柱形包装容器，用于液体、浆料、粉状或块状食品及轻工、化工原料的大型运输包装；镀锌钢桶、镀锡钢桶和铝桶可作为中小型运输包装容器，较轻便；镀锌、镀锡钢桶适用于某些腐蚀性产品；铝桶可用作啤酒桶。

(一) 金属桶的分类

金属桶在形状上主要有圆柱形、方形、椭圆形等，其中圆柱形金属桶比较常见。圆柱形金属桶主要有以下几种。

1. 开口桶

开口桶是桶盖可装拆的钢桶，桶顶盖由封闭箍、夹扣或其他装置固定在桶身上。根据开口方式可分为全开开口桶和开口缩颈桶两种形式。

2. 闭口桶

闭口桶桶身与桶顶经卷边封口组合成一体，桶顶有桶口件，由封闭器密封封口。按封闭器直径大小可分为小开口桶(封闭器直径小于 70 毫米)和中开口桶(封闭器直径大于 70 毫米)两种形式。

3. 钢提桶

钢提桶是为方便搬运而在桶身上设有提手的钢桶，一般钢提桶的容量较小，有开口钢提桶和闭口钢提桶两种。

(二) 金属桶的制造工艺流程

金属桶的制造方法类似三片罐，桶身有纵缝，制得桶身后翻边再与桶底和桶盖双重卷边连接。卷边处要注入密封胶，以前采用红糖骨胶密封，现在多采用聚乙烯醇缩醛或橡胶类合成高分子材料封缝胶。

圆形闭口钢桶桶身的制造工艺流程如下：板料→剪切→磨边→卷圆→点焊→缝焊→翻边→滚波纹→胀环筋→桶身。

与闭口钢桶桶身制造工艺相比，圆形开口钢桶桶身的制造工艺多一道桶口卷线工序。异形钢桶桶身制造工艺比圆形钢桶桶身制造工艺多一道胀型工序。

四、金属软管

金属软管是用软金属制成的圆柱形薄壁容器，其一端折合压封或焊封，另一端形成管肩和管嘴并用螺纹盖封合，挤压管壁时，内装物由管嘴挤出。金属软管主要分为铅锡管、纯锡管、铝管和铝塑复合软管四类。

金属软管主要用于日用化工产品，如牙膏、鞋油、药膏、水彩和颜料等的包装。现在铝制软管及铝箔复合材料软管也用于果酱、果冻、调味品等半流体黏稠食品的包装。

金属软管可进行高温杀菌。软管开启方便，可分批取用内装物，再封性好，未被挤出的内装物被污染几率比其他包装方式少得多。

金属软管的材料可选用高纯度铝或铝箔、锡或铅锡合金等。此外，还可选用在金属包装容器制造中用到的焊料、密封填料、涂料等辅助材料。金属软管的阻隔性比塑料软管及复合软管好，但取出部分内装物后金属软管变瘪，外观不如后者。

金属软管的制造比较简单，主要工艺是金属片毛坯冲压挤出成型，各种金属软管的结构大同小异，加工工艺也基本相同，典型制造工艺流程如下：金属片装毛坯→涂布润滑剂→冲压挤出成型→车削→退火→内涂覆→干燥→外涂覆→干燥→印刷→干燥→封盖。

将铝料坯在压力机上经冲模挤压成管状，尾部按所需长度修剪；然后加工管口螺纹，退火处理，使冷挤压产生的加工硬化变软；加盖，内壁喷涂料，外表面印刷。最后将内装物由软管尾部装入，再压平卷边，使其形成良好密封。

五、金属喷雾罐

喷雾包装是将目的物（有效的内装物，一般也称为原液）和推进剂（压缩气体或液化气）相混合后，装入带有阀门的耐压容器中，利用推进剂的压力，把内装物从阀门中喷出来，喷射出来的为有效内装物或有效内装物与推进剂的混合物。这些内装物按其使用的目的和用途，以喷雾、泡沫、射流的形态喷放出来。喷雾包装广泛地用于医药品、化妆品、家庭用品、食品、汽车用品、工业用品等商品包装。

喷雾包装内藏有能量（压力、膨胀力），而且有阀门，因此在操作时，用手按动阀门，即可很容易地按所需要的状态将内装物从容器中取出来。作为能源的推进剂同时封在容器中，将此与原液组合，能比较容易地得到其他包装容器所得不到的内装物取出状态。而且在其容器上还设有能自动开关的阀门，除取出内装物所需要的量外，其他总是保持密封状态。所以就其商品价值来看，喷雾包装具有准确、有效、简便、卫生等特点。

金属喷雾罐主要用马口铁、无锡薄钢板、不锈钢板及铝等材料制成。金属喷雾罐的结构及制造工艺，除罐盖与普通三片罐、二片罐的不同外，其余部分基本相同。

第五节　金属包装技术

一、金属食品罐包装技术

金属食品罐有圆罐、椭圆罐、方罐、梯形罐和马蹄形罐等多种形式。每种罐的包装技术都大同小异，需要经过空罐、装罐、排气与封罐、杀菌及冷却、贴标及装箱几个过程。

（一）空罐

根据不同产品特点可选用抗硫涂料罐、防黏涂料罐或钝化处理素铁罐。空罐搬运时应避免罐边摩擦和碰撞，并注意搬运过程中的卫生。装罐前应经沸水喷冲，然后倒罐沥水或烘干。

(二) 装罐

根据产品要求，可采用生装或熟装，人工装或机械装。罐内食品应保证规定的分量和块数，并注意排列整齐美观，切忌充填过量。一般罐内距离顶隙应有 6～9 毫米的剩余空间。顶隙过小，杀菌时食品受热膨胀，罐内压力增加，会影响罐的密封性与耐蚀性；顶隙过大，罐内残留空气多，也会加速罐的腐蚀。装罐时还要求保持罐口清洁，不得有小片、碎块、油脂、糖渍或盐渍等，否则会影响罐卷边的密封性。

(三) 排气与封罐

封罐前要排除罐内空气，以减少空气对食品品质的影响及对罐壁的腐蚀，防止加热杀菌时胀罐。

排气与封罐的方法如下。

1. 热力封罐排气法

热力封罐排气法即用食品热灌装法排气，或食品灌装预封再加热排气。一般肉类罐头采用高温(80 ℃～90 ℃)短时间排气工艺，而果蔬罐头含空气量多宜采用低温(60 ℃～75 ℃)长时间排气工艺，以保证密封罐头有合适的真空度。

2. 真空封罐排气法

真空封罐排气法是将食品装罐预封后，用真空封灌机在真空密封室内排气密封，罐内真空度一般可达 33～40 千帕。由于封罐机占地面积小，比较清洁卫生，且对一些加热困难的食品罐头也可获得较好的真空度，因而大部分食品罐头多用此种方法排气。

3. 蒸汽喷射排气法

蒸汽喷射排气法是指封罐时向罐头顶隙内喷射蒸汽以驱走空气，并迅速密封。冷却后，顶隙内蒸汽冷凝，便形成部分真空。此法适用于对空气的溶解和吸收量极低的食品罐头，而且比较方便、经济。

(四) 杀菌及冷却

密封罐头加热的目的，是杀死食品中的致病菌、产毒菌和腐败菌，并破坏食品中的酶，以使食品能储藏 2 年以上而不变质。根据食品的性质，可用蒸汽高温杀菌(高于 100 ℃)或“巴氏杀菌”法，杀菌后应迅速进行冷却。冷却不当，会造成食品色、香、味变差，组织变质，甚至失去食用价值；同时还会促进嗜热微生物繁殖和加快罐壁腐蚀。一般用喷水或浸水冷却，罐头冷却终止温度一般在 38 ℃左右，过低则易引起罐外壁生锈。

（五）贴标及装箱

对已冷却、干燥和检验后的罐头进行贴标与装箱，要加热杀菌的食品罐头外壁常用纸标签装饰，可用人工或机械粘贴。装箱一般用瓦楞纸箱包装。

二、喷雾罐包装技术

喷雾罐是金属包装容器中日益走俏的一种包装容器，其包装技术正在逐步完善，应用也越来越广泛。

（一）喷雾类型

喷雾罐的喷雾分为空间喷雾、表面喷雾和泡沫三种类型。

1. 空间喷雾

喷雾剂为液化气，一般与产品混合成部分分层（液相），部分蒸发汽化（蒸发相）。开启阀门，蒸发相推动液相进入阀体经喷嘴喷出，液相喷雾剂迅速汽化，将产品以细雾状（颗粒直径＜30 微米）喷出，充满空间，如杀虫剂、空气清新剂等。产品是以极细液体或固体微粒分散于气相中，成为一种气溶胶。典型喷雾包装以雾状分配产品，1 秒能喷出微粒 1 亿个。由于一份液态喷雾剂汽化时可充填容积为原体积 250 倍的空间，故可保持喷雾罐内喷出压力不变直至产品喷完。

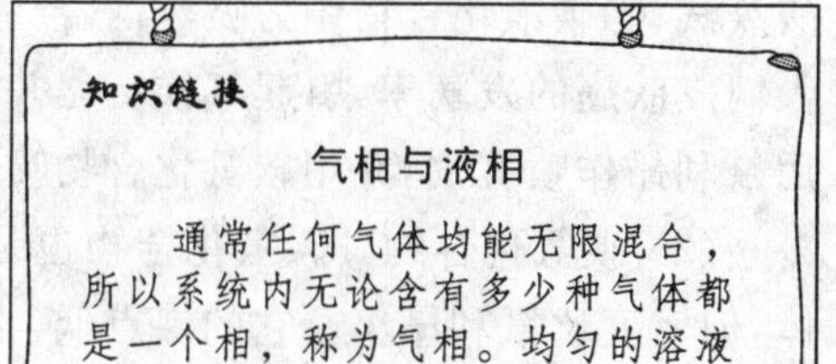
知识链接

气相与液相

通常任何气体均能无限混合，所以系统内无论含有多少种气体都是一个相，称为气相。均匀的溶液也是一个相，称为液相。

2. 表面喷雾

喷雾剂为压缩气体，它不与产品相混合。开启阀门，压缩气体推动产品入阀体，经阀嘴喷出，产品物相悬浮于压缩气体上，颗粒较粗（直径＞50 微米）也称为“固体流”，喷出后附着于被喷物体表面，属表面喷雾，如油漆，祛臭剂等。随着压缩气体的消耗，喷出压力越来越小，因此喷雾也越来越不均匀。

3. 泡沫

喷雾剂为液化气，产品物相经乳化且与喷雾剂混合，开启阀门，蒸发相推动乳化了的物相与喷雾剂进入阀体经阀嘴喷出，喷雾剂汽化将产品物相分散并膨胀，产生泡沫，如刮胡膏、护发摩丝等。

由上可知，喷雾形态取决于喷雾剂及产品配方和喷雾阀的结构。

知识链接

物　相

物相是物质中具有特定的物理化学性质的相。同一元素在一种物质中可以一种或多种化合物状态存在，所以，特定物质的物相都是以元素的赋存状态及某种物相（化合物）相对含量的特征而存在的。

（二）喷雾剂

喷雾剂又称推进剂、雾化剂，是喷雾的动力源，它是能产生气压，使产品以雾状、细流状或泡沫状喷出而分配使用的物质。喷雾剂有液化气体和压缩气体两大类。

1. 液化气

常用的液化气有碳氟化合物和碳氢化合物。

(1) 碳氟化合物。碳氟化合物又称氟利昂，它是最常用的高效喷雾剂，在使用中有以下特点：①它是液体，是经压缩后的液化气，在喷雾容器内可作为溶剂或冲淡剂与产品混合；②沸点低，常温下在空气中易汽化并产生较高的气压，可使产品经喷嘴以雾状喷出，效果极好；③有微臭，一般情况下无毒，比空气重，置换氧后，大量的碳氟化合物会使人窒息，如喷到受热表面上，会产生有害的磷酸、盐酸或氢氟酸蒸汽；④碳氟化合物作为喷雾剂，会释放出大量破坏大气臭氧层的氯原子，增加人们皮肤癌的发病率，引起气候变化并影响农作物收成，因此有些国家明令禁止使用氟利昂作喷雾剂，并用碳氢化合物喷雾剂取代。

(2) 碳氢化合物。碳氢化合物也是经压缩的液化气，在耐压密封容器内是液体，但密度比氟利昂小。它的沸点低，常温下在空气中易汽化，有较高的蒸气压，喷雾效果好。它的气味微臭，价格较低，但易燃烧，有一定危险性，常与氟利昂混用。

此外，一些国家正积极开展对其他无碳氟化合物的喷雾器的研究。

2. 压缩气体

常用的压缩气体有氮气、二氧化碳和氧化氮。用压缩气体作喷雾剂有以下特点。

(1) 在喷雾容器中，它是气体，能部分溶于水，通常不与产品混合，其喷出状态是“固体流”型。

(2) 压缩气体通常使用的压力是600千帕。但在使用过程中，随容器变空压力变小，会影响喷雾特性，以致变得无法使用。温度对压力变化影响较小。

(3) 压缩气体较卫生、安全，可用于食品喷雾包装。

（三）喷雾罐容器与阀门

喷雾罐容器为耐气压构件，其材料多为金属，如马口铁三片罐或铝二片罐，容积从15～1 000毫升不等，其中140～650毫升居多，约占四分之三。

喷雾罐阀门是用以控制喷雾罐内产品流动与喷出特性的关键构件，它能控制容器中产品的流动，使用时将它喷出。喷出的产品是泡沫状、雾粒状或喷流状，完全取决于不同的阀门和触动器。

喷雾阀的结构，特别是喷嘴的形状和尺寸是影响喷雾特性的主要因素之一，一般喷嘴孔径在 0.5～5 毫米之间。

（四）喷雾产品及喷雾剂的灌装工艺

喷雾产品的生产工艺流程如下：主成分（产品）的配制及灌装→喷雾剂的配制及灌装→器盖的接轧密封→漏气、重量及压力检查→最后包装。

产品及喷雾剂的灌装，在喷雾包装中具有其特殊性和重要性，灌装法有冷灌装法和压力灌装法两种。

1. 冷灌装法

主成分不含水分时，可采用冷灌装法，即将产品与喷雾剂冷却至喷雾剂沸点以下，定量装入喷雾容器，然后尽快放上阀门，同时接轧卷边密封。

以此法灌装时喷雾剂损失较少，灌装速度快，但要冷冻设备，且灌装后要加热回温以便贴标包装，设备投资大，能耗较大，已逐渐被淘汰。

2. 压力灌装法

多数喷雾产品均采用此法，即在室温下先灌装主成分，并灌入少量喷雾剂以驱除容器内的空气；接着放置阀门并接轧卷边密封；最后将大量喷雾剂用灌装头以高压通过阀杆喷嘴泵入已密封的喷雾容器内。

此法对产品配方没有特殊要求，可以含有水分；灌装时不会有冷凝水混入产品，不用冷冻及回温设备，投资较省。但用此法灌装时容器内空气不易驱除干净，而且通过阀嘴灌装的速度较慢。

灌装及密封完毕后，要对罐体进行检漏试验，即将罐浸入热水中（55 ℃）保持 3 分钟，检查有否漏气，待干燥后进行包装。

三、金属软管包装技术

软管是包装不同黏度的糊状或乳剂状产品的良好容器。它使用方便，可以分次地小量挤用，并对剩余内容物提供完全的保护。软管产品可用专门设备高速充填灌装，因而在许多领域得到广泛的应用。

现代化软管包装车间，一般将软管供给机、膏体灌装机和装盒机组成生产线进行自动化生产。现以牙膏包装为例讨论其主要工序。

（一）灌装

牙膏用灌装机灌装，包括软管对中压紧、管帽旋紧、对光定位、膏体灌装、折叠封尾及顶出输送等工序。

1. 灌装机

灌装机按形式分类，有转盘式、链带式和直线式；按结构分类，有单管式、双管式和多管式；按生产能力分类，有低速机（50～80 支/分钟）、中速机（100～200

支/分钟)和高速机(200 支/分钟以上)。

2. 膏体定量灌装

膏体灌装为容积定量。定量装置由料斗、可调节送料泵、可定时开闭的三通转换开关以及喷嘴射膏器组成。

3. 封尾形式

膏体从软管尾部灌装后要进行封尾。机器动作为尾部夹紧、折叠、二次折叠及最后压紧。

(二) 装盒

已灌满牙膏的软管要装入纸盒,对产品进行保护和装饰。装盒机有间歇式和连续式两种,多采用连续式装盒机,它运行平稳,操作及保养比较方便,生产能力大。

装盒工序如下:纸盒上料分舌撑开成形→牙膏进入纸盒→折左右小舌(折角)→折大舌→推进大舌→装盒完毕。

(三) 装箱

单支牙膏装入小盒后要再装入中盒(一般为 20 支/盒),进行保护包装,也可用热收缩薄膜包装。最后将中盒装入瓦楞纸箱(一般为 12~18 中盒/箱),以便于运输。

本章小结

本章首先介绍了金属包装材料的性能、分类,接着阐述了低碳薄钢板、镀锡薄钢板、镀锌薄钢板和镀铬薄钢板等包装用钢材,然后分析了包装用铝材的优缺点,铝板、铝箔和镀铝薄膜三种分类,继而介绍了金属罐、金属桶、金属软管和金属喷雾罐的特点和制造工艺流程,最后重点阐述了金属食品罐、喷雾罐和金属软管等金属包装容器的包装技术。

综合案例分析

美国奶粉多用马口铁罐装

食品是用来填饱肚子的,但它首先要安全。在美国人眼中,食品包装安全与食品质量同样重要。所有与食物相接触的物质,必须遵守“安全第一”的原则。这是美国食品和药品管理局(FDA)对食品包装的基本要求。凡是食品可能接触到的材料都属于食品包装,这不仅包括普通的塑料袋、纸袋,而且包括罐头内的涂层、容器盖子、开口处的密封材料等。

美国对婴儿使用的产品检查尤为严格。例如,一些婴儿奶瓶是用塑料制成的,每个奶瓶在上市前都要进行化学物质检测，每一项都必须在合格范围内。过去，有研究称，用塑料袋装奶粉，塑料中的一些物质可能会破坏婴儿的神经系统。所以美国的奶粉多是用马口铁罐装的，一来可以防止受潮、变质；二来保质时间长，不易因为环境改变而产生有害物质。马口铁罐内还都有一层专门的涂层，起隔离和保护作用。

美国食品生产厂家必须对包装负责。食品上市之前，厂家要向FDA提供包装材料安全性能、化学成分及会对环境造成多大影响等相关信息。FDA的科学家要对包装材料进行一系列的实验，包括包装中的化学物质在加热、冷藏、高压等条件下如何向食物中转移、积累，食用者到底可能会接触或者吸收多少这类物质，含量在什么水平以下才不至于影响健康等。之后他们会出炉包装安全报告，通过这些数据决定是否批准此类包装上市。如果没有FDA的证明，擅自使用食品包装，就会受到重罚。

（资料来源：http://www.mysteel.com/gc/xydt/jsbz/2010/04/15/082936/2248917.html）

思考题

1. 奶粉适合采用哪种包装容器？
2. 马口铁的用途有哪些？

本章综合练习题

1. 简述金属包装材料的特点。
2. 简述包装用钢材的分类。
3. 简述包装用铝材的性能特点。
4. 简述包装用铝材的分类。
5. 简述金属包装容器的分类。
6. 简述金属食品罐、喷雾罐和金属软管三种金属包装容器的包装技术。

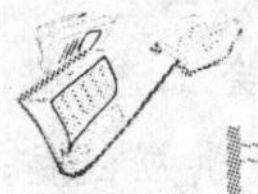

实践活动

金属包装分析

实践目标：学会分析金属包装的材质、容器。

实践内容：选取一种金属包装商品进行分析研究。

实践要求：分析选取的商品的金属包装材料、金属包装容器、可能采用的工艺流程和包装技术，分析该金属包装的优缺点。

实践成果：撰写金属包装分析报告。

第十章 集合包装

本章学习目标

(1) 了解集合包装的基本知识;

(2) 掌握集装箱的种类和结构;

(3) 了解托盘的优缺点和分类;

(4) 掌握托盘的码垛方法;

(5) 了解集装袋的种类和特点。

经典案例导入

集装箱物流解决方案

近日,持续11年中国物流供应链管理软件市场占有率第一的博科资讯股份有限公司(以下简称博科资讯),联合中国交通运输协会、中国物流与采购联合会、中国仓储协会和中国食品工业协会等行业协会,在北京召开“供应链改变中国”——博科资讯“赢在物流”计划启动仪式暨物流管理软件全线产品发布会。会上,博科资讯分享了其对中国企业发展困境及出路的理解,深入阐述了通过物流供应链信息化管理挖掘企业第四利润源的思路,并推出了包括“集装箱物流解决方案”在内的9个应用解决方案。

改革开放以来,伴随着我国国民经济的快速增长和外贸事业的蓬勃发展,中国集装箱物流业也迅速增长。自20世纪80年代以来,我国集装箱物流发展速度始终远超过6%～8%的世界平均增幅。2007年,中国港口集装箱吞吐量首次突破1亿TEU大关,中国海路、公路、铁路、内河集装箱运输近些年来都取得了长足的发展。如今中国已初步建成环渤海、长江三角洲、东南沿海、珠江三角洲和西南沿海

5 个规模化、集约化、现代化的港口群体，形成了布局合理、设施较完善、现代化程度较高的集装箱运输体系。

集装箱物流作为以集装箱为运输单位进行货物运输的一种最先进的现代化运输方式，具有安全、迅速、简便、廉价的特点，有利于减少运输环节，还可以通过综合利用铁路、公路、水路和航空等各种运输方式，进行多式联运，实现"门到门"运输。

针对集装箱物流企业生产运输、成品运输和堆放存储统计管理业务复杂、网点众多、范围分布全国、要求安全可靠性高等特点，博科资讯为其量身订制了集装箱物流解决方案，通过与 RFID 技术结合，在产成品下线、运输环节中对集装箱、托运车辆进行实时追踪，实时掌握集装箱的位置和状态，准确找出指定集装箱，实时了解堆场上的集装箱的数量和位置空缺，实现对集装箱、托运车辆和堆场状态的管理，并进行运费结算，向客户提供集装箱信息查询服务，有效提高堆场利用率，提高客户满意度，节约企业资源。

（资料来源：http://info.china.alibaba.com/news/detail/v0-d1003689039.html,2008-12-22）

第二次世界大战以后，世界经济和生产技术发展迅猛，跨国经营及国际贸易量不断上升，国际市场竞争愈演愈烈。与此同时，世界铁路、公路、水路等与其相应的交通运输网络也得到了快速发展，市场的扩大为大量生产提供了良好的环境，而大量生产的产品要向各地运送，运输就成为大量生产的有力支柱。市场扩大的结果，使得长距离运输的重要性愈来愈明显。作为大量运输的组织形式，集装单元化系统的方法开始被世界各国所采用。

所谓集装单元化系统，就是使用辅助器具将各种散货整理成一定规格的单元，借助于机械化的装卸进行输送的方法。在集合包装中常用的器具有集装箱、托盘、集装袋、集装架、集装网等工具。目前在发达国家，都采用这种系统进行产品输送，还有船舶在进行装卸作业时，以托盘和小型集装箱作为器具，利用叉车和起重机等机械进行作业。如果发货方不使用托盘和集装箱的话，这种合理的集装单元化系统就不能实施。

集合包装运输之所以受到人们的关注，主要是因为它具有安全、高效、简便、降低成本和"门到门"服务的优势。它一问世就受到人们的欢迎，并迅速发展，以至引发了运输方式的变革，已成为现代贸易发展的重大标志，被赋予 20 世纪运输业重大革命的高度评价。

第一节　集合包装概述

一、集合包装的定义

所谓集合包装，是指将一定数量的产品或包装件组合在一起，形成一个合适的运输单元，以便于装卸、储存和运输，又称组合包装或集装单元。集合包装的种类很多，主要有集装箱、集装托盘、集装袋、集装架、集装夹等。

集合包装既是一种新型的运输单元形式，也是现代运输工具的重要组成部分，是集装运输的物质和技术基础。集合包装能更好地保护商品，提高装卸效率，节省运输费用。

二、集合包装的产生和发展

集合包装是现代商品生产、流通和运输的产物，它是随着先进的运输方式而产生和发展的。它经历着由简单到复杂、由低级到高级逐步完善的发展过程。

我国的集合包装与集装运输发展较晚，与国际发展轨迹相似，也是起源于铁路的集装箱运输。我国铁路集装箱运输始于 1955 年，发展速度较慢，长期处于停滞不前的落后状态。随着国内外贸易的发展和对外开放，集合包装和集装运输势在必行，必须加快发展的步伐，加速建设集装箱运输的专用码头、车站，提高装卸机械化与自动化和集合包装与集装运输的管理水平，使我国海运、铁路、公路和航空的集合运输更快发展。我国已确认集装箱运输是今后小件杂货运输的发展方向，经过一段时间的努力，一定会建立适合我国国情、满足发展变化、高效便捷的集装箱运输体系。

三、集合包装的作用

集合包装反映了一个国家或地区的生产、科技与管理水平。它以生产发展和科技具有较高水平为基础，不仅要求运输、装卸的高度机械化和自动化，并要有一套完整的科学管理方法。在现代商品包装运输系统中，集合包装日益显示出其优越性，并发挥越来越大的作用。集合包装的作用主要体现在以下几个方面。

1. 提高装卸效率，减轻劳动强度

集合包装扩大了包装单元，规范了单元尺寸，为实现货物的装卸和搬运机械化提供了条件，通过采用机械化和自动化操作，大大降低了人工劳动强度，效率大为提高，如用集装箱装卸的劳动生产率，比用人工装卸常规货物要提高 15 倍以上，同时大大降低人工劳动强度。

2. 运输便捷，加快车船周转

集合包装商品在流通过程中，无论经过何种运输工具，装卸多少次，都是整体运输，无须搬动内装物。这种运输方式大大缩短了商品装卸时间。集装箱运输把海运、铁路和公路运输联成一体，实行联运，形成从发货人仓库直到收货人仓库的"门对门"运输，加之装卸机械化和自动化水平的提高，商品运输与装卸时间大大缩短，从而加速车船周转和商品运输速度，加快了货物的送达。

3. 可靠地保护商品，保证运输商品安全与质量

集合包装将零散产品或包装件组合在一起，固定牢靠，包装紧密，起到一个强

大的外包装作用，每个集合包装均有起吊装卸装置，无须搬动内装物，商品得以有效保护，提高运输货物的完整率，这对易碎、贵重商品尤为重要。

4. 节省包装费用

采用常规包装，为保护商品，势必要消耗大量包装材料；而采用集合包装，集装箱和托盘等可以反复周转使用，可降低原商品外包装的用料标准，如原用木箱可改用纸箱，原用五层纸箱可改用三层纸箱等，包装工序少，简化了商品包装，有些商品甚至不用外包装，节约了包装费用。

5. 缩小包装件体积，提高了仓库、运输工具容积利用率

由于商品单个包装简化，减小了单个包装体积，单位容积容纳商品数增多，如用集装箱装载可比原来提高容积利用率 30%～50%。

6. 推动包装的标准化

集合包装有制定好的国际标准，为了有效利用容积，要求每种商品的外包装尺寸必须符合一定标准，否则会留有空位，从而促进了包装标准化。

7. 降低运输成本和贮存费用

采用集合包装，单位容积容纳的商品增多，提高了运输工具的运载率，简化了运输手续，且集装箱、托盘等可多次周转使用，运输成本自然降低。集合包装容纳商品多，如集装箱本身就是一座小型仓库，密封性能好，不受环境气候影响，即使露天存放也对商品无碍，可节省库容，减少储存费用。

第二节　集　装　箱

一、集装箱的定义

集装箱，是指具有一定强度、刚度和规格，专供周转使用的大型装货容器。集装箱又称为“货箱”或“货柜”。

根据国际标准化组织（ISO）《集装箱名词术语》中对集装箱所下的定义与技术要求，GB1992—85 中将集装箱定义为一种运输设备，且具有如下特点和技术要求。

(1) 具有足够的强度，可长期反复使用；

(2) 适于一种或多种运输方式运送，途中转运时，箱内货物无须换装；

(3) 具有快速装卸和搬运的装置，特别便于从一种运输方式转移到另一种运输方式；

(4) 便于货物装满和卸空；

(5) 具有 1 立方米及 1 立方米以上的容积。

二、集装箱标准

集装箱标准化,不仅能提高集装箱作为共同运输单元在海、陆、空运输中的通用性和互换性,而且能够提高集装箱运输的安全性和经济性,促进国际集装箱多式联运的发展。给集装箱的载运工具和装卸机械提供了选型、设计和制造的依据,从而使集装箱运输成为相互衔接配套、专业化和高效率的运输系统。

集装箱标准根据使用范围可分为国际标准、地区标准、国家标准和公司标准四种。标准集装箱是国际标准集装箱的简称。

1. 国际标准

国际标准是指国际标准化组织 104 技术委员会制定的集装箱标准。国际标准集装箱也不是一成不变的,自 1961 年 104 技术委员会成立以来,曾有过多次补充、删减和修改。到目前为止,国际标准集装箱共有 13 种规格。

2. 地区标准

地区标准是指由地区组织根据该地区的特殊情况制定并仅适用于该地区的集装箱标准。在国际标准集装箱中的第 2 系列集装箱是引用了国际铁路联盟(VIC)的标准,是欧洲地区铁路上使用的标准,因此属于地区标准的集装箱。

3. 国家标准

国家标准是指各国政府参照国际标准并考虑本国的具体情况制定的本国的集装箱标准。

4. 公司标准

公司标准是指某些大型集装箱船运公司根据本公司的具体条件而制定的集装箱船运公司标准。

三、集装箱的构造与技术参数

(一) 集装箱的构造

集装箱的结构与外形是多种多样的,但其外形多呈长方体状,且主要由骨架和各个壁板组成。钢制通用集装箱是集装箱最基本的形式,它由以下构件组成。

1. 角件

集装箱箱体的八个角上都设有角件。角件用于支撑、堆码、装卸和栓固集装箱。集装箱上部的角件称顶角件,下部的角件称底角件,左右对称。

2. 角柱

角柱是指连接顶角件与底角件的立柱。

3. 角结构

角结构是由顶角件、角柱和底角件组成的构件，是承受集装箱堆码载荷的强力构件。角件和角柱均为铸钢件，用焊接方法连接在一起。铸钢件应按国家标准进行热处理，铸件表面应平整，并清除毛刺。

4. 上端梁

上端梁是指箱体端部与左、右顶角件连接的横向构件。

5. 下端梁

下端梁是指箱体端部与左、右底角件连接的横向构件。

6. 门楣

门楣是指箱门上方的梁。

7. 门槛

门槛是指箱门下方的梁。

8. 上侧梁

上侧梁是指侧壁上部与前、后顶角件连接的纵向构件。左、右对称，左面的称左上侧梁，右面的称右上侧梁。

9. 下侧梁

下侧梁是指侧壁下部与前、后底角件连接的纵向构件。左、右对称，左面的称左下侧梁，右面的称右下侧梁。

10. 顶板

顶板是指箱体顶部的板。顶板要求用一张整板制成，不得用铆接或焊接成的板，以防铆钉松动或焊缝开裂而造成漏水。

11. 顶梁

顶梁是指在顶板下连接上侧梁、用于支承箱顶的横向构件。

12. 箱顶

箱顶是指在端框架上和上侧梁范围内，由顶板和顶梁组合而成的组合件，使集装箱封顶。箱顶应具有标准规定的强度。

13. 底板

底板是指铺在底梁上承托载荷的板。一般由底梁和下端梁支承，是集装箱的主要承载构件。箱内装货的载荷由底板承受后，通过底梁传导给下侧梁，因此底板必须有足够的强度，通常用硬木板或胶合板制成。木板应为搭接或榫接，也可采用开槽结构。

14. 底梁

底梁是指在底板下连接下侧梁，用于支承底板的横向构件。底梁从箱门起开始编号直到端板为止。底梁一般用“C”、“Z”或“I”形型钢或其他断面的型钢制作。

15. 底结构和底框架

底结构和底框架由集装箱底部的四个角件,左、右两根下侧梁、下端梁、门槛、底板和底梁组成。在 1C 和 1CC 型集装箱的底结构上还设有叉槽,1A 和 1AA 型集装箱的底结构上有的设有鹅颈槽。而底框架是由下侧梁和底梁组成的框架。

16. 叉槽

叉槽是指横向贯穿箱底结构,供货叉插入的槽。20ft 型集装箱上一般设一对叉槽,必要时也可以设两对叉槽。40ft 型集装箱上一般不设叉槽。

17. 鹅颈槽

鹅颈槽设在集装箱箱底前部,用以配合鹅颈式底盘车上的凹槽。这种设计在 40ft 型集装箱上比 20ft 型集装箱用得普遍。

18. 端框架

端框架是指集装箱前端的框架,由前面的两组角结构、上端梁和下端梁组成。后端的框架实为门框架,它由后面的两组角结构、门帽和门槛组成。

19. 端壁

端壁是指端框架平面内与端框架相连接而形成的封闭的板壁(不包括端框架在内)。在端壁的里面一般设有端柱,以加强端壁的强度。

20. 侧壁

侧壁是指与上侧梁、下侧梁和角结构相连接而形成的封闭的板壁(不包括上侧梁、下侧梁和角结构在内)。在侧壁的里面一般有侧柱,以加强侧壁的强度。

21. 端柱

端柱是指在端壁上与上端梁、下端梁和端板相连接的垂直构件(主要设在铝集装箱上)。

22. 侧柱

侧柱是指在侧壁上与上侧梁、下侧梁和侧板相连接的垂直构件(主要设在铝集装箱上)。

23. 端板

端板是指覆盖在集装箱端部外表面的板。

24. 侧板

侧板是指覆盖在集装箱侧部外表面的板。

25. 箱门

箱门通常为两扇后端开启的门。用铰链安装在角柱上,并用门锁装置进行关闭。

26. 端门

端门是指设在箱端的门。通用集装箱一般前端设端壁,后端设箱门。

27. 侧门

侧门是指设在箱侧的门。通用集装箱一般均设端门而不设侧门,只在必要时才设侧门。

28. 门铰链

门铰链是指靠短插销(一般用不锈钢制)使箱门与角柱连接起来,保证箱门能自由转动的零件。门铰链的结构形式应以使箱门能开启 270°为原则。

29. 箱门密封垫

箱门密封垫是指箱门周边为保证密封而设的零件。密封垫的材料一般采用氯丁橡胶。

30. 箱门搭扣件

箱门搭扣件是指进行装卸货物作业时保证箱门开启状态的零件。它设在箱门下方和相对应的侧壁上。其形式各异,有采用钩环的,也有采用钩链或绳索的。

(二) 集装箱的主要技术参数

1. 尺寸

集装箱的尺寸是指在 20 ℃条件时从三向测得集装箱的长、宽、高。包括外部尺寸和内部尺寸。

(1) 外部尺寸。包括全部永久性附件(如角件、吊环、托梁等)在内的集装箱外部最大尺寸。

(2) 内部尺寸。包括全部永久性附件(如内衬板、端柱等)在内的集装箱内部的最小尺寸。① 内部长度是指端柱内表面间或端门内表面至另一端壁内表面间的最小尺寸。② 内部宽度是指侧壁内表面间或侧柱内表面间的最小尺寸。③ 内部高度是指从顶梁(或上角件)下表面至底板(或下角件)上表面之间的最小尺寸。

2. 体积

集装箱的体积是指集装箱三向外部尺寸的乘积。

3. 最小内部容积

集装箱的最小内部容积是指不计算伸入箱内部分,三向内部最小尺寸的乘积。

4. 重量

(1) 自重(T):集装箱空箱时的重量。

(2) 最大载货量(P):集装箱最大允许载货的重量。

(3) 最大总重(R):集装箱自重与最大载货重量之和,即 $R=T+P$。

(4) 实际载重(P'):集装箱实际装载的货重。

(5) 实际总重(R'):集装箱自重与实际载重之和,即 $R'=T+P'$。

5. 承载能力

(1) 堆码承载能力:相同尺寸的集装箱在码垛时及码垛后,下层集装箱承受动、静载荷的能力。

(2) 箱底承受能力:箱底承受货重或装货后叉举搬运时产生动、静载荷的能力。

(3) 栓固承载能力:以集装箱的角件或其他附件捆固后,集装箱承受运输中各种动载荷的能力。

四、集装箱的种类及应用

集装箱种类繁多,分类方法多样。除按尺寸分类外,还可以按材料、结构和用途等对集装箱进行分类。

(一) 按集装箱使用材料分类

按使用材料分类,集装箱可以分为钢集装箱、铝集装箱、玻璃钢集装箱和不锈钢集装箱。

1. 钢集装箱

钢集装箱的外板用钢板,结构部件也均采用钢材。

钢集装箱的最大优点是强度大、结构牢,焊接性和水密性好,而且价格低廉。同样尺寸的钢集装箱与铝集装箱比较,钢集装箱的价格为铝集装箱的 60%～70%。钢集装箱的最大缺点是自重大,20ft 型钢集装箱的自重一般达 2 200 千克左右,由于自重大,降低了装货量。此外,钢集装箱容易腐蚀、生锈,每年一般需要进行两次除锈涂漆,降低了使用率。钢集装箱的使用年限较短,国外一般为 11～12 年。据统计,目前世界上拥有钢集装箱的数量占世界总箱量的 85%左右。

2. 铝集装箱

通常说的铝集装箱,并不是纯铝制的,而是主要部件使用适量的各种轻铝合金,故称铝合金集装箱。铝合金一般都采用铝镁合金,这种铝合金集装箱的最大优点是重量轻,铝合金的相对密度约为钢的三分之一,20ft 型铝集装箱的自重为 1 700 千克,比钢集装箱轻 20%～25%。同一尺寸的铝集装箱可以比钢集装箱装更多的货物。

铝集装箱不生锈,外表美观。铝镁合金在大气中自然形成氧化膜,可以防止腐蚀,但遇海水有点蚀作用,如采用纯铝包层超硬铝板或在箱外涂一层特殊的透明涂料,就能对海水起到很好的防蚀作用,最适合用于海上运输。铝合金集装箱的弹性好，加外力后容易变形，外力除去后一般就能复原，因此最适合在有箱格结构的全集装箱船上使用。铝集装箱的使用年限比钢集装箱长，一般为15～16年。

铝集装箱的缺点是焊接和耐磨性差、疲劳强度不足，故角件、角柱及框架结构一般仍采用钢材。由于铝集装箱价格较高，一般用来制造特种集装箱，如罐式集装箱、冷藏集装箱等。

3. 玻璃钢集装箱

玻璃钢集装箱是在钢制的集装箱框架上装上玻璃钢复合板构成的，玻璃钢复合板主要用作侧壁、端壁、箱顶板和箱底板。美国于1967年最早使用玻璃钢集装箱，1968年已有6家公司制造玻璃钢集装箱。目前美国生产的玻璃钢集装箱已占集装箱总产量的20%。英国和日本也在研究、设计、制造和推广玻璃钢集装箱。

玻璃钢集装箱的特点是强度大、刚性好。由于玻璃钢复合板具有一定的厚度，能承受较大的外力，箱壁上一般不需要再加衬板，从而可以增加7%～10%的内容积。玻璃钢的隔热性、防腐性、耐化学性都比较好，能防止箱内产生结露现象，有利于保护箱内货物不遭受湿损。玻璃钢板可以整块制造，防水性好，还容易清洗，最适合作兽皮集装箱和动物集装箱用。此外，玻璃钢集装箱还有不生锈、容易着色的优点，故外表美观，由于维修简单，维修费用也较低。因为玻璃钢集装箱有上述优点，在现有的集装箱中可用作杂货集装箱、冷藏集装箱、罐式集装箱、通风集装箱、兽皮集装箱、散货集装箱、动物集装箱、航空集装箱等。

玻璃钢集装箱的主要缺点是重量较大、价格较高。

4. 不锈钢集装箱

不锈钢是一种新的集装箱材料，它有如下优点：强度大，不生锈，外表美观；使用率高，耐蚀性能好，在整个使用期内无须进行维修保养。其缺点是：价格高、初始投资很大，一般用作罐式集装箱。

（二）按集装箱结构形式分类

按结构形式分类，集装箱可以分为固定式集装箱、活动式集装箱、折叠式集装箱、挂式集装箱和多层合成集装箱。

1. 固定式集装箱

固定式集装箱除箱门外，其余各壁及箱顶是固定的，不能打开和拆卸。固定式集装箱又可分为封闭式集装箱和敞开式集装箱。

1）封闭式集装箱

具有防水性能的固定式集装箱称为封闭式集装箱，但其防潮性和通风性较差。

封闭式集装箱按侧柱、端柱的有无及其位置可分为有柱（外柱）式集装箱和无柱（内柱）式集装箱两种。有柱式集装箱的侧（端）柱在侧（端）壁之外，柱受外力作用时，外板不易损伤，有侧柱的大多是铝合金集装箱。由于集装箱内部壁面平整，有时也不需要有内衬板。无柱式集装箱是侧(端)柱位于侧(端)壁之内,外表光滑,受斜向外力作用时不易损坏,外板与内衬物之间留有空隙,防潮效果好。无侧柱的大多是玻璃钢与钢制集装箱。

按箱门的位置可分为半高侧开门式集装箱、侧壁全开式集装箱和全开式集装箱。半高侧开门式集装箱除设有端门外,在两侧壁还开设约为箱高一半的侧门,放在铁路车辆上,直接装卸货物。侧壁全开式集装箱的侧壁是全开的,便于使用叉车进行高效地装货和卸货。全开式集装箱的端部与侧部全部是门,可局部或全部打开进行装货和卸货。可装拆的机器设备和品种不一的混装货物适用于采用此种集装箱。

2）敞开式集装箱

敞开式集装箱无箱顶或四周不全或呈笼网状,有固定的外形且各部不能拆卸。可用起重机从箱上面装卸货物,装好后再覆盖防水布,它适合装载超重超长的货物。

2. 活动式集装箱

活动式集装箱的箱顶或壁板是可拆装的,能打开和拆卸。活动式集装箱又分为敞顶式集装箱和拆壁式集装箱。

(1) 敞顶式集装箱。敞顶式集装箱的箱顶可装卸,可用起重设备从箱顶装卸货物,适用于装载重量大、体积大的玻璃板、钢制品及机械货件等。按结构不同,敞顶式集装箱又可分为开顶式和框架式两种。开顶式集装箱的箱顶分为硬顶和软顶。硬顶用钢板制成,顶板可以卸下。软顶用防水布覆盖,底部和四壁齐全,端部或侧部开门,构件可拆卸。框架式集装箱无箱顶,货物可从两侧进行装卸。按其结构不同又可分为两种,一种是一侧或两侧无壁板,但上部结构完整;另一种是无端壁或侧壁,用角柱与上梁固定联结,框架内又可盛放板架集装箱、汽车集装箱、牲畜集装箱、散货集装箱和罐式集装箱等。

(2) 拆壁式集装箱。拆壁式集装箱具有可拆装的侧壁结构,与软顶结合,具有通风强的特点,侧壁既可整体拆装,也可使一半固定,另一半拆装。

3. 折叠式集装箱

折叠式集装箱的箱体侧端壁和箱顶等部件能折叠和分解。回空时体积可缩小为固定集装箱体积的四分之一,以降低回空的舱损,从而降低了运输费用。重复使用时,可重新组合,使用方便。它适用于陶瓷、砖瓦等商品的运输。

4. 挂式集装箱

挂式集装箱专用于装挂服装,其优点是衣服不用折叠,成套地直接吊挂在集装箱内,可节省包装材料并保持服装出厂时式样,可以直接销售,不用整理。因专挂服装,故挂式集装箱又称服装专用集装箱或吊挂服装集装箱。

5. 多层合成集装箱

这种集装箱每层都有固定格子,主要用于装运鲜蛋等易碎货物,既固定又通风，装满后，一层层用固定装置做成集装箱。

（三）按集装箱的用途分类

随着集装箱运输的发展，为了适应装载各种不同种类的货物，出现了许多不同种类的集装箱，这些集装箱不仅外形不同，结构不同，其内部尺寸的参数也不同。

按用途分类，集装箱可以分为通用集装箱和专用集装箱。

1. 通用集装箱

通用集装箱适宜于装载对运输条件无特殊要求的各种不同规格的货物，进行成箱、成件集装运输。其用量占全部集装箱的70%～80%，其规格尺寸、自重与载重、容积，一般均采用国际标准或国家标准。这类集装箱箱体有密封防水装置，故又称为密封式集装箱。按照开门形式，可分为一端与两端开门，或一端与两端开门再加一侧与两侧全开门、部分开门，以及加活顶等形式。

2. 专用集装箱

专用集装箱是根据某些商品对运输条件的特殊要求而专门设计的集装箱。箱内一般有通风或空调设备与货架等，可用来装载鲜活、易腐、怕热、怕冻或体型较大的货物，以及粉状、液态货物等。

(1) 散装货物集装箱。这种集装箱一般用钢板、铝板或铝合金板制造。箱底用玻璃钢，箱侧壁内衬板用刨平木板，以便于清扫。它最适宜于装载散装固体货物，如植物油料、粮食、饲料、砂石、化肥和其他散装的粉体与颗粒商品，因而又称粉状货集装箱。

(2) 罐式集装箱。这种集装箱是全密封式的大型容器。适宜于装载液体物品，如化工原料、油类和药品等。按装货性质，又可分为危险货物与非危险货物罐式集装箱两种，危险货物罐式集装箱的试验压力要大于非危险货物罐式集装箱。

(3) 通风式集装箱。这种集装箱的箱内备有通风装置，有一端或两端开门，或一端和两端开门、加一侧与两侧开门等形式。按通风方式，又分为有自然通风设备的自然通风集装箱和备有机械通风设备的强制通风集装箱两种。箱门设在端部，侧壁有4～6个通气窗口。为了排除箱内潮湿货物析出的水分，箱底设有放水旋塞。为防止内壁污染和腐蚀，内壁衬一层玻璃纤维增强塑料。这类集装箱适宜于装载水果、蔬菜和怕闷热的农副土特产品等，将通气窗口关闭便可作为干货集装箱使用。

(4) 保温式集装箱。这种集装箱内装有用隔热材料构成的保温装置，在箱的前端壁和箱门上各有几个通风口，并安装便于开闭的百叶窗。其最大特点是限制箱内外传热，使箱内货物与外界的温度隔绝，以保持箱内温度恒定或保持在一定的范围内。它适宜于装载对温度变化敏感的货物，如精密仪器、油类、罐头食品等。还有不允许升温且需通风的货物，如水果、蔬菜和糖果等。保温式集装箱便于在寒冷季节或寒冷地区的集装运输。它又可分为不加热源或冷源的自然限制箱内外传热的自然保温集装箱和有加热设备的加热保温集装箱两种。

(5) 冷藏集装箱。这种集装箱的箱内备有制冷装置，温度可降至－25 ℃～－18 ℃，类似于大型冰柜。最适宜于装载鱼、肉、蛋类、水果和蔬菜等需冷藏物品。按制冷设备不同，又分为制冷式冷藏和制冷加热式冷藏集装箱两种。制冷式冷藏集装箱各面用隔热材料构成，箱内安装有冷冻机，以保持内部固定低温或在规定的温度范围内。制冷加热式冷藏集装箱构造与前者基本相同，只是还有加热设备，制冷与加热设备能调节温度或使温度保持在一定范围内，有的外部设备与内部设备可以拆卸。

(6) 牲畜集装箱。这种集装箱是专门为装载动物，如猪、牛、马、羊、驴等牲畜和家禽而特别设计的，又叫动物集装箱或围栏式集装箱。它的箱顶和侧壁用玻璃纤维与加固塑料制成，既能遮阳又便于清扫。开敞部分一侧装有折页窗口，窗下外侧有饲养槽，便于喂食。另一侧壁下部有拉门式清洁口和排水口。门的两壁用钢制框架和金属网制成，结构牢固，通风良好。箱内可加隔板，根据需要可分成若干小间。

(7) 平板玻璃集装箱。平板玻璃集装箱是专门为平板玻璃集装运输而设计的。它前面设门，顶面为盖的密闭箱。箱内后壁上设有靠板条，内侧壁上设有端档条，内底面上设有垫板条，箱门内面装有可调节的压夹盘，且各构件表面黏接橡胶件，以达到缓冲的目的。

(8) 航空集装箱。主要用于装运邮件、贵重仪器和物品、救灾物资、救急药品等。

(四) 按集装箱重量分类

按照最大总重量，可将集装箱分为大型集装箱 1AA(30 吨)、1CC(20 吨)，中型集装箱 10D(10 吨)、5D(5 吨)和小型集装箱(总重 1 吨以下)。

(五) 按集装箱的运输工具分类

按运输工具分类，集装箱可分为陆路运输用集装箱、海上运输用集装箱和航空运输用集装箱。

1. 陆路运输用集装箱

陆路运输用集装箱主要是指汽车集装箱和铁路集装箱，其尺寸与结构应适应汽车和火车底盘的规格要求。

2. 海上运输用集装箱

海上运输用集装箱的尺寸与结构应适应轮船货仓与甲板的规格要求，并应具有耐高温、高湿与海水侵蚀的性能。

3. 航空运输用集装箱

航空运输多采用小型集装箱，主要用于装运生鲜食品及混装急件。

（六）按集装箱的卸货方式分类

根据卸货方式，集装箱可分为顶卸集装箱、底卸集装箱和侧卸集装箱三种。

五、集装箱的结构特征

（一）通用集装箱的结构特征

通用集装箱多为钢制，且为固定封闭式，适用于装运文化用品、医药用品、纺织品、工艺品、化工产品、电子设备、仪表仪器、机械零件、机械设备等干性杂货。此类集装箱又称为干货集装箱或货物集装箱。

通用集装箱的结构特征如下。

1. 搬运及栓缚构件

(1) 叉槽。叉槽设在集装箱下部，它贯通箱体，即集装箱可从两面叉举，总重为 1 吨。集装箱可设两对叉槽，内侧的一对为空箱叉孔，外侧的一对为重箱叉孔。总重为 5 吨以上的集装箱设两个叉槽，多用于空箱的叉举，重箱多用角件起吊。

(2) 吊环或吊钩。小型集装箱只在箱顶设置吊环或吊钩，可不设角件。

(3) 小轮或小车。小型集装箱下面可安装小轮，中小型集装箱可放在小车架上拖拉搬运。

(4) 角件。它是指位于集装箱八个角处的承载构件。总重在 5 吨以上的集装箱必须设有角件。角件可分为上、下角件，上角件的顶面应高于箱顶，且不得少于 6 毫米。下角件底面应落地支承箱体。角件按照不同的应用又可分为甲、乙两种角件：甲种角件用于国际运输，如 1AA，1CC 等集装箱；乙种角件用于国内运输，如 10D、5D 等集装箱。角件都为铸钢制造，但其化学成分与力学性能要求不同。

2. 钢制骨架

任何材质的集装箱，其骨架多为钢制的。由于集装箱的自重有限定，因而构件数及材料规格等会受到制约，根据各构件的承载特点，选用 2～5 毫米的 A3 钢板制成型钢，再将各构件焊成整体骨架。在集装箱的结构设计中，箱底和箱顶横梁较多。

3. 箱板

(1) 端壁、侧壁与顶板。可用厚 1.5～2 毫米的 B2 钢板压制成波纹板。可分为弯折式和压窝式两种。

(2) 底板。底板可压波纹或花棱，以防货物滑动。1 吨箱用厚 2 毫米的 B2 钢板，5 吨箱用厚 3 毫米的 B2 钢板。此外，为防滑、洁净或缓冲，底板上可铺设其他材料。

4. 箱门

(1) 门框。门框由两侧门柱、门楣和门槛组成。内框面上粘以天然橡胶制成的异型断面密封条，以密封箱门。门柱、门楣和门槛用 3～4 毫米厚 A3 钢板压成槽钢状并经焊接而成。

(2) 箱门。箱门由左右两扇组成。箱门关闭时，依靠合缝处的角铁和密封条掩缝密封。

5. 门锁装置

门锁装置由锁杆、锁舌和锁座等组成。锁紧后两箱门可压紧所有的密封条。

(二) 冷冻集装箱的结构特征

无论在国际还是在国内冷藏运输，主要还是采用冷藏集装箱。冷藏集装箱可分为冷冻集装箱、保温集装箱和气调集装箱等，其中冷冻集装箱拥有量最大，约占标准集装箱总量的 10%。

冷冻集装箱的基本结构与通用集装箱相同，但其内部结构有很大差异。冷冻集装箱内经常需要用水冲洗，且多用来运输含水货物，因此，集装箱的材料要有防锈性。同时，冷冻集装箱需要绝热保温(一般保持在－25 ℃～25 ℃之间)，比其他箱壁结构复杂且耗材多，应选用轻质材料。

冷冻集装箱设有喷气管和通风轨，箱内四壁设有绝热层、内衬及凸条，由于各种货物要求的运输温度和环境温度不同，故绝热材料的品种与厚度也应不同，因此，冷冻集装箱内部尺寸不同。冷冻集装箱的外部尺寸与通用集装箱的规格相同，应符合国际或国家标准。

(三) 保温集装箱的结构特征

保温集装箱是一个没有冷冻装置的绝热集装箱，箱体结构与冷冻集装箱基本相同，仅是在保温集装箱的箱门和端面开有几个直径约为 215 毫米的通风口，箱内温度波动较大，只适用于 24～72 小时以内的运输，且多与汽车组装成集装箱。

设计保温集装箱时，应注意以下两个方面的问题。

1. 保温集装箱的隔热层

保温集装箱隔热层大多采用硬质聚氨酯泡沫塑料，可根据最恶劣的气温来设计其厚度。

2. 保温集装箱的箱内冷却辅助方法

保温集装箱可采用辅助冷却的方法，保持箱内的低温和减少温度波动，最常用的冷却方法如下。

(1) 水冰冷却。水冰冷却是最简单的一种冷却方法，水冰冷却时，货物不会减湿，反而可能增湿。而且，当冰吸热融解成水后需排出，同时冰的冷却力显著降低，需立即补充。另外，可用盐质水冰增加冰的冷却力，水中的含盐量越多，冷却温度越低。

(2) 干冰冷却。干冰即固体二氧化碳，工业干冰为白色冰块，在大气压下和温度为−78.9 ℃时，可不断吸收周围的热量而升华，且0 ℃的二氧化碳气体仍能吸收周围的热量。

干冰升华后的气体，对金属无腐蚀性，并可防止细菌、霉菌的繁殖，可缓解脂肪氧化，对食品运输有利。但干冰升华后生成的气体，可吸收大气中的水分而结霜，因而影响冷却效果，但适用于装运怕水、怕潮的货物。使用干冰冷却时，冰块不可太小，并用纸包裹起来，使之缓慢升华，干冰应放在箱门附近，进行强制循环，使箱内温度分布均匀。

第三节　托　盘

托盘最初只是作为一种装卸工具而被广泛使用，因其便于根据实际需要改变形状、尺寸和用法，从而逐渐发展成为一种重要的运输包装器具。目前世界先进国家所实施的集装单元系统几乎都是指托盘系统，托盘是集装单元系统最方便的辅助用具。

一、集装托盘的概念

集装托盘又称集装盘，简称托盘，是指为了便于运输、装卸和储存，在一件或一组货物下面所附加的一块整板。这种垫板下面有几根横梁，形成插口，以供铲车、叉车进行装卸、运送和堆放作业。

集装托盘既能起到搬运工具的底托作用，又有集合包装容器集合货物的作用，是国内外包装运输普遍采用的一种搬运工具，使用时将许多产品或包装件有序地码垛在托盘上，再通过捆扎、黏结等方式加以固定。

二、集装托盘的特点

（一）优点

(1) 利用托盘搬运，实现全程运输集装化，促进了装卸机械化，改善了劳动条件，消除了笨重体力劳动，提高了运输效率和经济效益。

(2) 作业时间大幅减少，输送时间变短，卡车的运输率上升。

(3) 托盘体积小，重量轻，易于制造，便于维修。

(4) 可以有效地进行保管场所的整理整顿以实施立体保管。

(5) 使用托盘有一定数量的载货量，发货时能防止数量差错，容易进行数量管理。

(6) 货件固定在托盘上且码垛高度适当，可有效利用储存和运输空间，使用立体仓库、自动货架仓库等。若无托盘，其功能将无法实现。

(7) 工厂内实施无人化搬运必须有托盘。

(8) 货件与托盘固定方法简便，可减少货损、货差及污染环境等事故的发生。

(9) 可回收复用，便于实现地区间的交换、共用与联营。

(10) 可简化产品包装、节省包装空间，部分或全部地节省个体包装的费用。

(二) 缺点

(1) 托盘虽小，托盘本身具有一定的重量和体积，在与货物一起输送时会产生多余的重量和空间。

(2) 托盘集装作业区需留出叉车行驶的通道，因而占地面积较大。

(3) 输送以后收货方的空托盘的管理和整理较麻烦，如果有多个公司的空托盘的话，必须分别管理各个发货方的托盘。乱堆乱放、造成破损和丢失的问题一直难以解决。

(4) 托盘运输存在空盘回送的问题，所产生的费用是多余输送所造成的。托盘有“用完就扔”和“反复使用”两种方法，对于一般的输送，如果托盘用后就扔，费用很高，托盘输送的效果就减少了一半。通常，托盘可反复使用几年，这样就要把托盘返回到发货方。而向国外远距离输送和进行特殊货物运输时，应该使用一次性托盘，因为托盘返回的代价太高。

通过合理设计以及建立地区间的联营等，可使托盘的缺点得到不同程度的克服。总之，托盘集装适应性强、简单易行、利多弊少、经济效益高，是值得推广的一种现代化集合包装运输方式。

三、托盘的分类

托盘的基本式样为垫板状，根据实际运输的需要现已发展成多种式样，且托盘的材质及其承载能力也有所不同。托盘可以分为以下三类。

(一) 按托盘结构分类

根据托盘结构，可将托盘分为以下两种。

1. 通用托盘

(1) 平(板)托盘。托盘形如平板，是最早、最普及的托盘。

(2) 箱式托盘。托盘实质上是平板盘上加设一个箱体，好似一个小型集装箱。

(3) 柱式托盘。它是在平托盘上加设立柱或与立柱联系的框架，可分为固定式和拆装式。

(4) 轮式托盘。它是在托盘下装上轮子，借助某种工具进行短距离的移动。

2. 专用托盘

专用托盘是专门为集装运输某种产品或包装件而设计、加工的，其特征是在平托盘加设一些架子，以适应特殊形状的产品或包装件等集装运输的需要。此类托盘俗称集装架。

（二）按托盘材料分类

根据托盘材料，可将托盘分为以下几种。

1. 木托盘

木托盘是目前应用最广泛的一种托盘。货件在托盘上不易打滑，维修、加工方便。

2. 胶合板托盘

胶合板托盘是在载货面上铺设一层胶合板，其自重仅为木托盘的20%～50%，外形美观且不易损坏货件，但成本较高。

3. 木纤维模压托盘

木纤维模压托盘是用木纤维模压制成的托盘，空托盘可叠套，其载重可达2吨。

4. 纤维板托盘

纤维板托盘是由两只套管和两根木质铺板条组装成的托盘。所占空间为木托盘的1/6。按照实际需要可增加铺板条的数量，且均为可拆卸的结构。套管是以焊接钢丝作为骨架，外层为纤维板。

5. 钢托盘

钢托盘的结构形式与木托盘相比有很大差异。钢制托盘使用也很广泛，其数量仅次于木托盘。钢制托盘强度好、寿命长，但自重大、不易维修、货件易打滑。

6. 铝托盘

铝制托盘重量轻、耐腐蚀，但成本高、货件易打滑。

7. 塑料托盘

塑料托盘可替代上述各种材质，多用于冷库、肉食加工厂、饮料厂和制药厂等，多为高密度聚乙烯，也可用聚酯、聚苯乙烯。热塑性塑料托盘的制造以注射成型为主，特殊结构的托盘也可采用中空成型、热压成型或低发泡成型。塑料平托盘的结构形式很多，其自重轻、色泽好，不易损伤货件，货件打滑的问题易于解决，但塑料加工托盘的设备成本较高。

8. 纸托盘

纸托盘多为一次性使用的托盘，价廉质轻，但强度低、易损、耐潮性差。

(三) 按托盘载重分类

托盘根据载重的大小可大致分为轻载托盘(载重等于或小于 0.5 吨)、中载托盘(载重等于或小于 1 吨)和重载托盘(载重 2 吨)。

四、托盘的结构形式

托盘的结构形式很多,结构不同,其用途也不同。现将托盘的结构形式及其特征分述如下。

(一) 平托盘

1. 平托盘的构造

平托盘是由以下几个部分构成的。

(1) 铺板。托盘上面为载货面,最下面为底面,载货面板或底面板均称为铺板。铺板的长度即为托盘的宽度。

(2) 纵梁。托盘铺板下面或铺板之间的垫梁称为纵梁,纵梁(或纵板)的长度即为托盘的长度。当托盘无纵梁或纵板时,托盘的较短一边为托盘长度。

(3) 叉孔。两纵梁之间的空间构成叉孔,叉孔宽即为两纵梁的间距。叉孔高度是指托盘上层铺板底面至地平面的距离或托盘上层铺板底面至下层铺板顶面的距离。叉孔高度为托盘外部尺寸之一。

纵梁的长度和铺板的另一面的宽度构成了托盘的长与宽,而铺板的厚度与纵梁的厚度构成了托盘的厚度(或高度)。

2. 平托盘的结构形式

1) 按托盘的使用面可分为单面型托盘和双面型托盘

托盘的使用面是指载货的那一面,依据其数量可分为单面型和双面型托盘。

单面型托盘是指仅托盘的上面设有铺板,且托盘只有在铺板的一面朝上时方可载货。其结构强度较差,仅适用于轻载或小型托盘,且不宜在集装货件后再码盘。单面使用型的双面型托盘强度较好,节省材料,应用较广泛。

双面型托盘是指上层与底面均有铺板的托盘。双面使用的双面型托盘强度好,且底面为连续铺板,能够实现机械化的包装作业和输送作业。

2) 按托盘有无吊运边翼可分为单翼型托盘、双翼型和无翼型托盘

单翼型托盘的上铺板两端突出于纵梁侧面之外,可供起重设备吊挂使用。

双翼型托盘上、下铺板两端均突出侧面之外,无论以哪一面作为载货面均可吊挂搬运或码盘。

无翼型托盘铺板与纵梁侧面平齐,只能叉举不能吊运,此种结构应用最为广泛。

3）按叉车进叉方向可分为两向型托盘和四面型托盘

两向型托盘的两个面对的方向有叉孔，故称为两向型。此类托盘结构强度较好、结构简单，是应用广泛的一种形式。四面型托盘四侧都有叉孔，下面的“脚”是用九个方块构成的，使托盘四个方向都各有两个扁孔，铲车可以从任何一个方向进入。此类托盘结构复杂、强度好、作业机动性强，适于需变换方向的码盘作业。

（二）箱式托盘

箱式托盘是由平托盘与货箱组合发展而成的一种集装器具，与平托盘相比，箱式托盘在结构上增加了立柱、侧板及码垛所需的插接机构。

1. 箱式托盘的特征

箱式托盘结构复杂、自重大、成本高，但具有很高的实用价值。箱式托盘的特征如下：

(1) 箱体可承重，适于集装水果、蔬菜以及易碎产品或不宜直接承重的产品；

(2) 便于形状不规则的小件产品实现无包装的集装化运输；

(3) 箱体具有一定的防水性、防潮性和阻隔性；

(4) 有利于提高装载率，充分利用空间而节省运费；

(5) 可大幅度降低产品包装费用，甚至完全省去产品的个体包装；

(6) 侧面半开式箱式托盘即使将其码在底层，也能很方便地取出或装入产品；

(7) 码盘稳定、较高，可防止倒塌。

(8) 欧美市场将有轮的箱式托盘直接作为陈列台展销商品。

2. 箱式托盘的结构形式

箱式托盘箱体的基本结构可以是整体的，也可以是由若干个货箱叠垛成一个搬运单元。

箱式托盘箱体可分为不可拆的固定式以及可拆式、折叠式、半开式。可拆式是用角钢作主柱，四个侧板可插入或拔出。折叠式箱体四侧板装铰链，折叠在一起而减少回送空盘时的体积。少数侧板上装铰链，可在侧面开箱。

箱式托盘的侧板可为实心板、空心板或波纹板，材质可为条木板、胶合板、纤维板、金属板或塑料板。箱式托盘侧面为金属网时，俗称集装笼。

箱式托盘一般有叉孔，也可分为两向型和四向型。箱上有盖或无盖按需要确定，箱体有盖时便于码盘，无盖时在箱口处加设码盘专门机构，而箱盖可以是可拆的或可钉封的。

3. 箱式托盘的插接机构

箱式托盘的插接机构便于码盘定位，插接机构能自我导向，即码盘时未完全对准的情况下，插接机构可作调整，自动定位；插接机构应具有足够的强度，可经受一定的侧倾冲击；插接机构应在本系统内实现标准化，以便推广使用。国内外主要的插接机构有倾斜角铁插接机构、圆锥形插接机构、锥套插接机构、角钢插接机构和瓦楞式插接机构。

（三）柱式托盘

柱式托盘是箱式托盘的简化形式，除无阻隔性能外，它具有箱式托盘的各种优点。它是在托盘载货面上装有立柱或与立柱连接的水平杆件，以立柱为主来承受上层托盘的荷重，同时立柱与水平杆件也有限制货件滑出托盘的作用。其结构复杂程度和成本介于平托盘和箱式托盘之间，并适于多种产品或包装件的集装运输。

柱式托盘可木制、钢制或钢木合制。以立柱能否解体可分为固定式、拆装式和折叠式三类。

1. 固定式柱式托盘

固定式柱式托盘特别适合集装长形产品和各类包装件，其结构形式有以下四种。

(1) 四柱式。托盘有四根立柱，柱上端设有承插结构。载货面可用条板或整板铺设。用木板条时可防滑，且更换方便。使用钢板铺焊时整体刚性好，但铺板易弯曲。用波形薄钢板作为铺板时刚度最好，且自重小。四柱式托盘立柱下端设有锥碗插接机构，此托盘结构简单、刚性好，且底脚面积大。

(2) 筐式。四立柱的上部设有四根水平杆，两者共同构成筐体。此种托盘整体刚性好、载重大，适合集装形状不规则的产品或包装件。

(3) 框柱式。用角钢或槽钢制成四柱，并以两根水平杆组成两个边框。若将其制成长形托盘，则用途更加广泛。这种托盘多用于袋装产品、铸锻件及细长状的产品或包装件的集装运输。

(4) 可套叠式。托盘为金属焊接结构，与筐式托盘相比省去一根水平杆。其强度、刚度仅次于筐式托盘。此托盘前面为开放式，便于存取货件，又可兼作货架使用，集装半成品时，在后加工或储运中不必转卸，从而节省运输成本，并减少货损的可能性。可套叠式托盘最大的优点是空盘可很快地套叠起来，空盘回送时可节省四分之一的储运空间和五分之一的运费。

2. 拆装式柱式托盘

拆装式柱式托盘将托盘的立柱制成可拆卸的，以节省回送空盘时的储运空间和费用；同时，又可根据不同货件的储运要求更换不同结构或不同长度的立柱，从而提高其适应性。

按照插接件的不同，拆装式柱式托盘可分为插入式托盘和撑卡式托盘两类。

(1) 插入式托盘。立柱与平托盘的联结方式都是插入式。其结构轻巧，立柱安装和拆卸方便，钢制托盘的立柱插在托盘四角处，木制托盘的立柱可插在托盘载货面上，也可插在托盘四角上。插入式托盘附有若干自备的可插接的短柱，按所需尺寸加长立柱。空盘回送时，短立柱可拆下并放在载货面处的槽内。此托盘结构紧凑，可大大减少储运空间。此外，因其刚性好，利用立柱底部的吊钩又可进行吊运。

(2) 撑卡式托盘。撑卡式托盘的铺板为木条。左右两立柱的水平杆弯曲处有微向上翘的销子，两个销子对插后，四立柱的底脚即撑卡在托盘的两木条间，从而形成柱式托盘。此种结构拆装方便，但仅适用于集装轻载或柔性的包装件。

3. 折叠式柱式托盘

折叠式柱式托盘的立柱与托盘以铰链联结，向内绕转可将立柱折叠在托盘载货面上。立柱不会丢失，也不易损坏。在托盘一端装有两个小脚轮，另一端装有两个固定脚，是小车与托盘的综合应用。这种托盘具有灵活机动的特点，既适用于长途载货运输，也适用于在车间或仓库、货场内部搬运货件，而且不用叉车搬运，而用牵引杠来实现货物拖带和提升。

五、托盘的码垛与包装

(一) 托盘的码垛

集装托盘实际上是一种集合包装的底盘。其本身有一定的尺寸规格，一般适用于装载长度不超过 1 500 毫米、宽度不超过 1 000 毫米的货物。

1. 码盘尺寸

货物码盘包装的长、宽、高尺寸必须与各种车辆内部尺寸以及叉车的装卸性能相适应，既要充分利用车辆的内容积，便于装卸和运输，又能保证码盘包装的安全并充分利用库容。码盘的长度和宽度，除了以托盘的长度和宽度作为基数外，还要考虑码盘时前后左右的超出部分。码盘高度既要适应车辆内部的高度和叉车最大起升高度的要求，又要考虑作业间隙、货物重量以及产品原包装的规格。

码盘尺寸的相关计算公式如下：

码盘宽度＝托盘宽度＋码盘时每盘宽度前后超出的毫米数×2

码盘长度＝托盘长度＋码盘时每盘长度左右超出的毫米数×2

码盘高度＝(车辆内部高度＋作业间隙)/托盘码放层数

2. 托盘码垛方法

1) 正码法

使产品或包装件保持横平竖直的码垛方法称为正码法，其码垛方式有四种。

(1) 重叠式。各层的排列方式完全相同，无交叉搭接，托盘的表面利用率高，但当产品或包装件的长或宽与托盘的长或宽不成整数比时，稳定性不够好，各层的货物易产生横向滑动，垛堆易发生纵向分裂倒塌。

(2) 正反交错式。奇数层和偶数层的码放图谱相差 180°,如同建筑业的砌砖法,各层间交错搭接,整体稳定性好,长方形托盘多采用这种方式。集装码垛的货箱长宽比为 2:3或 5:6,标准尺寸的托盘可得到最大的表面利用率。但此种码垛方式易出现压坏箱体的现象。

(3) 纵横交错式。此种码垛方式最适于采用自动码垛机进行操作,相邻两层的码垛图谱相差 90°,各层间有交错搭接。集装整体的稳定性好,适应正方形托盘,但进行箱体集装时对箱体的保护不利。

(4) 旋转交错式。奇数层与偶数层码垛图谱方向改变 90°,各层间有交错搭接,稳定性好,但中央有空穴,且其各货件的角隅易向空穴或水平方向移动,使集装整体变形,箱体集装时易产生压坏箱体的现象。

2) 斜码法

产品或包装件倾斜地码垛在托盘上的方法称为斜码法,常用于廉价的块状、刚性产品的集装。

(二) 托盘集装固定的方法

在集装托盘运输时,当各货件间未固定连接时,会因摩擦力不够而产生滑动,从而引起集装单元的变形或上层的货件跌落下来。另外,也会因运输中的振动而造成货件跳动,难免引起货件损坏,并产生位移,甚至跌落下来。所谓托盘包装固定方法,就是用什么方法把货物捆扎固定在托盘上。托盘集装固定的方法很多,选用时应考虑到各种因素。

1. 用带、绳捆扎

用绳、带、钢丝等将货件乃至托盘捆成一体,用纸、橡胶、纤维、塑料和金属等材料加工成的打包带或绳索紧固的方法,简便易行、成本低廉,是托盘集装最常用的固定方法。通常有水平、垂直和对角三种捆扎方式。在包装货物本身没有充足刚性的情况下,可在托盘货物的棱或顶部,用纸板、瓦楞纸、塑料、木材或金属制成的护角进行固定,使其形状不变。捆扎打结方式可分为方结扎、黏合、热融、加卡箍等。

2. 用压敏胶带黏结

将货物堆积在托盘上以后,用压敏胶带将相邻两层的货件黏合在一起,进行纵向或横向封固。压敏胶带是专用胶条,宽度不小于 75 毫米,不会损坏纸箱表面,而又具有很强的黏性,主要用于较轻的纸箱包装。一般情况下,只用黏胶条封固最上一层容器即可。

知识链接

压敏胶带

压敏胶带是一种特殊类型的胶黏剂,由压敏胶、基材、底胶、背面处理剂等构成,将胶黏剂涂于带状基材上制成。使用时,轻轻加压使胶带与被粘物表面黏结。压敏胶带广泛应用于包装、电绝缘、医疗卫生、粘贴标签和作标记等。

3. 收缩薄膜包装

集装货件后的托盘常套以收缩薄膜，当收缩薄膜受热而收缩时紧箍集装货件。这种方法既可防止货物倒塌，又起防水、防潮和防尘的作用，便于实现包装作业的自动化，是最通用的固定包装方法之一。收缩薄膜主要有聚乙烯塑料、聚氯乙烯塑料和聚丙烯塑料等。收缩薄膜包装适用于商品价值高、卫生条件要求高、单件货物重量大以及用拉伸性薄膜封固不牢的商品，但成本较高。

4. 货件层间点粘

在货件各层间加黏合剂进行点粘。此种固定方式对纸箱集装固定较适宜。

5. 加网罩

加网罩或加网绳紧固，主要用于装有同类产品的托盘货物的紧固。以网套使其成为一体，编网材料可用金属、塑料或棉麻等。网罩由三片（即顶部和两个侧面的网片）组成。将网罩套在托盘货物上，再将网罩下端的金属配件挂在托盘周围的金属片上（或将绳网下部缚牢在托盘的边沿上），以防形状不整齐的货物发生倒塌。为了防水，可在网罩之下用防水层加以覆盖。网罩是用棉绳、布绳和其他纤维绳等材料制成的，绳的粗细视托盘货物的重量而定。

6. 框架紧固

框架紧固是将墙板式的框架，加在托盘货物的相对的两面或四面以至顶部，以增加托盘货物刚性的方法。框架材料以木材、胶合板、瓦楞纸板、金属板为主。安装方法有固定式和组装式两种，采用组装式需要用打包带紧固，使托盘与货物结成一体。此种方式成本较高，只在运输某些特殊产品时采用。

7. 用金属夹固定

花格木箱或塑料周转箱集装于托盘上时，它的上下各层之间，可用铆来咬合固定。为了防止各箱左右方向可能发生散落，可以用金属卡具将其最上层的邻接部位卡住。此种固定方法简便易行，主要适用于小木箱的集装。

8. 缠绕拉伸包装

所谓缠绕拉伸包装，是指塑料薄膜在缠绕货件时要受到一定的拉伸作用，从而将货件束紧成一体。

9. 货件层间加防滑层

在垛码的各层货件间加衬垫纸板或泡沫塑料板，既可防止各层货件间的水平滑动，又可起到缓冲作用。

第四节　集　装　袋

一、集装袋的概念

集装袋，俗称吨装袋，是一种运输包装容器，以聚丙烯编织布为主体材料的柔性包装产品，通常可容纳1吨以上的散装固体颗粒或粉末状物体，具有足够的强度，适用于起吊和运输，以满足自动化生产线上的灌装及高效的卸料要求。集装袋是一种柔性运输包装容器，它应具有下列条件：

(1) 结构上具有足够的强度，能适合于起吊运输工具的操作；

(2) 有便于装卸的装置，能进行快速装卸，通常有进出料口；

(3) 容积通常在500～2 300升之间；

(4) 载重量通常在0.5～3吨之间。

目前，集装袋已是世界上工业散货、粉体包装运输的主要工具之一，在化工、矿产、农业、建材、食品医药等众多领域被广泛应用。

二、集装袋的特点

使用集装袋，除需防止机械划伤外有很多优点，主要表现在以下方面。

(1) 可直接吊运或叉举。与其他各种包装袋相比，操作简便，可大量减少重复搬运的次数，提高装卸效率。

(2) 节省人力。集装袋的装货、卸货以及装货后转运仅一人即可完成操作，使用其他各种包装袋时，完成同类工序需20～40人。

(3) 减少产品的损耗。以集装袋储运产品的产品损耗，一般不超过0.5%。如化肥用塑料薄膜袋包装时，破包率为30%；用塑料编织袋包装时，破包率为千分之几；而用集装袋包装时，破包率为零。

(4) 制作集装袋所需的原料少、成本低。

(5) 集装袋原材料的阻隔性好，结构密封性也较好，水分与杂物、灰尘不易混入，对产品质量的保护作用较好。

(6) 集装袋原材料多具有耐热、耐寒、耐酸、耐碱，以及防水、防潮、防虫、防光等性能，适用于性能特殊的产品的储运，并能经受恶劣条件的考验。

(7) 集装袋结构简单、易于制作，材料来源多样。

(8) 集装袋自重轻，其皮重比其他各种包装袋包装同等数量产品的总皮重要小。

(9) 在使用或回收时，所占据的储运空间较小。

(10) 集装袋最适宜装运粉粒商品。如谷物、淀粉、食盐、食糖、化肥、化工原料、饲料和水泥等，它的出现是粉粒商品包装运输方法的一次革命，大有取代粉状商品传统的纸袋与塑料袋等方法的趋势，有利于促进粉粒体货物包装的规格化、系列化和标准化。

三、集装袋的种类

集装袋可按使用期、外形、材料、制袋方法及结构的不同进行分类。若按其结构来分，可分为底卸式、开顶式、侧开式、全敞式。现按集装袋外形的不同，分别简述其结构与应用。

（一）圆筒形集装袋

圆筒形集装袋的袋体呈圆筒形，上有装料口，下有卸料口。装料时系紧带将卸料口扎紧，装料后用系紧带将装料口扎紧。卸料时解开系紧带，物料即可自动流出。起吊集装袋时用钩子钩挂吊索，它是把吊环与缝在袋体上的布带相联系的。起吊时袋体各部位承受的载荷不同。布带缝在袋体侧面（侧吊式），避免袋体局部受勒；布带纵贯袋体且伸至袋底，载重由各带承受（底吊式），不会在起吊时撕破袋体；布带缝在袋体上端的局部部位（顶吊式），易产生局部撕破或断线的现象，但此种结构简单且省料。

一次性使用的集装袋大多是圆筒形，其实际强度是可重复使用5次左右。重复使用的圆筒形集装袋，其实际强度更大。圆筒形集装袋适用于各种散料的储运。

（二）方形集装袋

方形集装袋结构同前，仅袋体为正方形，同容积的方形袋比圆筒形袋在高度上降低20%左右，提高了码垛的稳定性，但制袋用料不节省。方形集装袋可为重复使用型，但更多为一次使用型。

（三）圆锥形集装袋

为提高集装袋的自立稳定性，可将袋体制成上小下大的圆锥形。此种袋结构好似带提手的开口袋，装料、卸料共用一个袋口，且载重量较小。此种集装袋结构简单，多为一次使用型，适于装载粒度较小、相对密度为0.5左右的商品。

（四）折叠式箱形集装袋

折叠式箱形集装袋的袋体上装有两个交叉的刚性框，空袋时折叠起，装货时再撑开。此种集装袋多为重复使用型，且适用于包装服装、布匹一类的商品。

（五）吊包式集装袋

吊包式集装袋的圆筒形袋体上部开口，周围有五根纵贯至袋底的吊带。此种集装袋多为重复使用型，适于集装各种小袋包装的产品。

(六) 穿绳式集装袋

穿绳式集装袋的袋体呈方形，一根吊索连续穿入袋体上部缝出的四段穿绳孔，吊索的长度远大于正方形的周长，以便将吊索挂在叉车的两个叉臂上或套挂在起吊钩上。这种集装袋制作工艺简便，是比较常见的结构形式。

四、集装袋常用的材料

(一) 聚氯乙烯集装袋

聚氯乙烯集装袋的基布是用绵纶、维纶或涤纶等强力合成纤维织成基布，在基布上涂聚氯乙烯。因此，此种袋重量轻、制作容易、价格低。但其耐候性差，70 ℃～80 ℃变软，－10 ℃以下急剧硬化，寿命为 3～5 年。

(二) 橡胶集装袋

橡胶集装袋的基布也是用绵纶、维纶或涤纶等强力合成纤维织成基布，其上贴附具有优良耐候性、耐磨性的天然合成橡胶作为袋坯，经黏合后制成袋。此种集装袋耐热、耐寒性良好，既可储运 120 ℃高温的商品，又能在－30 ℃的低温下使用，其寿命长达 8 年之久。

(三) 织布集装袋

此类集装袋多用丙纶或维纶、锦纶或涤纶等织布制作，成本比聚氯乙烯集装袋低一半，此种集装袋耐候性较好，但阻气性稍差，寿命也可达到 3 年以上，特别适合作为出口包装的一次使用型集装袋。

本章小结

本章首先介绍了集合包装的定义、产生、发展和作用；然后阐述了集装箱的定义、标准、构造和技术参数，重点阐述了集装箱按照使用材料、结构形式、用途、重量、运输工具和装卸货件方式所作的分类，分析了不同集装箱的结构特征；接着介绍了托盘的概念、优缺点、分类和结构形式，重点阐述了集装托盘的码垛与包装所用的固定方法；最后介绍了集装袋的概念、特点和种类。

综合案例分析

集装箱公路联运案例分析

在铁路货物运输中，怎样有效地实现各集装箱办理站的“门到门”运输，是实现铁路物流全过程运输的一个重要环节。德国铁路部门经过不断改革,探索出了一条集装箱公铁联运的运输方式。

德国运输集装箱的重载汽车由德国、瑞典、意大利、荷兰、法国等不同国家生产,但装载集装箱的拖车标准是一样的,即集装箱拖车可以互换,从而促进了公路集装箱运输在欧洲的发展。

德国在铁路改革之初,已经把全德所有铁路货场出售给比利时的ABX公司,ABX公司根据收购德铁货场的具体情况,对市场效益进行分析和重新进行商业运作,只有极少数货场仍然从事铁路业务,这标志着德国铁路货运几乎不存在与国内管理方式相同的铁路货场。个别铁路货场的公路运输业务由德铁斯廷思物流公司的子公司辛克公司办理。德国有4 500条专用线和1 600个货运作业点,原德铁货场的货运业务现主要由这些专用线和货运点办理。为了抢占运输市场份额,失去铁路货场的德铁为专用线和货运点免费提供计算机和货运软件应用程序,并进行免费维修与保养。

(一) 合同的签订

德国铁路集装箱实现专用线或货运点到顾客之间的运输,有靠专用线或货运点自有汽车运输的,也有靠子公司汽车进行运输的。现在,专用线或货运点与汽车运输公司签订了公铁联运运输合同。运输合同的签订使专用线或货运点拥有重载汽车使用的优先权。

(二) 运输的组织

办理集装箱运输的专用线或货运点一般设有重载汽车编排部,负责重载汽车的任务分配和费用清算等。

德国铁路"门到门"运输的线路是由不同的运输公司组织安排的。重载汽车集装箱的装卸以及集装箱在专用线或货运点的装卸由专用线或货运点负责,费用由货主出。重载汽车的清算单据是德铁行车命令单或私营集装箱运输公司的运输任务单,按照运输最短路径的每千米费率进行清算。

(三) 特种货物的运输

根据货物的不同,运输危险货物和超大货物的集装箱所选用的重载汽车也不同。

德国运输普通危险货物的司机必须每5年进行一次为期30小时的培训。司机在运输危险货物时,必须配备安全帽、防护镜、铁锹、灭火器等,在集装箱四周必须张贴危险识别标志和国际通用的危险货物代码。

对于放射性或炸药等危险货物,将由经过更严格培训的司机运输,集装箱换装站也是指定的。

如果运输超重的集装箱,就需要选派装载超重集装箱的拖车运输。

根据不同的情况,选用不同的车辆,这需要重载汽车编排部有目的地选择运输合同单位。运输特种集装箱的费用也不同于运输普通集装箱的费用。

（资料来源：http://www.examda.com/hydl/anli/20081203/133733414.html，2008-12-03）

思考题

1. 集装箱具有哪些特点和技术要求？
2. 本案例中按集装箱的运输工具分类提到了哪几种集装箱？各有什么特点？

本章综合练习题

1. 简述集合包装及其作用。
2. 简述集装箱的分类。
3. 简述通用集装箱、冷冻集装箱和保温集装箱的结构特征。
4. 简述托盘的码垛方法。
5. 简述集装袋的种类。

实践活动

集装箱的识别

实践目标：学会识别集装箱的种类。

实践内容：观察港口、码头或是铁路、公路等不同区域能够看到的集装箱，并且从不同角度拍下照片。

实践要求：按照不同分类标准，分析该集装箱的种类、特点及适用的商品；根据照片分析集装箱的构造，将不同部件标注于照片上。

实践成果：根据照片，撰写集装箱分析报告。

第十一章　通用包装技术

本章学习目标

(1) 了解裹包包装技术的作用和类型，掌握收缩式裹包和拉伸式裹包；

(2) 掌握液体物料和固体物料的充填技术；

(3) 了解真空包装和充气包装的特点以及填充气体，掌握真空包装与充气包装的操作方法；

(4) 掌握泡罩包装技术和贴体包装技术，并能够加以区分；

(5) 了解防伪包装的作用和特点，掌握激光全息图像、隐形标识系统、激光喷码、特殊包装结构、油墨防伪技术、后印刷防伪技术和电话防伪标志等防伪包装方法。

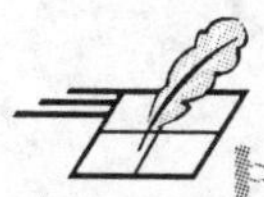

经典案例导入

鲜肉充气包装技术

随着生活水平的提高，消费者越来越关注食品的质量。尤其是肉类这种需求量大而不易保存的食物，其新鲜度、保质期就成为影响消费者购买的首选因素。而厂家、超市也为尽可能地保持肉质鲜美、延长货架期而煞费苦心，纷纷寻求一种储存方便、保鲜期长、便于运输的包装。目前，由日本研制生产的MAP包装系统可有效解决这一问题。

MAP是“鲜肉充气包装技术”的简称。它于20世纪90年代中期出现在美国，目前在欧洲比较流行。日本中央化学株式会社是首家在我国提供此包装系统的企业。它将市场定位在国内大中型城市，面向大中型肉类加工企业。MAP包装系统有以下几大优势。

(1) 通过在鲜肉类加工现场进行包装，可保证对于消费者来说最为重要的食品的卫生。

(2) 可将货架期延长3倍以上。传统鲜肉包装中充填的是氮气，而MAP充入80%的氧气和20%的二氧化碳，氧气保持了肉类色泽鲜美，而二氧化碳又能很好地抑制细菌的存活。这样就有效地延长了保质期。普通包装的鲜肉两三天后便已开始变质，而采用MAP包装的肉类两三天后新鲜如初。

(3) 可大大减少浪费。传统包装的肉类保质期只有2天左右，到期未卖出只能废弃，而采用MAP包装可在较长时间内保证售出肉类的新鲜度，从而减少了浪费。

(4) 采用MAP包装，可降低配送频率，节约了物流成本。

为更好地服务于中国的广大客户，推出MAP包装系统的日本三家公司紧密合作，分别提供包装材料、容器、设备，形成了一条系统化的包装生产线。打破了包装行业材料、设备相对独立的模式。为广大肉类生产企业的包装工作提供了方便。

(资料来源：http://www.foodmate.net/tech/baozhuang/3/81147.html，2007-08-23)

第一节 裹包包装技术

裹包包装技术是用较薄的柔性材料将产品或经过原包装的固体产品全部或大部分包裹起来的方法。用于裹包的材料有纸、塑料薄膜、铝箔、复合薄膜等柔性材料。裹包具有操作简便、包装成本低、使用和销售都很方便及应用十分广泛的特点。

一、裹包的作用

一般来说，裹包具有以下作用：

(1) 采用新型裹包材料和先进技术可以延长商品的储存期；

(2) 在具有同样功能的前提下，以更简单更低廉的包装元件及方法替代原来的包装方式，并实现自动作业；

(3) 按市场销售划分单元分量时，便于实现数量、质量和尺寸的系列化与标准化；

(4) 使商品包装满足超市化的销售要求，使消费者能清晰识别商品的特性、价格及其他信息，有利于商品在货架上堆叠，且对商品提供有效保护；

(5) 适合的商品裹包设计能够达到有效的防伪、防窃目的。

二、裹包的类型

按照不同的分类标准，裹包可以分为不同的类型，如表11-1所示。

表 11-1 裹包的类型

标准	类型
裹包形式	直接全裹包、半裹包、收缩裹包和集合裹包
裹包操作方式	手工操作、半自动操作和全自动操作
裹包方法	折叠式裹包和扭结式裹包
裹包方向	收缩式裹包和拉伸式裹包

三、折叠式裹包和扭结式裹包

(一) 折叠式裹包

折叠式裹包的基本方式是:从卷筒材料上切下一定长度的一段,或将预先切好的材料堆集在储料架内。然后将材料裹在被包物品上,用搭接方式包成筒状,端部稍长于物品,再折叠两端并封紧。

根据产品的性质和形状、表面装饰和机械化操作的需要,可改变接缝的位置和开口端折叠的形式与方向,形成不同的裹包方式。如表 11-2 所示。

表 11-2 折叠式裹包的不同方式

方式	操作	典型商品
单端折角式	一端与物品相齐,另一端折成梯形或三角形的角,此法便于取出内装物	香烟商标纸的包装等
两端折角式	适用于包装形状方正的物品,两端向内折角,将物品包裹起来	方糖、纸盒等
端部对折式	适用于薄形物品包装,其内层铝箔采用端部对折折向底面的方式	口香糖、片状巧克力等
单面折角式	把物品置于包装材料中心,其对称轴与包装材料对角线重合,包装材料朝同一方向折向物品,折角都在物品的同一面上。适用于较薄的方形或长方形物品	方形茶砖等
两端多折式	适用于圆柱状物品包装,先用包装材料裹包物品呈圆筒状,端部长出部分依次折向端面,一个压一个,或弯向内孔,或用标签封住两端	卫生纸卷、晒图纸、圆饼干等
袋式裹包	常见于卧式成型封口机的包装产品,用于形状比较规则的产品	糖果、饼干、三明治等

(二) 扭结式裹包

扭结式裹包就是用一定长度的包装材料将产品裹成圆筒形,搭接接缝也不需要黏结或热封,然后将开口端的部分向规定方向扭转形成扭结。此法操作简单,易于实现手工操作或者机器操作,扭结包装速度较快,每分钟可以达到数百粒乃至上千粒,而且便于拆开。扭结式裹包要求包装材料有一定的撕裂强度与可塑性,以防止扭断和回弹松开。

扭结式裹包适应各种形状,如球形、圆柱形、方形、椭圆形等,但其密封性比较差。扭结形式有单端扭结和双端扭结两种。常用的是双端扭结,单端扭结用得较少,有时用于高级糖果、水果和酒类等。

四、收缩式裹包和拉伸式裹包

(一) 收缩式裹包

收缩式裹包是用收缩薄膜裹包产品或包装件,然后加热使薄膜收缩包紧产品或包装件的一种包装方法。

收缩薄膜是一种经过特殊拉伸和冷却处理的聚乙烯薄膜,由于薄膜在定向拉伸时产生残余收缩应力,这种应力受到一定热量后便会消除,从而使其横向和纵向均发生急剧收缩,同时使薄膜的厚度增加,收缩率通常为30%~70%,收缩力在冷却阶段达到最大值,并能长期保持。

收缩式裹包技术是将经过预拉伸的塑料薄膜、薄膜套或袋,在考虑其收缩率等性能的前提下,将其裹包在被包装产品的外表面,并以适当温度加热,薄膜即在其长度和宽度上产生一定程度的收缩,紧紧包裹住商品。

(二) 拉伸式裹包

拉伸式裹包是将拉伸薄膜在常温下拉伸,对产品或包装件进行裹包的一种包装方法。

拉伸式裹包技术是依靠机械装置将具有弹性的塑料薄膜,在常温下裹包单件或多件商品,在各个方向拉伸薄膜,使商品紧裹并密封。

由于拉伸式裹包不需进行加热,所以消耗的能源只有收缩式包装的二十分之一。拉伸式包装可以用于捆包单件物品,也可用于托盘包装之类的集合包装。

拉伸式裹包主要有手工操作法、半自动操作法、上推式操作法和连续直线式操作法四种操作方法。

1. 手工操作法

手工操作法一般把被包装物放在浅盘内，特别是软而脆的物品、多件包装的零散物品如不用浅盘则容易损坏。但有些物品本身有一定的刚性和牢固程度，如小工具和大白菜等，可不用浅盘。

2. 半自动操作法

半自动操作法将包装工作中的一部分工序机械化或自动化，可节省劳动力，提高生产率。包装形态主要是带浅盘的包装，被机械化的部分根据厂家和用户需求不同而异。但包装的重要环节是卷包和拉伸，要使这些工序机械化，机器的构造复杂，价格也较高，而通用性有所削弱。如果仅将供给、输出和热封部分自动化，包装速度不会提高多少，所以对半自动操作法的使用较少。

3. 上推式操作法

上推式操作法是目前拉伸包装用于销售方面的主要包装方法。将物品放入浅盘内，由供给装置推至供给传送带上运到上推部位(浅盘的长边与前进方向垂直)。同时，将预先按需要长度切断的薄膜送到上推部位的上方。用夹子把薄膜四边夹住，把被包装物放入推杆顶部，上推部位上升。由于上推部位上升并顶着薄膜，薄膜被拉伸，然后松开左、右和后边的薄膜夹子，同时将这三边的薄膜向浅盘下面折进去。接着，启动带有软泡沫塑料的输出传送带，将浅盘向前推移，前边的薄膜得到拉伸，与此同时，松开前面的薄膜夹子，把薄膜向浅盘下面折进去，随后将包装件送至热封板上，最后进行封合。

4. 连续直线式操作法

连续直线式操作法是自动拉伸包装最早出现的形式。因为包装较多物品时不够稳定，在使用上受到一定限制。由供给装置将放在盘内的物品送至薄膜前(浅盘长边方向与前进方向垂直)，在前一个包装件的后部封切的同时将两个卷筒的薄膜封合，把被包装件送至此处，继续向前推移，使薄膜拉伸。当被包装物全部被覆盖后，用封切刀将后部垫封并切断。然后将薄膜的左右两端拉伸，并向浅盘底面折进去。最后，送至热封板上封合。

(三) 优缺点

收缩式裹包和拉伸式裹包的优缺点如表 11-3 所示。

表 11-3 收缩式裹包和拉伸式裹包的优缺点

特点	收缩式裹包	拉伸式裹包
优点	(1) 收缩薄膜一般是透明的，经热收缩后紧贴于商品，能充分显示商品的色泽、造型，用于包装蔬菜、玩具、工具、鱼类、肉类等异型商品，大大增加了商品的陈列效果 (2) 所用薄膜材料有一定韧性，且收缩得比较均匀，在棱角处不易撕裂，可将零散多件商品很方便地包装在一起，有的借助浅盘可省去纸盒 (3) 对商品具有防潮、防污染的作用，对食品能起到一定的保鲜作用，有利于零售，延长货架寿命 (4) 可保证商品在整个流通过程中保持密封，可防止启封、偷盗等	(1) 这种包装不用加热，很适合于那些怕加热的产品，如鲜肉、冷冻食品、蔬菜等 (2) 它可以准确地控制裹包力，防止产品被挤碎 (3) 由于不需加热收缩设备，可节省设备投资费用，还可节省能源 (4) 薄膜是透明的，可以看到商品，便于选购，并可防火、防盗、防冲击、防振动等
缺点	(1) 包装颗粒、粉末状商品，不如装盒、装袋和裹包方便 (2) 需要热收缩通道，能源消耗较高 (3) 占用投资和车间面积较大，实现连续化、高速化生产比较困难 (4) 对冷冻的或怕受热的商品不适应	防潮性比收缩包装差，拉伸薄膜有一定的自黏性，当多包装件堆在一起，搬运时会因黏结而损伤

(四) 选用因素

在选择收缩式裹包和拉伸式裹包时要考虑以下因素：产品形状，对产品与流通环境的适应性，设备投资和包装成本，包装材料的来源、品种、数量、库存等。

第二节　充填包装技术

充填是指将固体或液体产品装入包装容器的操作过程。充填工艺可分为液体物料的充填和固体物料的充填两类。

一、液体物料的充填

液体物料的充填是指将液体产品装入瓶、罐、桶等包装容器内的操作，又称为灌装。被灌装的液体物料涉及面较广、种类很多，有各类饮料、食品、调味品、化工原料、工业品、医药、农药等。由于它们的物理、化学性质差别很大，因此，对灌装的要求也各不相同。

影响灌装的主要因素包括液体的黏度和液体内是否有气体。

液体按黏度可分为三类:第一类是黏度小、流动性好的稀薄液体物料,如酒、牛奶、酱油、药水等;第二类是黏度中等、流动性较差的黏稠液体物料,为了提高其流速需要施加外力,如番茄酱、稀奶油等;第三类是黏度大、流动性差的黏糊状液体物料,需要借助外力才能流动,如牙膏、果酱等。

液体饮料根据其是否溶有二氧化碳气体,可分为含汽饮料和不含汽饮料两类。含汽饮料又称碳酸饮料的灌装,如啤酒、香槟、汽水等。

液体灌装方法有常压灌装法、真空灌装法、等压罐装法、压力灌装法等。

(一) 常压灌装法

在常压下,利用液体自身的重力将其灌入包装容器内的方法称为常压灌装法,又称重力灌装法。该灌装方法适用于不含汽又不怕接触大气的低黏度的液体物料,如白酒、果酒、酱油、牛奶、药水等。

常温灌装法的工艺流程为:空瓶口部与灌装阀接触—开启灌装阀—进液排气—达到预定液位停止进液—瓶口与灌装阀脱离—灌装阀自动关闭—排除余液—灌装结束。

(二) 纯真空灌装法

先将包装容器的空气抽空后,再将液体物料灌入包装容器内的方法称为纯真空灌装法。这种灌装方法不但能提高灌装速度,而且能减少包装容器内残存的空气,防止液体物料氧化变质,可延长产品的保存期。纯真空灌装法适用于不含气体,且怕接触空气而氧化变质的黏度较大的液体物料以及有毒的液体物料,如果汁、果酱、糖浆、油类、农药等。

纯真空灌装法的工艺流程为:空瓶口部与灌装阀接触—开启灌装阀—瓶内抽真空—进液灌装—达到液位停止进液—余液回流—瓶口与灌装阀脱离—灌装阀自动关闭—灌装结束。

(三) 压力重力灌装法

先向包装容器内充气,使容器内压力与储液缸内压力相等,再将储液缸的液体物料灌入包装容器内的方法称为压力重力灌装法。压力重力灌装法又称等压灌装法、气体压力灌装法。这种灌装方法适用于含汽饮料的灌装,如啤酒、汽水、香槟、矿泉水等。该方法可以减少二氧化碳的损失,保持含汽饮料的风味和质量,并能防止灌装中过量泛泡,保持包装计量准确。

压力重力灌装法的工艺流程为:空瓶口部与灌装阀接触—开启灌装阀—灌装瓶充气等压—进液回气—达到液位停止进液—关闭灌装阀—排气卸压—灌装结束。

（四）压力灌装法

借助外界压力将液体物料压入包装容器的方法称为压力灌装法。外界压力有机械压力、气压、液压等。压力灌装法主要适用于黏度较大、流动性较差的黏稠物料的灌装，可以提高灌装速度。对于一些低黏度的液体物料，虽然流动性很好，而一旦由于物料本身的特性或包装容器材料及结构限制，不能采用其他灌装方法的，也可采用压力灌装法。压力灌装法可以分为定液位式压力灌装法和容积式压力灌装法。压力罐装法主要适用于不含气体的液体物料的罐装，通常只限于狭颈容器。

压力罐装法的工艺流程为：空瓶口部与罐装阀接触—开启罐装阀—进液排气—达到液位停止进液—溢流回流—瓶口与罐装阀脱离—关闭罐装阀—罐装结束。

二、固体物料的充填

将固体物料装入包装容器的操作过程称为固体物料的充填。固体物料的范围很广，种类繁多，形态和物理、化学性质也有很大差异，导致其充填方法多种多样，其中决定充填方法的主要因素是：固体物料的形态、黏性及密度的稳定性等，固体物料充填的精度要求，容器的结构和材质，充填的速度，充填成本，以及充填效率等。

固体物料按物理状态可分为粉末状物料、颗粒状物料和块状物料。按其黏性可再分为非黏性物料、半黏性物料和黏性物料。非黏性物料流动性好，几乎没有黏附性，倾倒在水平面上，可以自然堆成圆锥形，这类物料最容易充填，如谷物、咖啡、粒盐、砂糖、茶叶、坚果等。半黏性物料流动性较差，有一定的黏附性，充填时易搭桥或起拱，充填比较困难，如面粉、奶粉、绵白糖、洗衣粉、药粉、颜料粉末等。黏性物料流动性差，黏附性大，易黏结成团，并且易黏附在充填设备上，充填极困难，如红糖、果脯及一些化工原料等。

固体物料的充填工艺有称重充填法、容积充填法和计数充填法。形状规则的固体块状物料或颗粒状物料通常用计数充填法，形状不规则的块状或松散粉粒状物料通常用容积充填法和称重充填法。

（一）称重充填法

将内装物按预定质量充填到包装容器的操作过程称为称重充填法。其充填精度主要取决于称量装置系统，与物料的密度变化无关，故充填精度高，但其生产率低于容积充填法。

称重充填法适用范围广泛，特别适用于充填易吸潮、易结块、粒度不均匀、流动性能差、视密度变化大及价值高的物料。称重充填法又分成两类：净重充填法和毛重充填法。

1. 净重充填法

先称出规定质量的物料，再将其填到包装容器内，称为净重充填法。净重充填法的称重结果不受容器皮重变化的影响，是最精确的称重充填法，但其充填速度慢、设备价格高。

净重充填法适用于以下几种商品：充填精度要求高且贵重的固体物料，流动性好的固体物料，充填酥脆易碎的固体物料（如膨化玉米、油炸土豆片等），包装尺寸和重量差异较大的固体物料（如蔬菜、快餐、贝类食品等）。

2. 毛重充填法

毛重充填法是物料与包装容器一起被称量。在计量物料净重时，规定了容器质量的允许误差，取容器质量的平均值。毛重充填法所用装置结构简单、价格较低，充填速度比净重充填法快，但充填精度低于净重充填法。

毛重充填法适用于价格一般、流动性较好的固体物料以及流动性差的黏性物料，如红糖、糕点粉等的充填，特别适用于充填易碎的物料。由于容器质量的变化会影响充填精度，所以，毛重充填法不适于包装容器质量变化较大或内装物质量占包装件质量比例很小的包装。

为了提高充填速度和精度，可采用容积充填和称重充填混合使用的方式，在粗进料时，采用容积式充填以提高充填速度；在细进料时，采用称重充填以提高充填精度。

（二）容积充填法

容积充填法是指将物料按预定容量充填到包装容器内的充填方法。容积充填法所用设备结构简单、生产效率高、速度快、成本低，但计量精度较低。适用于充填密度比较稳定的粉末状和小颗粒状物料，或体积比质量更重要的物料。

1. 量杯充填法

采用定量的量杯量取物料，并将其充填到包装容器内称为量杯充填法。充填时，物料靠自重自由地落入量杯，刮板将量杯上多余的物料刮去，然后再将量杯中的物料在自重作用下充填到包装容器中。该方法适用于充填流动性能良好的粉末状、颗粒状、碎片状物料。对于视密度稳定的物料，可采用固定式量杯；对于视密度不稳定的物料，可采用可调式量杯。该充填方法充填精度较低，通常用于价格低廉的产品，但可进行高速充填以提高生产效率。量杯的结构形式有转盘式、转鼓式和插管式三种。

2. 螺杆充填法

螺杆充填法是指控制螺杆旋转的圈数或时间以量取物料，并将其充填到包装容器中的方法。充填时，物料先在搅拌器作用下进入导管，再在螺杆的旋转作用下通过阀门充填到包装容器内。螺杆可由定时器或计数器控制旋转圈数，从而控制充填容量。

螺杆充填法具有充填速度快、飞扬小、充填精度较高的特点，适用于流动性较好的粉末状、细颗粒状物料，特别是在出料口容易起桥而不易落下的物料，如咖啡粉、面粉、药粉等。但不适用于易碎的片状、块状物料和视密度变化较大的物料。螺杆每转一圈，就能输出一个螺旋空间容积的物料，精确地控制螺杆旋转的圈数，就能保证向每个容器充填规定容量的物料。

3. 真空充填法

先将包装容器或量杯内的空气抽走，再充填物料的过程称为真空充填。这种充填方法可获得比较高的充填精度，并能减少包装容器内氧气的含量，延长物料的保存期，还可以防止物料粉尘弥散到大气中。真空充填有两种类型，即真空容器充填和真空量杯充填。

4. 定时充填法

通过控制物料流动时间或调节进料管流量来量取产品，并将其充填到包装容器中，称为定时充填法。它是容积充填法中结构最简单且价格最便宜的一种，但充填精度一般较低，可作为价格较低物料的充填或作为称重式充填的预充填。

5. 倾注充填法

在充填过程中，充填容量由容器移动速度、倾斜角度、振动频率及振幅决定。倾注式充填可实现高速充填，适用于各种流动性物料的充填。

（三）计数充填法

将产品按预定数目装入包装容器的操作过程称为计数充填法。计数充填法在形状规则物品的包装中应用甚广，常用于充填块状、片状、颗粒状、条状、棒状、针状等形状规则的物品，如糖果、胶囊、饼干、铅笔、纽扣、香皂、针等。

1. 规则状固体计数充填法

规则状固体计数充填法是指被包装物品有一定规则的整齐排列，其中包括预先就具有规则而整齐的排列，或经过供送机构将杂乱包装物品按一定形式排列计数的方法。物品易于规则排列时，常使物品按一定规则排列，再按其一定长度、高度、体积取出，并获得一定数量。如饼干包装、火柴盒包装、云片糕包装、卷烟包装等就是以长度计数。

2. 杂乱状固体计数充填法

杂乱状固体计数充填法是指从杂乱包装物品的集合体中直接取出一定个数的计数方法。物品呈杂乱状时，常采用转盘计数法、转轮式计数法和计数秤计数法。

(1) 转盘计数法。转盘计数法适用于药片、巧克力、糖果类、钢珠和纽扣等颗粒类产品的定量自动包装，而且充填效率较高。

(2) 转轮计数法。转轮与转盘的原理基本相同,其孔眼为盲孔,主要用于糖豆、钢球、纽扣等直径较小的颗粒物料集合的自动包装计量。

(3) 计数秤计数法。计数秤是利用杠杆原理而制造的一种秤,其原理类似于天平,但是采用的是不等臂秤,可以求得承重装置上物品的数量。

第三节　真空包装与充气包装技术

一、真空包装的特点

真空包装也称减压包装法或排气包装法,是指将产品装入气密性包装容器,抽去容器内部的空气,使密封后的容器达到预定真空的包装方法。真空包装既可阻挡外界的水汽进入包装容器内,也可防止在密闭着的包装内部存有潮湿空气,在气温下降时结露。采用真空包装,要注意避免过高的真空度,以防止损伤包装材料。包装容器用不透气的金属、玻璃、塑料等硬质材料或塑料薄膜、金属膜等软质材料制成。真空包装广泛应用于食品、药品、中药材、化工原料、金属制品、电子元件、纺织品、医疗用具等。

真空包装具有以下特点:

(1) 用于食品包装,能防止油脂氧化、维生素分解、色素变色和香味消失,同时能抑制霉菌、细菌的生长和防止虫害;

(2) 用于食品软包装,进行冷冻后表面无霜,可保持食品本色,但也易造成褶皱;

(3) 用于松泡工业品包装,能使包装体明显缩小(有的缩小50%以上),同时能防止虫蛀和霉变;

(4) 因排除了内部气体,能加速热量的传导,提高了高温杀菌效率,还能避免包装膨胀破裂;

(5) 真空包装不适于对粉状和液态物品或易破碎、易变形、有硬尖棱角的食品的包装。

二、充气包装的特点

充气包装是采用二氧化碳气体或氮气等不活泼气体置换包装容器中的空气的一种包装方法,因此也称为气体置换包装。这种包装方法根据好氧性微生物需氧代谢的特性,在密封的包装容器中改变气体的组成成分,降低氧气的浓度,抑制微生物的生理活动、酶的活性和鲜活商品的呼吸强度,以达到防霉、防腐和保鲜的目的。

充气包装具有以下特点:

(1) 用于食品包装,能防止氧化、抑制微生物繁殖和昆虫的发育,防止香气散失及变色，从而能大幅度地延长保质期；

(2) 对于粉状、液状以及质软或有硬尖棱角的商品都能包装；

(3) 用于软包装，外观不起折皱而美观；

(4) 因内部充有气体，不适宜进一步进行加热杀菌处理；

(5) 用于日用工业品包装，能起防锈、防霉的作用。

三、充填气体

充气包装的原理是通过在密闭包装内充填一定比例的理想气体，来延长产品的保质期。充气包装常用的充填气体有二氧化碳(CO_2)、氮气(N_2)、氧气(O_2)及它们的混合气体。

(一) 二氧化碳

二氧化碳是一种稳定的化合物，无色、无味，在空气中所占的比例约为0.03%。二氧化碳是充气包装中用以保护食品的最重要的气体，因为它具有抑制细菌生长的作用。二氧化碳的抑菌作用体现为以下三个方面。

1. 可以降低食品的 pH 值

二氧化碳溶于食品中的水分中，形成碳酸(H_2CO_3)，使 pH 值降低，这对微生物的生长具有一定的抑制作用。

2. 对微生物细胞的渗透作用

在同温同压下，二氧化碳在水中的溶解度是氧气的 6 倍，渗入细胞的速率是氧气的 30 倍，由于二氧化碳的大量渗入，会影响细胞膜的结构，增加细胞膜对离子的渗透力，改变膜内外代谢作用的平衡，干扰细胞的正常代谢，使细菌生长受到抑制。

3. 增加延迟期和降低繁殖速率

二氧化碳的抑菌效果还取决于食品中微生物的生长阶段，二氧化碳能增加延迟期和减少对数生长期的繁殖速率，但前者的影响能力更明显，因此当细菌从延迟期向对数生长期过渡时抑菌效果将减弱，所以在充气包装早期，二氧化碳的抑菌作用更有效。

(二) 氧气

氧气在空气中所占的比例约为 21%，是生物赖以生存的不可缺少的气体，具有促进微生物生长繁殖的作用，因此一般不适用于食品包装。但氧气在鲜肉和蔬菜的充气包装中是必不可少的。

氧气可以用于鲜肉包装，只有肌肉中的肌红蛋白与氧分子结合后，才能使肉呈现鲜红色。人们判断肉是否新鲜的首要标准就是看肉的颜色是否鲜红，很大程度上肉的货架寿命是由肉的颜色决定的。因此，为了保持肉的鲜红色，包装内必须有一定浓度的氧气。

氧气可以用于新鲜果蔬的保鲜包装，因为果蔬采收后还要进行呼吸作用，消耗氧气而产生二氧化碳，如果包装内缺少氧气而产生厌氧呼吸，将加速果蔬感官品质的变化和腐烂。采用适当的包装材料和包装方法，可控制果蔬储存环境的氧气压，降低果蔬的呼吸速度，从而延长其货架寿命。

（三）氮气

氮气是一种惰性气体，无毒、无味，不易溶于水。它是空气的主要成分，约占78%。氮气在与食品的接触过程中呈中性，作为一种理想气体，一般不与食品发生化学作用，但提高混合气体中氮气的浓度、相对减少氧气浓度，可产生防止氧化和抑制细菌生长的作用，因此它是一种易用于食品储存的气体，但要用氮气防止霉变，需置换 99.5%以上的气体。

氮气不直接与食品中的微生物作用，它在充气包装中的作用有两种：一是取代、抑制食品本身和微生物的呼吸；二是它作为一种充填气体，保证产品在吸收了包装中的二氧化碳后仍有饱满的外形。对于极易氧化变质的食品，充氮包装能有效延缓食品的氧化变质并保证食品的质量。

综上所述，二氧化碳、氧气、氮气三种气体是目前充气包装中最常用的气体。在应用充气包装技术时，应根据被包装物的自身特点、可能变质的原因和流通环境等因素，经过实验选用一种气体或上述三种不同气体的最佳比例混合使用，以达到理想的保质效果。一般情况下，氮气稳定性最好，可单独用于食品的充气包装并保持干燥食品的色、香、味；对于那些有一定水分活性易发生霉变等生物性变质的食品，一般用二氧化碳和氮气的混合气体包装；对于有一定保鲜要求的生鲜食品，则要以有一定氧气浓度的理想混合气体充填包装。

四、真空包装与充气包装的操作方法

（一）机械挤压法

机械挤压法是指软包装经填充后，从包装袋两边用柔软而有弹性的物质（如海绵）将包装内的空气挤出，然后进行密封。

机械挤压法原理简单、操作方便，但是脱气除氧的效果较差，操作中不易控制机械压力的大小，所以只适合除氧要求低且不怕挤压的产品。

（二）吸管法

吸管法是指从包装袋的开口部插入吸管，开启阀门，由真空泵抽去空气，然后用热封器热封。如果要进行充气包装，可在抽真空后进行充气，然后热封。此外，还有一种类似的方法，称为呼吸式包装，其原理是将商品充填到带有特殊呼吸口的包装袋里，然后封袋，通过呼吸管来除去包装袋内的空气或再充气，最后将呼吸管密封。

（三）腔室法

腔室法是指首先将充填好的包装袋放入腔室内，然后关闭腔室，开始用真空泵抽气，抽气完毕后热封。如果进行充气包装，则在抽真空后，通过位于包装袋口部的充气管充气，再热封。为了便于开启腔室，取出产品，热封后需向腔室内充空气，最后开启腔室取出包装件。为了提高生产效率，可采用双真空腔室轮流操作，或采用多工位腔室自由、连续操作。腔室法可得到较高的真空度，适合对包装质量要求较高的产品。

（四）气体冲洗法

气体冲洗法是指利用充填用的气体或混合气体的气流驱除包装内的空气，然后热封的方法。此法由于不用抽真空，也不需要插管充气，多与热成型包装机联合使用，包装速度较快，适合大批量连续生产。但是气体冲洗法的气体消耗量较大，包装内的气体排除不完全，所以只能用于对除氧要求不高的产品。

第四节　热成型技术

热成型技术又叫卡式包装技术，是指运用将具有热塑性的塑料薄片加热后形成的泡罩、空穴、盘盒等进行商品包装的技术。热成型技术主要应用于医药、食品、化妆品、文具、小工具和机械零件，以及玩具、礼品、装饰品等方面的销售包装。

热成型技术具有如下优点：①便于陈列商品。将具有热塑性的塑料薄片加热后形成的泡罩、空穴、盘盒均为透明的，可以清楚地看到商品的外观，同时作为衬底的卡片可以用于印刷精美的图案和使用说明文字。②有利于保护商品。包装后的商品被固定在泡罩、空穴、盘盒和衬底之间，在运输和销售过程中不易被损坏，从而使商品得到有效保护。

热成型技术包括泡罩包装技术与贴体包装技术。

一、泡罩包装技术

泡罩包装技术是 20 世纪 50 年代末由德国人首先发明并推广应用的，起初主要用于药片和胶囊的包装。当时是为了改变玻璃瓶、塑料瓶等瓶装药片服用不便、包装生产线投资大等缺点。加上剂量包装的发展，药片小包装的需求量越来越大。后来经过对泡罩包装工艺、材料和机械等的深入研究和不断改进，使其在包装品质、生产率和经济性等方面，都取得了很大的进展。现在，除了胶囊、药品片剂和栓剂等包装外，泡罩包装技术在日用品和食品等物品的包装中也得到广泛的应用。

泡罩包装技术是指将产品封合在用透明塑料薄片形成的泡罩与底板之间的一种包装方法，底板可以用纸板、塑料薄膜（薄片）、铝箔或它们的复合材料制成。按照泡罩形式不同，可将泡罩包装分为泡眼式包装、罩壳式包装和浅盘式包装三类。

（一）泡罩包装技术的优点

泡罩包装技术主要具有以下优点：

（1）重量轻，运输方便；

（2）密封性能好，可以防止潮湿、尘埃、污染、偷窃和破损；

（3）能够包装异型商品；

（4）保护内装物，装箱不需要另用缓冲材料；

（5）外形美观，使用方便，便于销售；

（6）可延长内装物的储存期；

（7）包装是透明的，衬底上印有使用说明，可为消费者提供方便；

（8）一些小件商品如小刀、圆珠笔、化妆品等采用纸板衬底的泡罩包装，衬底可以做成悬挂式，挂在货架上，十分显眼，从而起到美化和宣传产品的作用，促进销售；

（9）泡罩包装容易实现自动化流水作业，符合大批量生产的需要。

（二）泡罩包装材料

1. 塑料薄膜片

泡罩包装采用的塑料薄片种类和规格很多，选用时必须考虑包装内装物的大小、质量、价值和抗冲击性等，还需考虑包装内装物是否有突出或尖锐的棱角，以及材料自身的易切断性和热封性等。

泡罩包装用的硬质塑料片材有纤维素、聚苯乙烯和乙烯树脂三类，其中纤维素类应用最多，它们都具有极好的透明性和热成型性，较好的热封性及抗油脂性，但纤维素的热封温度一般比其他塑料片材要高一些。定向拉伸聚苯乙烯透明性极好，具有良好的热封性，但抗冲击性差，容易破碎，低温时则更差。乙烯树脂价格一般比聚苯乙烯便宜，有硬质的也有软质的，有较好的透明性。它与带涂层的纸板相结合，具有良好的热封性，加入增塑剂后可提高耐寒性和抗冲击性。

对于要求阻隔性和避光的内装物，应采用塑料薄片与铝箔的复合材料；包装食品和药品则需要采用无毒塑料如无毒聚氯乙烯等，而且必须完全符合卫生标准。

2. 衬底

衬底常用白纸板。白纸板多以漂白硫酸盐木浆制成，或用再生纸板为基层，再在上面覆盖白纸制成，在选用时应考虑内装物的形状、大小和质量。

衬底的表面应洁白有光泽，印刷适性好，能牢固地涂布热封涂层，以保证热封涂层熔融后可将衬底和泡罩紧密地结合在一起，以免内装物掉出。

衬底材料还可选用B型或E型涂布瓦楞纸、带涂层铝箔以及各种复合材料，特别是在医药包装中，多采用铝箔制作压穿式包装。

3. 涂层材料

热封涂层应与衬底和泡罩间具有兼容性，要求热封温度应相对较低，以便能很快地热封而不致使泡罩薄膜被破坏。常用热封涂层材料有耐溶性乙烯树脂和耐水性丙烯酸树脂，它们都具有良好的光泽、透明性和热封性。

（三）泡罩包装的工艺流程

典型的泡罩包装的工艺流程要经过以下几个步骤：

(1) 将塑料薄膜卷筒展开输送到电加热器下部使薄片加热软化；

(2) 将加热软化的薄片放在模具上，然后从上方向模具内充压缩空气或抽真空，使薄片紧贴于模具壁上而形成泡罩或空穴等；

(3) 泡罩成型后取出冷却，充填被包装商品，并盖上印刷好的卡片衬底；

(4) 将衬底和泡罩四周热封；

(5) 将泡罩冲切成单个包装件。

（四）泡罩包装方式

泡罩包装可采用手工操作、半自动操作和全自动操作三种方式。

1. 手工操作

塑料泡罩预先成型，衬底预先印刷并切割好，包装时用手工将产品装入泡罩内，盖上衬底，然后用热封器将泡罩与衬底封合为一体。有些产品对环境的温度和湿度要求不高，可以用订书机钉封。

2. 半自动操作

将卷筒的或单张的塑料薄片送入半自动泡罩包装机内，机器连续或间歇操作。成型模具的数量根据产品的大小和生产量而定，一般采用多列式，薄片经加热成型和冷却后，用手工将产品装入泡罩内；将卷筒或单张印刷好的衬底覆盖在泡罩上，再进行热封、切边，得到完整的包装件。

3. 全自动操作

进行全自动操作时，除了以上包装工序外，还可将打印、装说明书、装盒等工序与生产线相连，组成全自动化泡罩包装生产线。

二、贴体包装技术

贴体包装技术是指将被包装物品放在能透气的，用纸板、塑料薄片制成的衬底上，上面覆盖加热软化的塑料薄膜或薄片，然后通过衬底抽真空，使薄膜或薄片紧密地包住物品，并将其四周封合在衬底上的包装方法。

贴体包装技术与泡罩包装技术相比主要有三个方面的区别：贴体包装技术不另用磨具，而以被包装物为模型；贴体包装技术只能用真空吸塑法进行热成型；贴体包装技术在衬底上必须加工出许多小孔，以便抽真空。

（一）贴体包装技术的优点

贴体包装技术主要有展示性和保护性的优点。

1. 展示性

贴体包装材料中的塑料薄膜是透明的，作为货架陈列的销售包装，具有良好的展示性。

2. 保护性

贴体包装对商品具有一定的保护性，尤其是对一些形状复杂或易碎、怕挤压商品，如计算机磁盘、灯具、维修配件、玩具、礼品和成套瓷器等的包装。

（二）贴体包装的材料

贴体包装由以下三部分组成：塑料薄膜，热封涂料，衬底。

内装物本身就是模型，放在衬底上，上面覆盖着加热软化的塑料薄膜，通过底板抽真空使薄膜紧密地贴包着内装物并与衬底封合在一起。贴体包装材料主要是塑料薄膜和衬底材料。贴体包装常用的塑料薄膜是聚乙烯和离子键聚合物。衬底材料通常用白纸板，其厚度约为 0.5 毫米左右，最厚不超过 1.4 毫米。

选择包装材料时，应考虑内装物的用途、大小、形状和质量等因素。对销售包装要注意塑料薄片的透明度、易切断性以及纸板的卷曲性能等，对以保护性为主的运输包装，要注意塑料薄片的抗戳穿强度和拉伸强度等。

（三）贴体包装的工艺流程

典型的贴体包装工艺要经过以下步骤：

(1) 卷筒塑料薄膜由夹持器夹住，上方的加热器对薄膜加热，产品放在衬底上，被送到抽真空的平台上；

(2) 夹持器将软化的薄膜压在产品上，开始抽真空；

(3) 抽真空后，薄膜紧紧被吸附在产品上，并与衬底封合在一起，形成完整的包装，此时上方的加热器停止加热；

(4) 完整包装件被传送出去。

三、泡罩包装与贴体包装的比较

泡罩包装与贴体包装既有共同点，也有不同之处，如表 11-4 所示。

表 11-4 泡罩包装与贴体包装的比较

项　目	泡罩包装	贴体包装
商品保护性	密封性好，具有防潮性、阻隔性和防锈性，可以实现真空包装	衬底有抽真空孔，因此没有阻隔性，不能包装液体产品
包装操作	容易实现自动化和流水线生产，但需要更换模具，所以，主要用于大量生产的某些产品，如药品等	难以实现自动化和流水线生产，生产效率低，但不需用模具，主要用于包装小批量生产的产品以及大而重的形状复杂的产品
包装成本	包装材料和包装设备都比较贵，对大而重且批量小的包装，由于要制作模具，成本更高	一般比较便宜，但需要人工较多，在大批量生产时，比泡罩包装成本高
商品价值	比较美观，能够提高商品的价值	由于衬底上有抽真空的小孔，而稍显逊色

共同点：

(1) 一般均为透明包装，能看见内装物；

(2) 都能包装形状复杂的产品；

(3) 衬底的形状和印刷，能增强商品的宣传和销售效果；

(4) 可以悬挂和陈列；

(5) 有集合包装的功能，可以包装一套产品和许多零件；

(6) 与其他包装方法相比较，包装费用稍高；

(7) 人工消耗较多，包装效率低。

第五节　防伪包装技术

防伪包装就是借助于包装，防止商品从生产厂家到经销商，以及从经销商到消费者手中的流通过程中被人为有意识的窃换和假冒的技术与方法。防伪包装主要是针对销售包装而言的，其目的是防止商品在流通和转移的过程中不被窃换和假冒。

一、防伪包装的作用

防伪包装既能保护商品生产企业的利益和声誉，又能保护消费者利益和身心健康。同时能遏制假冒伪劣商品的行为。科学而可靠的防伪包装可以促进新技术、新工艺、新的经营意识在产品开发、生产和改进方面的应用与推广。防伪包装可为一些产品真伪的识别提供科学的验证，还可以为所包装的产品增加信任度和安全感。

二、防伪包装的特点

防伪包装既有防伪功能，又具有包装的功能。因此，应该具有以下特点。

（1）它应满足包装结构功能上的一些要求，如容装性、保护性、方便性、显示性及陈列性等。

（2）要考虑它的定位问题。防伪包装设计时应熟悉所设计产品包装的发展历史与当今消费现状、消费特点、趋势及消费者的接受程度，从而确定采用的防伪包装的具体手段、技术特点、生产投入、预期效果及有效周期等。

（3）易识别的原则。消费者在购买商品时，主要凭感觉器官识别真伪。因此防伪包装设计时要考虑消费者的要求，识别方法和工具应尽可能简便实用。

三、防伪包装方法

选择防伪技术，应视商品属性与价值而定。根据所做的防伪包装定位分析，既可以采用单一技术防伪，也可以采用多重技术防伪。无论如何，简单、实用、有效和经济是选择防伪包装手段的重要原则。

常用的防伪包装技术有以下几种。

（一）激光全息图像

激光全息图像标志是防伪标志中比较有代表性的一种防伪包装技术，是当前最流行的防伪手段。激光全息图像由于综合了激光、精密机械和物理化学等学科的最新成果，其技术含量比较高。合格的全息模压图需要美工技术、专业技术人员和全息技术专门工作环境的合作，对多数小批量伪造者而言，激光全息标志的技术含量高，全套制造技术的掌握和制造设备的购置难以做到。

激光模压全息图具有价格低廉、容易验证的优点以及奇异的光学效果，广泛地应用于防伪包装。目前国内外许多厂家为了达到整体防伪效果，改变了以一小块激光全息图标识的局部防伪方式，整个包装都经激光处理，呈大面积立体化防伪，更使造假者无从下手。

激光防伪包装可采用软包装袋、硬包装盒、手提袋和镭射纸等形式。

（二）隐形标志系统

隐形标志系统包括使用特殊机能的防伪油墨印刷的标志、计算机生成的图案和食品中添加生物抗体三大类。

特殊机能的防伪油墨包括光变油墨、磁性油墨、荧光油墨、热敏油墨四大类。

计算机生成的图案包括计算机生成全息图、计算机密码图案、计算机光学图案系统等，形成的密码不易被破坏，防伪性强。

在商品中添加生物抗体是美国生物码公司开发的一种全新隐形标志系统。此系统包括两种物质:一种是加入到产品中的标志化合物;另一种是用于识别标志存在与否的,做定量分析的抗体。

(三) 激光喷码

激光喷码主要用于包装的生产日期、产品批号的印刷,激光喷码技术也称激光“烧字”技术。

激光喷码封口技术是一种较好的容器防伪技术。在产品充填完并封口加盖后,在盖与容器接缝处进行激光印字,使字形的上半部分印在盖上,下半部分印在容器上。包装容器在复用时,新盖与旧容器残留字迹很难对齐;此外,由于激光器价格昂贵,而且必须在生产线上喷码印字,一般制假者难于投巨资购买此设备。喷码时厂家可以任意更换印字模板,不同日期采用不同的模板,更换细节隐秘,外人较难破解。

从防伪效果看,激光喷码技术不比激光全息图像技术差。激光喷码机价格昂贵,而且必须在线使用,加上印字模板的更换较隐蔽等几大特点,使那些分散的中小型工厂难以制假。

(四) 特殊包装结构

一次性使用的包装容器也可以实现防伪,又称破坏性防伪包装。此种容器一旦开启即自行报废,不能重复使用,可以防止“旧瓶装新酒”式的伪造。

食品饮料中大量使用的防(显)窃启包装也具有一定的防伪功能,可以防止产品被偷换与掺假。目前,市场上的饮料、矿泉水及瓶装木糖醇的瓶盖都采用显窃启包装,即瓶盖打开后则无法恢复,使消费者能够判断产品是否已被开启。某些容器可以设计得比较复杂或在容器结构、制造工艺方面加入产品生产企业的独有技术等,使造假者难以假冒。

(五) 油墨防伪技术

防伪油墨是指在油墨中加入具有特殊性能的防伪材料,经特殊工艺加工而成的特种印刷油墨。由于这种油墨研制难度大,进口价格高,一般市场很难买到,这样就增强了使用这种油墨的安全性。在使用过程中,油墨又具有实施简单、隐蔽性好、色彩鲜艳、检验方便和重现性强的特点。

目前应用最广泛的防伪油墨主要有磁性防伪油墨、光致色变油墨、热敏防伪油墨、多功能或综合防伪油墨(激光全息加荧光防伪油墨)、其他特种油墨。这些油墨的特点是通过实施不同的外界条件,主要采用电、热、光谱等手段检测油墨的色彩变化,以达到防伪目的。

（六）后印刷防伪技术

后印刷防伪技术是指外包装和内包装的装潢印刷工序，是在产品灌装或盛装后印制的一种工艺。通常的产品印刷装潢都是在产品包装前就已经印制在包装瓶或盒上，也就是说，产品与包装物是彼此分离的，这就给利用真包装或仿制的假包装盛装假冒伪劣产品留有可乘之机，加之产品的包装物多半是委托外厂加工，由于管理不善或失控，真品生产厂家很难控制包装物的流向。后印刷防伪技术做到了打开包装时，后印刷装潢防伪标志完全或部分被破坏，防止该包装被重新利用，从而达到防伪的目的。

（七）电话防伪标志

电话防伪标志及电话识别系统，是通过在每一产品上设置一个随机密码，将所有入网产品全部记录存档，建立防伪数据中心库，消费者可利用电话、互联网等工具核对密码的正确与否来识别产品真伪。

本章小结

本章首先介绍了裹包的作用和类型，重点阐述了折叠式裹包、扭结式裹包、收缩式裹包和拉伸式裹包四种裹包技术；其次分别介绍了液体物料和固体物料的两种充填技术；再次介绍了真空与充气包装技术、充填气体，重点介绍了真空与充气包装的操作方法；然后介绍了泡罩包装技术与贴体包装技术各自的优点、材料以及工艺过程，并且对两种包装技术进行了比较；最后介绍了防伪包装技术的作用和特点，重点阐述了防伪包装方法。

综合案例分析

茶叶泡罩包装的保味作用

茶叶是我国人民饮用了数千年的传统饮品，如今已成为风靡世界的三大无酒精饮料之一。然而，由于茶叶中含有多种化学物质，若保护不善，则极易变质走味。为了保持茶叶色、香、味、形的内在魅力，其包装材料的选择至关重要。

据业界专家研究发现，泡罩包装能在茶叶的贮存、使用过程中有效保护茶叶的品质，延长茶叶的保质期。选用泡罩包装作为茶叶的小包装，在使用和贮存过程中可以起到对茶叶的防潮、阻气作用。再用一个普通纸盒作为茶叶的中包装，就可起到遮光的作用。泡罩包装的结构有很多，考虑到茶叶的防潮性，专家建议，选用塑料泡罩和复合塑料衬底热封结构较为合适。在每个泡罩中放入够一次使用的克数（约 2 克左右），这样的独立结构包装，就不会在茶叶的使用过程中，对其他茶叶造成影响。中包装主要是起到遮光、把散乱的小泡罩包装归结在一起的作用，只需采用以普通纸加工的纸盒即可达到要求。纸盒结构可以根据美观要求，设计成不同的形状。

思考题

1. 茶叶泡罩包装是利用了泡罩的哪些优点?
2. 能否对茶叶采用贴体包装，为什么?
3. 你认为对茶叶还可以采用什么包装技术？为什么？

（资料来源：茶叶泡罩包装保味作用，http://www.foodmate.net/tech/baozhuang/3/90616.html，2007-11-09）

本章综合练习题

1. 收缩式裹包和拉伸式裹包各有哪些优缺点?
2. 液体物料的充填有哪几种方法?
3. 固体物料的充填有哪几种方法?
4. 简述真空与充气包装的操作方法。
5. 分别阐述泡罩包装和贴体包装的工艺过程。
6. 简述防伪包装方法。

实践活动

商品包装分析

实践目标：能够辨识商品通用包装技术的类型。

实践内容：选取药片、烟、酒、糖、饮料等包装完好的商品。

实践要求：对选取的商品分析采用的包装技术及原因，有什么优缺点，是否还可以采用其他包装技术对此商品进行包装。

实践成果：撰写商品包装技术分析报告。

第十二章　专用包装技术

本章学习目标

(1) 了解防潮包装技术的原则、目的和主要影响因素，掌握防潮包装的类型和注意事项；

(2) 了解防震包装材料，掌握防震包装方法；

(3) 了解霉菌的破坏作用、商品霉腐的环节和主要影响因素，掌握防霉包装方法；

(4) 了解金属锈蚀的影响因素，重点掌握清洗、干燥、防锈处理与包装四个防锈包装步骤；

(5) 了解害虫的危害和主要影响因素，掌握防虫包装方法。

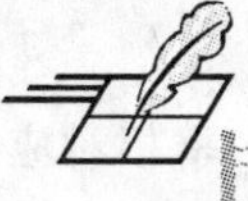

经典案例导入

猕猴桃气调保鲜包装方法

气调贮藏可以延长猕猴桃的贮藏期，在 0 ℃和 2%～4%氧、2%～5%二氧化碳条件下，猕猴桃可贮藏 6～8 个月，果实仍然能保持硬度，成熟后品质良好。但是气调贮藏应该脱除掉环境中的乙烯。如果用塑料薄膜做简易气调贮藏，可在袋内加一些浸有饱和高锰酸钾的碎砖块，以吸收乙烯气体，获得更好的贮藏效果。气调贮藏时，要注意环境中的二氧化碳浓度不能超过10%，不然会造成果实的二氧化碳损伤。贮藏后，如果需要加快果实的后熟，可将果实放到 18 ℃～21 ℃的环境中，或用乙烯催熟。

（资料来源：猕猴桃气调保鲜包装方法，http://www.foodjx.com/Tech_news/Detail/6300.html，2007-11-1）

第一节　防潮包装技术

防潮包装是选用气密性材料，以隔绝水蒸气对内装商品的影响，使商品在规定期限内处于低于临界湿度的环境中，以确保商品在保质期内的质量的包装方法。防潮包装适用于易受潮湿影响，不允许或限制允许含有水分的制品。常采用的防潮包装材料有耐油纸、铝筒纸、玻璃纸、塑料纸、塑料薄膜及金属、玻璃容器等。

一、防潮包装的原则

选择防潮包装技术的一条重要原则是：既要防止产生不足包装，又要防止产生过分包装。因为防潮不足会使产品在储运流通过程中发生损坏，造成不必要的经济损失；过分包装会带来经济上的负担。为了使防潮适度，应正确地根据产品性质、储运地区的气候条件和储运期限来合理选用正确的防潮包装技术。

二、防潮包装的目的

(1) 防止干燥物品，如化肥、水泥、农药、火药和干燥食品等产品受潮变质；
(2) 防止含有水分的物品，如食品、果品、化妆品等物品失水变质；
(3) 防止有机物品，如食品、纤维制品、皮革等物品因受潮而发生霉腐变质；
(4) 防止金属制品因湿气作用而变色或生锈。

三、影响防潮效果的主要因素

(一) 产品的临界湿度

很多产品的含水率达到一定程度后会产生种种变质现象，与此含水率相对应的相对湿度称为临界湿度。

产品在超过临界湿度情况下保存所造成的变质现象是多方面的，有可能是化学、物理、生化等变化，甚至可能是引起一些感官质量指标的变化如软硬变化等。但对任何一种变质现象，都需确定其容许界限。

还有一类非吸湿性产品如金属、玻璃、塑料等制品，它们自身并不含有水分，或者并没有吸湿性，但也必须进行防潮包装，特别是金属制品。由于包装容器内水蒸气的存在，会因外面空气温度的变化而引起包装内相对湿度的变化，从而产生结露现象，进而导致生锈，因而金属制品需要防潮包装。

(二) 包装的防潮特性

包装的防潮作用，一是取决于包装材料的防潮性能；二是取决于封口的密封程度。通常，在保证封口密封的条件下，包装的防潮特性主要指包装材料的水蒸气渗透性。包装防潮材料主要有玻璃、金属、塑料薄膜和纸制品，像玻璃、金属和一定厚度的金属箔都是水蒸气完全不能透过的材料，而塑料薄膜和加工纸制品是在一定条件下能透湿的防潮材料。

（三）包装内部空气环境

由于包装容器（包装材料）的阻隔作用，会使包装内部空气环境和包装外部空气环境形成差异。也由于一些包装材料对水蒸气不是绝对的隔绝，外部环境的水蒸气会透向内部，或内部水蒸气会透出外部。所以只要在一定时间内，包装内的相对湿度保持在临界湿度以内，商品仍然是安全不变质的。包装材料的透湿速度越低，出现这种情况的可能性就越大。

（四）包装外部空气环境

包装外部空气环境主要指外界大气的温度和湿度条件。防潮包装的保存期和材料的温度系数与包装两侧的相对湿度差成反比。一般来讲，外界空气温度升高，材料的透湿性增大，包装两侧的相对湿度差随着外界空气相对湿度的增大而增大。为了合理选择防潮包装，常常根据外界湿度条件的恶劣程度，将其区分为常温常湿、中等温湿度和高温高湿三类。

（五）时间因素

因包装的阻隔作用和被包装物的含水量与允许的含水量之间的差距，会使包装内物品在一定期间内不变质。只有当包装材料透过的水蒸气总量等于或大于允许透进包装的水蒸气总量时，包装内的物品才开始受潮变质。包装有效期与允许透进包装的水蒸气量成正比，与包装材料的透湿率和有效面积成反比。

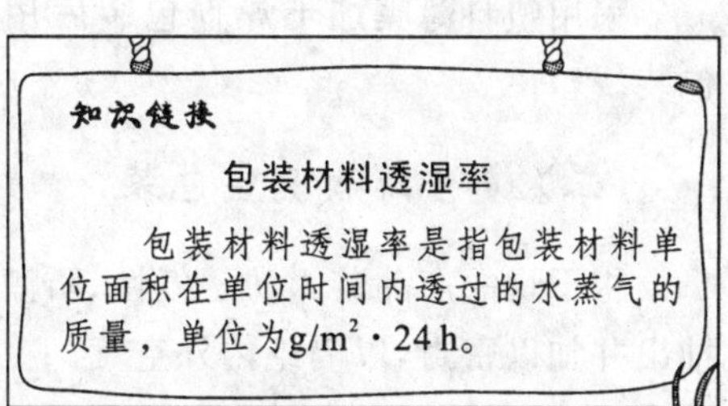

知识链接

包装材料透湿率

包装材料透湿率是指包装材料单位面积在单位时间内透过的水蒸气的质量，单位为$g/m^2 \cdot 24\,h$。

四、防潮包装类型

（一）刚性容器密封包装

刚性容器密封包装是指采用透湿度为零的金属和非金属的刚性容器，将干燥的被包装物置于其内，再将容器口焊封或用盖密封。

1. 加干燥剂的密封包装

将干燥的被包装物连同适量干燥剂置于刚性容器内，再将容器口焊封或用盖密封。

2. 不加干燥剂的真空包装

将干燥的被包装物装入气密性的刚性容器内，抽出包装内的残留潮湿气体并加以密封，以防止潮湿空气及凝露对内装物的侵蚀影响。

3. 不加干燥剂的充气包装

将干燥的被包装物装入气密性的刚性容器内，抽出包装内的残留潮湿气体，再充入干燥清洁的空气或惰性气体并加以密封，以防止潮湿空气及凝露对内装物的侵蚀影响。

（二）柔性材料容器加干燥剂密封包装

采用低透湿度的柔性材料制成容器，将干燥的被包装物和适量干燥剂置于其中，然后密封包装容器使其内残留湿气为干燥剂吸收，以使内装物不受潮气的影响。

1. 单层薄膜加干燥剂密封包装

采用低透湿度的柔性材料为单一薄膜，然后加干燥剂并密封。

2. 复合薄膜加干燥剂密封包装

采用低透湿度的柔性材料为复合薄膜，然后加干燥剂并密封。

3. 多层密封包装

采用塑料薄膜加干燥剂包装后用蜡纸包装浸蜡，以提高防潮性或进行再次包装。

（三）复合薄膜真空包装

将干燥的产品装入防透气性、防潮性好的复合薄膜容器内，然后将容器内空气抽出并加以密封，以隔绝内外空气。

（四）复合薄膜充气包装

将干燥的产品装入防透气性、防潮性好的复合薄膜制成的软性包装容器内，再将容器内空气抽出并置换入等量干燥、清洁的空气或氮气、二氧化碳气体，然后予以密封。

（五）热收缩薄膜包装

采用热收缩薄膜，将干燥产品包装起来，然后通过热空气加热，使薄膜收缩，从而使包装体内部空气压力稍高于外部大气压，隔绝内外空气以减少外界潮湿空气的侵蚀作用。

五、防潮包装的注意事项

(1) 产品在包装前必须是干燥、清洁的,不干燥时应进行干燥处理,对不清洁处应擦净。

(2) 产品与进行防潮包装的操作环境应干燥、清洁,温度不高于 35 ℃,相对湿度不大于 75%,且温度不应有剧烈的变化,以免产生凝露。

(3) 产品若有尖突部,应预先采取包扎等措施,以免损伤防潮包装容器。

(4) 防潮包装操作应尽量连续进行,一次完成包装操作,若需中间停顿作业时,应采取临时的防潮措施。

(5) 产品运输条件差,易发生机械损伤,此时应采用缓冲衬垫卡紧、支撑或固定,并尽量将上述附件放在防潮层的外部,以免擦伤防潮包装容器。

(6) 包装附件及产品的外包装件等也应保持干燥,并充分利用它们来吸湿。碎纸或纸箱含水率不得大于 12%,刨花、木材或木箱含水率不得大于 14%,否则应进行干燥处理。

(7) 尽量减小防潮包装的总表面积,使防潮包装总表面积与其体积之比达到最小。

(8) 防潮包装的封口,不论是黏合还是热封合,均须良好地密封。塑料薄膜包装的防潮阻隔层的热焊或黏合封口强度应通过封口性试验。

(9) 在实施包装前,要预先对商品进行了解,确定其包装的等级,然后进行包装。

第二节 防震包装技术

防震包装又称缓冲包装,是指为了减缓内装物受到冲击和振动,保护其免受损坏而采用的具有一定防护措施的包装。

防震包装技术一般在内装物和外包装之间用缓冲材料填满固定,以对产品进行保护。缓冲材料有丝状、颗粒状,也可是泡沫塑料,对一些不规则的、要求较高的产品,还可通过现场发泡技术来实现防震包装。

产品从生产出来到开始使用要经过一系列的运输、保管、堆码和装卸过程,置于一定的环境之中,在任何环境中都会有力作用在产品之上,并可能发生机械性损坏。为防止产品遭受损坏,就要设法减少外力的影响,因此要考虑采用防震技术。

一、防震包装材料

(一) 防震包装材料的分类

根据不同的分类标准,防震包装材料可以分为不同的类型,如表 12-1 所示。

表 12-1 防震包装材料的分类

分类标准	类 型	典 型 材 料
按形状分类	松散状	碎纸屑、木丝、发泡碎片、碎布头等
	流动性衬垫状	块状、薄板状、粒状、花生状、贝壳状、环状、管状、通心粉状等物料
	袋状	把松散状、衬垫状物料装入袋中
	成型品	根据包装物品的形状和部位而制作的成型防震材料
	板框架状	各种隔板、衬垫、框架、压板等较大的防震材料
	防震结构	螺旋形弹簧、板状弹簧等
按材质分类	纤维素类	木丝、纸屑、纸浆、稻草、麦秆、合成纤维等
	动物纤维类	猪鬃、羊毛、毛毡等
	矿物纤维类	玻璃纤维、石棉、矿物棉等
	气泡结构类	天然橡胶、合成橡胶、泡沫塑料、气泡塑料薄膜、气泡片材、发泡板材和就地发泡材料等
	纸类	瓦楞纸板、开槽隔板、玻璃纸衬料、旧报纸和皱纹纸等
	防震装置类	弹簧、悬挂装置等

(二) 防震包装材料的性能

防震包装材料的作用主要是克服冲击和震动对被包装物的影响，故防震包装材料应具有其特定的性能。

1. 冲击能量的吸收性

冲击能量的吸收性是指防震包装材料吸收冲击能量的能力。一般而言，弹性大的硬性材料，具有较大的冲击能量吸收性，适合用于产品重量大、受冲击力较大的场合；弹性小的柔软材料，适合用于产品比重小、受冲击力较小的场合。

2. 振动能量的吸收性

防震材料对振动的传递与材料的成分、密度、工艺条件和温度有关，但主要与材料的阻尼有关，阻尼将环境对材料的振动能量转化为热能和塑性形变能，达到对振动能量的衰减。通常，阻尼越大，对振动能量的衰减越大。

3. 回弹性

回弹性是指防震材料受冲击和振动后所具备的恢复原来尺寸和形状的能力。弹性较好的防震材料在受到冲击或震动变形后，能恢复到原来的尺寸和形状，并呈现不完全松散的稳定状态。为了增加材料的回弹性，在使用前应对材料进行预处理，使之发生塑性变形，避免材料使用时在初始外力作用下所产生的永久变形。

4. 蠕变性

蠕变是指防震材料在受到静外力作用下，随着时间的延长其变形相应增大的一种现象。蠕变不仅与材料的性能有关，还与外力的大小、作用力时间长短及环境温度有关。因此，在包装件的流通过程中，防震材料的蠕变是不可避免的。蠕变会使材料的尺寸减小，从而使包装件内部产生空隙，导致产品破损率上升。因此在设计时，应将蠕变所产生的尺寸变化考虑进去，或者采用具有良好抗蠕变性能的防震材料。

5. 温湿度稳定性

温湿度稳定性要求防震材料在一定温湿度范围内保持稳定的性能。一般纤维材料中纤维素材料易受湿度影响，而热塑性塑料易受温度影响，特别是温度低与材料变硬会使所包装产品承受的加速度变大。

6. 吸湿性

吸湿性大的材料对包装有两个危害：一是降低缓冲性能；二是引起所包装的金属制品生锈和非金属制品变形变质。纸、木丝等吸湿性强的材料不宜用于金属制品的包装；开式微孔泡沫塑料也易吸水，不宜用于包装金属制品；闭式微孔泡沫塑料则适用于金属制品包装。

7. 经济性

合理选择防震材料的目的在于降低流通成本，因而缓冲包装技术应考虑其经济性。材料自身价格固然是重要的一面，但还必须把改变包装的容积及形态对运输储存费的影响等因素也考虑进去。

此外，防震包装材料还必须有较好的挠性和抗张力，必要的耐破损性、化学稳定性和作业适应性。

二、防震包装方法

（一）全面防震包装

全面防震包装是指内装物与外包装之间全部用防震材料填充固定，对产品周围进行全面保护的方法。根据所用防震材料或工艺方法的不同，全面防震包装又可分为以下几种。

1. 压缩包装法

压缩包装法又称填充式包装法，是指用弹性材料，如丝状、片状、粒状及小块状等填充物把易碎物品填塞起来或进行加固，以达到吸收震动或冲击能量的目的。

2. 裹包包装法

裹包包装法采用各种类型材料的片材把单件内装物包裹起来放入外包装箱

内。这种方法多用于小件物品的防震包装上。

3. 浮动包装法

浮动包装法是用小块可以位移和流动的衬垫,有效地充满内装物直接受力部分的间隙,从而分散内装物所受的冲击力的方法。这种方法与压缩包装法基本相同。

4. 模盒包装法

模盒包装法是利用模具将发泡聚合物防震材料做成和产品形状一样的模盒包装制品以达到防震作用的方法。这种方法多用于小型、轻质制品的包装。

5. 现场发泡包装法

现场发泡包装法是在产品和外包装箱之间用特殊装置(如喷枪)充填发泡材料(以液体状态注入),并很快(10 秒后)发泡膨胀(不到 40 秒即可发泡膨胀到本身体积的 100～140 倍)、固化形成泡沫聚合物防震材料的包装方法。这些泡沫体对任何形状的物品都能包住。

(二) 局部防震包装

局部防震包装是对被包装产品或内包装件的拐角、侧面或局部地方用防震材料进行衬垫的方法。它的类型有面支承包装、棱支承包装、角支承包装和混合支承包装等。所用防震材料主要有泡沫塑料成型防震垫、充气塑料薄膜防震垫和橡胶弹簧等。

这种方法可根据被包装产品的特点,在最适合的部位进行防震,用最少的防震材料取得最好的防震效果,以降低包装成本。它还可以把防震材料预先放在包装箱内的适当部位,使被包装产品装入比较方便。因此,本法适用于大批量物品的包装,是目前应用最广泛的一种包装方法,如电视机、洗衣机、仪器仪表等的包装。

(三) 悬浮式防震包装

悬浮式防震包装是用带子、绳子、吊环或弹簧等把被包装物品悬吊在外包装容器内,使产品不与四壁接触,吊在外包装箱中,从而使包装件在遭受外力作用时,产品在各个方向都能得到防震保护。这种包装方法特别适用于精密、贵重、易损的产品,如大型电子计算机、大型电子管、制导装置等。

(四) 联合式防震包装

缓冲包装在实际应用中常把两种以上的防震方法配合使用,有时还把异种材质的缓冲材料组合起来使用,使产品得到更充分的保护。如既加铺垫,又填充无定形缓冲材料的防震方法,以及将厚度相等的异种材料并联使用的防震方法等。

第三节 防霉腐技术

防霉腐技术是指为防止内装物发霉影响质量而采取一定防护措施的包装方法。如对内装物进行防潮包装，降低包装容器内的相对湿度，对内装物和包装材料进行防霉处理等方法。

一、霉菌对商品材料的破坏作用

霉菌对材料的破坏作用，其表现特征虽然各不相同，但本质上可归纳为三个方面。

(1) 材料被微生物作为养分而分解利用，直接引起材料表面的破坏。

(2) 霉菌在生长过程中分解材料及其代谢过程生成的产物与原有物质发生作用而导致破坏。霉菌在材料上的生长，一方面使材料不断劣化；另一方面材料的劣化常能直接或间接地向霉菌提供养料，使霉菌越长越多，这又进一步加速了材料的劣化。

(3) 菌体本身的堆积，或由它所产生的黏性物质形成积垢，会造成材料电气性能降低或机械上的障碍。此外，菌体本身的色素会造成污染，并散发出霉味等。

显然，微生物对材料或产品产生破坏的三个方面是不能完全分开的，但对某种具体产品而言，可能在某一方面是主要的。应针对性地对由于微生物引起的材料或产品的破坏采取一定的防霉包装措施。

二、商品霉腐的环节

霉腐是由有机物构成的物品(含生物性物品及其制品)受霉菌侵袭而导致物品质量变化的一种现象。导致物品霉变的因素很多，其中水分是霉菌生长繁殖的关键因素。霉菌在物品上生长、繁殖、代谢的过程就是物品霉变的过程，也是物品霉变的实质。商品的霉腐一般经过以下四个环节。

(一) 受潮

物品受潮是霉菌生长繁殖的关键因素，当物品吸收了外界水分受潮后，如果物品含水量达到霉菌生长所需要的水分，物品的霉变就会发生。

(二) 发热

物品开始霉变后，霉菌生长繁殖要产生热量，一部分供给本身生化活动，剩余的在物品中散发出来，造成物品内部发热。

（三）长霉

霉菌在物品上生长繁殖，长出菌丝，继续生长扩大形成霉点，菌落增大而融合形成的菌苔被称为菌斑。霉菌代谢产物中的色素使菌苔变成黄、红、紫、绿、褐、黑、白等色。

（四）腐败

随着霉菌的不断生长繁殖，物品原有营养成分被消耗，内部结构被破坏，失去原有的力学性能，产生霉味，外观被污染，使物品腐败变质而丧失其使用价值。

在包装容器内储运食品和其他有机碳水化合物时，货物表面可能生长霉菌，在流通过程中如遇潮湿，霉菌生长繁殖极快，甚至延伸至货物内部，使其腐烂、发霉、变质，因此要采取特别防护措施。防霉包装就是为了防止或抑制物品长霉影响质量，根据物品的性质、流通条件等要求采取的具有一定防护措施的包装。

三、商品霉腐的主要影响因素

（一）商品的组成成分

物品的霉腐是由于霉腐微生物在物品上生长繁殖的结果，不同的霉腐微生物生长繁殖所需的营养结构不同，但都必须有一定比例的碳、氮、水、能量的来源，以构成一定的培养基础。

不同的被包装物品，含有不同比例的有机物和无机物，能够提供给霉腐微生物的碳、氮、水、能量不同。有的菌体能够正常生长繁殖，而另外的一些霉菌则会不适应而使其生长受到抑制，故物品受到霉腐的形式、程度都不同。因此，不同组成成分的物品对霉腐的影响起着决定性作用。

（二）环境湿度和物品的含水量

水分是霉腐微生物生长繁殖的关键。霉腐微生物是通过一系列的生物化学反应来完成其物质代谢的，这一过程必须有水的参与。当物品含水量超过其安全含水量时就容易霉腐，相对湿度愈大，愈易霉腐。

（三）环境温度

霉腐微生物因种类不同，对温度的要求也不同，适宜的温度对微生物的生长繁殖具有重要作用。霉菌为腐生微生物，生长温度范围较宽，为 10 ℃～45 ℃，属于嗜温微生物。温度对霉菌最主要的影响是对菌体内各种酶的作用，温度的高低影响着酶的活性。

（四）氧气

霉菌的生长繁殖还需要有适量的氧气，在霉腐微生物的分解代谢过程中，微生物需要利用分子状态的氧或体内氧来分解有机物并使之变成二氧化碳、水和能量。

（五）化学因素

化学物质对微生物有三种作用：一是提供营养物质；二是抑制代谢活动；三是破坏菌体结构或代谢机制。不同的化学物质对菌体的影响不同，这些化学物质主要有酸类、碱类、盐类化合物、氧化物、有机化合物及糖类化合物等。

除以上几种主要的影响因素外，物品在贮存、流通过程中，还会受到紫外线、辐射、微波、电磁场及压力等因素的作用，这些都将影响霉腐微生物的生命活动，从而影响药品的霉腐。

四、防霉腐包装方法

为了保证在流通过程中内装物不受霉菌的危害，一种方法是从包装技术上采取一定的防护措施以达到防霉的目的，使包装件到达客户手中时，产品外观良好，完整如新；另一种方法是对有待包装的不耐霉或易长霉的产品先进行防霉处理而后予以包装，如采用一定浓度的防霉剂喷洒产品表面以抑制霉菌的生长，保证在储运有效期间内，霉菌不会在其表面发芽生长。

具体有以下几种防霉腐包装方法。

（一）化学药剂防霉腐包装技术

化学药剂防霉腐包装技术主要是指使用防霉腐化学药剂将待包装物品、包装材料进行适当处理的包装技术。

在这种技术中，有的将防霉腐剂直接加在某个生产工序中，有的将其喷洒或涂抹在商品表面，有的需浸泡后再进行包装。但是，这种处理方式会使有些商品的质量与外观受到不同程度的影响。

防霉腐剂的杀菌抑菌机理主要是使菌体蛋白质凝固、变性，使之有的与菌体酶系统结合，从而影响菌体的代谢；有的降低菌体表面张力，增长细胞膜的通透性，从而发生细胞破裂或溶解。

使用防霉腐剂时，应选择具有高效、低毒、使用简便、廉价、易购等特点的防霉腐剂。防霉腐剂有两大类：一类是用于工业品的防霉剂，如多菌灵、百菌清、灭菌丹等；另一类是用于食品的防腐剂，如苯甲酸及其钠盐、脱氢醋酸、托布津等。

（二）气相防霉腐包装技术

气相防霉腐包装技术是指使用具有挥发性的防霉腐剂，利用其挥发产生的气体直接与霉腐微生物接触，杀死霉腐微生物或抑制其生长，以达到商品防霉腐的目的。这种技术要求包装材料和包装容器具有透气率小、密封性能好的特点。

气相防霉腐剂包括多聚甲醛防霉腐剂和环氧乙烷防霉腐剂。多聚甲醛在常温下可以杀死或抑制霉腐微生物，使用时将其包成小包或压成片剂，与商品一起放入包装容器内加以密封，使其自然升华、扩散。多聚甲醛对金属有腐蚀作用，因此，有金属附件的商品不可使用。另外，甲醛气体对人的眼黏膜有刺激作用，所以操作人员应做好防护工作。环氧乙烷在低温低湿下可发挥杀菌作用，所以将其应用于不能加热、怕受潮商品的杀菌防霉腐较为理想。但是环氧乙烷只可用于日用工业品的防霉腐，不宜用于粮食和食品的防霉腐。

（三）气调防霉腐包装技术

气调防霉腐是生态防霉腐的方式之一。霉腐微生物与生物性商品的呼吸、代谢都离不开空气、水分、湿度三个因素，只要有效地控制其中一个因素，就能达到防止商品发生霉腐的目的。例如，只要控制和调节空气中氧的浓度，人为地造成一个低氧环境，霉腐微生物生长繁殖和生物性商品自身呼吸就会受到抑制。

在密封包装的条件下，通过改变包装内空气组成成分，以降低氧的浓度，造成低氧环境，来抑制霉腐微生物的生命活动与生物性商品的呼吸强度，从而达到对被包装商品防霉腐的目的，这就是气调防霉腐包装的原理。

气调防霉腐包装技术的关键是密封和降氧。目前，人工降氧方法主要有机械降氧和化学降氧两种方法。机械降氧法主要有真空充氮法和充二氧化碳法。化学降氧主要采用脱氧剂来使包装内的氧浓度下降。

（四）低温冷藏防霉腐包装技术

低温冷藏防霉腐包装技术通过控制商品本身的温度来使其低于霉腐微生物生长繁殖的最低界限，低温冷藏防霉腐包装应使用耐低温包装材料。

低温冷藏防霉腐包装技术一方面抑制了生物性商品的呼吸、氧化过程，使其自身分解受阻，一旦温度恢复，仍可保持其原有的品质；另一方面通过抑制霉腐微生物的代谢与生长繁殖来达到防霉腐的目的。

低温冷藏防霉腐所需的温度与时间应视具体商品而定。一般情况下，温度越低，持续时间越长，霉腐微生物的死亡率越高。按冷藏温度的高低和时间长短，可分为冷藏和冻藏两种。冷藏适用于含水量大又不耐冰冻的易腐商品短时间在 0 ℃左右的冷却储藏，如蔬菜、水果、鲜蛋等；冻藏适用于耐冰冻且含水量大的易腐商品较长时间在 16 ℃～18 ℃的冻结储藏，如肉类、鱼类等。

（五）干燥防霉腐包装技术

干燥防霉腐包装技术又可称为防湿包装技术。一般的防湿包装方法有两类：

一类是为了防止被包装的含水产品失去水分，保证产品的性能稳定，采用具有一定透湿率的防湿包装材料进行包装，即防止包装物内水分失去的防湿包装。另一类是为了防止被包装物品增加水分，保护物品质量的包装。可在包装容器内装入一定数量的干燥剂，吸收包装内的水分和从包装外渗进来的水分，以减缓包装内湿度上升的速度，从而延长防湿包装的有效期。

（六）电离辐射防霉腐包装技术

能量通过空间传递称为辐射。射线使被照射的物质产生电离作用，称为电离辐射。电离辐射的直接作用是当辐射线通过微生物时能使微生物内部物质分解而引起诱变或死亡。其间接作用是射线使水分子解离为游离基，游离基与液体中溶解的氧作用产生强氧化基团，当该基团使微生物酶蛋白的—SH 基氧化后，酶便失去了活性，从而使其发生诱变或死亡。

电离辐射防霉腐包装目前主要应用 X 射线与 γ 射线，包装的商品经过电离辐射后即完成了消毒灭菌作用。经照射后，如果不再被污染，配合冷藏条件，小剂量辐射能延长保存期数周至数月；大剂量辐射可彻底灭菌，长期保存。

（七）紫外线、微波、远红外线和高频电场防霉腐包装技术

紫外线穿透力很弱，所以只能杀死商品表面的霉腐微生物。待包装物品和包装容器或材料在一定距离内，经紫外线照射一定时间即可杀死商品表面和容器（材料）表面的霉腐微生物，从而延长包装的有效期。

微波杀菌机理是微生物在高频电磁场的作用下，吸收微波能量后，一方面转变为热能而杀菌；另一方面菌体的水分和脂肪等物质受到微波的作用，它们的分子间发生振动摩擦而使细胞内部受损并产生热能，促使菌体死亡。微波产生的热能在内部，所以热能利用率高，加热时间短，加热均匀。

远红外线是频率高于 300 000 MHz 的电磁波，其作用与微波相似，其杀菌机理主要是远红外线的光辐射和产生的高温使菌体迅速脱水干燥而死亡。

高频电场的杀菌机理是含水分高的商品和微生物能“吸收”高频电能转变为热能而杀菌。只要商品和商品上的微生物有足够的水分，同时又有一定强度的高频电场，消毒杀菌瞬间即可完成。

第四节 防锈包装技术

防锈包装技术是指为了防止金属或合金制品锈蚀而采取在产品表面涂刷防锈油（脂）或用气相防锈塑纸包装产品等一定防护措施的包装技术。

一、金属锈蚀的影响因素

(一) 金属自身特性

金属自身特性主要涉及金属材料种类、金属表面加工特性、金属加工残留物、金属表面的锈迹、超过有效期的防锈材料、金属表面汗迹等。

金属制品所采用的各种金属材料如铸铁、碳钢、低合金钢、铜、铝及其合金等,都会在一定条件下发生锈蚀,但各种金属材料的腐蚀难易程度不同。一般来讲,铸铁、碳钢的耐锈蚀性较差;低合金钢内因含铬等元素,它的耐锈蚀性比铸铁和碳钢强;因铜及其合金的电极电位较高,而铝及其合金的电极电位虽低,但它们在大气中能很快生成致密的、有良好保护作用的氧化膜,这样铜、铝及其合金都表现出良好的耐锈蚀性能。

金属制品裸露面的粗糙度和加工方法对锈蚀速度也有影响。粗加工处理后的粗糙表面容易吸水和积尘,将导致锈蚀速度加快;相反,精加工后的金属表面的锈蚀速度相对减缓。另外,一些零部件经锻、焊、热处理或拉、压、弯加工后,引起金属内部应力变化,也会促使金属锈蚀,称为应力锈蚀。

(二) 温度与相对湿度

空气中水分对金属生锈的影响是相对湿度的大小,而不是绝对湿度的大小,因为水膜的生成是随相对湿度而转移的。在温湿度高的地区金属容易生锈,因为在这种条件下有足够的相对湿度形成足够的水膜,同时温度高也加速了金属的锈蚀。在高温低湿地区,因金属表面不能形成水膜,温度虽高但不会引起明显腐蚀。

当绝对湿度不变而温度有较大变化时,温度升高后金属不易生锈,温度降低后反而会生锈,这是因为降温后相对湿度升高的缘故。

在某一相对湿度下,金属即使长期放在空气中,锈蚀仍很缓慢,然而如果超过这一相对湿度,金属就会生锈。这一使金属腐蚀速度突然加大的相对湿度,称为临界相对湿度。临界相对湿度随金属的种类、金属表面的状态及环境气氛的不同而有所不同。一般来说,金属的临界相对湿度在70%左右。当相对湿度低于临界相对湿度时,无论在什么温度情况下金属几乎不生锈;而当相对湿度在临界相对湿度以上时,金属就会产生锈蚀,并且温度每升高10 ℃,锈蚀速度约提高两倍。

(三) 氧气

大气中氧的含量约占大气总量的21%。当金属吸附大气中的水分而形成很薄的水膜时,氧气很容易溶解在水膜中并渗透水膜。在水滴边缘的金属表面上,氧容易达到高浓度,此处电位也高,故形成阴极,进行着取得电子的还原过程;越往水滴中心,其浓度越低,因而水滴中心区电位较低,故形成阳极,进行着金属溶解的氧化过程。

金属制品在存放过程中易于发生重叠面锈蚀，特别在接触面的边缘部分锈蚀更为严重。这是因为各部分接触的空气多少不一，使氧气不均匀所致，通常把这种现象称为氧的浓差腐蚀。

（四）硫化物

这里所说的硫化物主要是指二氧化硫和硫化氢。在大气污染物质中，二氧化硫是对金属的腐蚀影响最大的有害气体，它很容易溶解在金属表面的水膜中，并在催化作用下被氧化生成硫酸铁，硫酸铁又与水反应生成硫酸，进一步促使金属腐蚀。硫化氢在干燥的空气中只能引起部分金属表面变色，但在潮湿的大气中，由于液膜酸化对铜、镍、铁、镁等金属的锈蚀影响加大，甚至可能会引起不锈钢的锈蚀。

（五）氯化钠

在沿海地区或在海运过程中的产品会接触海洋大气，影响侵蚀强度的主要因素是积聚在金属表面的盐粒或盐雾数量，盐的沉积量与海洋气候环境、距离海面的高度和远近及暴露时间有关。因此，同种金属在其他条件相同的情况下，距海面越近则空气中含氯化钠越多，对金属的腐蚀作用也越大。

氯化钠对金属的锈蚀作用主要在于氯离子半径较小，容易穿过金属保护膜，使保护膜受到破坏。并且氯离子具有不大的水合能，因此容易被金属表面吸附，它能使被金属钝化的氧活跃起来，破坏金属表面的钝化状态，使金属加速锈蚀。

（六）灰尘

因大气流动而产生的风会使地面上的尘土飞扬，而灰尘的成分因地点不同而异。灰尘中有些成分易吸湿，这样的灰尘若落在金属表面，则在相对湿度不大的环境条件下，就会使黏附灰尘的部位湿度增大，造成金属制品的局部锈蚀。

（七）有机气体

非金属材料是各种工业产品不可缺少的材料，使用量很大，但大多数非金属材料在使用中都会或多或少地释放出有机气体挥发物。如木材、塑料、油漆等所释放出的有机气体，易于在金属制品的周围形成一种“微气候”（含有甲酸、乙酸、醋酸等），加速金属的锈蚀作用，在考虑金属制品与包装材料的相容性时必须加以注意，选取不锈蚀金属材料作为防锈包装材料。

二、防锈包装步骤

防锈包装是按清洗、干燥、防锈处理与包装等步骤逐步完成的。

（一）清洗

清洗是指尽可能消除金属制品表面的油渍、汗迹、灰尘、加工残渣等。常用的清洗剂有碱性溶剂，如氢氧化钠、碳酸钠、磷酸钠、水玻璃等；表面活性剂，如肥皂、合成洗涤剂等；有机溶剂，如石油系列溶剂（汽油、煤油等）、卤代烃类溶剂（三氯乙烯、四氯化碳等）等。通常根据清洗物的大小、形状繁简、批量大小等条件选择清洗方法，常用的清洗方法如下。

1. 溶剂清洗法

在室温下，将金属制品全浸、半浸在石油溶剂或非石油溶剂中，用刷洗、摆洗、擦洗、喷洗等方式进行清洗，大件制品可采用喷洗或刷洗方式。

2. 汗迹清洗法

为了除去金属制品表面的汗迹，可采用以石油溶剂稀释的置换型防锈油浸洗、刷洗或摆洗。高精密小件制品可在适当的装置中用温甲醇浸洗。

3. 乳化剂清洗法

乳化剂清洗法主要利用乳化剂作为清洗剂，将制品置于清洗液中浸洗或采用压力喷洗。

4. 表面活性剂清洗法

表面活性剂清洗法是将制品放在离子型表面活性剂或非离子型表面活性剂的水溶液中进行浸洗、刷洗、压力喷洗。它既能清洗油污又可清洗水溶性污物，具有去污能力强、溶液稳定、不易燃烧、无毒性、经济等优点。

5. 蒸气脱脂清洗法

蒸气脱脂清洗法是选用适宜的卤代烃清洗剂，在蒸汽机或其他装置中对制品进行清洗。选用的清洗剂应不腐蚀金属，容易从金属表面挥发，并易将油污溶解。一般在进行蒸气脱脂清洗后，不须再进行干燥，清洗质量较高。但凡带有橡胶、塑料或有机涂层的组件均不适合采用此种方法清洗。此外，清洗用的多数溶剂有毒，使用时要特别注意安全。

6. 碱液清洗法

碱液清洗是将对精密度要求不是很高的金属制品放在碱性清洗液中浸洗、煮洗或压力喷洗，然后用热水充分清洗，除去残碱。

7. 超声波清洗法

超声波清洗法是将制品放在各种清洗液中，利用超声波设备进行清洗。超声波清洗的效率高、速度快、清洗质量好，可以减轻劳动强度、降低生产成本。它的清洗质量与设备的功率、频率、清洗介质、清洗温度和清洗时间等因素有关。超声波清洗法适用于精密中、小型制件和几何形状复杂，有缝隙、盲孔制件的清洗。

（二）干燥

干燥是指清除金属制品在清洗后残存的水和溶剂。干燥过程应迅速可靠，否则将使清洗工作变得毫无意义。金属制品清洗后，表面常附着溶剂与水分，应立即进行干燥处理，特别是有些制品除锈后，其金属表面处于极易生锈的状态，应尽快进行干燥。通常有以下几种干燥方法。

1. 压缩空气吹干法

压缩空气通过过滤器中的毛毡和干燥剂后，除掉了水分和污物，得到洁净、干燥的空气。将冷的或热的洁净干燥空气吹到金属制品表面，使制品快速干燥。这种方法特别适于带孔的制品。

2. 烘干法

烘干法是将需要干燥的制品放置在有温度调节和鼓风的干燥箱或烘房内，利用电热或通过管道内的通热蒸汽，除去制品上的水分。要求干燥箱或烘房内各部位受热均匀、通风良好，能尽快将制品蒸发出的水分带出箱外。该法不适于使用有机溶剂清洗的制品，也不适于带有多个小孔或细缝的制品。

3. 红外线干燥法

红外线干燥法将制品置于有红外或远红外的装置中进行辐照，除去水分。红外线干燥能够迅速提升温度，缩短干燥时间，有效降低干燥制品表面单位面积上的热量损耗，且容易实现自动化，因而广泛应用于各个领域。

4. 擦干法

擦干法即用清洁、干燥的布擦干制品表面的水分和清洗液。擦后不允许有纤维物残留在金属制品表面。

5. 沥干法

沥干法即将清洗后的制品悬挂在无灰尘和腐蚀性气体的环境中沥干或晾干。这种干燥方法由于干燥时间长，应特别注意保持环境的清洁卫生，防止在干燥过程中造成新的污染。该法适用于用石油系列溶剂清洗的制件。

6. 离心脱水法

离心脱水法即使用离心剂进行脱水干燥，该法适用于小型制品。

7. 脱水油干燥法

脱水油干燥法是水剂清洗后的一种专用干燥方法。它利用表面活性剂的作用，很快地吸附金属制品表面的水分而达到干燥的目的。脱水油干燥法适用于用水基金属清洗剂清洗的制件。

（三）防锈处理

防锈处理是指清洗、干燥后，适当选用防锈剂对金属制品进行处理，将腐蚀抑制剂以某种形式用到金属表面上来防锈。通常采用防锈油脂、气相防锈和可剥离性塑料等。

1. 防锈油脂法

防锈油脂能在金属表面形成隔膜，借此隔离外界的种种腐蚀介质。当油料中加入缓蚀剂时，因缓蚀剂多属表面活性剂，能在金属与防锈油脂的界面上定向吸附，一端与金属表面紧密吸附，而另一端则与基础油吸附，从而在金属表面形成牢固的吸附膜，以达到隔绝水分、氧及其他锈蚀介质的目的，起到防锈作用。

防锈油脂分为防锈油和防锈脂两类。防锈油常采用浸涂、刷涂、喷涂等方法，防锈脂则采用热刷涂、热浸涂、热喷涂等方法。防锈油脂作为防锈涂层，不失为一种适应面广泛、价格便宜的防锈方法，但它有施工时污染环境、影响金属制品外观和使用时要除膜等缺点。

使用防锈油脂时，按制品的形状及防锈要求合理选用下列方法。

(1) 浸涂法。将制品完全浸入防锈油中，涂覆防锈油膜。

(2) 刷涂法。在制品表面刷涂防锈油脂。

(3) 充填法。在制品内腔充填防锈油脂。充填时应注意使内腔表面全部涂覆，多余的防锈油脂应放出，如不放出时，应留有能容纳因受热而膨胀的油脂所需的空隙。制品的开口处应密封，不允许有泄漏现象。

(4) 喷雾法。将防锈油喷涂在制品表面。

2. 气相防锈法

气相防锈法是采用挥发性缓蚀剂，在密封包装条件下对金属表面进行防锈。气相缓蚀剂在常温下缓慢挥发并扩散到金属表面，起阳极钝化作用，以阻滞阴极的电化学过程，有些带较大非极性基的有机阳离子定向吸附在金属表面上形成憎水性膜，既屏蔽了腐蚀介质的作用，又降低了金属的电化学反应能力，有的与金属表面结合成稳定的综合物膜，增加了金属的表面电阻，从而保护了金属。

气相防锈有不影响制品外观、使用时不须除膜、防锈期长的特点，但许多气相缓蚀剂不能用于多种金属组件，且有刺激性怪味。

使用气相防锈材料时，应按制品的形状、材质合理选用下列方法。

(1) 气相缓蚀剂法。按制品的防锈要求，采用粉剂、片剂或丸剂状气相缓蚀剂，散布或装入干净的布袋或盒内。气相缓蚀剂的用量每立方米包装空间不少于30克，距离制品的防锈面不超过300毫米。

(2) 气相防锈纸法。制品的形状比较简单且容易包扎时，用气相防锈纸包封后，套塑料袋或容器密封。气相防锈纸包封制品时，要求接触或接近金属表面。离金属表面超过 300 毫米的部位，应与气相缓蚀剂并用。气相防锈纸与气相防锈油并用时，根据需要在气相防锈纸外包覆耐油性包装材料，但具有耐油性的气相防锈纸除外。形状复杂的大件制品，用气相缓蚀剂溶剂或悬浊液涂刷或喷涂后，再用气相防锈纸等材料包封。

(3) 气相防锈塑料薄膜法。制品要求包装外观透明时，采用气相防锈塑料薄膜袋热压焊封。涂布的气相防锈塑料薄膜，涂覆面应朝袋内；吹塑的气相防锈塑料薄膜可直接使用。气相防锈塑料薄膜多采用可剥离性塑料，可剥离性塑料是以塑料为基本成分，加入矿物油、防锈剂、增塑剂、稳定剂以及防霉剂和溶剂配制而成的防锈材料。它涂于金属表面，并硬化成固体膜，具有良好的防锈蚀作用。同时，膜层柔韧、有弹性，也有一定的机械缓冲作用。由于固体膜被一层油膜与金属件隔开，启封时膜层很容易从金属表面剥下，故称为可剥性塑料封存包装。

(4) 封套防锈封存包装法。封套防锈封存包装法是指将金属件放入一密封套内，并放入干燥剂或气相防锈剂，然后在口部用拉链密封的防锈包装方法。拉链启闭灵活，便于检查和使用，但防锈期较短，一般只有 2～3 年，特别适用于运输途中的短期防锈包装。坦克、装甲车、火炮、鱼雷和枪械等军工产品一般都采用封套包装。干燥剂应用透气纸袋、布袋或细孔金属容器装好，放入封套中密封。非密封包装使用干燥剂反而能促进吸湿，因此被禁用。干燥的硅胶是蓝色的，吸湿后变为粉红色，应及时更换。

(四) 包装

包装是防锈包装的最后一环。从防锈角度看，包装的目的是为了防止外部冲击造成防锈皮膜的损伤，防止因防锈剂的流失而污染其他物品；此外，包装还应包括便于储运、提高商品价值等目的。

在进行防锈包装时，还应注意以下几点。

(1) 作业场所的环境应尽量使之对防锈有利，有可能的话，应进行空气调节，最好能在低湿度、无尘和没有有害气体的洁净空气中进行包装，可能的话，还应在尽量低的温度下进行作业。

(2) 进行防锈包装时，特别应使包装内部所容空气的容积达到最小，从而减少潮气、有害气体和尘埃等的绝对量。

(3) 在着手处理包装金属制品时，不要沾上指纹，如沾上了指纹，需要使用指纹消除剂妥善进行处理。

(4) 要特别注意防止包装对象的突出部分和锐角部分受到损坏，或因移动、翻倒使隔离材料遭到破损，故在应用缓冲材料进行堵塞、支撑和固定等方面，需要比其他一般包装周密些。一般来说，防锈包装因隔离材料的破损而遭受致命损害的情况较多。

第五节 防虫包装技术

防虫包装技术是通过各种物理的因素(如光、热、电、冷冻等)或化学药剂作用于害虫的肌体,破坏害虫的生理机能和肌体结构,劣化害虫的生活条件,促使害虫死亡或抑制害虫繁殖,以达到防虫害的目的。这里的害虫主要指仓库害虫。

一、害虫的危害

仓库害虫又称仓储害虫,简称仓虫,它是害虫中的重点防护对象。仓虫的危害主要表现为以下三个方面:

(1) 因害虫吃掉仓储物而引起的直接损失;

(2) 仓储害虫的分泌物、粪便及脱皮物等污染仓储物,甚至引起发热霉变、传播对人类有害的病菌而造成间接损失;

(3) 仓储害虫引起商品价值降低或失去商品价值而造成的损失。

二、害虫的主要影响因素

(一) 温度

昆虫是变温动物,它的体温很大程度上取决于周围环境的温度,温度对幼虫的发育速度以及成虫的寿命、繁殖率、死亡速度、迁移分布等都有直接的影响。害虫虽然也有通过改变呼吸强度和水分蒸发速度来调节体温的能力,但这种能力是极其微弱的。

害虫体温的调节主要靠获得和散失热量。热量的获得有内生和外来两个途径。害虫通过自身新陈代谢作用分解营养物质而获得的热量为内生热,从害虫栖息地的环境温度中获得的热量为外来热。就害虫来说,外来热是主要的,内生热只有调节体温的作用。热量的散失一般通过水分蒸发、向外传导和以热射线形式扩散三个途径向外辐射,其中以水分蒸发来散失热量最为直接。

温度直接影响害虫的生长发育速度和种群密度。害虫对温度的反应和适应不仅因虫种的不同而异,而且受到温度变化的速度、大气湿度的变动、不利温度持续时间的长短及不同的生理状态和发育阶段对温度的特定要求等情况的影响。

(二) 湿度

湿度对害虫的影响与温度同等重要,它的作用有两个方面:一方面直接影响昆虫的水分生理活动;另一方面影响害虫食物的含水量,从而起到间接作用。

一般昆虫体内含有大量的水分,这些水分是它们消化循环、营养物质循环、排泄物的排出、渗透压的调节等生理活动所必需的溶剂,也是体温调节中必不可少

的。昆虫体内的水分和外界环境水分保持相对平衡状态。当环境条件改变时，昆虫必须用获得和散失水分来调节这种平衡，以维持正常的生理活动。昆虫体内的水分主要从食物中获得。一般仓库害虫在食物含水量低于8%时就难以生存，但也有一些昆虫耐干燥的能力特别强，如谷斑皮蠹能够长期生活于含水量仅为2%的食物中。

昆虫体内水分的散失，主要是通过水分的蒸发作用来实现的。当外界空气中相对湿度降低时，便会提高水分的蒸发速度，昆虫体内水分散失量增加；相反，在潮湿的条件下，昆虫体内水分消失缓慢，易于保持较稳定的含水量。在昆虫能够生存的湿度范围内，湿度所起的作用主要是影响昆虫的生长发育速度和生殖能力。

（三）氧气

与其他生物相同，害虫也需要通过呼吸作用来维持其生命活动，它们吸入氧气，氧化体内的营养物质并产生能量，供给其正常的生理活动，同时呼出二氧化碳。通过降低包装内的氧气浓度，增加二氧化碳的浓度，就可以达到抑制或杀灭害虫的目的。当氧气含量低于8%、二氧化碳含量高于20%时，就可以达到防虫的目的；当氧气含量低于2%、二氧化碳含量高于35%时，就可以达到杀虫的目的。因为在高含量的二氧化碳环境中，害虫的气门全部敞开，有利于毒气分子进入体内，并使害虫体内水分大量蒸发，最终将害虫杀死。

（四）光

太阳照射到地球上的光线，除了热效应对害虫的生命活动有明显的影响外，光的性质、强度、波长等对害虫也有不同程度的影响。昆虫有趋光性，不同波长的光线对许多害虫有极强的诱惑力，尤其对甲虫类的诱捕效果较好。昆虫的取食、交尾、产卵等活动都与光线强度有密切的关系。红外线和微波对害虫有抑制、杀伤作用。

三、防虫包装方法

（一）高温防虫害包装技术

高温防虫害包装技术是指利用较高的温度来抑制害虫的发育和繁殖。当周围环境温度上升至40 ℃～45 ℃时，一般害虫的活动就会受到抑制；当温度上升至45 ℃～48 ℃时，大多数害虫将处于昏迷状态（夏眠）；当温度上升至48 ℃以上时，大多数害虫将会死亡。

高温杀虫包装技术可以采用烘干杀虫、蒸汽杀虫等方法来进行。烘干杀虫一般是将待装物品放在烘干室或烘道、烘箱内，使室内温度上升至65 ℃～110 ℃，也可以按照待装物品的品种规格及容易滋生害虫种类的特性来确定温度和升温时间的要求，来进行烘烤处理。蒸汽杀虫是利用高热的蒸汽来杀死害虫，一般利用蒸汽室，室内温度保持在 80 ℃左右，对需要处理的商品，在室内处理 15～20 分钟，害虫即可完全被杀死。

（二）低温防虫害包装技术

低温防虫害包装技术是指用低温抑制害虫的繁殖和发育，甚至致其死亡。仓虫一般在环境温度为 8 ℃～15 ℃时开始停止活动，4 ℃～8 ℃时处于冷麻痹状态，如果这种状态延续时间较长，仓虫就会死亡。－4 ℃一般是害虫致死的临界点。

一般仓虫在气温下降到 7 ℃时就不能繁殖，大部分开始死亡。各种冷冻设备，如冷冻机、低温冷藏库等都能将温度降到 0 ℃以下，足以达到防虫的目的。

害虫对于外界低温具有一定的抵御能力，为了破坏害虫的抗寒性，加速其死亡，在低温处理时，应注意以下两个问题。

(1) 害虫的抗寒性与其食物的含水量有密切的关系，害虫的食物中含水量越高，则其抗寒性就越强。因此，防虫包装要在内装商品含水量的允许范围内，尽量减少商品中的水分，以降低害虫的抗寒性，加速其死亡。

(2) 害虫的抗寒性与冷却速度有密切的关系，冷却速度越慢则害虫体内热量散失越慢，冷却状态越稳定；反之，冷却速度越快，在较高的体温下体液骤然进入结晶状态，则可以加速害虫死亡。

（三）电离辐射防虫害包装技术

电离辐射防虫害包装技术是利用 X 射线、γ 射线等的杀伤能力，使害虫死亡或者不育，从而达到防虫害的目的。

（四）微波与远红外线防虫害包装技术

微波是指波长为 1 毫米至 1 米的电磁波。含水和含脂肪的物质吸入微波能量以后，能将其转换为热量。

微波杀虫是指在高频电磁场作用下，害虫体内的水分、脂肪等物质生成大量的热能，使虫体内部温度迅速上升(可达 60 ℃以上)，致使害虫死亡。

微波杀虫具有处理时间短、杀虫效力高、无残留、无药害等优点。但是微波对人体健康有一定影响，可以引发贫血、嗜睡、神经衰弱、记忆力减退等病症。因此，操作人员应采取必要的防护措施。

远红外线具有与微波相似的作用，主要是能迅速干燥储藏物品和直接杀死害虫。远红外线杀虫的优点与微波杀虫的优点基本相似，也是一种有效防治害虫的包装技术。

（五）化学药剂防虫害包装技术

通常所用的杀虫剂有很多种类，但到目前为止还没有一种杀虫剂能防治所有种类的害虫。害虫也有抗药性，从而使杀虫剂的杀虫效率降低。杀虫剂的杀虫机理与适用场合各不相同。其中最常用的杀虫剂是从除虫菊中提取的除虫菊酯，它是一种神经毒剂。它在较高的温度条件下会快速分解，因此对于具有较高体温的鸟类和哺乳类动物等的毒性较低。除虫菊酯中毒症状为兴奋、痉挛、麻痹及死亡，这是典型的神经毒剂的中毒现象。除虫菊酯具有快速击倒害虫的效能，多种害虫触及后在几秒钟内死亡。除虫菊酯对人畜几乎无毒性，使用安全。

本章小结

本章首先介绍了防潮包装的原则、目的和主要影响因素，阐述了刚性容器密封包装、柔性材料容器加干燥剂密封包装、复合薄膜真空包装、复合薄膜充气包装和热收缩薄膜包装等不同的防潮包装类型及注意事项；其次介绍了防震包装材料的分类和性能，阐述了全面防震包装、局部防震包装、悬浮式防震包装和联合式防震包装等防震包装方法；再次介绍了霉菌的破坏作用、商品霉腐的环节和主要影响因素，阐述了化学药剂防霉腐包装技术、气相防霉腐包装技术、气调防霉腐包装技术、低温冷藏防霉腐包装技术、干燥防霉腐包装技术、电离辐射防霉腐包装技术，以及紫外线、微波、远红外线和高频电场防霉腐包装技术等；然后介绍了金属锈蚀的影响因素，重点介绍了清洗、干燥、防锈处理与包装四个防锈包装步骤；最后介绍了害虫的危害和主要影响因素，阐述了高温防虫害包装技术、低温防虫害包装技术、电离辐射防虫害包装技术、微波与远红外线防虫害包装技术以及化学药剂防虫害包装技术等。

综合案例分析

书画类快递的防潮包装

书画类快递的防潮包装具有以下要求。

（1）产品在包装前必须是干燥和清洁的。

（2）产品有尖突部，并可能损伤防潮阻隔层时，应采取防护措施。

（3）当产品在进行防潮包装的同时，需要有其他防护要求时，应按其他专业包装标准的规定采取相应的措施。

（4）防止产品在运输过程中发生移动而采取的填充、支撑和固定物，应尽量放在防潮阻隔层的外部。

（5）应减小防潮包装的体积。

(6) 采用透湿度为零或接近零的金属或非金属容器将产品包装后加以密封。①不加干燥剂。如真空包装、充气包装等。②加干燥剂。一般选用硅胶和蒙脱石。

(7) 采用较低透水蒸气性的柔性材料，将产品加干燥剂包装，封口密封。①单一柔性薄膜加干燥剂包装。②复合薄膜加干燥剂包装。③多层包装。采用不同的较低透水蒸气性质材料进行包装。

思考题

1. 书画类防潮包装的目的和原则是什么？
2. 你认为适合书画类产品的防潮包装类型是什么？

本章综合练习题

1. 简述防潮包装类型及注意事项。
2. 简述不同的防震包装方法。
3. 简述不同的防霉腐包装方法。
4. 简述防锈包装步骤。
5. 简述防虫包装方法。

实践活动

受损商品包装分析

实践目标：能够辨识商品包装技术的类型。

实践内容：选取一种因包装问题而受损的商品。

实践要求：分析商品受损的原因，为商品选用适合的通用包装技术及专用包装技术。

实践成果：撰写商品包装技术设计方案。

第十三章 商品分类与编码技术

本章学习目标

(1) 了解商品分类的概念和作用；

(2) 掌握商品分类的原则和标志；

(3) 理解商品分类体系的含义及其建立方法；

(4) 了解商品编码的概念、功能；

(5) 掌握商品编码的分类；

(6) 了解商品目录的含义、种类。

经典案例导入

零售经营中的商品分类

目前在零售经营中，商品分类并没有统一的标准。各超市可根据市场和自身的实际情况对商品进行分类。但商品分类应该以方便顾客购物、方便商品组合、体现企业特点为目的。一般可将经营商品分为大类、中类、小类、单品4个层次。大类是粗线条分类，主要依据生产来源或方式、处理保存方式等商品特征来划分。如食品超市的大类有水产、畜产、果蔬、日配加工食品、一般食品。中类着重于以功能、用途、制造方式、方法、产地等特征来划分，如日配加工食品大类中包含牛奶、豆制品、冰品、冷冻食品等中类。小类是进行单品管理之前的最小单位、最细的分类，如中类牛奶中包含鲜乳、调味乳、发酵乳等小类。单品是商品分类中不能进一步细分的、完整独立的商品品项，如355毫升听装可乐、1.25升瓶装可乐、2升瓶装可乐等。

第一节 商品分类

一、商品分类的概念与作用

（一）商品分类的概念

随着社会分工的不断发展，商品生产和交换的范围及领域不断扩大，商品的数量和种类也在不断增加。为了合理地组织商品生产和流通，需要对商品进行科学的分类，以提高社会生产效率。进行科学的分类，可以把看起来杂乱无章的事物条理化，使人们更好地认识世界和改造世界。因而商品分类是在商品生产的发展过程中逐渐形成的。

由于国情及经济技术发展水平的不同，各国商品分类的层次并不统一。同时，由于各部门、各系统对商品进行分类的目的不同，商品类目的划分也是多种多样的，许多不同的部门出于管理、统计等工作需要都要对商品进行分类。如从国民经济管理的角度出发，通常将商品分为工业品和农产品两大类，工业品中又分重工业产品和轻工业产品，重工业产品中又可分为冶金工业产品、机械工业产品等。

商品分类是指根据一定目的，为满足商品生产、流通、管理及人们生活等的需要，选择适当的分类标志或特征，将商品集合总体科学、系统地逐级划分为商品大类、商品品目、商品品种、商品细目的过程。

1. 商品大类

商品大类一般是根据商品生产和流通领域的行业来划分的，既要同生产行业对口，还要与流通组织相适应，如食品、纺织品、日用工业品、建材、化工产品、文化用品等。

2. 商品品目

商品品目或品类是指具有若干共同性质和特征的商品种类的总称。如奶类包括牛奶、羊奶等种类。

3. 商品品种

商品品种按商品的性能、成分等方面特征划分，是指具体商品的名称。如电视机、电冰箱等。

4. 商品细目

商品细目是对商品品种的详尽区分，包括商品的规格、花色、质量等级等，以具体地反映商品的质量特征。

商品分类的类目层次及其应用实例如表 13-1 所示。

表 13-1 商品分类的类目层次及其应用实例

商品类目名称	应用实例 1	应用实例 2
商品门类	消费品	消费品
商品大类	食品	日用工业品
商品中类	动物性食品	家用化学品
商品小类	乳及乳制品	洗涤用品
商品品类	奶	皂
商品种类	牛奶	香皂
商品品种	脱脂牛奶	杀菌香皂
商品细目	伊利脱脂牛奶	舒肤佳儿童香皂

在实践中，商品流通部门经营的商品有几十万种之多，源于国民经济各个行业、品类庞杂，性能各异，对运输、养护、包装、储存、销售等条件的要求各不相同。因此，只有对商品进行科学分类，商业活动才能处于现代化管理的正确轨道上。

（二）商品分类的作用

商品分类是商品学研究的基础，也是国民经济管理现代化的先决条件。随着科学技术的进步和商品经济的不断发展，商品种类日趋增多，商品分类的作用也越来越大。

1. 有助于国民经济各部门各项管理的实施

商品种类繁多，特征多样，价值不等，用途各异，只有对商品进行科学分类，统一商品用语，商品生产、收购、调拨、运输、储存、养护、销售各环节中的计划、统计、核算等工作才能顺利进行，各类指标、统计数据和商品信息才具有可比性和实际意义。

利用计算机实现商品购、销、调、存、结账的无纸化贸易及商品信息流和物流管理现代化，都要依赖科学的商品分类和编码系统才能得以实现。

2. 有助于提高商品学的教学和科研工作

由于商品品种繁多，用途不同，性能及特征各异，且对包装、运输、储存的要求也各不相同。只有在进行科学分类的基础上，将众多的商品从个别商品特征归纳为类别商品特征，才能深入分析、了解商品的性质和使用性能，研究商品质量和品种及其变化规律，从而为商品质量的改进和提高，商品预测和新商品开发，以及商品包装、运输、保管、科学养护、检验、合理使用和质量保证等提供科学的依据。

3. 是实行现代化管理的前提

电子计算机及网络技术的广泛应用，促进了商品生产和流通的现代化。连锁经营、电子商务等现代化的经营管理方式不仅与传统经营方式一样离不开科学的商品分类，而且对商品分类及其编码技术提出了更高的要求。

4. 有助于商业经营管理

在商业经营中，无论是零售还是批发、运输还是保管，都是在商品分类的基础上进行的。没有对商品进行科学系统的分类，商品生产、流通、计划、统计、财务等管理工作是不可能正常进行的。

5. 便于消费者和客户选购商品

在销售环节中，通过进行科学的商品分类和编制商品目录，能有序安排市场供给及合理布置商场，从而便于消费者和客户进行选购。

二、商品分类的原则和标志

（一）商品分类的原则

对商品进行科学、系统的分类，建立科学实用的商品分类体系和商品目录是研究商品分类的最终目的。而要使商品分类体系满足科学研究和生产实践的需要，就必须遵循以下基本原则。

1. 科学性原则

科学性原则要求从四个方面予以遵循：明确分类体系服务目标，确定拟分类的商品集合总体的范围，统一分类对象的商品名称，选择合理的分类标志。

(1) 不同部门、行业、企业对商品进行分类的目的不同，结果使商品分类体系多种多样，每个分类体系只有明确了服务目的，才能保证科学、适用。

(2) 不同部门、行业、企业所涉及的商品种类范围并不相同，所以商品分类的对象也不会相同。这就要求在进行分类前，管理者必须根据具体情况确定拟分类的商品集合总体的范围，否则该分类体系也不会科学、适用。

(3) 作为分类对象的商品，其名称必须科学、准确、统一，力求简单明了、概括性强，真正反映其有别于其他商品的本质属性，还要防止其名称概念不清、一词多义或一种商品有多种名称，避免区分困难和混乱，否则也无法保证该分类体系的科学性。

(4) 在商品分类前，选择合理的分类标志至关重要。商品具有多种本质的和非本质的属性特征，要保证商品分类的唯一性和稳定性，必须选择商品的稳定本质属性特征作为分类标志，这样才能明显地把分类对象分开，以保证分类清楚和体系稳定。

2. 系统性原则

一个比较合理的商品分类体系，应能将选定的分类对象，以其基本属性，按照所规定的归类原则和一定排列顺序予以系统化，使每一个分类对象在体系里都占有一个位置，并反映出它们彼此之间的关系，用数字代码表示他们之间的内在有机联系。将数以万计的商品进行科学的分类，建立一个完整的、系统化的分类体系，才有可能对商品信息及时进行收集、处理、查询、检查，从而为现代化管理提供保证。

3. 可扩延原则

商品分类要充分考虑到科技进步，留出足够空位以安置新商品，通常应设置收容类目，以保证增加新的事物或概念时不至于打乱已建立的分类体系。

4. 兼容性原则

商品目录的兼容性是指相关的各个分类体系之间应具有良好的对应与转换关系。随着国际、国内各种与商品相关的分类体系的建立，分类原则及类目设置必须实现标准化，这样才有可能在经过技术处理后，满足各个分类体系之间信息交换及相互兼容的要求。

我国国家商品分类体系在按商品属性特征分类的同时也兼顾了行业管理的需要。

5. 整体性原则

整体性原则就是在进行商品分类时，考虑整体效率和整体的最优化。一个商品管理系统常常由许多管理分系统组成。如果商品分类能同时完全满足整个管理系统和各个管理分系统在商品分类上的管理要求，那是最理想的。但事实上，从某一管理分类系统的角度来看，某一商品分类体系是最合理、最经济的，而从整个管理系统的角度来看却是不合理、不经济的，因而是不可取的；反之，若某一商品分类体系对于某个分类系统来说是不太合理、不太经济的，但对于整个管理系统却是最合理、最经济的，那么这种商品分类体系是可取的。因此，在商品分类时，要考虑管理系统的整体效益和整体的最优化，要求局部利益服从整体利益。一般来说，分类体系包括的类别要少、品种要多。

（二）商品分类标志

1. 选择分类标志的基本原则

进行商品分类时，分类标志的选择十分重要，由于可供选择的标志很多，为了使商品分类能满足分类的目的和要求，并将分类对象明确区分开来，在选择分类标志时就要坚持如下基本原则。

(1) 目的性。标志的选择应服从于分类的目的，使选用的标志能满足分类的目的和要求。

(2) 可区分性。应选择能突出商品最本质、最基本特征的标志，以从本质上把不同类别的商品明确区分开来，保证分类清楚。

(3) 适应性。分类标志应能划分规定范围内的所有商品，同时也应留有能不断补充新商品的余地。

(4) 唯一性。在同一类别范围内只能采用一种分类标志，而不能同时采用两种或多种分类标志；分类后的每个商品品种只能在一个类别里，不能既出现在这个类别，又出现在另一个类别里。

(5) 系统性。分类中的每个商品品种不仅属于某一小类，它还隶属于某一中类或大类等。因此，高一级类别与可从属的类别间存在着有机联系，在选择分类标志时，上一级分类标志与下一级分类标志之间要照顾到其从属关系，即下一级分类标志应是上一级分类标志的合乎逻辑的继续和具体化，使得分类层次分明，并能体现相互间的有机联系。

(6) 简便性。所选择的分类标志必须使商品分类在实际运用中便于掌握，简便易行，以利于商品流通，便于采用数字编码和运用计算机进行处理。

2. 常用的商品分类标志

商品分类标志是编制商品分类体系和商品目录的重要依据，是分类的基础。在一个分类体系中常采用几种分类标志，往往是每一个层级用一个适宜的分类标志。

在商品分类实践中常用的分类标志有以下几种。

(1) 以商品的用途作为分类标志。商品的用途即商品的功用，是商品使用价值的重要体现。由于此种分类直接表明商品用途，与消费者的需要相吻合，便于消费者进行选购，所以它是外贸、商业、供销业务及贸易机构、零售店设置的主要分类标志之一。它不仅适用于对商品大类的划分，也适用于对商品品类、品种的进一步细化。这种分类标志的特点是将不同原料、不同生产厂家的同一用途商品同类经营，以便于经营者和消费者进行比较、分析，对企业提高商品质量、增加竞争优势有积极意义。但这种分类标志不宜用于多用途商品。

(2) 以原材料作为分类标志。商品原材料是决定商品品质的重要因素之一。原材料的种类和性能不同，会使商品具有截然不同的特性。以原材料作为商品分类标志，不仅使分类清楚，而且能从本质上反映出每类商品的性能、特征、使用、保管、包装、养护要求。这种分类标志特别适用于原料性商品和原料对成品质量影响较大的商品，但不宜用于那些由多种原料制成和成品质量及特征与原材料关系不大的商品(如电视机、照相机、汽车、洗衣机等)。

(3) 以商品的化学成分作为分类标志。有些商品的性能在很大程度上取决于它们内含的化学成分。在一定条件下，商品的化学成分不同，其属性、等级及用途和保管方法也不同。对这类商品应以主要化学成分作为分类标志进行分类。也有一些商品的主要化学成分虽然相同，但由于所含的特殊成分不同，可形成质量、特征、性质和用途完全不同的商品。对这类商品进行分类时，可以将特殊化学成分作为分类标志。这种分类标志的特点是：能反映商品的本质特性，对于深入研究商品的特性、保管和使用方法及开发新品种、满足不同消费者的需要等具有重要意义，但不宜用于化学成分复杂的商品（如水果、蔬菜、粮食等）或化学成分区分不明显的商品（收音机）。

（4）以商品的加工方法作为分类标志。很多商品即使采用相同的原材料制造，由于生产方法和加工工艺不同，所形成的商品的质量水平、性能、特征等也会有明显差异。因此，对采用相同原材料且可选用多种加工方法生产的商品，适宜以生产加工方法作为分类标志。例如，酒类按生产加工方法可分为蒸馏酒、发酵酒、配制酒等，茶叶按生产加工方法可分为发酵茶、半发酵茶、不发酵茶等。这种分类标志的特点是：特别适用于原料相同，但可选用多种工艺生产的商品。其优点是因为生产方法、工艺不同，突出了商品的个性，有利于销售和工艺的革新，但不宜用于那些生产方法有差别但商品性能、特征无实质性区别的商品。

（5）以商品的流通范围作为分类标志。商品的质量、性能及不同商品的供给与需求的不同，决定了商品的流通范围有别，而流通范围在某种程度上又反映出商品的市场销路及质量等情况。根据流通范围的不同，商品可分为地方商品、内销商品、外销商品；根据产地的不同，商品可分为地产商品、外地商品、进口商品。

（6）以其他特征为分类标志。除上述分类标志外，商品的形状、结构、尺寸、颜色、重量、产地、产季等均可作为商品分类的标志。如钢材根据形状的不同可分为型钢、钢板、钢管、钢丝等。这些分类标志更容易为消费者所接受，其特点是概念清楚、形象直观、特征具体、通俗易记、便于区别。

三、商品分类体系

（一）商品分类体系的含义

在实际分类工作中，常常是先确定一个主要标志，将商品分成大类，然后按不同的标志依次将商品划分为中类、小类及细目等。在任何一次商品分类中，都需将商品集合总体逐次划分为包括大类、中类、小类、品类在内的，完整的、具有内在联系的类目系统，以形成一个完整的分类体系。主要分类体系如下。

1. 基本分类体系

这种分类体系基本上是指马克思关于社会总产品的分类方法，是按商品的使用价值进行抽象分类，即将商品划分为两类：消费资料（生活资料）商品和生产资料商品。如图 13-1 所示。

当然，这种划分是相对的，有的商品既是生产资料，又是消费资料。如大豆如果作为种子进行生产，则属于生产资料；如果用于食用，则属于消费资料。

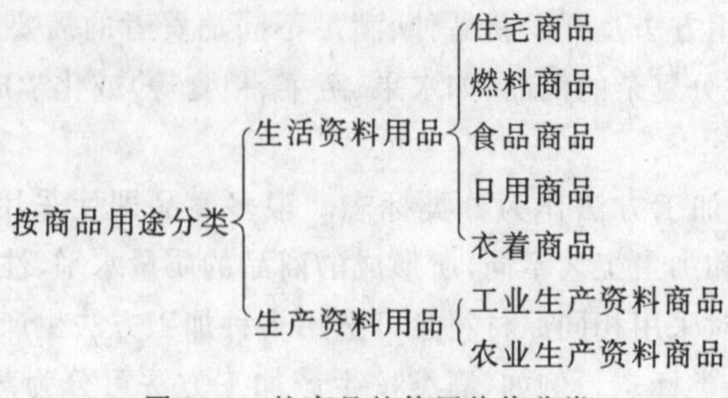

图 13-1　按商品的使用价值分类

2. 应用分类体系

应用分类体系以商品的某些共性为依据进行分类，是一种实用性很强的分类体系。例如，按原料来源分类，按加工程度分类，按行业分类，按经济用途分类，按产地分类，按需求性质分类，按商品销售状况分类，按供应方式分类，按使用期限分类，按质量分类等。如图 13-2 所示。

按商品的某些共性分类
- 按原料来源分类：植物性商品，动物性商品，矿物性商品等
- 按加工程序分类：粗制品，精制品
- 按行业分工分类：农产品，林产品，水产品，畜产品，工业产品等
- 按产地分类：进口产品，国内产品，地方产品等
- 按使用期限分类：耐用商品，易耗商品
- 按质量分类：优质产品，名牌产品，一般产品等

图 13-2　按应用体系分类

应用分类体系所采用的标志称为“局部标志”，只用于某些商品或只对某些商品的分类有效。但应用分类体系可以适用于不同分类目的的需要，因而实用价值较高。

3. 贸易分类体系

贸易分类是为了满足贸易工作的需要而进行的商品分类。在商品分类中，贸易分类应用得比较广泛。它的主要目的是便于贸易部门进行业务活动和消费者选购商品，以保证商品流通的正常进行，并有助于研究商品在流通领域中出现的问题，以提高经营水平。

世界各国间的贸易活动和各国在海关管理、征收关税、市场以及关税研究、贸易经济、贸易管理、商情研究、进出口业务及贸易政策制度等方面都需要有一个统一的国际贸易商品分类体系。目前，由有关国际组织主持编制、发布和实施，具有相当高的科学性和完整性，在国际上被公认并广泛采用的国际商品分类体系有如下三个。

(1) 海关合作理事会分类目录(简称 CCCN)。此分类目录在 1959 年正式实施，在 1965 年、1972 年、1978 年分别进行了三次系统修订，主要适用于海关税则的

商品分类。目前有 150 多个国家和地区采用此分类体系编制本国的海关税则。海关合作理事会分类目录的分类原则:按商品的原材料,结合加工程度和用途及工业部门来划分商品目录。据此,分类体系将国际贸易商品划分为 21 类、99 章、1 011 税目,每一项税目下又分成若干条子目。该分类体系采用 4 位数编码。

(2) 国际贸易标准分类(简称 SITC)。国际贸易标准分类由联合国于 1950 年制定,于 1951 年获国际会议通过,于 1960 年和 1975 年进行了两次修订。它主要是为了便于统计世界经济状况、促进国际贸易和使海关手续合理化。联合国也据此编制国际贸易统计资料,以便对国际贸易进行系统研究。

国际贸易标准分类把所有国际贸易商品划分为 10 类、63 章、233 组、786 分组,分组以下又细分为若干个子目。该分类体系采用 4 位数编码。

(3) 商品分类和编码协调制度(简称 HS)。商品分类和编码协调制度是在海关合作理事会分类目录和国际贸易标准分类实施经验的基础上,参照国际其他税则、统计、交通等分类协调制度,由海关合作理事会主持,经 60 多个国家和多个国际组织多年研究后编制,于 1983 年以国际公约的形式通过,并自 1981 年 1 月 1 日起在国际上开始实施。它是最新的、系统的和多用途的国际贸易商品统一分类体系,被世界各国广泛采用。

商品分类和编码协调制度将所有国际贸易商品分为 21 类、99 章、1 241 节、5 019 目,其中第 77 章留空以增补新商品,第 98 章、第 99 章留空供各缔约国专用。该分类体系采用 6 位数编码。

4. 国家标准分类体系

国家标准分类体系是为适应现代化经济管理的需要,以国家标准形式对商品进行科学、系统的分类编码所建立的商品分类体系。1987 年我国颁布了国家标准 GB 7635—87《全国工农业产品(商品、物资)分类与代码》,这是全国各部门、各地区必须一致遵守的商品分类与商品编码准则。该体系把我国生产的全部工农业产品、商品、物资划分为 99 个大类、1 000 多个中类、7 000 多个小类,总计 36 万多个品种。

(二) 商品分类体系建立的方法

商品分类时通常采用的基本方法有线分类法和面分类法两种,在使用时应根据管理上的具体需要进行选择。由于商品复杂多样,在实践中通常采用以线分类法为主、面分类法为辅的有机结合分类方法。

1. 线分类法

线分类法也称层级分类法,是将确定的商品集合总体按照一定的分类标志,逐次分成相应的若干个层级类目,并排列成一个有层次的、逐级展开的分类体系。其一般表现形式为大类、中类、小类、细类等，将分类对象一层层地进行具体划分，各层级所选用的分类标志不同，各个类目之间构成并列或隶属关系。

线分类法属传统的分类方法，使用范围最广泛，在国际贸易和我国商品流通领域中，许多商品分类均采用线分类法。例如，纺织纤维常按线分类法进行分类，如表 13-2 所示。

表 13-2 纺织纤维按线分类法分类表

大类	中类	小类	细类
纺织纤维	天然纤维	植物纤维	棉花、麻类等
		动物纤维	羊毛、蚕丝等化学纤维
	化学纤维	人造纤维	粘胶纤维、醋酸纤维等
		合成纤维	锦纶、涤纶、腈纶、维纶、丙纶等

由一个类目直接划分出来的下一级各类目之间存在着并列关系，不重复，不交叉。在线分类体系中，一个类目相对于由它直接划分出来的下一级的类目而言，称为上位类，也叫母项；由上位类直接划分出来的下一层级类目，相对于上位类而言，称为下位类，也叫子项。上位类与下位类之间存在着隶属关系，下位类从属于上位类。

线分类法的主要优点是信息容量大，层次性好，逻辑性强，符合传统的应用习惯，既对手工处理有好的适应性，又便于进行计算机处理。其最大缺点是结构柔性差。所以，采用线分类法编制商品分类目录时，必须预先留有足够的后备容量。

在选用线分类法时，一般应遵循下列原则：

(1) 在线分类中，由某一上位类划分出下位类类目的总范围应与上位类类目范围相同；

(2) 当某一个上位类类目划分成若干个下位类类目时，应选择一个划分基准；

(3) 同位类类目之间不交叉，不重复，并只对应于一个上位类；

(4) 分类要依层进行，不应有空层或加层。

2. 面分类法

面分类法又称平行分类法，是将分类的商品集合总体按不同的分类标志划分成相互之间没有隶属关系的各个分类集合(面)，每个分类集合(面)中都包含了一组类目。将某个分类集合(面)中的一种类目与另一个分类集合(面)中的一个类目组配在一起，即形成一个新的复合类目。

例如，服装的分类就是按照面分类法组配的，把服装用的面料、式样和款式分为三个互相之间没有隶属关系的“面”，每个“面”又分成若干个类目，标出了不同范畴的独立类目。使用时，将有关类目组配起来，便成为一个复合类目。例如纯毛男式中山装、中长纤维女式西装等，如表13-3所示。

表13-3　服装按面分类法进行分类

服装面料	式　样	款　式
纯棉	男式	中山装
纯毛		西装
中长纤维		夹克
毛涤	女式	连衣裙
丝绸		短裙

面分类法具有结构柔性好、对机器处理有良好的适应性等优点，但不能充分利用容量，组配的结构太复杂，不便于进行手工处理，常将面分类法作为线分类法的辅助。

在选用面分类法时，应遵循以下几个基本原则：

(1) 根据需要选择分类对象的本质属性或特征作为分类对象的各个"面"；

(2) 不同"面"的类目不应相互交叉，也不能重复出现；

(3) 每个"面"有严格的固定位置；

(4) "面"的选择及位置的确定应根据实际需要而定。

第二节　商品编码的概念

商品编码是指赋予某类商品某种代表符号或代码的过程。商品编码与商品分类密切相关，有时在实践中也统称为商品分类编码。将商品进行编码，可以使名目繁多、多种多样的商品便于记忆，在经营中简化手续，提高工作效率和可靠性，便于开展计划、统计、管理等业务工作，也可为计算机自动处理和开展电子商务活动打下基础。

标准化的商品编码系统，可以提高分类体系的概括性、科学性，为现代化的商品信息科学管理创造条件。目前，一些发达国家已经在商品分类编码标准化的基础上建立了统一商品分类编码系统和商品信息自动化管理系统，从而避免了商品在设计、制造、销售直至废弃过程中的各种浪费，提高了工作效率和工作质量，促

> **知识链接**
>
> 商品分类与商品编码的关系
>
> 商品的科学分类是建立商品分类体系和编制商品目录的基础，是合理编码的前提。而商品编码是商品分类体系和商品目录的重要组成部分，是进行商品科学分类的一种手段。因此，商品编码与商品分类密切相关，分类在先，编码在后，二者相互依存、相互制约。

进了商品流通和国际贸易，并取得了显著的经济效益。

一、商品编码的定义

商品编码又称商品代码，是将商品按其分类加以有序编排，用简明的文字、符号或数字代替商品的“名称”、“类别”及其他有关信息的一种方式。因而商品编码是赋予某种商品以某种代表符号或代码的过程，其中代表符号或代码被称为商品的编码，主要有数字型代码、字母型代码、混合型代码和条形码四种，目前应用最广的是条形码。

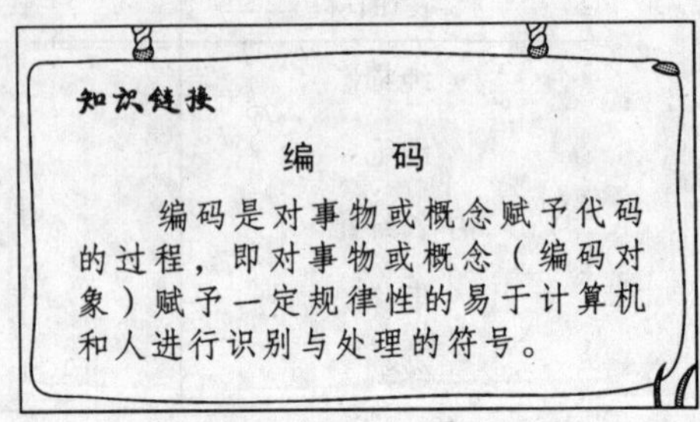
知识链接

编　码

编码是对事物或概念赋予代码的过程，即对事物或概念（编码对象）赋予一定规律性的易于计算机和人进行识别与处理的符号。

二、商品编码的基本原则

商品编码的目的在于方便使用，为实现商品分类编码的标准化，建立统一的商品分类编码系统，商品编码时应遵循唯一性、稳定性、可扩充性、简明性、统一性、可操作性、协调性原则。

（一）唯一性

唯一性是商品编码的基本原则。所谓唯一性是指所标志的商品应与商品代码一一对应，每一种商品只能有一个代码，每一个代码只能标志同一种商品，不同商品项目的商品必须分配不同的商品标志代码。基本特征相同的商品应视为同一商品项目，基本特征不同的商品应被视为不同的商品项目。通常商品的基本特征包括商品名称、商标、种类、规格、数量、包装类型等。商品的基本特征一旦确定，只要商品的一项基本特征发生变化，就必须分配一个不同的商品标志代码。

（二）稳定性

稳定性是指商品标志代码一旦分配，只要商品的基本特征没有发生变化，就应保持不变。同一商品项目，无论是长期连续生产，还是间断式生产，都必须采用相同的标志代码。即使该商品项目停止生产，其标志代码应至少在 4 年之内不能用于其他商品项目。另外，即便商品已不在供应链中流通，由于要保存历史记录，需要在数据库中长期保留该种商品的标志代码，因此，在重新启用商品标志代码时需要考虑此项因素。

（三）可扩充性

可扩充性是指代码结构应留有足够的余地，为将来可能增加的商品留有扩充编码的余地。

（四）简明性

简明性是指代码要简明、易记，不宜过长，代码结构应尽量简单，长度尽可能短，以便记忆和节省机器存储空间，减少代码处理中的差错，提高信息处理效率。

（五）统一性

统一性是指代码必须规范化，格式一致。

（六）可操作性

可操作性是指代码应尽量方便事务员和操作员工作。

（七）协调性原则

商品编码要与国家商品分类编码标准相一致，与国际通用商品分类编码制度相协调，以利于实现信息交流和信息共享。

三、商品编码的管理

商品编码的管理是指商品条码系统成员在已获得厂商识别代码的基础上如何正确地对具体商品项目进行编码，以及对已编码的商品做好原始记录和档案，防止出现编码错误的工作过程，其基本要求就是要保证商品编码的唯一性。遵循唯一性原则的关键是要严格区分商品的不同项目，主要应从商品的种类、规格、包装、颜色等几个方面来考虑。

系统成员应当指定专人负责商品编码的统一管理，加强对条码管理人员的业务知识培训，积极参加条码管理机构组织的培训班；要建立有关条码工作的规章制度，完善商品编码的原始记录和工作档案，以便对编码的唯一性进行检查；还要做好条码管理人员变动时有关资料的移交工作，以保持工作的连续性。

在编码管理的具体操作上，一般适宜采用“大流水”的编码方式，以最大限度地体现编码的唯一性原则，减少编码出错的可能性。

第三节　商品编码的分类

商品编码按其用途的不同可分为商品分类码、商品销售识别码和辅助识别码。商品分类码是全部编码中地位最重要的，商品核算、经营分析、统计报表等都需要使用商品分类码进行处理。

商品销售识别码包括条形码、店内码、代用码、联销码等，其共同特点是此类编码不能区分商品的自然属性，不能作为经营统计的分类码。

辅助识别码包括供应商编码、地区编码、部门代码、仓库代码、库存批次代码、凭证编码、报表编码及操作权限代码等。此类编码与商品间接相关,往往与企业的经营管理直接相关。因此,辅助识别码有时也称管理代码。

商品编码按其所用的符号类型可分为数字型代码、字母型代码、数字-字母混合型代码、条形码四类。

一、数字型代码

数字型代码是用一个或多个阿拉伯数字表示分类对象(商品)的代码。其特点是结构简单、使用方便,易于用计算机进行数码信息处理,是目前国际上普遍采用的一种代码。使用数字代码进行商品分类编码,常用的方法有顺序编码法、层次编码法、平行编码法和混合编码法四种。

(一) 顺序编码法

顺序编码法即按商品类目在分类体系中出现的先后次序,依次给予顺序代码。通常为了满足信息处理的要求,多采用等长码,即每个代码标志的数列长度(位数)完全一致。这种编码法较简单,可用于容量不大的编码对象。编码时,把整个编码对象集合体按一定的属性或特征划分为系列,每一系列再按顺序登记而获得代码,在每个系列中可以留有"空位"作为后备编码,以便随时增加类目。

(二) 层次编码法

层次编码法即代码的层次与分类层级相一致。这种编码方法常用于层级分类体系。编码对象按照层级进行归类,分成若干个层次,然后按层级类目依次赋予相应的代码。一般来说,从左至右,第一位(或第一、第二……位)代码代表第一层级(大类)类目,第二位(或第二、第三……位)代码代表第二层级(中类)类目,以此类推,整个编码结构反映了分类层次的逻辑关系。

层次编码法的优点是逻辑性较强,能明确反映出编码对象的属性或特征及其相互关系,便于用计算机进行数据处理;缺点是结构弹性较差,为延长编码的使用寿命,往往要用延长代码长度的办法,预先留出相当数量的备用码,从而出现代码冗余。因而这种编码方法主要适用于编码对象变化不大的情况。

(三) 平行编码法

平行编码法即在分类面体系中,对每一个分类面确定一定数量的码位。其优点是编码结构有较好的弹性,可以比较简单地增加分类面的数目,必要时还可更换个别的面,可用全部代码,也可用部分代码;缺点是代码过长,冗余度大,不便于用计算机进行管理。

(四) 混合编码法

混合编码法是层次编码法和平行编码法的合成,代码的层次与类目的等级不完全相适应。当把编码对象的各种属性或特征分列出来后，其某些属性或特征需用层次编码法表示，其余的属性或特征则用平行编码法表示。这种编码方法汲取了两者的优点，效果较为理想。

二、字母型代码

字母型代码是用一个或若干个字母表示分类对象的代码。一般用大写字母表示大类商品，用小写字母表示其他类目，如表 13-4 所示。

表 13-4 《全国工农业产品（商品、物资）分类与代码》门类

A	农、林、牧、渔业产品
B	矿产品及竹、木采伐产品
C	电力、蒸汽供热、煤气（天然气除外）和水
D	加工食品、饮料、烟草加工品和饲料
E	纺织品、针织品、服装及其缝纫品、鞋帽、皮革、毛皮及其制品
F	木材、竹、藤、棕、草制品及家具
G	纸浆、纸和纸制品、印刷品、文教体育用品
H	石油制品、焦炭及煤制品
J	化工产品
K	医药
L	橡胶制品及塑料制品
M	建筑材料及其他非金属矿物制品
N	黑色金属冶炼及其压延产品
P	有色金属冶炼及其压延产品
Q	金属制品
R	普通机械
S	交通运输设备
T	电器机械及器材
U	电子产品及通讯设备
V	仪器仪表、计量标准及量具、衡器
W	工艺美术品、古玩及珍藏品
X	废旧物资
Z	其他产品（商品、物资）

字母型代码便于人们识别、记忆，符合人们的使用习惯，但不便于用计算机进

行处理所以不常被人们使用，即使使用也只适用于分类对象较少的情况。

三、数字-字母混合型代码

数字-字母混合型代码是指由数字和字母混合组成的代码。它集数字代码和字母代码的优点于一身，结构严谨，具有良好的直观性和表现方式，符合人们的使用习惯。但由于代码构成形式复杂，给计算机输入带来不便，因此在商品分类编码中较少使用。国际上只有少数国家在进行商品分类时采用混合代码。

四、条形码

条形码是世界各国普遍采用的商品编码方法，应用极其广泛并已形成了一项制度。商品条码由一组黑白相间、粗细不同的条状符号所组成，借助光电扫描阅读设备可以读出其中隐含的数字信息、字母信息、标志信息、符号信息，以明确商品的名称、产地、价格、种类等，是全世界通用的商品代码的现代化表示方法。

条码技术是现代物流系统中非常重要的大量、快速信息采集技术，能适应物流大量化和高速化的要求，从而大幅提高物流效率。条码技术的优点非常多：条码所包含的信息量大，借助于光电扫描仪可以读出大量有关的产品信息；借助于条码扫描录入方式取代人工输入数据，使得出错的概率从原来的三千分之一降至万分之一；条码标签成本低，识别设备相对于其他自动化设备技术所需的费用低，具有很高的经济性；制作、操作简单。条码符号制作容易，又可以印刷，被称为“可印刷的计算机语言”，而且对于印刷技术设备和材料没有特殊的要求。条码符号识读设备结构简单、操作容易，无需特殊培训，灵活性好。条码的识读方式很多，有手动式、固定式、半固定式等多种方式可供选择，条码可以外购或由用户直接印刷在加工件、运输包装上，可扩展性强。条码的这种信息储存方式横向、纵向发展余地都很大，而且可以用于商品生产、流通等领域。

第四节　商品编码的功能和作用

一、商品编码的功能

(1) 标志。商品编码是在一定范围内鉴别编码对象的标志。

(2) 分类。当将编码对象按属性或特征分类，并赋予不同类别代码时，代码又可以作为区分编码对象类别的标志。

(3) 排序。当按编码对象的属性或特征赋予一定规则的代码时，代码可以作为编码对象排序的工具。

(4) 特定含义。由于某种客观原因需要采用一些专用符号时，代码可以提供一定的特定含义。

(5) 其他功能。

代码以上几种功能中,标志功能是代码的最基本功能,任何代码都必须具备这个基本特性,代码的其他功能可以根据信息处理和管理的需要来赋予。

二、商品编码的作用

通过对商品进行编码,可以方便地区别不同的产地、不同的原料、不同的色泽、不同的商品品种;提高商品进、出、存的作业效率,便于商品信息传递与处理的正确性;方便检查、核对与管理商品信息资料,便于信息传递;为电子计算机进行数据处理创造了前提条件,是现代化管理的基础;有利于加强存货控制、降低库存;有利于用编号表示商品,可防止公司机密外泄。具体体现在下述三个方面。

(1) 通过商品编码可以使繁多的商品条理化、系统化、有序化,便于对商品进行统一的计划管理、物价管理、商品质量管理、物流管理等,有利于管理水平的提高。

(2) 商品编码有利于商品分类体系的通用化、标准化,为运用信息网络技术对商品信息流和物流进行现代化科学管理,提高社会效益、经济效益奠定了基础。

(3) 统一的商品分类编码系统的建立,可以使人们运用信息技术进行统一筹划,避免重复生产,提高物流效率,合理利用社会资源,保护生态环境,从而促进社会效益、经济效益和生态效益的提高。

第五节 商品目录

一、商品目录的含义

商品目录是指按照一定的商品分类目的和方法,把全部有关商品按统一的标志进行定组分类后列成的商品名称一览表。商品目录也可称为商品分类目录,实际上是一种粗的商品分类体系。在编制商品目录时,国家或有关部门都是按照一定的目的,首先将商品按一定的标志进行定组分类,再逐步制定和编排的。也就是说,没有商品分类就不可能有商品目录,只有在对商品进行科学分类的基础上,才能编制出层次分明、科学、系统、标准的商品目录。商品目录的编制就是商品分类的具体体现。商品目录是实现商品管理科学化、现代化的前提,是商品生产、经营、管理、流通的重要手段。

二、商品目录的种类

商品目录由于编制目的和作用不同,种类很多。例如:按商品用途不同编制的目录有外贸商品目录、海关统计商品目录、食品商品目录、纺织品商品目录、交电商品目录、化工原料商品目录等;按管理权限不同编制的目录有一类商品目录、二类商品目录、三类商品目录等。这里重点介绍按适用范围不同编制的目录，具体包括国际商品目录、国家商品目录、部门或行业商品目录。

（一）国际商品目录

国际商品目录是由具有一定权威性的国际组织统一编制的商品目录，是参加该国际组织的成员国在进行有关的国际业务往来时必须遵循的规范，如联合国编制的国际贸易标准分类目录，国际关税合作委员会编制的商品、关税率分类目录，海关合作理事会编制的海关合作理事会商品分类目录和商品分类及编码协调制度等。

知识链接

CCCN与SITC

(1) CCCN即海关合作理事会商品分类目录。CCCN的商品分类原则是按商品的原材料，结合加工程度、用途、工业部门来划分商品类目。

(2) SITC即联合国国际贸易标准分类。SITC的分类原则是按照商品加工程度，从低级到高级编排的。

（二）国家商品目录

国家商品目录是由国家指定专门机构编制，在国民经济各部门进行计划、统计、财务、税收、物价等工作时必须统一遵守的全国性商品目录。例如：我国国家统计局制定的商业统计综合报表制度中的商品目录，对各种商品包括的范围都有一定的规定；固定资产分类与代码规定了固定资产的分类、代码及计算单位，主要适用于任何机构（企事业单位、社会团体、行政机关、军队及各级管理部门等）的固定资产管理、清查、登记、统计等工作。中华人民共和国实施强制性产品认证的产品目录确定了国家对强制性产品认证的统一适用的国家标准、技术规则和实施程序，以及统一的标志和统一的收费标准。

（三）部门或行业商品目录

部门或行业商品目录是由特定行业主管部门编制的，也是该行业部门从中央到地方基层企业管理工作中所共同采用的商品目录。

企业或单位自用商品目录是由某些企业或单位自行编制的，只适用于本企业或单位所管理或经营的商品的目录。

部门或企业、单位编制的商品目录都是在国家编制的商品目录的基础上进行的，其商品分类不能违背国家商品目录提出的分类原则，但又应当根据本部门、本单位的业务特点和经营管理工作的需要，对商品类组进行较详细的划分，或者对本部门本单位经营管理较少的商品进行并类和并组。因此，部门或企业、单位编制的商品目录一般较国家编制的商品目录包括的商品类别少，但品种多。

三、商业企业商品目录

商业企业商品目录可分为经营商品目录和必备商品目录两种。经营商品目录是根据工商行政管理部门批准的经营范围所制定的本企业的全部商品目录;必备商品目录是规定企业在正常情况下必须保证有货出售的最低限度的商品目录,它比经营商品目录所包括的品种少,但内容更详细。

制定必备商品目录,既是为了保证消费者的基本需要,也是为了保证企业进行市场定位,突出经营特色的需要。该商品目录的内容一般包括商品的大类、中类、小类、品种、小品种和规格、花色式样等七个项目,主要用以控制小品种及规格、花色式样,如表 13-5 所示。

表 13-5 商业企业商品目录

<table>
<tr><th>商品大类</th><th>商品中类</th><th>商品小类</th><th>商品品种</th><th>小品种</th><th>规格</th><th>花色式样</th></tr>
<tr><td>合计</td><td></td><td>3</td><td>7</td><td>11</td><td>31</td><td>119</td></tr>
<tr><td rowspan="2">食盐</td><td rowspan="2">食盐</td><td rowspan="2">食盐</td><td>加工盐</td><td>加工盐</td><td>500 克包装,散袋</td><td>2 种</td></tr>
<tr><td>精盐</td><td>精盐</td><td>500 克包装</td><td>1 种</td></tr>
<tr><td rowspan="3">民用小五金</td><td rowspan="3">手工缝衣针</td><td rowspan="3">手工缝衣针</td><td rowspan="2">缝衣针</td><td>做被针</td><td>大号</td><td>至少 1 种</td></tr>
<tr><td>缝衣针</td><td>大、中、小号</td><td>每个规格至少 1 种</td></tr>
<tr><td>绣花针</td><td>常用小花针</td><td>大、小号</td><td>11 种</td></tr>
<tr><td rowspan="6">针织品</td><td rowspan="6">袜子</td><td rowspan="6">童袜</td><td rowspan="2">尼龙童袜</td><td>尼龙丝童袜</td><td>8、10、12、14、17 厘米</td><td>每个规格至少 5 种花色</td></tr>
<tr><td>尼龙童袜</td><td>8、10、12、14、17 厘米</td><td>每个规格至少 5 种花色</td></tr>
<tr><td rowspan="2">线童袜</td><td>薄线童袜</td><td>8、10、12 厘米</td><td>每个规格至少 5 种花色</td></tr>
<tr><td>厚线童袜</td><td>8、10、12 厘米</td><td>每个规格至少 5 种花色</td></tr>
<tr><td rowspan="2">尼龙加底童袜</td><td>薄加底童袜</td><td>12、14、17 厘米</td><td>每个规格至少 5 种花色</td></tr>
<tr><td>厚加底童袜</td><td>12、14、17 厘米</td><td>每个规格至少 5 种花色</td></tr>
</table>

本章小结

本章首先介绍了商品分类的概念、作用;其次介绍了商品分类的原则与商品分类标志,并对商品分类体系进行了阐述,对商品分类体系的建立方法予以介绍;然后,基于商品分类与商品编码的紧密关系,本章对商品编码的定义、基本原则进行了阐述,并对如何进行商品编码即商品编码的分类进行了介绍,结合商品编码的功能和作用了解商品编码的重要性;本章最后介绍了商品目录的含义、种类和商业企业的商品目录。

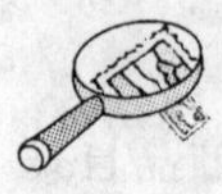

综合案例分析

商品分类在当当网的应用

随着电子商务和物流技术的发展，当当网已经成了现代年轻人购物的一个重要渠道。那么，如何能以最快的速度淘到自己心仪的宝贝呢？商品分类扮演了非常重要的角色。

进入当当网，在网站页面的左侧可以看到当当网的商品分类情况，消费者可以根据自己的购买需求选择不同的商品类别。以图书为例，当当网将图书分为教辅、外语、考试、教材、社会科学、历史、保健、育儿、青春文学、小说、少儿、管理、图书畅销榜、新书热卖榜以及特价书。当当网部分商品分类情况如图 13-3 所示。

图书	教辅 | 外语 | 考试 | 教材 社会科学 | 历史 | 保健 | 育儿 青春文学 | 小说 | 少儿 | 管理 图书畅销榜 | 新书热卖榜 | 特价书
手机数码	GSM手机 | 手机配件 | MP4 | iPOD 3G手机 | 耳机 | 音箱 | 数码配件 相机 | 单反相机 | 摄像机 | 词典
电脑	笔记本 | 上网本 | 笔记本配件 电脑外设 | 移动存储 | DIY配件 网络设备 | 办公设备 | 办公耗材
家电	居家电器 | 个人护理 | 剃须刀 厨房电器 | 豆浆机 | 洗衣机 平板电视 | 冰箱 | 空调 | 电风扇
女装	针织衫 | T恤衬衫 | 内衣 | 外套 裙子 | 女裤 | 西服/套装 | 礼服 袜子 | 帽子 | 童装 | 童鞋
男装	衬衫T恤 | POLO衫 | 牛仔 | 休闲裤 外套 | 西服套装 | 运动服装
美妆	护肤 | 防晒 | 彩妆 | 香水 美发 | 美体 | 美容工具 | 男士 沐浴 | 成人用品 | 口腔护理
母婴	营养品 | 米粉 | 用品 | 奶粉 奶瓶 | 童车 | 婴儿玩具 | 尿片 婴儿洗护 | 孕产妇 | 小电器
家居	床品 | 被子 | 枕头 | 凉席 | 蚊帐 家居服 | 浴巾 | 厨具 | 小家具 日杂 | 礼品 | 家饰 | 康体保健

图 13-3　当当网部分商品分类情况

思考题

1. 当当网的商品分类是否合理？

2. 请你根据商品编码的相关知识，以当当网的商品分类为依据，为其设计相关的商品编码。

本章综合练习题

1. 简述商品分类的作用。
2. 简述常用的商品分类标志，并举例。
3. 简述商品分类体系建立的方法。
4. 简述商品编码的类型。
5. 简述商品编码与商品分类的关系。
6. 举例常用的商品目录。

实践活动

观察本校图书馆图书分类情况

实践目标：了解商品分类的标志与原则。

实践内容：观察本校图书馆借阅工作效率，了解图书馆图书分类情况。

实践要求：通过对图书馆图书分类情况的观察，联系商品分类的标志与原则，分析本校图书馆图书分类是否合理？有无需要改进的地方？

实践成果：撰写分析报告。

第十四章 商品条码技术

本章学习目标

(1) 了解条形码的起源与发展情况；

(2) 掌握条形码的定义；

(3) 理解条形码的基本术语与符号表示；

(4) 掌握条形码的种类；

(5) 了解国际商品条码编码组织；

(6) 掌握条形码技术相关产品。

经典案例导入

RFID射频识别——某些环境中可替代条码的技术

RFID射频识别是一种非接触式的自动识别技术，它通过射频信号自动识别目标对象并获取相关数据，识别工作无须人工干预，可工作于各种恶劣环境。RFID射频识别技术可识别高速运动物体并可同时识别多个标签，操作快捷方便。

短距离射频产品不怕油渍、灰尘污染等恶劣的环境，可在这样的环境中替代条码，如用在工厂的流水线上跟踪物体等。长距射频产品多用于交通上，识别距离可达几十米，如自动收费或识别车辆身份等。

现就RFID射频识别技术的应用举例如下：

(1) 在零售业中，条形码技术的运用使得数以万计的商品的种类、价格、产地、批次、货架、库存情况等一目了然；

(2) 采用车辆自动识别技术，使得路桥、停车场等收费场所避免了车辆排队通关现象，减少了时间浪费，从而极大地提高了交通运输效率及交通运输设施的通行能力；

(3) 在自动化的生产流水线上，整个产品生产流程的各个环节均被置于严密的监控和管理之下；

(4) 在粉尘、污染、寒冷、炎热等恶劣环境中，远距离射频识别技术的运用改善了卡车司机必须下车办理手续的不便；

(5) 在公交车的运行管理中，自动识别系统准确地记录着车辆在沿线各站点的到、发站时刻，为车辆调度及全程运行管理提供实时、可靠的信息。

第一节　条码技术

条码的研究始于20世纪20年代，最早出现于20世纪40年代，于近20年来得到实际应用和迅速发展。条码建立在人们希望自动识别数据的需求基础上，是为了自动化和信息化的目标而产生的。

一、条码的起源和发展

条码技术于20世纪初起源于美国，但在我国的研究和应用起步较晚。20世纪80年代，商品条码已在许多国家被广泛应用，但我国的出口产品因未采用商品条码而被拒之门外，或被肆意压低价格，这种状况迫使我国加快了应用条码的步伐。

1988年9月21日，原国家质量技术监督局、原国家科委、外交部、财政部四部委联合请示国务院要求加入国际物品编码协会。1988年12月，经国务院同意，原国家质量技术监督局批准成立了中国物品编码中心(Article Numbering Center of China)，简称ANCC。ANCC是统一组织、协调、管理全国的物品编码与自动识别标志工作的专门机构，隶属于国家质量监督检验检疫总局。

1991年4月，中国物品编码中心代表中国政府正式加入国际物品编码协会(GS1)，成为其组织成员之一，致力于在我国推广全球通用的、开放的、跨行业的供应链的管理标准——GS1全球统一标志系统。从此，条码工作在我国正式启动，为我国条码事业的迅速发展创造了必要的条件。

二、条码的定义及其应用

条码，英文为bar code，是一种可以用专用光电扫描阅读设备识读并将数据输入计算机的特殊代码，是由一组规则排列的条、空及对应的字符组成的标记。“条”指对光线反射率较低的部分，“空”指对光线反射率较高的部分。这些条和空组成的数据表达一定的信息，并能够用特定的设备阅读，转换成与计算机兼容的二进制和十进制信息。对于每一种物品，它的条形码必须是唯一的。条形码包含商品生产国别、制造厂商、产地、名称、特性、价格、数量、生产日期等一系列商品信息。为了便于人们识别条形码符号所代表的字符，通常在条形码符号的下部印刷其所代表的数字、字母或专用符号(见图14-1)。

图 14-1　条码示意图

目前,条码技术不仅应用于商品流通领域,而且广泛应用于生产自动化管理、医药管理、图书管理、邮电业务管理等,已成为现代化管理不可或缺的信息技术手段。条码技术的推广和应用不仅有利于企业及时、准确地获取商品信息,合理组织现代化生产,有效配置资源,而且有利于商品的订购、储运、销售、结账等一系列活动的自动化管理。国际编码的普及,有利于国际的生产协作和商品贸易,为促进国际分工的发展和经济全球化的实现提供信息技术支撑。

三、条码的优越性

条码作为自动识别技术的一种而被广泛应用。条码图形识别技术与其他识别技术相比有如下优越性。

(1) 简单,易于制作,可印刷,被称为“可印刷的计算机语言”。条码标签易于制作,对印刷技术设备和材料无特殊要求,既可以印在商品的外包装上,也可以使用专用条码打印机或普通计算机的打印机与其他文字、图案同时打印。

(2) 信息采集速度快。普通计算机的键盘录入速度是每分钟 200 字符,而利用条码扫描录入信息的速度是键盘录入的 20 倍。

(3) 信息采集量大。利用条码扫描一次可以采集十几位字符的信息,而且可以通过选择不同码制的条码增加字符密度,使录入的信息量成倍增加。

(4) 可靠性高。利用键盘录入数据,误码率为三百分之一;利用光学字符识别技术,误码率约为万分之一;而采用条码扫描录入方式,误码率仅有百万分之一,首读率可达 98%以上。据统计,键盘输入平均每 300 个字符一个错误,而条码输入平均每 15 000 个字符一个错误,如果加上校验位,误码率为千万分之一。

> **知识链接**
>
> **条码识别技术在日本医疗行业中的应用**
>
> 近年来,日本、美国等发达国家医疗领域的管理水平取得了长足的进步,很多医院都建立和采用了实施计算机管理的医院管理系统。尤其在投药这一容易出错的环节,保证了病人和其所用药物的唯一对应。有了腕带上的条码,各个环节都不需要再用手工输入,因此保证了数据录入的正确性,避免了人为造成的错误,提高了医务人员的工作效率,也为病人节省了时间。

(5) 设备结构简单、成本低。与其他自动化识别技术相比较,推广应用条码技术所需费用较低。

(6) 灵活、实用。条码符号作为一种识别手段可以单独使用,也可以和有关设备组成识别系统来实现自动化识别,还可与其他控制设备联系起来以实现整个系统的自动化管理。同时，在没有自动识别设备时，也可实现手工键盘输入。

(7) 自由度大。条码识别装置与条码标签相对位置的自由度要比光学识别(OCR)大得多。条码通常只在一维方向上表达信息，而同一条码上所表达的信息完全相同并且连续，这样即使标签有部分缺欠，仍可以从正常部分输入正确的信息。

知识链接

自动识别技术的种类

根据识别对象的特征，可以将自动识别技术分为两种：一种是数据采集技术，是指需要被识别物体具有特定的识别特征载体，包括条码、光学字符识别、磁条、磁卡、RFID射频识别、智能卡等；另一种是特征提取技术，是指根据被识别物体本身的行为特征来完成数据的自动采集，包括视觉识别、能量扰动识别、声音识别、指纹识别等。

四、条码的基本术语

条码的基本术语如表 14-1 所示。

表 14-1　条码的基本术语

条码 bar code	由一组规则排列的条、空及其对应字符组成的标记，用以表达一定的信息
条码系统 bar code system	由条形码符号设计、制作及扫描阅读组成的自动识别系统
条码码制 bar code symbology	指条码符号的类型。每种类型的条码符号都是由符合特定编码规律的条和空组合而成的。每种码制都具有固定的编码容量和所规定的条码字符集。常用的一维码的码制有 EAN 码、39 码、交叉 25 码、UPC 码、128 码、93 码、库德巴码等
条 bar	条形码中反射率较低的部分
空 space	条形码中反射率较高的部分
空白区 clear area	条形码左右两端外侧与空的反射率相同的限定区域
保护框 bearer bar	围绕条形码且与条反射率相同的边或框
起始符 start character	位于条形码起始位置的若干条与空
终止符 stop character	位于条形码终止位置的条与空
中间分隔符 central separating character	位于条形码中间位置的若干条与空
条形码字符 bar code character	表示一个字符的若干条与空
条形码数据符 bar code data character	表示特定信息的条形码字符
条形码校验符 bar code check character	表示校验码的条形码字符
条形码填充符 filler character	不表示特定信息的条形码字符
条高 bar height	构成条形码字符的条的二维尺寸的纵向尺寸

续表

条宽 bar width	构成条形码字符的条的二维尺寸的横向尺寸
空宽 space width	构成条形码字符的空的二维尺寸的横向尺寸
条宽比 bar width ratio	条形码中最宽条与最窄条的宽度比
空宽比 space width ratio	条形码中最宽空与最窄空的宽度比
条形码长度 bar code length	从条形码起始符前缘到终止后缘的长度
长高比 length to height ratio	条形码长度与条高的比
条形码密度 bar code density	单位长度的条形码所表示的字符个数
模块 module	组成条形码的基本单位
条形码字符间隔 bar code inter-character gap	相邻条形码字符间不表示特定信息且与空的反射率相同的区域
单元 element	构成条形码字符的条、空
连续型条形码 continuous bar code	没有条形码字符间隔的条形码
非连续型条形码 discrete bar code	有条形码字符间隔的条形码
双向条形码 bidirectional bar code	左右两端均可作为扫描起点的条形码
附加条形码 add-on	表示附加信息的条形码
自校验条形码 self-checking bar code	条形码字符本身具有校验功能的条形码
定长条形码 fixed length of bar code	条形码字符个数固定的条形码
非定长条形码 unfixed length of bar code	条形码字符个数不固定的条形码
条形码字符集 bar code character set	某类型条形码所能表示的字符集合

五、条码符号的表示

（一）条码的组成元素

一个完整的条码的组成次序依次为静区（前）、起始符、数据符、终止符、静区（后），如图 14-2、图 14-3 所示。

图 14-2 条码符号的构成（一）

图 14-3 条码符号的构成(二)

1. 静区

静区指条码左右两端外侧与空的反射率相同的限定区域,它能使阅读器进入准备阅读的状态。当两个条码相距距离较近时,静区有助于对它们加以区分。静区的宽度通常应不小于 6 毫米(或 10 倍模块宽度)。

2. 起始/终止符

起始/终止符位于条码开始和结束的若干条与空上,标志条码的开始和结束,同时提供了码制识别信息和阅读方向信息。

3. 数据符

数据符指位于条码中间的条、空结构,它包含条码所表达的特定信息。

4. 校验字符

校验字符指用来判定此次阅读是否有效的字码,通常是一种算术运算的结果。扫描器读入条码进行解码时,先对读入的字码进行运算,如运算结果与检查码相同,则判定此次阅读有效。

5. 模块

构成条码的基本单位是模块,模块是指条码中最窄的条或空。模块的宽度通常以毫米或密耳(0.001 英寸)为单位。

码的一个条或空称为一个单元,一个单元所包含的模块数是由编码方式决定的。有些码制,如 EAN 码,所有单元由一个或多个模块组成;而另一些码制,如 39 码,所有单元只有两种宽度,即宽单元和窄单元,其中的窄单元即为一个模块。

(二) 条码的几个参数

1. 密度

条码的密度指单位长度的条码所表示的字符个数。对于一种码制而言,密度主要由模块的尺寸决定，模块尺寸越小，密度越大，所以密度值通常以模块尺寸的值来表示(如 5 密耳)。通常 7.5 密耳以下的条码称为高密度条码，15 密耳以上的条码称为低密度条码。条码密度越高，对条码阅读设备的性能(如分辨率)的要求也越高。高密度条码通常用于标志小的物体，如精密电子元件。低密度条码一般应用于远距离阅读的场合，如仓库管理。

2. 宽窄比

对于只有两种宽度单元的码制，宽单元与窄单元的比值称为宽窄比，一般为 2～3(常用的有 2:1、3:1)。宽窄比较大时，阅读设备更容易分辨宽单元和窄单元，因此比较容易阅读。

3. 对比度

对比度(PCS)是条码符号的光学指标，PCS 值越大则条码的光学特性越好。

$$PCS=(RL-RD)/RL\times 100\%$$

式中，RL 为条的反射率，RD 为空的反射率。

六、条码的种类

迄今为止，世界上使用的条码种类很多，根据不同的目的和方法，从不同的角度去选择条码的分类标志，可以得到迥然不同的结果。

条码的分类方法有许多种，主要依据条码的编码结构和条码的性质来决定。例如，按条码的长度分，可分为定长条码和非定长条码。按排列方式分，可分为连续型条码和非连续型条码。从校验方式分，又可分为自校验条码和非自校验条码等。按构成条码的编码方法，可分为模块组配编码法条码和宽度调节编码法条码。按识读方式，可分为单向条码和双向条码。按照维数可分为一维条码和二维条码。一维条码按应用对象可分为商品条码和非商品条码；二维条码按结构原理和形状，可分为行排式二维条码和矩阵式二维条码。按照应用场合，可分为金属条码、荧光条码等。

为适应不同领域自动化管理的需要，世界上研制的条码多达几百种。这些条码各具特色、各有所长。目前这些条码基本上可以归纳为两类：一类是具有世界统一编码信息结构的全开放条码；另一类是局部开放性条码。前者是指世界范围内通用的 EAN 条码、UPC 条码、ITF 条码及其标准附加码 EAN128，后者则指在一定领域内所使用的交叉 25 条码、39 条码、库德巴条码等。

(一) 按维数分类

1. 一维条码

一维条码是由一个接一个的条和空排列组成的。条码信息由条和空的不同宽度和位置来传递。信息量的大小是由条码的宽度和印刷的精度来决定的，条码越宽，包容的条和空越多，信息量越大；条码印刷的精度越高，单位长度内可以容纳的条和空越多，传递的信息量也就越大。这种条码技术只能在一个方向上通过条与空的排列组合来存储信息，被称为“一维条码”。

目前，国际上广泛使用的一维条码种类有 EAN 条码、UPC 条码、39 条码、库德巴条码等。其中，EAN 条码是当今世界上广为使用的商品条码，已成为电子数据交换的基础；UPC 条码主要为美国和加拿大使用；在各类条码应用系统中，39 条码因其可采用数字与字母共同组成的方式而在各行业内部管理上被广泛使用；在血库、图书馆和照相馆的业务中，库德巴条码也被广泛使用。

> **知识链接**
>
> **一维条码的应用**
>
> 对于普通的一维条码而言，需要通过数据库建立条码与商品信息的对应关系。当条码的数据通过扫描器传到计算机上时，由计算机上的应用程序对数据进行操作和处理，因此普通的一维条码在使用过程中仅作为识别信息，其作用是通过在计算机系统的数据库中提取相应的信息而实现的。

2. 二维条码

由于条码技术具有识读速度快、准确度高、成本低、可靠性强等优点，因此在各行业得到了广泛应用。但随着应用领域的不断扩展，传统的一维条码渐渐表现出它的局限性。首先，使用一维条码，必须通过连接数据库的方式提取信息才能明确条码所表达的信息含义，因而在没有数据库或者不能联网的地方，一维条码的使用就受到了限制；其次，一维条码表达的只能为字母和数字，不能表达汉字和图像，在一些需要应用汉字的场合，一维条码便不能很好地满足要求；再次，一维条码本身携带的信息量较小，不能满足物流过程中需随身携带大量信息的应用要求；另外，在某些场合下，加大信息容量的一维条码通常受到标签尺寸的限制，也给产品的包装和印刷带来不便。

研究人员基于一维条码进行了拓展性研究，创造出了二维条码。二维条码的诞生解决了一维条码不能解决的一些问题，它能够在横向和纵向两个方位同时表达信息，能在很小的面积内表达大量的信息。借助于大信息量表达的能力，二维条码能够对任何语言（包括汉字）和二进制信息（如签字、照片）进行编码，并具有可由用户选择不同程度的纠错级别及在部分符号污残或破损的情况下恢复所有信息的能力。二维条码的出现丰富了条码的信息表达力，进一步拓展了条码的应用领域。

二维条码目前可以分为堆叠式/行排式二维条码和矩阵式二维条码两大类。堆叠式二维条码在形态上由多行短截的一维条码堆叠而成，如图 14-4 所示。矩阵式二维条码则以矩阵的形式组成，通过在矩阵相应元素位置上用“点”（黑）的出现表示二进制“1”、“空”（白）的出现表示二进制“0”的方法来表示信息。“点”、“空”的特定排列组合则成为代码，表示了预定的含义。二维条码可以使用激光或 CCD 阅读器识读。

(1) 堆叠式/行排式二维条码。堆叠式/行排式二维条码（又称堆积式二维条

图 14-4　PDF417 条码

码或层排式二维条码)，其编码原理是建立在一维条码基础之上，按需要堆积成两行或多行。它在编码设计、校验原理、识读方式等方面继承了一维条码的一些特点，识读设备与条码印刷与一维条码技术兼容。但由于行数的增加，需要对行进行判定，其译码算法与软件也不完全相同于一维条码。有代表性的行排式二维条码有 Code16K、Code49、PDF417 等。

(2) 矩阵式二维条码。矩阵式二维条码(又称棋盘式二维条码)是在一个矩形空间内通过黑、白像素在矩阵中的不同分布进行编码。在矩阵相应元素位置上，用点(方点、圆点或其他形状的点)的出现表示二进制“1”，用点的不出现表示二进制的“0”，点的排列组合确定了矩阵式二维条码所代表的意义。矩阵式二维条码是建立在计算机图像处理技术、组合编码原理等基础上的一种新型图形符号自动识读处理码制。具有代表性的矩阵式二维条码有 Code One、Data Matrix、Maxi Code、49 条码、16k 条码等，如图 14-5 所示。

> **知识链接**
>
> **二维条形码的应用领域**
>
> 二维条形码的应用领域包括：①表单上的应用方面；②证件的应用方面；③数据的跟踪方面；④商品的盘点方面；⑤数据的保密方面。

(a) Code one

(b) Data Matrix

(c) Maxi Code

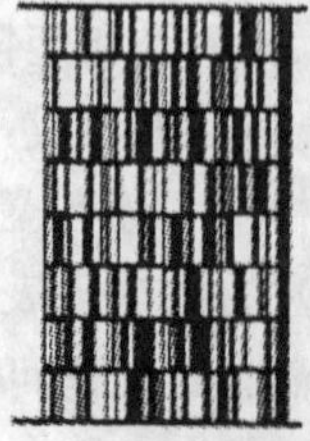

(d) 49条码

(e) 16k条码

图 14-5　二维码示意图

（二）按码制分类

1. 通用产品条形码——UPC 条码

通用产品条形码简称 UPC 条码，是美国统一代码委员会（UCC）于 1973 年推出的一种商品条码，广泛应用于美国和加拿大商品流通领域。各国出口到美国、加拿大等北美国家的商品，其包装上必须印有 UPC 条码。UPC 条码有标准版（UPC-A）和缩短版（UPC-E）两种形式，如图 14-6 所示。

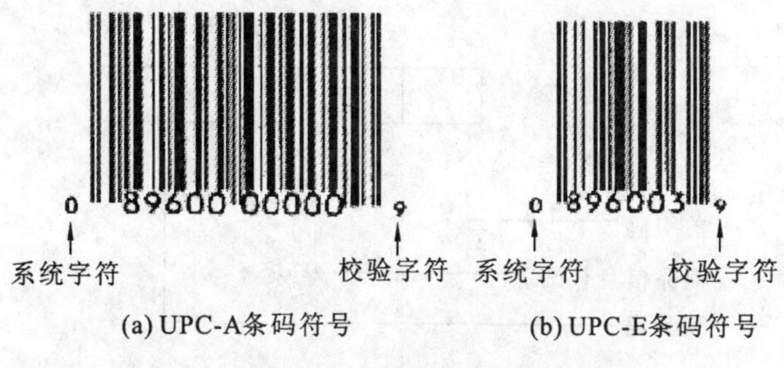

(a) UPC-A条码符号　　(b) UPC-E条码符号

图 14-6　UPC 条码示意图

UPC 码是一种长度固定的连续型数字式码制，其字符集为数字 0～9。它采用四种元素宽度，每个条或空是 1、2、3 或 4 倍单位元素宽度。UPC-A 条码由表示 12 位数字的条码符号组成，其结构如图 14-6 所示。第一位数字是前缀码，也称编码系统符：0 标志规则包装的商品；“2”标志不规则重量的商品；“3”标志医药卫生商品；“4”标志零售专用的商品；“5”标志用信用卡销售的商品；“7”为中国申报的 UCC 会员专用码；1，6，8，9 为备用码。编码系统符由美国统一代码委员会分配给其每个会员。中间 10 位数字为编码数字，前 5 位数字是制造厂商代码，用于标志商品生产厂家，由 UCC 分配给每个会员；后 5 位数字是商品标志代码或商品项目代码，用于标志商品的特征或属性，由制造厂商根据 UCC 的规则自行编制和管理；最后 1 位数字为校验码，用于校验代码符号的正确性，按照一定规则计算确定，如图 14-7 所示。

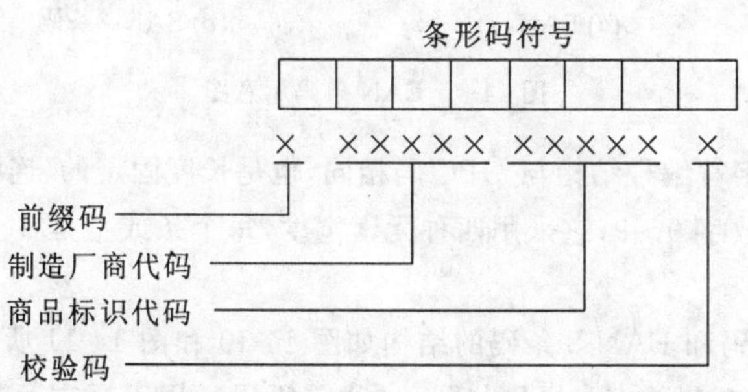

图 14-7　UPC-A 条码结构示意图

UPC-E 条形码是 UPC-A 条形码的一种特殊形式，可以视为是删除 UPC-A 的 4 个或 5 个“0”得到的。只有当商品很小，无法印刷表示 12 位数字的 UPC-A 条形码时，才允许使用 UPC-E 条形码，如香烟、胶卷、化妆品等商品。UPC-E 条形码由表示 8 位数字的条码符号构成，其结构如图 14-8 所示。在 UPC-E 条码中，前缀号只能取“0”，就是说，只有当 UCC 给企业分配的编码系统字符是“0”时，才可使用 UPC-E 条码。商品信息代码由 6 位数字构成，是根据一定规则由厂商代码和商品项目代码经删“0”后得出。UPC-E 的校验码计算方法与 UPC-A 相同，但是要首先将 UPC-E 还原成 UPC-A 形式。

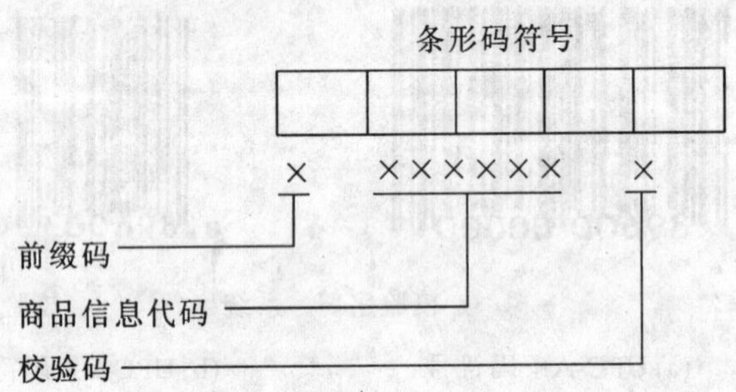

图 14-8　UPC-E 条码结构示意图

2. 国际物品条形码——EAN 条码

国际物品条形码简称 EAN 条码，是国际物品编码协会（EAN）推出的一种国际通用商品条形码，主要用于超级市场或一些自动销售系统中的单件商品。凡进入国际市场的商品其包装上必须印有 EAN 条码。EAN 条码有两种版本，即表示 13 位数字的标准版（又称 EAN-13 条码）和表示 8 位数字的缩短版（又称 EAN-8 条码），如图 14-9 所示。

(a) EAN-13条码　　(b) EAN-8条码

图 14-9　EAN 条码示意图

EAN 码的字符编号结构与 UPC 码相同，也是长度固定的、连续型的数字式码制，其字符集是数字 0～9，它采用四种元素宽度，每个条或空是 1、2、3 或 4 倍单位元素宽度。

EAN-13 条码和 EAN-8 条码的结构如图 14-10 和图 14-11 所示。EAN-13 条码的前 2 位或前 3 位数字为国别代码（也称前缀码），用于标志商品来源的国家或地区，由国际物品编码协会分配、管理各成员国（地区）获得的国别代码。国别代码后面的5位或4位数字为制造厂商代码，用于标识生产企业或批发公司，由国际物品编码协会在各国（地区）的分支机构分配、管理；制造厂商代码后面的5位数字为商品代码，用于标识商品的特征或属性，由制造厂商依据EAN的规则自行编制；最后一位数字为校验码，用于校验代码输入的正确性，根据一定的运算规则由以上三部分数字计算得出。EAN条码与UPC条码是相互兼容的，当UPC条码进入EAN条码系统时，只要在前面补一个“0”就可以了。

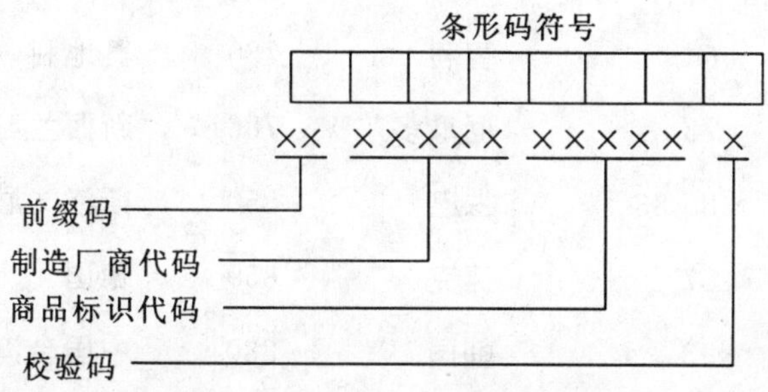

图 14-10　EAN-13 条码结构示意图

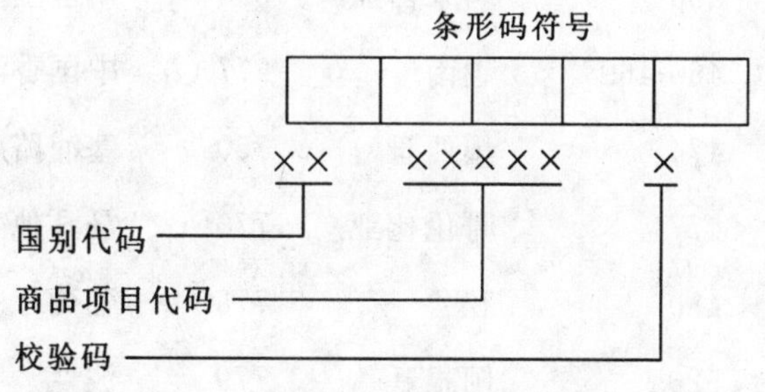

图 14-11　EAN-8 条码结构示意图

EAN-8条码的国别代码与EAN-13条码相同；商品项目代码由4位或5位数字构成，是按一定规则由EAN-13条码中的厂商代码和商品标志代码（10位或9位数字）经删“0”得出，统一由EAN在各国（地区）的分支机构分配；校验码的计算方法同EAN-13，但需要在代码前面添加5个“0”。EAN-13条码转换成EAN条码的前提条件是EAN-13条码中的制造厂商代码必须以“00”结尾。

根据国际物品编码协会的规定，只有当EAN-13条码所占面积超过总印刷面积的25%时，使用EAN-8条码才是合理的。一些国际物品编码协会的成员，对使用EAN-8条码的条件还作了进一步的具体规定。缩短码不能直接表示生产厂家，所以商品条码系统成员只有在不得已时才能使用缩短码。

阅读材料：

部分国家或地区(EAN)成员的条形码前缀码

美国、加拿大	00-09	以色列	729	丹麦	57
(店内码)	20-29	委内瑞拉	759	挪威	70
日本	45-49	乌拉圭	773	瑞士	76
比利时/卢森堡	54	玻利维亚	773	西班牙	84
芬兰	64	智利	780	奥地利	90-91
瑞典	73	厄瓜多尔	786	新西兰	94
意大利	80-83	古巴	850	斯洛文尼亚	383
荷兰	87	捷克	859	德国	400-440
澳大利亚	93	韩国	880	中国台湾	471
保加利亚	380	新加坡	888	拉脱维亚	475
克罗地亚	385	马来西亚	893	斯里兰卡	479
俄罗斯	460-469	越南	977	中国香港	489
爱沙尼亚	474	墨西哥	750	塞浦路斯	529
立陶宛	477	哥伦比亚	770	马耳他	535
菲律宾	480	秘鲁	775	葡萄牙	560
希腊	520	阿根廷	779	波兰	590
马其顿	531	巴拉圭	784	匈牙利	599
爱尔兰	539	巴西	789	毛里求斯	609
冰岛	569	斯洛伐克	858	阿尔巴尼亚	613
罗马尼亚	594	南斯拉夫	860	中国内地	690-695
南非	600-601	泰国	885	法国	30-37
摩洛哥	611	印度	890	英国	50
土耳其	619、869	印度尼西亚	899		

3. 交叉 25 码

交叉 25 码是一种长度可变的连续型自校验数字式码制，其字符集为数字 0～9。它采用两种元素宽度，每个条和空是宽或窄元素。编码字符个数为偶数，所有奇数位置上的数据以条编码，偶数位置上的数据以空编码。如果以奇数个数据编码，则在数据前补一位 0，以使数据为偶数个数位。

4. 39 码

39 码是第一个字母数字式码制，于 1974 年由 Intermec 公司推出，是一种长度可变的离散型自校验字母数字式码制。其字符集为数字 0～9，以及 26 个大写字母和 7 个特殊字符（－、0、space、/、＋、%、＄），共 43 个字符。每个字符由 9 个元素组成，其中有 5 个条（2 个宽条，3 个窄条）和 4 个空（1 个宽空，3 个窄空），是一种离散码。主要应用于工业生产、图书管理等领域。

5. 库德巴码

库德巴码出现于 1972 年，是一种长度可变的连续型自校验数字式码制。其字符集为数字 0～9 和 6 个特殊字符（－、:、/、＋、0、＄），共 16 个字符。常用于仓库、血库和航空快递包裹中。

6. 128 码

128 码出现于 1981 年，是一种长度可变的连续型自校验数字式码制。它采用四种元素宽度，每个字符有 3 个条和 3 个空，共 11 个单元元素宽度，又称(11,3)码。它有 106 个不同条形码字符，每个条形码字符有三种含义不同的字符集，分别为 A、B、C。它使用这 3 个交替的字符集可将 128 个 ASCII 码编码。

7. 93 码

93 码是一种长度可变的连续型字母数字式码制。其字符集为数字 0～9，26 个大写字母和 7 个特殊字符（－、0、Space、/、＋、%、＄）以及 4 个控制字符。每个字符有 3 个条和 3 个空，共 9 个元素宽度。

8. 49 码

49 码出现于 1987 年，是一种多行的连续型、长度可变的字母数字式码制，主要用于小物品标签上的符号，采用多种元素宽度。其字符集为数字 0～9，26 个大写字母和 7 个特殊字符（0、－、Space、/、%、＄），3 个功能键（F1、F2、F3）和 3 个变换字符，共 49 个字符。

9. 其他码制

除上述码制外，还有其他码制，如 20 世纪 60 年代后期出现的 25 码，主要用于编制航空系统的机票的顺序号码。

七、条码的作用

因为条码技术具有其他自动识别技术所无法企及的诸多优点，故在全世界范围内被迅速推广和普及。就我国而言，推广使用条码有如下作用。

(一) 促进外贸出口

随着世界经济的发展，各国都把贸易的重点放在了国际市场。我国伴随市场经济的深化，从国家到企业都十分重视外向型经济的发展。然而，商品在国际市场上要有竞争力，不仅要质量好、包装好，而且要有符合自动扫描结算要求的条码标志；否则，再好的商品也难以进入国外配有条码自动扫描系统的市场。

(二) 为实现自动化管理创造条件

条码技术的应用和推广首先源于商品管理现代化。商店的现金收款机和店内的计算机相联并作为计算机终端使用，在结算消费者所购买的商品时，附设在现金收款机上的光学自动扫描器便可自动读取商品上的条码符号标志。将这种管理模式进行移植，很快就会发现，条码技术大有用武之地。目前条码技术在国外已被成功应用于图书情报、档案的管理中，实现了机械化和自动化管理。条码技术还在自动控制、自动输送、自动分类线中发挥了重要作用，可以实现仓储和运输领域的自动化管理。除此之外，条码技术还被广泛应用于医药、病历管理、血库血液管理、邮电、工业自动化生产线、票据等各种分类技术上。条码技术作为数据标志和数据自动输入的一种现代化手段，为各行各业的自动化管理提供了有利条件。

(三) 为企业产品结构调整提供决策依据

条码在商品销售包装上的应用，为我国各类商店建立自动扫描销售系统创造了条件。产品生产厂家可以通过商业的自动扫描系统迅速、准确地获得产品的销售信息，如哪些产品畅销，哪些产品滞销等，以便做到及时安排、调整产品结构，生产适销对路的产品，提高企业的经济效益和社会效益。

(四) 为电子数据交换在全球的实现和发展提供保障

条码技术为电子数据交换(EDI)的信息交换提供了一个唯一的、清晰简便的、国际通用的、标准化的信息标志手段。各类条码技术部门为 EDI 提供了一个良好的世界性的工作机构，为 EDI 在全球的实现和发展提供了技术和组织上的保障。同时，EDI 业务又给企业带来了一项新的服务，即条码扫描数据服务。可根据条码及扫描数据，将各类有用的市场资料编成诸如条码市场每周销售单位、价值、百分比之类的报告。对于企业来说，此类报告有助于调控产品，使之在市场上获得成功，并从中衡量和预测出季节性影响和行销成绩。

八、国际上的商品条形码编码组织

（一）美国统一代码委员会

美国统一代码委员会(Uniform Code Council Inc,UCC)是美国和加拿大采用统一条码标志系统的制造厂家和零售商的代码管理委员会，是北美地区商品代码信息管理中心。该委员会属非政府机构，于 1972 年由美国食品杂货工业协会发起成立，其主要任务是控制代码的发放，提供详细信息并协调会员的工作。

经过 UCC 的有效工作，到 1974 年底，美国的超级市场中有一半以上的商品包装都采用了 UPC 条码标签。两年后，UPC 条码已成为世界上主要的通用商品代码，成为用于零售商或制造厂商识别的独立的商品编码体系。

（二）欧洲物品编码协会

在 UCC 的影响下，1974 年，欧洲 12 国(英国、联邦德国、法国、丹麦、挪威、比利时、芬兰、意大利、奥地利、瑞士、荷兰、瑞典)的制造商和销售商代表决定成立欧洲条码系统筹备委员会，专门研究在欧洲建立统一商品编码体系的可能性。1977 年 2 月，欧洲 12 国正式签署了 BAN 协议备忘录以及物品符号标志通用规范，创立了可以包容 UPC 条码的商品编码体系——EAN 码，欧洲物品编码协会(European Article Numbering System,EAN)自此正式成立。欧洲物品编码协会于 1981 年改名为国际物品编码协会，简称 IAN。但由于习惯和其影响，其条码标志仍沿用 EAN。

（三）国际物品编码协会

国际物品编码协会(International Article Numbering Association,IAN)是负责开发、建立和推动全球性物品编码及符号标志标准化的机构。其宗旨是通过条码的应用，加速开发全球性的物品标志系统，促进国际贸易的发展。IAN 是一个非营利性团体，主要任务是协调条码在各国的应用，以确保成员国在采用条码标志上的规划与步调充分一致；主要工作内容是进行条码系统的开发、协调、统一，在全局上使其成员国获得最大利益；主要活动方式是研究、联络、协调。IAN 的成员只限于国家(或地区)性的编码组织。

（四）美国国家标准协会

美国国家标准协会(American National Standards Institute,ANSI)发布了工业、运输业等领域常用的 39 条码、交叉 25 条码、库德巴条码等几种条码的编码标准、使用标准和印刷标准。该协会制定的标准公布后，经 6 个月评论后作为正式标准发布。现已经发布的有关条码的标准有 ANSI MH 10. X-1981，ANSI MH

10.8M-1983 等。该协会发布的条码标准已在工业、情报、医疗等多个领域得到了广泛应用。

（五）IAN 与 UCC 的联盟

在 1987 年的 IAN 全体会议上，IAN 和 UCC 达成了一项联盟协议。根据这项协议，IAN 会员国(地区)的出口商若需要 UPC 码，可以通过当地的 BAN 编码组织向 UCC 申请 UPC 厂商代码。到 1989 年，已有 26 个国家的编码组织加入了这个联盟，该联盟根据其协议已处理了大量的申请事宜，目前仍在有效运行。

IAN 与 UCC 在组织和技术上一直保持着不同层次的接触。除交换大量信件和文件资料外，UCC 的执行主席经常参加 IAN 的执行委员会，并加入了 IAN 的技术委员会；IAN 的主席和秘书长同样参加了 UCC 的高层次活动和技术会议。1989 年双方又共同合作开发了 EAN/UCC-128 条码，简称 EAN-128 条码。双方一致认为，进一步加强合作将有助于加速全球性物品标志系统的建立，保证系统的完整性和在世界范围内的通用性。

（六）中国物品编码中心

经国务院批准，中国物品编码中心于 1988 年 12 月正式成立。其任务是：研究和推广国际通用条码系统，统一组织、协调、管理我国的条码工作，对口联系国际物品编码机构，推行物品标志系统的标准化。1991 年 4 月，该中心代表我国加入了国际物品编码协会，为全面开展我国条码工作创造了有利条件。

为适应国内各地区条码工作的需要，原国家技术监督局批准建立了若干个物品编码分中心。按照规定，分中心将根据中国物品编码中心的授权，统一组织、协调、管理本地区的条码工作。在尚未设立分中心的省、自治区、直辖市和计划单列市，由技术监督或标准化机构内设立的条码工作机构行使分中心的部分职责或与其相类似的职责。

第二节 条码产品

为了读取条码所代表的信息并输入计算机，或者需要打印企业自己的条码，就要具备条码识读设备和条码印刷设备。

一、条码识读设备

条码的识读设备是指用于读取条码所包含信息的设备。条码识读设备的结构通常分为以下几个部分：光源、接收装置、光电转换部件、译码电路和计算机接口。

条码识读设备的基本原理为：由光源发出的光线经过光学系统照射到条码符号上面，被反射回来的光经过光学系统成像在光电转换器上，使之产生电信号，电信号经过电路放大后产生模拟电压，它与照射到条码符号上被反射回来的光成正比，再经过滤波、整形，形成与模拟信号对应的方波信号，经译码器解析为计算机可以直接接受的数字信号。

普通的条码阅读器通常采用以下三种技术：光笔、CCD和激光。它们都有各自的优缺点，没有一种阅读器能够在所有方面都具有优势。

（一）光笔的工作原理

光笔是最先出现的一种手持接触式条码阅读器，它也是最为经济的一种条码阅读器。

使用时，操作者需用光笔接触条码表面，通过光笔的镜头发出一个很小的光点，当这个光点从左到右划过条码时，在空部分，光线被反射；在条部分，光线被吸收。因此在光笔内部产生一个变化的电压，这个电压通过放大、整形后用于译码。

1. 优点

光笔的优点有：与条码接触阅读，能够明确哪一个是被阅读的条码；阅读条码的长度可以不受限制；与其他的阅读器相比成本较低；内部没有移动部件，比较坚固；体积小，重量轻。

2. 缺点

使用光笔会受到各种限制，例如：在有一些场合不适合接触阅读条码；只有在比较平坦的表面上阅读指定密度的、打印质量较好的条码时，光笔才能发挥作用；操作人员需要经过一定的训练才能使用光笔，如阅读速度、阅读角度，以及使用的压力不当都会影响其阅读性能；必须接触阅读，当条码在因保存不当而产生损坏或者上面有一层保护膜时，光笔就不能使用；光笔的首读成功率低且误码率较高。

（二）CCD阅读器的工作原理

CCD(Charge-Coupled Device)阅读器比较适合近距离和接触阅读，它的价格没有激光阅读器贵，而且内部没有移动部件。

CCD阅读器使用一个或多个LED，发出的光线能够覆盖整个条码，条码的图像被传到一排光探测器上，被每个单独的光电二极管采样，由邻近的探测器的探测结果为“黑”或“白”区分每一个条或空，从而确定条码的字符。换言之，CCD阅读器不是注意阅读每一个条或空，而是条码的整个部分，并转换成可以译码的电信号。

1. 优点

与其他阅读器相比，CCD阅读器的价格较便宜，阅读条码的密度广泛，容易使用。它的重量比激光阅读器轻，而且不像光笔那样只能接触阅读。

2. 缺点

CCD 阅读器的局限在于它的阅读景深和阅读宽度，在需要阅读印在弧形表面(如饮料罐)的条码时会有困难；在一些需要远距离阅读的场合，如仓库领域，也不是很适合；CCD 的防摔性能较差，由此产生的故障率较高；在所要阅读的条码比较宽时，CCD 也不是很好的选择，信息很长或密度很低的条码很容易超出扫描头的阅读范围，导致条码不可读；而且在某些采取多个 LED 的条码阅读器中，任意一个 LED 故障都会导致不能阅读；大部分 CCD 阅读器的首读成功率较低且误码率较高。

(三) 激光扫描仪的工作原理

激光扫描仪是各种扫描器中价格相对较高的，但它所能提供的各项功能指标最高，因而在各个行业中被广泛采用。

激光扫描仪的基本工作原理为：手持式激光扫描仪通过一个激光二极管发出一束光线，照射到一个旋转的棱镜或来回摆动的镜子上，反射后的光线穿过阅读窗照射到条码表面，光线经过条或空的反射后返回阅读器，由一个镜子进行采集、聚焦，通过光电转换器转换成电信号，电信号将通过扫描仪或终端上的译码软件进行译码。

激光扫描仪分为手持与固定两种形式：手持激光扫描仪连接方便、使用灵活，固定式激光扫描仪适用于阅读量较大、条码较小的场合。

1. 优点

激光扫描仪可以很出色地用于非接触性扫描。通常情况下，在阅读距离超过 30 厘米时激光扫描仪是唯一的选择：激光阅读条码密度范围广，并可以阅读不规则的条码表面或透过玻璃或透明胶纸阅读，因为是非接触性阅读，因此不会损坏条码标签；因为有较先进的阅读及解码系统，首读识别成功率较高，识别速度相对光笔及 CCD 更快，而且对印刷质量不好或模糊的条码识别效果较好；误码率极低(约为三百万分之一)；激光阅读器的防震防摔性能较好，如 Symbol LS4000 系列扫描仪，即使从 1.5 米高的地方摔至水泥地面也不会损坏。

2. 缺点

激光扫描仪的唯一缺点是其价格相对较高，但如果就购买费用与使用费用的总和而言，与 CCD 阅读器并没有太大的区别。

二、条码印刷设备

商品条码的印刷主要涉及印刷技术、印刷设备、印刷地点等方面，这三者也同时影响到包装的防伪效果。从防伪包装方面考虑，可以将印刷分为现场印刷和非现场印刷。

条码的非现场印刷作业主要在专业印刷厂进行，它是以商标或包装箱等形式供应给企业。一般来说，这种印刷方式成本较低，印刷质量有保证，使用企业不需要掌握相应的印刷技术。这些优点具有较强的吸引力，大多数企业乐意采用。但是这种印刷方式的防伪效果较差，如果印刷企业管理不善，这些商标或包装箱就有可能通过一些渠道流入不法之徒手中，给假冒商品带来便利。因此，就防伪包装来说，条码的现场印刷比非现场印刷更好。

（一）条码现场印刷设备的分类

条码的现场印刷方法很多：按印刷原理，可分为接触式印刷和非接触式印刷；按机械形式，可分为手持式印刷、便携式印刷、台式印刷等；按耗材情况，可分为有墨印刷和无墨印刷等。条码现场印刷设备的分类如表 14-2 所示。

表 14-2　条码现场印刷设备的分类

接触式印刷	非接触式印刷
热转印式	热传导式
针式	激光式（激光打印式/激光光刻式）
滚筒式	喷墨式
—	静电式

能够完成条码现场印刷的设备很多，且多采用计算机控制，操作方便，运作可靠；用这些设备在现场实地印刷条码都具有一定的防伪功能，但防伪效果在各机型之间存在着较大差异，选用时应慎重考虑。

（二）条码现场印刷设备的特点

条码现场印刷设备种类繁多、各有特点（见表 14-3），而各个企业的基本情况又不完全相同，因而在选用设备时应全面考虑，以保证所选设备能够用得上、用得好。

表 14-3　条码现场印刷设备的特点

机型 特点	激光打印	激光光刻	针式打印	喷墨打印	热转印
打印基材	纸、不干胶标签	各种不反光材料	纸、聚酯不干胶标签	各种材料	纸、聚酯不干胶标签等
消耗材料	墨粉	CO_2 等	碳质色带	墨水	热敏色带/专用色带
印刷质量	好	一般	较差	较差	好

续表

特点 \ 机型	激光打印	激光光刻	针式打印	喷墨打印	热转印
印刷速度	高	低	一般	一般	高
设备价格	中	高	低	低	高
印刷成本	高	高	低	低	中
防伪效果	一般	好	差	差	一般
接触印刷	是	否	是	否	是
适应能力	一般	强	差	一般	差
代用设备	有	无	有	有	有

表 14-3 中所示的每一种机型都有各自的特点，详细了解这些特点对于正确选用条码现场印刷设备是必要的，这里就其中一些内容进行分析。

1. 印刷质量

印刷质量是一项综合指标，它涉及印刷的尺寸精度、条的边沿粗糙度、条和空的对比度、计算机的可阅读能力等。不同的机型，其印刷的条码质量是不一样的。

2. 设备价格

设备价格在不同的时间有所不同，其防伪效果也不同。一般来说，价格越高，防伪效果也越好。刚问世的设备一般价格较高、技术垄断性较强，无论从投资方面还是从技术方面都具有较好的防伪效果。随着时间的推移，技术在不断普及，设备的价格也会逐渐降低，同时防伪效果也在不断减弱。

3. 印刷成本

在承印物价格相同时，印刷成本的高低主要取决于印刷媒介的价格，在大批量印刷时应给予足够的重视。

4. 防伪效果

条码防伪主要在于合理地设计防伪包装与使用合适的设备，商品条码的现场印刷技术需要相应的配套设备，每一种设备都对应着一定的投资。一般来说，制假者的经济能力较差，无力购买价格昂贵的设备，这表明价格高的条码现场印刷设备防伪效果较好。由表 14-3 可以看出，激光光刻机的价格较高，因而其防伪效果也较好；针式打印机及喷墨打印机的价格较低，其防伪效果不理想。

5. 接触印刷

条码设备打印头与条码基材在印刷时直接接触的印刷称为条码接触印刷。接触印刷对基材的要求条件较高，对于一些基材表面不平及粗糙的情况，如对于异型酒瓶的贴标印刷来说，在贴标后由于其表面凹凸不平，就不能采用接触印刷的方法，只有采用先印刷后贴标的工艺，才能满足异型酒瓶特殊的印刷工艺要求。因此，接触印刷对承印物的要求比非接触印刷对承印物的要求要严格得多，这也是接触印刷的方法在线使用较少的主要原因。

6. 非接触印刷

非接触印刷在印刷时打印头不与承印物直接接触，对于表面凹凸不平的承印物，也不会影响其印刷质量，因而适宜在线使用。由于在现场使用，所以非接触印刷具有防伪能力。一般设备的价格越高，其防伪能力就越强。

7. 适应能力

适应能力是一项综合性指标。通常机器对环境条件要求越高，其适应能力就越差。如激光打印机要求洁净的环境条件，因而不太适于在生产现场使用。

8. 代用设备

一种设备能否被比其价格更低的设备替代，是衡量其防伪效果的一个重要因素。如喷墨打印机，高档的价格在十几万元以上，一般的制假者没有能力购买，但可以用两千元的喷墨打印机替代。因而可以说只要存在着低价的简易设备，那么该设备的防伪效果就会大打折扣。

每一种条码现场印刷设备都有一些特点，这些特点影响着防伪包装的效果，在选择用于防伪包装的商品条码现场印刷设备时，应参考防伪包装的相关理论，在几个不同的机型之间比较选择，这样才能达到合理使用商品条码防伪的目的。

三、数据采集器

将条码识读器和具有数据存储、处理、通信传输功能的手持数据终端设备结合在一起，称为条码数据采集器，简称数据采集器。当人们强调数据处理功能时，往往将其简称为数据终端。数据采集器具备实时采集、自动存储、即时显示、即时反馈、自动处理、自动传输功能。实际上它是移动式数据处理终端和某一类型的条码扫描器的集合体。

数据采集器按处理方式可分为两类：在线式数据采集器和批处理式数据采集器。数据采集器按产品性能可分为手持终端、无线型手持终端、无线掌上电脑和无线网络设备，如图 14-12 所示。

数据采集器与扫描设备的区别在于数据采集器是一种条码识读设备，它是手持式扫描器与掌上电脑的功能组合为一体的设备单元，也就是说，它比条码扫描器多了自动处理和自动传输功能。普通的扫描设备扫描条码后，经过接口电路直接将数据传送给 PC 机；数据采集器扫描条码后，先将数据存储起来，根据需要再经过接口电路批处理数据，也可以通过无线局域网或 GPRS 或广域网相联，实时传送和处理数据。

(a) 手持终端

(b) 无线型手持终端

(c) 无线掌上电脑

(d) 无线网络设备

图 14-12 数据采集器

数据采集器是具有现场实时数据采集、处理功能的自动化设备。数据采集器随机提供可视化编程环境。条码数据采集器可为现场数据的真实性、有效性、实时性、可用性提供相应保证。

四、条码检测仪

条码检测仪是一种精确的测量设备，它能对符号进行可靠的测量，并能在一定条件范围内根据测量结果对符号的扫描识读性能进行分析。在使用前，需对条码检测仪进行校准，以保障测量结果的重复性。

(一) 条码检测仪与条码识读器的区别

条码识读器不同于条码检测仪，条码识读器只包括扫描装置和信号译码装置，没有条码检测仪所具备的条码信号质量分析和评价能力。

虽然通过条码识读器能观察出条码符号是否能够识读，但仅凭一种或几种条码识读器难以全面判断条码符号的识读性能，这是因为每个条码识读器的性能都是不同的，即条码识读器的光学结构、扫描方式、电子信号处理各有不同，这就不可避免地导致识读器的识读性能各不相同。所以，用有限的条码识读器不能准确地判断条码符号的质量。

(二) 条码检测仪的类型

条码检测仪有很多种类型。针对不同的目的，根据应用领域及对其可能的功能所要求的程度，可将条码检测仪分为 A 类和 B 类两大类。

1. A 类条码检测仪

A 类条码检测仪主要包括多功能型检测仪，这种检测仪主要用于质量控制实验室。它内部的测量装置一般都符合条码检验有关标准的要求（如测量波长、光路、测量孔径等），能执行全方位的测量功能并能提供对符号的全面分析报告，进而能够对问题的产生原因进行诊断。使用这种仪器需要对技术方面的知识有较深的理解，因而操作者必须经过特殊的培训。它的测量精度比平均水平要高得多，其成本当然也很高。这种类型的检测仪有自动化的光学扫描头，能改善移动的均匀性并达到多重的扫描要求，同时进行精确的尺寸测量。这种扫描头具有可互换的测量孔径和光源，以适用于测量不同尺寸的条码符号，并满足不同应用标准的照明需要。在这类设备中，有一些带有特殊检测软件，通过个人电脑能对符号进行分析并能显示/打印出结果。

2. B类条码检测仪

B类条码检测仪主要包括所有的简易检测仪。这类检测仪的操作方法比较简单，通常在印刷车间或收货地使用。它们只是非常简单地被用来快速检查符号是否在所需的等级范围之内或者比其更好。特别在印刷车间，B类条码检测仪用于检测以得到条宽增加或减少及对比度方面的信息，便于印刷人员调整其设备。它们通常采用单一光源和测量孔径，有些设备采用激光照明，可以对条码符号实施多重扫描，但是，其测量孔径的形状可能不圆，也无法确定其测量的精确尺寸，在反射率指标测量方面的精度不高。

还有一种专门设计的安装在印刷设备上的检测仪（一些用于高速印刷，另外一些用于打印机），他们对设备印刷出的条码符号进行监控，并对主要的参数，特别是单元宽度提供连续的分析，以使操作者能够及时控制印刷过程。一些设备甚至能自动反馈控制指令以提高符号质量并重新印刷有缺陷的条码标签。

本章小结

本章首先介绍了条码技术的起源与发展；其次对条码的定义与应用进行了相关的阐述，并对条码的优越性进行了讨论，通过对条码的基本术语、符号的表示，可以对条码技术有更深刻的认识；根据条码的发展情况，对条码的种类进行了分析，并介绍了国际上一些商品条码编码组织；本章最后对条码技术的相关产品进行介绍，主要阐释了条码识读设备、条码印刷设备、数据采集器以及条码检测仪。

综合案例分析

Symb01为某超市提供无线通信网络和手持终端应用

某超市有限公司是全国规模最大的国有超市连锁集团之一。为了发挥连锁超市集约化经营的优势，该公司以A城市为中心开展了配送中心业务，将采购、管理、调配、经营集中管理，为各门店提供最充足、最迅速的供应保证，同时避免了以往自行采购行为中的许多弊端。

超市在A市范围内共有门店100多家，这些门店的商品，全部由位于A市郊县的配送中心统一供应。

配送中心管理系统的宗旨在于进行物流的实时跟踪，并实现配送中心和门店之间的无纸化操作。配送中心使用IBMRS6000Unix操作系统、Symb01提供的无线通信网络和手持终端，以及某高新技术有限公司提供的配送中心管理系统软件和系统集成。

各个门店的订货需求会在每天工作结束前通过Modem方式传递给总部，总部计算机对所有的订货需求进行汇总后生成总的订货单。这些数据均通过DDN专线直接传送给配送中心，配送中心的进货管理即基于这些汇总数据和明细数据。

供应商货物到达仓库后，收货人员必须逐项检查所到货物与订单要求是否相符，质量是否有保证，数量是否准确等条件。这些数据检查，如果通过批处理方式来实现，必须经过耗时费力的下载、检索和回送等步骤。

在实时处理模式下，收货员只需扫描商品条码，主机便会承担所有的搜索、查询和显示工作，收货员可以从手持终端的屏幕上了解到有关该商品的所有信息和订货资料，在完成质检和数量清点后，通过手持终端向主机发送确认命令。实时处理模式的优越性还体现在入库商品的定置管理中。由于配送中心的货仓是一个由计算机进行仓位控制的体系，因此，当仓库工作人员在将商品安置于货架上之前，必须通过主机获取有关该货位的商品存放资料信息。在实时模式下，仓库工作人员扫描货架上的条码，就能从主机得到目前存放于该货位上的商品、数量、生产日期、保质期等详细资料，以便确定该货位是否能继续堆置商品；同时，根据收货员输入的进货商品数量，决定新的商品在仓库中的货架位置、货位空间等。

一个大规模的物流中心，自然免不了会对库存商品进行盘点。物流中心的盘点是一项规模庞大的工作。

在盘点过程中，仓库工作人员首先扫描货位条码，通过主机查找到存放于该货位上的所有商品清单；随后，逐项扫描商品条码并对该商品进行清点。将清点后的数据通过无线网络直接发送给主机，并更新主机上的数据库系统。由于盘点过程采用了实时处理方式，因而在盘点过程中，配送中心的配送作业依然能够正常进行。既能够保证库存数量的正确，又能够确保对配送顾客的商品供给。查询过程采用实时处理模式的另一个好处是避免了商品的错位堆放。当工作人员扫描商品条码时，如果发现该商品被堆放在不恰当的货位，主机会要求工作人员将商品重新堆放并提示正确信息，从而保证库存商品的定置管理。有效的实时管理减少了人员确认系统信息与货物信息的一致性的次数，对于流量较大的物流中心极为有效。

配送管理保证了物流中心以最有效的方式为顾客提供配送服务。由各个顾客提交的订货单经由总部的中心计算机传递给物流中心，物流中心在收到供应商提供的商品后，需要对各个顾客的订货要求作出协调安排（因为有可能发生供应商供货量不足的情况），根据库存商品的相关信息（如生产日期、保质期等），安排商品的配送。

在配送过程中，配送人员首先扫描代表各个顾客的标志条码，主机将针对该顾客作出的配送安排显示于手持终端屏幕上；然后，操作员逐项扫描商品条码，根据该商品条码，主机系统作出统筹安排（如查找库存商品中最早生产的商品，根据先进先出的配送原则进行安排），将该商品在仓库中的存放货位通知操作员，操作员根据系统安排的配送数量提取商品，完成一种商品的配送过程。

配送人员在完成所有的工作后，向主机提交打印请求（如果系统发现遗漏了一些商品，会实时提醒操作员），主机将针对各个门店的配送单通过有线网络传递给打印机。由于采用实时方式操作，从发送打印请求到主机驱动打印机工作这一过程可在瞬间内完成；如果采用批处理方式，操作员必须将数据回送到主机后才能打印配送单。毫无疑问，实时处理方式大大缩短了配送车辆的等候时间，保证了配送过程能最快最有效地完成。

思考题

1. 条码技术在本案例中有哪些应用？这些应用给企业带来了哪些好处？
2. 试述本企业可能用到的条码产品有哪些？

本章综合练习题

1. 简述条码的定义，举出条码的应用实例。
2. 简述条码的种类。
3. 简述条码的作用。
4. 国际上的商品条码编码组织有哪些？
5. 条码识读设备主要有哪些？

实践活动一

观察条码技术在日常生活中的应用

实践目标：了解条码技术的作用，理解条码技术的分类。

实践内容：观察书籍、信封（可对比国外信件的信封）、食品的条码。

实践要求：对比观察到的条码应用情况，分析条码技术的应用有哪些好处，并对不同种类的条码进行分析、比较。

实践成果：撰写分析报告。

实践活动二

体验二维条码的编码与应用

实践目标：了解二维条码的概念，掌握二维条码的作用。

实践内容：在一码通网站(http://www.acode.cn/trade/index.html)下载二维条码编码软件，以及二维条码手机识读软件，运用软件编制一条二维条码，并用手机识读软件进行识读。

实践要求：体会二维条码与一维条码的区别，思考二维条码对企业有何作用。

实践成果：撰写分析报告。

第十五章 商品标志技术

本章学习目标

(1) 了解标志的概念；

(2) 理解商标的概念、特征及分类；

(3) 掌握商标的功能、作用和管理；

(4) 掌握商标设计的原则、要求和注意事项；

(5) 理解商标的设计战略；

(6) 了解商品销售包装标志、运输包装标志、生态标志和商检标志。

经典案例导入

麦当劳的商品标志

麦当劳(McDonalds)是全球知名的连锁快餐店，在世界上拥有超过 2.3 万家餐馆，分布在 100 多个国家，其全球市场潜力巨大。如今，麦当劳的金色拱门“M”成为最容易识别的标志之一。简单的“M”字母与传统的红色和黄色已成为最有名的商业特征。麦当劳(McDonalds)取“M”作为其商品标志，颜色采用金黄色，像两扇打开的黄金拱门，象征着欢乐与美味，象征着麦当劳的Q、S、C、V（品质、服务、清洁和价值）像磁石一般不断把顾客吸进这座欢乐之门。

第一节 标志概述

一、标志的定义

标志是一种具有特殊意义的符号。商品生产企业、社会团体、文化组织、服务行业乃至个人，为使自己生产的物质产品或精神产品为人们所识别，通常需要为其产品或集团组织设计一个特定的符号，目的是创立声誉、扩大影响、塑造形象。这种符号反映在商品上被称为“商标”（trade mark），反映在非商品上被称为“标志”（symbol）。

标志一般指用于公众和社会活动的公用标志。包括国际组织、国家机构、文化科学和社会活动的专业性标志，团体、机关、学校、学会、会议、运动会、展览会的标志，指令性的交通标志，如机场、车站、码头的路标，引导性的公共设施符号标志，服务性的系列化标志，如安全出口，上、下楼指示标等。

标志以形象的语言表达特定的含义，为人们提供识别与记忆的方便，以达到沟通思想、传达信息的作用。这种高度概括的形象，具有先于语言的特点，可超越不同国度、不同语言的障碍，使人快速感知、判断，作出行动。

二、商品标志

商品标志简称商标，是商品上的一种标志，它是商品生产者或经营者为了使自己的商品（或服务）与他人的商品（或服务）相区别而使用的一种标记，属于专用性标志。世界知识产权组织将商标的定义概括为：商标是用来区别某一工业或商业企业或这种企业集团的商品的标志（如服务标记是为了对服务予以区别）。

商标是消费者区别、识别商品的重要依据；商标是产品质量状况、服务及企业的信誉保证；商标是企业形象的代言人；商标是企业树立良好形象、开拓商品销路、占领市场的重要竞争手段。正确地认识、使用商标，对于企业乃至消费者都是十分重要的。

商标与其他标志的区别在于它遵循注册性原则和法律性原则。世界各国都有相关商标的法律规定，且因其社会制度不同而互有区别，总体上可分为绝对注册和自由申请注册两种。我国实行自由申请原则，由生产者或经营者按相关程序自愿申请注册。商标一经注册就具有法律效益，受法律保护。所以依照程序注册商标是商品生产者或经营者必须认真考虑的。同样，着眼于未来企业的发展，参与国际经济竞争，还必须考虑国际注册，以保持企业的更大利益不受损害。

商品的特殊身份要求设计者必须了解商标的有关设计法规，从而有的放矢地从事商标设计工作。首先要了解禁用标志，即不能作为商标的内容。主要禁用标志如下：

（1）同本国或外国的国旗、国徽、军旗、军徽、勋章及其官方标记相同或相近的；

（2）同政府间国际组织的旗帜、徽章、名称相同或近似的；

（3）同“红十字”、“红新月”标志相同或近似的；

（4）直接表示商品本身的通用名称和图形的；

（5）直接表示商品的主要原料、功能、用途、重量、数量、质量等特点的名称或图形；

（6）地理名称和图形；

（7）未经许可，使用他人的姓名、肖像或企业名称的；

（8）违反道德或公共秩序的文字或图形；

（9）伤害宗教感情的标记；

（10）含有诽谤性的文字或图形；

（11）带有欺骗性的商标。

了解了上述禁用标志，有助于在商标命名和设计过程中少走弯路，做到合理合法。

三、标志的社会价值

标志从其诞生的那一刻起，在人与人的交流中就起到了沟通的桥梁作用，给人们的生活带来了许多便利。伴随着信息时代的到来，市场经济竞争的日益激烈，标志这一小小图形的应用范围也日益广泛，它不仅是企业与商品的代表符号，而且是质量与信誉的保障，成为沟通商品与消费者、企业与社会最直观的媒介之一。一个著名的品牌标志往往是一种精神的象征、一种文化的体现、一种品质的代表、一种企业形象的展示，甚至是一种地位的显示和价值的标榜。标志作为一种世界性的语言和文明的象征，在经济高度发达的今天，被赋予了新的含义和价值。

可以说任何一个知名标志的背后，都记载着一个企业或一个企业家不平凡的奋斗足迹，见证着人类发展的光辉历程，从而成为人类社会文化的一部分。因此，一个知名品牌的标志其身价之所以高得惊人，往往在于其整体性和社会性价值。

知识链接

驰名商标价值

据统计，世界驰名的标志身价最高的是万宝路，价值310亿美元，相当于其每年营业总额的两倍；可口可乐价值244亿美元，高于其年营业额近三倍；百威啤酒价值102亿美元，高于其年营业额近两倍；百事可乐价值96亿美元，相当于其营业额近两倍；雀巢速溶咖啡价值85亿美元，高于年营业额近两倍。

国旗、国徽是一个国家的标志，每当人们想起它、看到它的时候，一种崇敬之情会油然而生。它可以净化人们的心灵，提高民族的自尊，增强人们的自信，让人们产生无穷的自豪感。它是一个人群共同信念的代表。

世界卫生组织红十字会标志几乎人人皆知，每当人们的生命遭遇危难之时，不管其身在何处，总有"红十字"的旗帜高高飘扬，人们看到、想到的已不是一个简单的"十"字图形，而是人性与仁爱的张扬。

四、标志与品牌战略

现代社会中，任何一类商品都有成千上万家企业在同时进行生产或经营，企业如何使自己的商品区别于他人？除了商品造型和包装外，最可靠、最快速的信息传递方式就是标志，认牌购物已成为买卖双方共同认可的有效途径。依照同一个标志购物的人群越多，持续时间越久，这一商品的名气就越大，人们会很自然地将标志这一商品的标记和商品联系起来加以认识，于是形成名牌概念。

人们之所以认同某一品牌商品，前提是对其质量、价值、款式、造型、服务等诸多因素的综合评估，所以，名牌代表着信誉、质量与独特的个性。这也正是标志这一符号化载体的真正含义。

五、标志与企业文化

标志是企业的名片，它铭刻着企业的精神理念，是一种明确认知企业理念与企业文化的活动，它包括理念识别、活动识别和视觉识别三大基本要素。

理念识别是企业识别系统的核心与原动力，属于思想文化的意识层面，是企业经营战略，生产、市场等环节的总原则，是方针、制度、规划、法规的统一规范。活动识别是以明确而完善的经营理念为核心，对内实施干部、员工的教育与培训，对外进行市场调查、产品开发、公共关系、促销活动以及公益性、文化性活动等；视觉识别则是运用系统的、统一的视觉符号系统，对外传达企业的经营理念与情报信息，以静态和动态等赋有感染力的形象要素唤起人们的注意与记忆，达成认知与识别的目的。

第二节　商　　标

商标作为区别商品的标记，在商品经济高度发达的今天，已越来越引起人们的重视，生产者视之为商品质量和企业信誉的象征，消费者则将其作为选购商品的标志。商标有利于人们对商品的记忆、区别、比较和鉴定。

一、商标的概念与特征

（一）商标的概念

所谓商标，是指商品生产者或经营者为了使自己销售的商品在市场上同其他商品生产者或经营者的商品相区别而使用的一种标记。世界知识产权组织在其宣传物中对商标的定义为："商标是用来区别某一工业或商业企业或这种企业集团的商品的标志。"商标俗称商品的"牌子"、"品牌"，这种标记通常由文字、图形或文字与图形的组合构成。

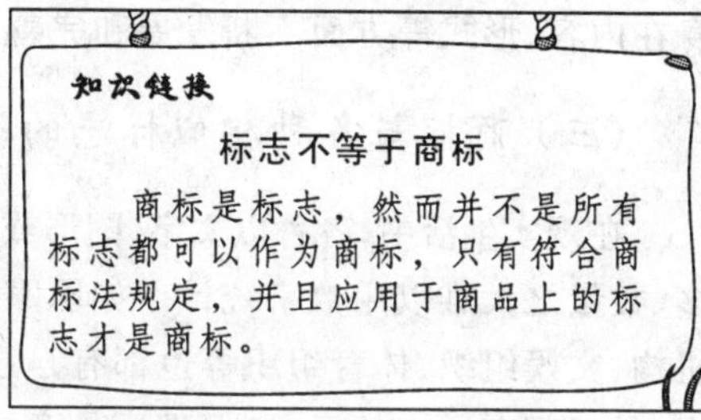
知识链接

标志不等于商标

商标是标志，然而并不是所有标志都可以作为商标，只有符合商标法规定，并且应用于商品上的标志才是商标。

（二）商标的特征

1. 商标是商品的标记

商品通过商标这种标记反映出其本身的特征，它与商品生产有着紧密联系。人们一看到某种商标，就能立即联想到某种商品，因而商标又是商品的象征。商标作为某种商品的标记，并非用于泛指所有商品，而是用于"一定商品"上，这里的"一定商品"是指在一定范围内和"一定质量"上的特定商品。

2. 商标具有专用性、排他性和竞争性

商标是生产者或经营者为了使自己的商品在市场上有一定的竞争能力，并与他人的商品相区别，而在自己的商品上所使用的一种独特的标记。

商品生产者或经营者为了适应市场竞争的需要，保住自己的"牌子"，使之与同类商品相区别，从而不断地建立起企业和商品信誉，便使用一种独特的标志——商标，并通过这种标志区别于其他的生产者或经营者。商标是"专用"的，不是通常或一般性的标记。商标的"专用"是指注册商标只能用在特定的商品上，商标注册人拥有法律保护的专用权，他人未经许可不准擅自使用和侵犯。由此可见，专用又成为商标（指注册商标）最本质的含义，不允许别人侵犯或损害，不允许出现混淆和误认，具有排他性。

3. 商标是一种具有产权意义的标志

企业为提高产品质量、降低生产成本、提供优质服务和进行广告宣传所做的一切努力，以及在积极参与公益活动、建立良好的公共关系等方面付出的劳动都凝结在商标上。因此，商标对于企业来说是一种无形资产。

4. 商标具有显著性特征

商标一般由文字或图形构成，或者由二者组合而成，具有可识别性，是具有显著性特征的一种独特标记。

5. 商标具有从属于商品经济的属性

商标是商品经济发展的产物，有商品生产、商品交换才会有商标。随着社会生产力的提高和商品经济的不断发展，商标也由诞生到成长、成熟，不断演进，使其本身在内容、形式等方面不断发展和完善。

（三）商标与各种相似标志的联系和区别

在现实生活中，各种以文字、图形或者以文字和图形组合而成的标志，其种类之多、数量之大难以用数字统计。如国家有自己的标志，军队、政党、社团、教会、慈善机构、文娱组织、体育组织等也都有自己的标志。这些也是由文字、图形组成的标志，虽然都有标志的意义，但都不是商标。因为这些标志的对象既不是商品也不是劳务，标志的目的并不是为了销售，标志物的所有权人也不是商人。另外，有一些符号虽然出现在商品上，但这些符号并不是商标，而是某种公用符号。例如，三角图案是光洁度的通用符号，电火花、骷髅图是死亡警告符号，均不属于商标范畴。但在商品市场上，还有许多与商标十分近似的标志或标记，如商品包装装潢、商家名称、营业符号、商务标语等，与商标同附一物，难以区别清楚，需要就它们与商标的联系和区别专门加以研究。

1. 商标与商品包装装潢

商标与商品包装装潢似乎不易区别，消费者往往把商品包装装潢当做商标，或者将商标看成商品包装装潢。其实，商标与商品包装装潢既有联系又有区别。

商标是商品生产者或经营者为了使自己的商品与他人的商品相区别而直接用于商品上的标记。商标在商品包装上只占很小的位置，而且作为商标的文字、图形不能表示本商品的功能、原料、质量、形状等。商品包装装潢是以商品为对象的美术形式，即对商品进行装饰、美化、宣传。它是商品的外衣，常以艺术的语言真实而美观地把商品展现在人们的眼前，以美的感染力吸引消费者，帮助生产者或经营者推销商品。

商标与商品包装装潢的根本区别在于：商标是专用的，一般很少改变；而商品包装装潢不是专用的，它可以根据市场销售的需要，随时加以变动和改进。从二者的使用目的来看：使用商标的目的主要是区别不同的商品生产者和经营者；而使用商品包装装潢的目的在于说明、美化商品，刺激消费者的需求欲望。从图形的构成来看，商标着力于显著性，即区别于其他商品生产者和经营者；而商品包装装潢则着力于渲染、美化商品。

商标与商品包装装潢是两个不同的概念，但是二者在商品销售过程中又不可分离。

2. 商标与企业名称

企业名称虽然也是受法律保护的一种产权，但是不能将其与商标混为一谈。企业名称不是区别商品的标志，只是企业的称谓。企业名称并不一定具有像商标那样的显著性，在相距遥远的两个地区，两个企业采用相同或相近似的名称，实际上并不会导致公众误认。这是它们的不同之处。但有些企业名称历史久远，誉满全国，加之所经营的商品品种独特，企业名称叫起来又顺口，久而久之企业名称也就起到了代表企业信誉的作用。例如：北京的“全聚德”和“东来顺”，一叫便知是烤鸭和涮羊肉；“张小泉”和“同仁堂”，一听便知是剪刀和中药铺。企业名称依法定程序登记后，受法律保护，但这种保护仅限于企业名称，并不保护企业的商品，只有以企业名称作为商标申请注册，才能得到相应的保护。

3. 商标与商务标语

商务标语是为了推销商品而宣传或做广告用的口号。因为它常常和商标同时出现，所以与商标具有密切的联系。但商务标语并不表明其可以区别他人的商品，它只能就商品特点、工艺情况，用简洁的语句来赞美商品。如“营养丰富、美味可口”，“工艺先进、质量可靠”，“实行三包”等，这些溢美的语句既不能起到区别商品的作用，也不能被独家占有使用，而且还会时常调整、改变。所以，商务标语与商标有着明显的区别，商务标语既不是商标，也不能注册。

4. 商标与服务标记

服务标记是为了标志企业的服务项目，并使之与其他企业的服务项目相区别而使用的标记。服务标记又可以称为服务商标，主要用于金融、邮电、保险、民航、铁路、汽车公司、旅行社、洗染店、建筑业和各种修理业务等。服务标记和商标具有同样的作用，享受同样的保护，仅仅只是标志对象不同。

二、商标的分类

虽然商标的分类目前尚无统一的划分标准，但往往可从不同的角度去划分商标的种类，通常是从商标的外观结构、用途、商标的使用者和商标管理等方面来加以划分。

（一）按商标的结构和构成要素分类

按商标的结构和构成要素分类，大体上可将其分为文字商标、图形商标、记号商标、组合商标和立体商标。

1. 文字商标

文字商标是指仅以文字或字母构成的商标，包括以中国汉字和少数民族文字、外国文字和阿拉伯数字或各种不同字母组合成的商标。文字商标目前在世界各国的应用比较普遍。其特点是比较简明、便于称谓，有的文字还能表示一定的含义，可以使商品购买者产生亲近之感。如“雪花”牌商标，用在饮料商品上，会给人一种凉爽、清洁之感等。

文字商标还有用人名签字商标或由企业名称缩写而成的。如“张小泉”剪刀，是张小泉剪刀厂生产的，“盛锡福”帽子是盛锡福店经营的。还有以数字作商标的。如“555”等，这种商标虽然不表示什么意思，但不落俗套，别具一格。

文字商标有受民族、地域限制的不足之处，如汉字商标在国外就不便于识别。同样，外文商标在我国也不便于识别。还有少数民族文字，也受着地域限制，因此，在使用民族文字的同时，一般需要加上其他文字说明，以便于识别。

2. 图形商标

图形商标是指仅用图形构成的商标。这种商标丰富多彩、千变万化，可采用各种动物、植物及几何图形等构成。图形商标的特点是比较直观，艺术性强，富有感染力。图形商标还有一大特点，就是不受语言的限制，不论哪国人讲何种语言，一般都可以看懂，有的一看即可呼出名称，有的即使不能直呼名称，也可以给人留下较深的印象。

3. 记号商标

记号商标是指用某种记号构成的商标。记号作为产品的标志起源很早，据史书记载，一万多年前的一些古陶器上就刻有各种记号。古代一些产品有不少用记号作为标志，就是现在也有用简单的记号作商标的，我国商标法没有规定记号商标，但在实践中仍然有人使用。记号商标也可以被作为图形商标。

4. 组合商标

组合商标是指由两种或两种以上成分相结合而构成的商标，也称复合商标。如带马的商标图形加上文字后，有的叫“军马”，有的叫“飞马”，也有的叫“奔马”等。既便于识别与称谓，同时又使其内容更具有感染力。也有以汉字、外文与阿拉伯数字组合而成的商标，分别表示不同的含义。

5. 立体商标

立体商标是由商品的外包装形式与结构结合组成的商标。《中华人民共和国商标法》第十二条规定以三维标志申请注册商标的，仅有由商品自身的性质产生的形状、为获得技术效果而需有的商品形状或使商品具有实质性价值的形状，不得注册。

（二）按商标用途分类

从商品经营的角度，按商标的用途分类，可把商标分为营业商标、等级商标、保证商标、驰名商标等。

1. 营业商标

营业商标又称厂标，它是以生产或经营企业的名称、标记作为商标。营业商标在本质上有特殊的作用，容易提高企业的知名度和信誉。如“盛锡福”、“同仁堂”、“亨得利”、“大光明”等，都是以企业名称作为商标申请注册的。

2. 等级商标

等级商标是指同一企业、同一类商品因不同规格、质量而使用的系列商标。使消费者一见到商标就知道该商品的质量、规格和档次。消费者可以根据自己的习惯，选购不同等级、档次的商品。如上海牙膏厂使用“美加净”、“中华”、“黑白”、“庆丰”等商标，以区别牙膏等级和特点。再如青岛同泰橡胶厂生产的轮胎，因规格不同，分别使用“骆驼”、“金鹿”、“工农”等商标。等级商标在国外的应用也相当普遍。

3. 保证商标

保证商标也称证明商标，是指由对某种商品或服务具有检测和监督能力的组织所控制，而由其以外的人使用在商品和服务上，用以证明该商品和服务的原产地、原料、制作方法、质量、精确度或其他特定品质的商品商标或服务商标。通过提供质量证明，使商品对消费者具有更大的吸引力，便于打开销路、占领市场。以下是几种典型保证商标。

1）绿色食品标志

中国绿色食品发展中心对履行了所有手续的产品实行统一编号，并颁发绿色食品使用证书。

绿色食品标志由三部分即上方的太阳、下方的叶片和中心的蓓蕾构成。整个图形象征着明媚的阳光照耀下的和谐生机，告诉人们绿色食品正是出自纯净生态环境的安全无污染食品，能给人们带来蓬勃的生命力。

绿色食品

绿色食品分为两级：①A 级，使用绿底白标；②AA 级，使用白底绿标。绿色食品不仅对产品的卫生、质量要求严格，而且对产品的生产环境、原料以及农作物生产过程中农药、化肥的使用等有绝对限制,不得使用任何化学农药。

2) 产地证明商标

产地证明商标是由著名产地有关企业或管理机构注册的商标,用以表明商品的真实产地、保证商品的质量、维护消费者的利益、维护著名产地的信誉。在农产品上使用产地证明商标越来越普遍。生产企业利用著名产地的良好信誉和市场价值可以获得更大的利益。

4. 驰名商标

驰名商标也称著名商标。对于驰名商标,国际公约中明确规定了要予以特别保护。有些国家已采取了保护措施,即驰名商标的名称和图样不仅在同类商品上不允许他人使用,非类似商品也不允许他人使用,主要是为了维护驰名商标的声誉。我国已公布了一批驰名商标。

(三) 按商标使用者分类

根据商标使用者的不同,可以把商标分为制造商标、销售商标、集体商标、服务商标和双重商标。

1. 制造商标

制造商标是指生产企业使用或注册的商标,又称生产商标。制造商标与"厂标"的意义相同,如"日立"电器公司的"日立"牌商标、蓝天服装厂的"蓝天"牌商标等。使用这种商标的特殊意义,不仅可以把其他生产商标区别开,而且还可以与销售商利益均沾。如果在商品上不使用制造商标,仅有销售者的销售标记,销售商就会侵占生产商的某些利益。尤其在开辟新市场的时候,如果长期不使用制造商标,就会使销售者独得其利,使制造商听任销售商的摆布。因此,生产商使用制造商标是十分必要的。

2. 销售商标

销售商标是指销售者(经营者)销售商品而使用的商标,也称"商业商标"或"推销商标",是销售者为了使自己经营的商品与他人经营的商品相区别而使用的商标。这种商标在我国为数不多,主要是外贸部门为了组织商品出口,将几个、十几个,甚至几十个工业企业的同一种产品,按一定质量标准,经挑选和质量鉴定合格后,统一使用自己注册的商标,并由其经销。如我国外贸部门自己出口包装的"龙牌"茶叶,日本"三越百货公司"的"三越"牌商标,就是典型的合伙使用的销售商标。销售商标仍然要以质量取胜,只有在销售环节把好质量关才能取得信誉。

3. 集体商标

集体商标是指商标所有权属于集体组织的商标,由这个集体组织的成员共同使用。使用这个商标的成员(企业)在使用前,要就使用条件、权益和所承担的责任共同订立章程或条约，各成员共同遵守，其章程和条约应在商标注册机关备案。如美国汽车股份公司注册的“AAA”集体商标。集体商标一般由联合公司、合作社协会、商会等团体进行注册。

4. 服务商标

服务商标是用于区别不同的服务项目或行业的商标，也称“劳务商标”。服务商标在国际分类中包括以下 8 类：广告与实务，保险与金融，建筑与修理，交通，运输与储藏，教育与娱乐，材料处理，杂务。服务商标的表现形式有图形、字母、符号、乐曲等。服务商标一般不用于商品流通领域，不随商品进行交换，是服务行业独用的标记，如我国的铁路、邮电、民航、水运、银行等单位使用的行业标志。

世界上承认服务商标作为商标注册而受到保护是从 1946 年美国商标法开始的，之后又有 20 多个国家相继承认将服务商标作为正式商标。

5. 双重商标

所谓双重商标，是指在同一种商品上同时使用两种商标，既有制造厂家的商标，又有销售商的商标。双重商标所起的作用是：一方面可以区别商品的不同生产者与经营者，另一方面可以调整制造厂与经销商之间的关系。

（四）特殊性质的商标

特殊性质的商标是因其功能、性质特殊而归为一类的商标，如防御商标、联合商标、备用商标等。

1. 防御商标

防御商标是指同一个商标所有者将其商标在各种不同类别的商品上分别予以注册，但在实际经营中并不全部使用，这种商标可以起到防御作用，所以称之为防御商标。

一般来说，注册防御商标的是著名商标。因为著名商标在市场上享有信誉之后，容易被人在不同商品上使用或注册，使著名商标所有者的利益和商标声誉受到损害。为了防止别人使用自己的著名商标，可在可能发生混淆的各类商品上分别申请注册防御商标。如美国特利戴尼公司将商标注册在各种不同类别的商品上，日本索尼公司将其著名的“SONY”商标注册于许多不同的商品上，这些商标都带有防御性。防御商标不是为垄断商标而进行“欺行霸市”的行为，它是附属于商标权的，如果商标权转让或失效，防御商标也随之转让或失效。

2. 联合商标

联合商标即同一商标所有者，将商标及与该商标相近似的、容易发生混淆的若干个商标，在同一类或类似商品上进行联合注册，其主要目的在于防止发生混淆或被他人注册使用。但一般只使用其中一个主牌或少数几个副牌，其余的均不使用，这种商标被称为联合商标。例如，用于食品上的“乐口福”商标，同时又注册“福口乐”、“口乐福”、“乐福口”、“口福乐”等相近似的商标；用于万金油上的“虎”牌商标，同时又注册“豹”、“猫”、“猪”等14种动物牌子的商标。又如日本北越工业株式会社向我国申请在同一商品上注册了4种相近似的商标：“AIRMAN”纯文字商标；“AIRMAN”与图形组合的商标；纯图形商标；“AIRMAN”与图形及波纹组合的商标。

3. 备用商标

备用商标就是在企业内部储存的备用的而暂时还未使用的注册商标。这种商标虽然已注册，实际上并没使用，其目的就是为备用，为企业发生变化应急之用。

（五）按商标注册与否分类

1. 注册商标

注册商标指经商标使用人按照法定手续向国家商标局申请注册，经过审核后准予注册的商标。

2. 未注册商标

未经过商标注册而在商品或服务上使用的商标为未注册商标。

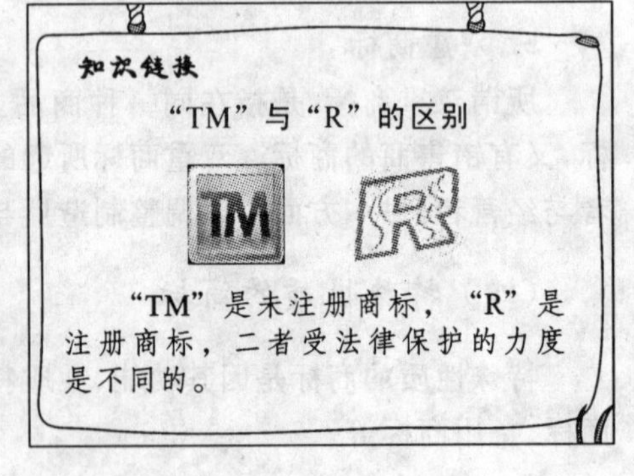

（六）按商标的寓意分类

商标按寓意可以分为有含义商标和无含义商标。

1. 有含义商标

有含义商标表示构成商标的文字、图形或其组合表达或暗示了某种意义或事物，因而称之为有含义商标。其文字具有一定含义的，可称为寓意商标；其图形具有表述性的，可称之为指事商标。

2. 无含义商标

无含义商标表示构成商标的文字、图形或其组合不直接表达任何实质内容。文字包括中文、外文等。图形指不表述任何客观事物的图案或几何图形等抽象图案。

三、商标的功能与作用

（一）商标的功能

1. 识别功能

商标具有识别功能，这是其最本质的功能，可使商标有效地在无数商品中与其他同类商品或非同类商品区别开来。商标具有保证质量功能，以保护用户的利益，便于有关部门对产品质量进行监督管理；若质量发生问题，便于追究责任。

现在许多经济发达国家规定大多数产品，甚至水果、蔬菜等食品都必须有商标。商标具有促进销售的功能。在依靠各种媒体进行广告、宣传的商品世界中，商标作为语言符号担负着信使的作用。因此，商标和牌名在包装图案的画面中占据十分显著的地位，画面的布局、色彩的运用、字体的选择等都紧紧围绕着商标与牌名这一主体。

2. 竞争功能

商标具有竞争功能。经过注册的商标受到法律保护，具有排他性，可保护产品的特色，防止他人仿冒。一旦发现仿冒者，可立即依法追究责任，进行索赔。有商标的商品易于被购买者、贩卖者优先选购，有时能带来维持价格的好处，保护注册商标的商品不受替代品竞争的危害，易于介绍新产品并将其推向市场。

（二）商标的作用

在商品经济发展的历史长河中，可以看出商标几乎是与商品经济同步发展的。无论是商品经济发展的初期，还是现代高度发达的商品经济时代，商标在商品交换过程中都是便利商品购销的交易工具。商标代表着商品生产经营者的信誉，是消费者在购买商品过程中可信赖的象征。一个企业要使其商品占领更大的市场，就需要有一个能够压倒竞争对手的商标。商业竞争在很大程度上表现在商标的竞争上。商标的主要作用如下。

1. 区别不同商品生产者或经营者，起到广告宣传的作用

商标可以区别不同的生产者或经营者所生产、加工、拣选、经销的商品，表示这些商品的不同来源。市场上同一类商品往往来源于很多企业，各企业均在自己的商品上使用自己的商标。商标代表商品的出处，同时又代表这个企业的信誉。

2. 保证商品质量，促进企业进步

使用同一种商标的商品，必须保持相同的质量，使其在市场和消费者中享有相同的信誉，并以此来提高商品的知名度。商品质量和商标信誉紧密相连。商品质量是商标信誉的物质基础，有了商标，就能明确生产者或经营者在商品质量方面的责任。将保护商标专用权同监督商品质量结合起来，对保证和提高商品质量，维护消费者的利益有着重要意义。

3. 便于消费者选购商品

消费者在选购商品时一般是认牌购货。有了商标，人们对商品的记忆、区别就容易得多。如只要一提到贵州“茅台”、四川“五粮液”、广东“健力宝”，人们就知道这些名牌货的特点和价值。著名商标能够不胫而走、有口皆碑。如一个人第一次购买某某牌商品使用后比较满意，这个品牌便在他脑海里留下了深刻印象，第二次再购买这种商品时，他还会认定这个品牌。现代社会广告在商标的成长方面起到了重要作用。

四、商标管理

商标管理是国家商标主管部门为了保护商标权，维护消费者的合法权益和社会经济秩序，根据商标法律制度，对商标注册和商标使用有关行为进行监督、检查、协调、控制和服务的活动。

（一）商标管理的基本原则

1. 保护商标专用权原则

商标设计、宣传都是社会必要劳动的产物。商标越受人喜欢、知名度越高，所花费的社会必要劳动时间就越多，其价值也越高。保护商标专用权，就是从法律上承认企业在商标信誉里凝结着“个别劳动”、“特殊劳动”的差别，进而承认并保护由于这种差别所带来的不同利益，促进企业着眼于市场需求，在商品质量上下工夫，从而促进经济的健康发展。

2. 维护消费者权益原则

商标是商品的标志。商标信誉的高低主要取决于商品质量的优劣。企业凭借商标信誉占领市场，消费者则凭借商标选购商品。维护消费者权益原则，是指商标主管机关通过商标管理监督商品质量，查处利用商标损害消费者权益的行为，从而保证消费者能买到高质量的商品。

（二）商标管理的任务

《中华人民共和国商标法》以法律形式规定了商标管理的两大任务。

1. 保护商标专用权

商标专用权是指经国家商标局核准注册的国内或国外商标，由商标注册人专用，受到法律的保护。其他任何人在同一种或类似商品上不得使用相同或近似的商标，否则，属于商标侵权。

商标侵权，是指侵权人出于商业目的，未经许可而使用被侵权人商标的主要部分用作自己的商标，并且用在相同或类似商品上，从而在一般消费者中可能产生混淆，在商品来源上造成欺骗性。

构成商标侵权的行为一般有三种：一是使用与他人的商标完全相同的商标；二是将他人商标中有特色的主要部分用作自己的商标；三是影射他人的商标，以达到欺骗消费者的目的。此外，还有一种“商标冲淡”理论：某人使用与他人相同或相似的商标，即使商品并不相同或类似，不会产生混淆，但由于该人长期使用与他人相同或相似的商标，致使别人商标的显著性和独特性逐渐被冲淡。在这种情况下，可以要求侵权人赔偿损失。

商标侵权行为，不管商标注册人是否发现和控告，工商行政管理部门一经发现就应当责令侵权者停止侵权活动、赔偿经济损失、消除侵权影响，或由法院给予民事制裁。

2. 监督产品质量

《中华人民共和国商标法》中明文规定，商标使用人应当对其使用商标的商品质量负责。各级工商行政管理部门应通过商标管理监督商品质量，制止欺骗消费者的行为。凡有降低商品质量欺骗消费者的，将依法给予处理。商标注册人在转让其注册商标权或许可他人使用其注册商标时，应保证该注册商标的商品质量。

加强商标管理的目的是维护商标信誉，保护消费者权益。

3. 出口商标管理

中国加入世界贸易组织后对外贸易的发展速度进一步加快，出口商品日益增多，许多名牌商标如“海尔”、“同仁堂”、“英雄”等已在许多国家核准注册，但仍然存在著名商标被国外抢注的现象。一些外商往往在我国商品未出口时，就事先在准备销售的国家和地区申请注册，这样，由于得不到有关国家的法律保护，又没有申诉权，严重影响了我国的商标信誉和商品销售。

商标一旦被国外投机商抢注，企业就会面临三种选择：一是用重金买回被人抢注的商标；二是在该国出售商品时要付给抢注者一定比例的佣金；三是退出该市场。所以，企业在制定国际战略时，要不失时机地及时在国外各销售网申请出口商标注册，以防商标被抢注而造成不必要的损失。

（三）商标的使用管理

1. 对注册商标的使用管理

商标管理机关依法保护注册人行使商标专用权，同时监督注册人履行其应承担的义务。

商标专用权的内容包括商标的使用权和禁止权。商标使用权是指商标注册人有权在核定的商品上使用其注册商标。商标禁止权是指商标注册人有权禁止其他人在同一种商品或类似商品上使用与自己的注册商标相同或相近的商标。商标管理机关通过对商标的管理，使商标权人的权益得到法律保障。

商标权人的义务有三项：①必须在法律规定的范围内行使权力，履行法定手续，而不得滥用权力；②必须对使用商标的商品质量负责；③必须按规定缴纳各种费用。商标管理机构监督商标权人履行其义务，以保证商品质量，维护商标的有效性。

此外,商标管理局还要指导注册人规范地使用商标。

2. 对未注册商标的使用管理

商标实行自愿注册制度,企业可以根据其生产经营能力和需要自行决定注册与否。没有注册的商标品牌也是商品上的一种标志,但不享有商标专有权,当该商标与他人的注册商标相同或相似时,便构成侵权行为;当他人未注册的商标与之相同或相似,也得不到法律的保护。商标管理机构从保护商标权、维护社会经济秩序出发,应当对未注册商标进行管理。

第三节　商 标 设 计

商标,是商品的标志,也是商品与厂家质量信誉的标志,是商品、厂家与消费者之间沟通关系的桥梁。宣传与美化商品需要它,消费者识别商品更离不开它。商标的产生、存在和发展,从一个侧面反映了一个国家和社会在经济生活、文化生活与工艺美术设计水平方面的历史和现状及其发展趋势。商标设计得好,有助于创造名牌产品。相反,商标设计得差,就会影响商品销售。如果出口商品的商标与商品销售所在国家或地区的商标法律和风俗习惯有抵触,就会极大地影响商品的销路。

一、商标设计的基本原则

商标设计必须符合商品销售国家和地区的法律规定和风俗习惯,尊重其国家主权和民族特点,这已成为各国企业商标设计的原则。商标设计不单纯是一般工艺美术问题,不能只追求商标的美观与实用,要严密考虑设计的合法性、使用后的法律后果及其对国际市场营销活动的影响。

目前,商标图形设计已进入大众传播时代,商标设计逐步专业化。各国商标设计的发展都体现出共同的趋势:从最初的标志性记号转向繁复的绘画图案,从具体形象转向文字和抽象的几何图案。企业的商标设计还与产品开发和市场营销密切相关。国外许多企业将商标设计放在企业战略决策位置上,综合考虑各种因素加以规划。

(一) 显著性原则

所谓商标的显著性原则,是指商标的独创性和可识别性,即设计的商标要具备将一个企业的产品与其他企业的同类型产品区别开来的能力。这种区别能力越强,商标的显著性就越大;反之,就越小。例如:当人们看到美术体的"FUJI"图案,就知道是日本富士写真株式会社的标志;看到红白相间的"CocaCola"标志,就知道是美国可口可乐公司的商标。

由此可见,一件产品要在琳琅满目的商品世界中突显自己,所使用的商标具有显著性是非常重要的。另外,商标管理机关审查商标注册申请,也要看申请人是否与他人已在同类或类似的商品上注册相同或相似的商标。只有在文字、图形或其组合上都具有显著性的商标,才会得到承认,予以注册。

(二) 遵纪守法原则

所谓遵纪守法原则,是指商标设计必须遵守国内外有关的法律法规,即不但要遵守我国商标法及其实施细则等有关规定,而且要与有关国际条约及国外注册国的法律法规相符合。目前,我国已加入《保护工业产权巴黎公约》及《商标国际注册马德里协定》,这就更加要求商标设计要符合国际有关规定,为我国产品打入国际市场创造条件。

(三) 遵守公共道德原则

所谓遵守公共道德原则,是指商标设计应符合社会共同的道德标准,合乎社会共同的行为规范。商标是经济交往的社会化产物,因此,商标设计既要注重经济效益,又要注重社会效益,避免产生不良影响。

我国商标法严格禁止有害于社会主义道德风尚的商标注册。《中华人民共和国商标法》明确规定:商标严禁使用"有害于社会主义道德风尚"的文字、图形。国内某企业拟在酒类商品上注册"母夜叉"商标,受到有关商标管理部门的劝阻。因此,在进行商标设计时应注意对思想内容的审查,不能有悖于社会主义道德风尚。

带有诽谤和伤害宗教感情内容的商标不能核准注册。

(四) 尊重社会风俗习惯原则

所谓尊重社会风俗习惯原则,是指商标设计应尊重申请注册国或地区的风俗习惯,避免引起不良的反应。由于环境、历史、文化传统等条件的不同,形成了不同地区和民族迥然不同的风俗习惯,也形成了与商标设计有关的各种各样的禁忌。商标设计者应对此有所了解,使其所设计的商标能适应不同民族、地区的要求,更好地促进产品的销售。

商标设计还应特别注意尊重不同民族的宗教信仰和不同地区的风俗习惯。在选择商标名称时,应注意该名称在其他国家及语言中可能包含的其他含义。

(五) 忌用地理名称原则

地理名称不能作为商标使用,世界大多数国家对此都有规定。因为用地理名称作商标易于导致两种不利后果:一是地理名称有限,而在同一地区生产同一产品的企业则可能很多,如果允许某一个企业使用,就会造成地理名称使用上的垄断,形成不正当竞争;二是使用地理名称标记性不强,商标不具有显著性,不利于消费者在众多的产品中分清产品的真正来源，商标的作用难以发挥。

在《中华人民共和国商标法》颁布实施前，我国批准了一些选用地理名称的商标，如“中华”牌香烟、“北京”牌电视、“上海”牌手表等，但这些商标到国外注册时都遇到了困难。甚至像“荆江”牌热水瓶、“眠山”牌中成药这样以山川命名的商标在马来西亚和新加坡等地申请注册也没有被获准。

对由于历史原因造成使用地理名称的商标，经过核准注册的，现仍可使用。但应注意对此从严掌握，尤其是外国地理名称和与外国交界地方共同使用的地理名称更应谨慎，以免引起不必要的纠纷。我国企业曾大量使用“香槟”作为酒的名称，因香槟是法国的一个省，牵涉到《保护工业产权巴黎公约》中对原产地名称的保护问题而不能被继续使用。

我国现行的《〈中华人民共和国商标法〉实施细则》对地理名称作商标使用作了严格的限制，规定“县级以上（含县级）行政区划名称和公众知晓的外国地名，不得作为商标”。国外绝大多数国家的商标法也都规定地理名称不得作为商标。

二、商标设计的要求

商标设计是一门实用工艺美术，商标设计的要求是从商标适应商品的性质、作用等特点出发，在某些方面所应达到的具体要求。商标既要起到标志商品、扩大宣传的效果，又要适应不同产品的质量、规格等特征，适应不同的消费者心理。作为设计者，应了解商标设计的要求，使所设计的商标符合生产和营销的需要。

（一）商标设计的基本要求

(1) 注册商标应有标记。“®”是“注册”商标的标记。商标注册采用自愿注册原则。但与人民生活健康关系密切的商标要强制注册。

(2) 应符合商标的禁用条款。

(3) 商标要具备显著性特征。商标设计不能与他人的商标相似、雷同，在使用时不会引起混淆。

(4) 商标要有审美性。商标要符合公众的审美心理要求，达到形象性、艺术性、新颖性、时代性、民族性、象征性的高度统一。

（二）商标作为标志艺术的共同要求

随着生产和社会的发展，人们接触的商标越来越多。然而，商标只是标志艺术家族中的一员，实际上人们每天还要接触到其他类别的标志。例如，人们乘车会看到不同形式的交通标志，在公共场合会看到表示“街道名称”或“公共设施位置”等内容的指示标志，在电视上会看到中央及地方电视台使用的标志，等等。可以说，标志已遍布生活中的每个角落，交通运输、广播通信、体育运动、商店旅馆等部门和团体都设计和使用了不同的标志。在社会交往日益增多的当今世界，标志已突破了语言文字的界限而成为人类社会交往、思想交流的媒体和手段。随着物质世界的日益丰富以及商品的不断增多，商标已成为标志艺术中应用最广泛的一种。

商标属于标志艺术的范畴，商标设计也应具备标志艺术的共同属性和特征。

1. 标记性

标志是人们识别事物的标记。易于记忆、便于识别是标志艺术最基本的特征。要使标志具有识别性，首先必须做到特点突出、形象鲜明；其次，作为标志艺术的商标的设计还必须做到简洁明了。

2. 宣传性

所有的标志艺术都是面向大众的。将蕴涵于其中的特定内容传达给大众，也是标志艺术所要达到的基本要求。标志艺术的宣传性，要求标志要便于记忆，合乎人们的思维习惯。

3. 适应性

标志艺术的适应性，是指设计出的标志既要经得住时间的考验，又要尽可能在复杂的环境条件下使用，并适应多种工艺制作、多种媒体宣传的需要等。

4. 艺术性

标志的艺术性是指标志设计应当遵循艺术规律，合乎人们的欣赏习惯，具有艺术美感。标志的艺术美主要体现在表现形式上。要讲究技巧，注重形象提炼，在图形构思、黑白对比、色彩利用等方面表现出艺术美。

（三）作为商品标志物的特殊要求

商标从根本上讲是为商品服务的，与其他标志相比，在设计上有其特殊要求。

1. 商标设计要有利于商品市场的开拓

商标是商品经济发展的产物，进入 20 世纪，西方一些工业发达国家把商标作为整个企业形象设计的中心，以此促进产品的销售，争创名牌产品，获得丰厚的利润。商标作为整个企业视觉形象设计的关键性要素，在生产发展、市场开拓等方面正日益显示出其重要作用。然而在我国，由于以往长期处于生产力落后状态，人们对商标的关注和重视程度还远远不够，有的企业仅仅把商标作为一种标记，甚至视为可有可无。商标是“商品的脸”，一件成功的商标在商品流通中是“无声的推销员”，所起的作用是其他形式所不能代替的。

商标的设计要为商品的销售服务，首先要求商标具有与众不同的风格特征和强烈的视觉冲击效果。其次，商标还要起到区别商品来源、表示商品出处的作用。即商标要使消费者明白产品由哪家工厂生产或哪家商店经销，便于消费者认牌购货。最后，商标设计还必须便于消费者鉴别商品质量，方便购货。

2. 商标设计要体现固定性与应变性的统一

商标一经设计成型，获准注册，就成为一项工业产权，受法律保护，不得随意改动，但随着社会的发展，人们审美眼光的改变，也要相应地发展变化。

3. 商标设计要适应购物者的不同心理需求

商品生产后要拿到市场上销售，接受消费者挑选。商标的名称和图形是否适合消费者的购物心理，常常影响到消费者购物时的取舍，有时甚至起到关键性作用。

4. 商标设计要适应商品的性质，但又不能直接反映商品本身

商标设计不能直接再现商品本身，这是一条原则，必须严格遵守。但是，商标设计并不是要同商品完全脱离、不能有一丝联系。否则，就违背了商标为商品服务这项最根本的宗旨。

5. 商标在制作、印刷、使用等方面应简便、可行

商标设计是一项十分复杂的工作，具体设计思路等在此不再专门讲述。

三、商标设计的注意事项

（一）商标设计中存在的问题

商标设计的主要目的是让消费者记住并产生商品偏好和忠诚，从而认牌购货。那么，如何让消费者记住商标就成为设计的主要原则，而我国目前在商标设计中存在着大量雷同和平庸现象。

雷同是指同一商标在不同的商品或近似商标在同类商品上大量重复出现，如“熊猫”牌在不同商品上反复出现，尽管我国商标法规定，同类商标可以在不同类商品上重复出现，但这并不意味着缺乏区别力，难以让消费者记住。

平庸是指商标虽不雷同，但商标的名称过于常见，失去新鲜感。例如，前些年常见的“巨龙”牌，“振兴”牌等商标。平庸还包括在图案商标设计上缺乏创造性和视觉冲击力。构图烦琐而具体，不够简单、明快。

之所以产生大量雷同与平庸的现象，其主要原因如下。

1. 设计时将文字商标与商品的属性、功能相联系

例如，设计防盗门商标，设计者往往想到该产品的功能和属性，于是与安全有关的词汇商标便由此产生——“牢固”牌、“将军”牌、“坚固”牌……如果设计者拘泥于这种框子里，雷同现象必然会产生。另外，设计商标时给其一个美好含义无可厚非，但这种美好含义常常很难传递给消费者。同时，一个品牌在用某国文字时是美好含义，但将相同文字换成另一国语言时，意思可能完全不一样，甚至相反，这种文字的歧义简直防不胜防。例如，美国通用汽车公司生产的“N0-VA”牌汽车，本是“新星”的含义，但销往波多黎各时闹出了大笑话：波多黎各使用西班牙语，而这个词汇在西班牙语中的意思是“不走”，不走的汽车又如何能卖掉呢？

2. 设计时将商标名称与商品成分、原料、用途相联系

这种商标属于叙述性商标，在许多国家不予注册。所以，许多设计者就将商标名称与用途的谐音相联系。例如，将用于补血的保健品命名为“朴雪”，将用于补钙的商品命名为“盖中盖”。

3. 设计时将商标名称与动植物名称相联系

虽然我国地大物博，风景名胜也不少，但有名的且大家熟悉的动物、植物、景物还是有限的，而商品品种成千上万，将相对贫乏的动植物名称用作相对丰富的商品的商标，雷同现象必然会产生。所以“长城牌”，“熊猫”牌，“牡丹”牌商品比比皆是。

（二）商标设计应注意的问题

1. 国外商标设计趋向

90%以上的欧美产品使用文字商标，具有易读、易记、易传播等特点，符合商标设计目的。因为文字商标设计具有易倾向于有音无义的特性，即用 26 个字母随意组词，不考虑商标是否有含义，只考虑读起来是否朗朗上口、铿锵有力，是否具有区别力。例如，柯达公司的“KODAK”，埃克森石油公司的“EXXON”都是独具特色而又朗朗上口的著名商标。

由于商标文字无任何含义，因此，无论商品出口到何种语言的国家都不会因文字上的歧义而改换商标。例如，“海尔”商标可直接用在出口商品上，因为“海尔”无任何含义。

在图案商标的设计上，趋向于简洁、明快、抽象性的图案，其设计原则具有较强的冲击力。例如，“三菱”标志，奥迪车的“四环”标志，由于文字的无含义，使得构图时可以海阔天空地去想象。

2. 国内商标设计趋向

就国内商标而言，照搬国外商标的做法显然是行不通的，因为英文和中文的区别之一是英文的字母和发音之间有联系，当一个商标的音发出来，就能根据发音写出商标来，并且易记。而中文则不同，中文往往靠词的含义来记住汉字，而易记性是商标设计的主要目的之一，如果文字商标无一点含义则消费者很难记住。因此，中文商标设计可以用丰富的汉字组成一些有音无义、似懂非懂的词汇，即生造词汇，虽然在文字写作中是犯忌的，但在商标设计上能起到意想不到的效果。关于这一点，可以从我国翻译的商标中受到启发。例如，“西铁城”、“美能达”均属于此类商标，法国有个餐馆名为“牛车水”，人人都觉得莫名其妙，但人人都忘不了，因为它具有独特性。

除此之外，商标设计还应该注意以下几个问题。

（1）商标名称力求简短。例如，百事可乐公司从 1898 年以来几次修改注册商标，于 1962 年去掉“COLA”，只保留“PEPSI”。

(2) 商标要符合进口国的商标法规定。各国都有自己的商标规定，出口商一定要加强调查和研究，力求商标设计符合进口国的要求，以保证出口商品能在国外顺利注册。

(3) 商标要符合国际商标惯例。

(4) 商标要符合销售相关国家和地区的风俗习惯，宗教信仰，切忌使用出口国忌讳的文字和图案。

四、商标设计战略

(一) 商标设计要考虑国际性

企业在设计商标时，首先要考虑到使商标具有国际性，这也是驰名商标的一个最基本的条件。商标应尽量用英文字母表示，并在各国都能保持相同的发音、相同的书写形式。现代世界上的一些词组式驰名商标，其本身有音无义，而其义又可为本企业着意刻画，其最大的优点就是不会因国家不同、文化传统和风俗习惯有异而导致违反进入国的文化或宗教的禁忌。如日本名牌“SONY”本身并没有任何含义，既不是一个完整的英文单词，也不是某个日语假名的译音。中国的“TCL”商标也有类似之处。

(二) 商标设计必须构思巧妙

商标设计必须构思巧妙，不但能体现产品优点和特性，还能够使消费者产生美好的联想，所以驰名商标具有独创性和强烈的识别性。商标是企业诸识别要素中最具形象性、显著性的一种，可以把企业形象、产品特征等各种要素融合在一起迅速传递给公众和消费者。商标设计虽然包含了经营者的精心策划、主观构思，但是最终还得将设计成果交给公众与消费者来裁决、评判。所以，在设计商标时，除了要达到最基本的平面设计和创意要求外，还需要考虑营销因素和消费者的认知、情感心理。商标设计应遵循以下几个原则。

1. 营销原则

商标设计的最终目的是让公众和消费者通过商标来了解企业、认知企业的产品或服务，所以在商标设计上一定要体现出营销原则。如商标的设计必须与产品或服务的特征联系起来，能够向公众和消费者准确传递产品和服务所包含的信息。这样，消费者在购买产品时，就不用在了解产品的性能上浪费更多的时间了。一个好的商标应该体现出企业的理念，把企业的经营成果与企业的奋斗目标紧紧结合在一起。

2. 创意原则

商标标志的本质用意就在于能够区别不同企业的产品或服务，由于现在企业、产品、服务名目繁多，如果设计出的标志缺乏创意，没有显著性，就不会给人以区别和启迪的作用。设计的标志要醒目直观，新颖独特，别出心裁，这样就易于给人留下较深的印象。设计的标志还需有冲击力，体现出企业国际化的发展趋势。这就要求标志设计考虑各种语言、各国的民族心理等因素。要达到企业国际化发展趋势的目的，采用无任何意义的新创词是一种比较好的选择。如美国克莱斯勒下属的吉普汽车公司所生产的越野车标志为“Jeep”。“Jeep”是英文 general purpose（通用型）首字母缩写 GP 的发音。这一标志简单，容易拼写，在大多数语言中读音一致，并且没有什么含义。

3. 设计原则

彩色的标志更能体现经营者的用意，也能够给公众和消费者带来更强的美感效果，所以，彩色标志已成为一种流行的标志设计形式。色彩运用于商标设计一定要能给人带来美的感觉和丰富的联想，这就要求商品设计者运用美学、心理学等多方面的知识，把色彩、线条搭配得尽可能协调，让图案的设计用意清晰地表现出来。在标志设计上，图案与名称应简单、醒目，易于传播，易于理解、记忆，并具有强烈的感染力。瑞典沃尔沃汽车公司的汽车标志主体是“Volvo”，这个标志有两个 v 和两个 o，看起来十分醒目易记，在大多数西方语言中都易于拼读；而且“Volvo”是拉丁文，意思是“我滚动”、“我来驾驶”，暗示了汽车的性能。这一标志看起来结构匀称、布局合理，给人以一种美的感觉。在进行商标设计时要巧妙地赋予寓意、耐人寻味，这样做有利于品牌形象的传播，使标志的形态能正确、恰当地表现企业形象的内容和含义。

4. 情感原则

商标标志的设计要优美精致，符合美学原理，符号的形式符合人类对美的共同感知。例如，注意造型的均衡性，并在线、形等方面作造型处理，使图形兼有动感及静态美。商标设计要相对稳定，富有时代特征。标志要为公众所熟知，就必须长期宣传、长期使用。因而在标志设计时，还要注意满足一定的持久性，不要显得过时。如果标志设计从一开始便落后于时代，常作大量修改或重新设计，就会给人以反复无常的混乱感。

5. 吉祥原则

企业发展顺利、见效快、效益好等是所有企业经营者的共同心愿，他们在商标标志设计时往往都用吉祥的图案、吉祥的色彩来寄托这种愿望，从消费者的角度来考虑亦然。我们在设计标志时，一定要注意企业所在地的民风民俗、民族心理，一定要避开当地的禁忌，这样才能为更多的公众和消费者所接受。许多国际著名商标充满魅力，在于它们构思巧妙、不落俗套，不但能体现产品优点和特性，还能使消费者产生美好的联想。如日本著名的“富士”商标是由“Fuji”几个字母构成一个外形，这个外形看去像一个胶卷包装的外壳，字母的组合表现为方中有圆、疏密合理，把这个商标放置在包装盒上也正好协调。例如，富士公司商标的色彩也就是该公司的象征，红色的商标图形，以白色衬底，再配以大面积的绿色，充分传达出胶卷的性质和特点，它能够告诉潜在的顾客，"富士"产品能够给他带来什么利益；同时还能使消费者产生田园风光、绿色世界的美好联想。

（三）商标设计要能在企业起到升华作用

商标设计必须与企业名称、产品性能或服务性质紧密地联系在一起，与企业商标名称的风格相一致，这样的商标才能对企业名称、经营理念起到升华作用。除此之外，商标的设计还需遵循企业标志设计的原则，将创意手法和设计风格相结合。典型的设计方法有两种：一种是文字和名称的转化，另一种是图案的象征寓意。由这两种方法可设计出文字型、图案型及图文结合型的商标。

1. 文字和名称的转化

这一方法是直接运用一些字体符号或单纯的图形作为商标的组成元素。该方法的优点是识别力强，便于传播，容易让消费者理解其含义。在创意上，往往借助象征、装饰点缀和色彩的力量，来增强标志的美感和公众的易接受性。如麦当劳商标中的"M"、李宁体育用品公司商标中的"L"等。又如"今日集团"的商标就是一个近乎中国书法草写的"今"字，中间一点幻化为一轮饱满的红日。该商标融东方传统文化与西方现代设计理念于一体，点的凝重与完美，线的洒脱与突破，红的热情与奔放，灰的冷静与沉着，都渗透着简洁与和谐。这种自然的、偶然的、非规则化的设计风格，一反传统几何图案的商标概念，是世界商标设计的潮流之一。

2. 图形象征与寓意

以图形或图案作为标志设计的元素，是采用象征寓意的手法，进行高度艺术化的概括提炼，形成具有象征性的形象。图形标志因为较易被人们在视觉上接受而得到普遍运用。特别是一些图形作为象征物，如太阳、眼睛、星星、王冠等，在世界文化的广泛国际化进程中也受到了重视。虽然这些商标在不同的国家里，象征意义有所不同，但大众对它们的熟知已跨越了异国传播的障碍。美国雷诺兹公司推出的"骆驼"牌香烟的标志采用一只傲视俗世的骆驼驻足沙滩，苹果电脑公司采用彩色苹果图案，雀巢公司使用"两只小鸟在巢旁"的图案等均鲜明生动，给人留下了深刻印象。

第四节　商品包装标志

商品包装标志按其功能及用途可大致分为销售包装标志、运输包装标志、生态标志和商检标志等。

一、销售包装标志

（一）销售包装标志

1. 销售包装标志的含义

销售包装标志是指赋予商品销售包装容器的一切浮签、吊牌、文字、符号、图形及其他说明物，它是生产者、销售者传达商品信息、表现商品特色、推销商品的主要手段，是消费者选购商品、正确保养商品及科学消费的指南。

2. 销售包装标志的内容

销售包装标志的基本内容包括商品名称、商标、规格、数量、成分、产地、用途、功效、使用方法、保养方法、批号、品级、商品标准代号、条码等。

以食品商品为例。必须采用表明食品真实属性的专用名称。除单一原料的食品外，标签上必须标有配料表，且所有配料必须按加入量（重量或体积）从多到少依次排列，若是特殊需要食品，如婴幼儿食品、强化食品、特殊营养食品等，必须按商品标准要求增加成分表。必须标明食品在每个容器中的净含量，一般的标注方法是：液态食品用体积，固态食品用重量，半固态或浆状食品用重量或体积。包装中充填有液体介质的食品时，除标明总净重量外，还须标明食品的固形物重量；同一包装中如果含有互相独立且品质相同、形态相近的几件食品，则在注明总净重量的同时，还应注明商品数量。必须标明制造、包装、批发、进口分装、出口或销售等任意一个单位的准确名称、地址和电话。必须注明生产批号。必须标明生产日期、保存期或保质期，如果与保质期有关，则还须标明该食品的储藏方法。另外，在标签上要附加包装开启方法、食用方法、烹饪方法等，以帮助消费者正确使用。商品标准中对质量等级已作规定的食品，应根据批验结果按规定要求标明该商品的等级。已经制定了商品标准的食品，必须标明其标准代号。除上述要求外，对已经获得注册商标及商品条码标志的商品，包装标签上应标上商标和商品条码。

（二）防伪标志

1. 防伪标志的概念

防伪标志是采用特殊材料与技术制成的能证明产品的真实身份且不容易被他人仿冒伪造的标志。它的特点是技术含量高，难以仿造，消费者容易识别，只能一次性使用。

2. 防伪标志的类别

防伪标志的类别很多，典型的防伪标志有以下几种。

（1）全息防伪标志，又名激光防伪标志。激光全息技术是继激光器于 20 世纪

60年代问世之后迅速发展起来的一种立体照相技术。

(2) 数码防伪标志。该防伪标志利用的是覆盖层覆盖有唯一对应的数码或图文信息这一特性。数码防伪标志分刮开式和揭启式两种。覆盖层去掉，应不能再次使用。最常见的为数码刮开式和数码揭开式防伪标志。其查询方式有短信防伪查询、400电话查询、800免费电话查询、固定电话查询、网站查询等。

(3) 双卡防伪标志。包括莫尔条纹双卡、核径迹双卡、偏振光学双卡、随机加密隐藏图文双卡等四种双卡防伪标志。

(4) 核微孔防伪标志，即核径迹防伪标志。对由重离子发生器或核反应堆(国家控制设备)成像法辐照有机薄膜，形成电离损伤。用强碱或酸对已形成的径迹蚀刻，使其成为微孔。由微孔构成图文。其防伪特征是：在可见光下，由于微孔衍射与散射作用，人眼观察到的视觉效果为白色图文。若滴水于其上，水渗入微孔，图文消失。若用有色液体涂抹，有色液体渗入微孔，擦去表面有色液体，可呈现有色图文。

(5) 标记分布防伪标志。该防伪标志利用呈三维立体状彩色纤维分布特性制成，又称纹理分布防伪标志。利用彩色反光颗粒及白色凸起微泡分布特性所制成的防伪标志称为颗粒分布防伪标志。这种标志的原创权属于我国，标志的唯一性和难以仿造性均佳。

> **知识链接**
>
> 常见的商品防伪标志类型
>
> (1)温变型。防伪标志受热后，颜色发生变化。一般温变部分是该产品商标上某个部分，用火或烟头烫一下，其图案的颜色就变得和本色不相同。
>
> (2)萤火型。通过专用的防伪鉴别灯一照，防伪标志就会发亮。其发亮的部分会有一个较清晰的特定标志。
>
> (3)激光全息型。将图案或人物从不同角度拍照再叠加处理，会产生不同的颜色。
>
> (4)隐性技术。防伪标志在太阳光或聚光电筒的照射下，能反射出一种图案。

二、运输包装标志

运输包装标志指用简单的文字或图形在运输包装外面印刷的特定记号和说明事项，是商品运输、装卸和储存过程中不可缺少的辅助措施。运输包装标志可分为收发货标志、包装储运图示标志和危险货物包装标志。

(一) 运输包装收发货标志

运输包装收发货标志通常印刷在外包装上，主要内容如下。

1. 分类标志(代号 FL)

用几何图形和简单的文字表明商品类别的特定符号。

2. 供货号(GH)

供应该批货物的供货清单号码(出口商品用合同号码)。

3. 货号(HH)

商品顺序编号,以便出入库、收发货登记和核查商品价格。

4. 品名规格(PG)

商品名称或代号,标明单一商品的规格、型号、尺寸、花色等。

5. 数量(SL)

包装容器内含有的商品数量。

6. 重量(ZL)

包装件的重量(千克),包括毛重和净重。

7. 生产日期(CQ)

产品生产的年、月、日。

8. 生产厂家(CC)

生产该产品的工厂名称。

9. 体积(TJ)

包装件的外径尺寸,长×宽×高(厘米)。

10. 发货单位(SH)

发货单位(人)。

11. 运输号码(YH)

运输单号码。

12. 发运件数(IS)

发运的商品件数。

13. 有效期限(XQ)

商品有效日期。

注意:外贸出口商品应根据国外客户要求,以中、英文对照,印刷相应的标志和附加标志。对于分类标志的图形、收发货标志的字体、颜色、标志英文方式、标志位置等,国家标准 GB/T 6388—1986《运输包装收发货标志》中均有具体规定。

(二) 包装储运图示标志

包装储运图示标志指根据不同商品对物流环境的适应能力,用醒目简洁的图形和文字标明在装卸运输及储存过程中应注意的事项。按照国家标准 GB/T 191—2008 规定,储运标志共分为 10 种。

(a) 易碎物品标志 　(b) 禁用手钩标志 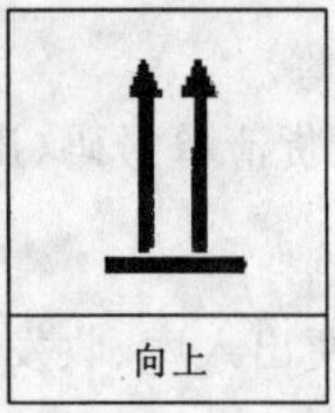　(c) 向上标志 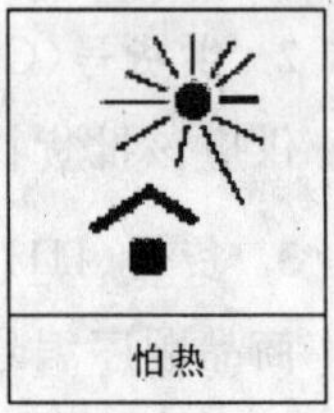　(d) 怕热标志

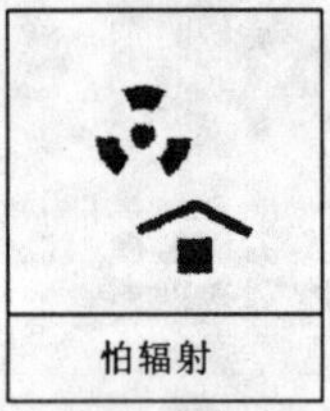

(e) 怕辐射标志 　(f) 怕雨标志 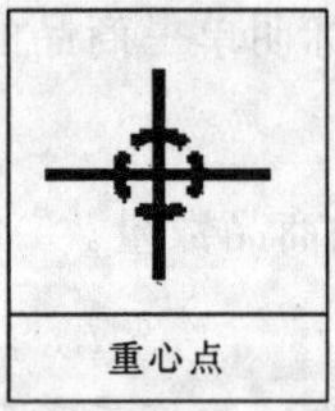　(g) 重心点标志 　(h) 禁止翻滚标志

(i) 此面禁用手推车标志 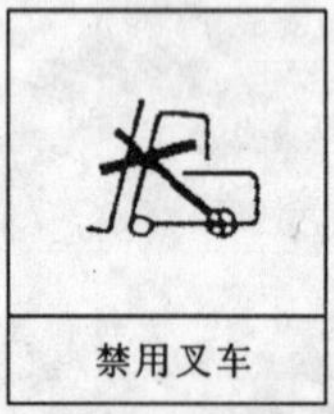　(j) 禁用叉车标志 　(k) 由此夹起标志 　(l) 此处不能卡夹标志

(m) 堆码质量极限标志 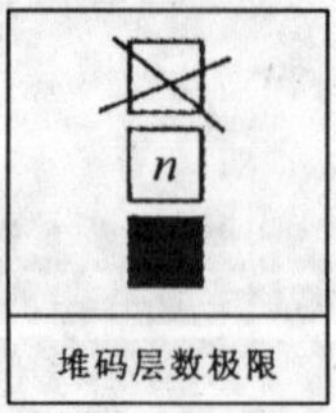　(n) 堆码层数极限标志 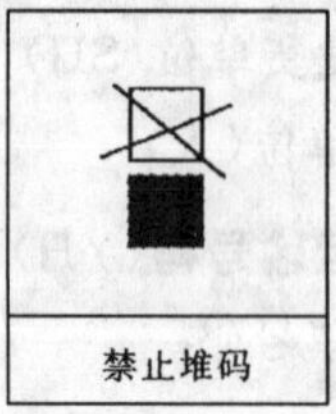　(o) 禁止堆码标志

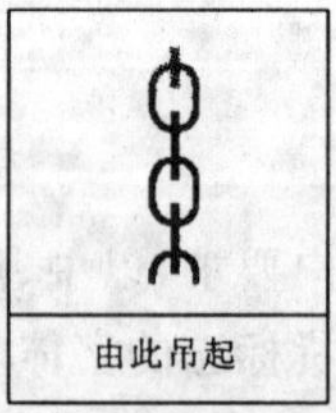

(p) 由此吊起标志 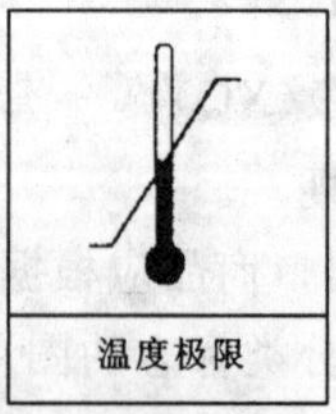　(q) 温度极限标志

（三）危险货物包装标志

危险货物主要指具有燃烧、爆炸、腐蚀、毒害等作用的化学品或其他原料，其性质一般都比较活跃，在储存和运输过程中稍有不慎便会酿成事故，造成财产损失和人员伤亡。危险货物包装标志的图形、尺寸、颜色及使用方法在国家标准

GB190—2009 中均有明确规定。不同类别的危险品应使用不同的危险品标志，出口的危险商品必须同时标有国际标准化组织（ISO）所规定的危险货物标志及我国规定的“危险货物标志”。

三、生态标志

生态标志是一种反应环保意识的商品包装标志。商品上标有生态标志，表示该商品具有环保意识，是绿色的商品。

1978 年，联邦德国建立了官方生态标志，其图案为蓝色安琪儿，是借用联合国环保署的标志为蓝本的。一个产品如果想使用蓝色安琪儿标志，就必须通过全面审查，证明该产品和包装符合环境保护的要求。1985 年，加拿大环保署设计了加拿大的生态标志，它是由三只鸽子互相盘绕而成的一片枫叶。1989 年 2 月，日本公布了双手环抱地球图案的生态标志。挪威、瑞典、荷兰和法国等国家的生态标志基本上与联邦德国的蓝色安琪儿相似。

四、商检标志

商检标志是我国进出口商品检验标志的简称。商检标志分为卫生标志、安全标志、质量标志。

S-安全标志
（白底黄色）

Q-质量标志
（白底红色）

H-卫生标志
（白底蓝色）

CCIB 为中国商检的英文缩写。没有经过商检的进口商品可能存在潜在的质量问题和不安全因素。因此，消费者在购买电视机、录像机、影碟机、空调等大件进口商品时，应注意查看 CCIB 标志。正常渠道进口的商品都贴有此标志，如彩电是贴在机身的后部，汽车则贴于车身的前面。

CCIB 有三种标志：第一种是安全标志，黄色，有一个英文字母“S”；第二种是质量标志，红色，有一个字母“Q”；第三种是卫生标志，蓝色，有一个字母“H”。凡贴有 CCIB 标志的进口商品，一旦出现质量问题，有关部门将负责检修或更换。

本章小结

本章首先介绍了标志的一般概念、社会价值、品牌战略以及标志与企业文化的关系。其次介绍了商标的概念、特征、分类、功能和作用，全面阐述了商标的基础知识，以及如何对商标进行管理。接下来介绍了商标设计的基本原则、一般要求和注意事项，并指出商标设计应与企业的战略实施相结合。最后介绍了商品包装中的几种常见标志：销售包装标志，运输包装标志，生态标志，商检标志。

综合案例分析

联想由 Legend 改名为 Lenovo：走向成熟

商标的更换不仅仅是商品标志的变化，更关系到企业战略品牌的延伸。联想从 Legend 更名为 Lenovo，浮出水面的不过是冰山一角，背后是联想集团这一庞然大物的转型。

(一) Legend 之累

"Legend"不得不改。尽管 Legend 是一个在中国深入人心的标志，也被万名联想员工寄予了无限情感。

然而，联想公司发展到现在，"国际化"已经成为公司两代人的梦想，换标的代价必然要付出。杨元庆为"国际化品牌"所作的解释是：3 至 5 年内，联想销售额中 25%～30%的比例来自海外市场，但如今联想只有 5%的销售额来自海外。要实现这一目标，联想首先需要排除的是品牌障碍。Legend 在海外市场被注册得太多，而联想在国外发展就一定要有一个可以受到法律保护、能合法销售产品的商标。

(二) 转型之困

其实，联想高层从 2001 年起就已经知道品牌标志非换不可。2002 年 5 月，品牌切换小组成立，杨元庆亲任组长。内部先后提供了五套备选的切换方案，但在随后的查询中不断发现其中的四个在不同国家都有人注册了。标志最后落在了自创的单词——Lenovo 上。Lenovo 由 Le 和 novo 组成——Le 取 Legend 的字头，novo 在拉丁语中意为创新。杨元庆希望联想把自创的名称在全球各地打响。

(三) Lenovo 之难

在随后的 7 年时间里，Lenovo 肩负重任。距离世界 500 强企业，联想还有一段很漫长的路要走。而未来联想要走向海外的路同样充满了未知的风险。

进军海外，有了合法的品牌只是第一步。直到今天，联想高层仍未给外界一个明确的时间表和具体的步骤。资金障碍、市场推广障碍等都需要一一摆平。伴随

Lenovo 的推广，公司今后两年的主打口号"只要你想"也相继曝光。"只要你想"将成为联想今后推广的口号。

（四）集体换标的风潮背后

在世界制造中心向中国转移的过程中，一个现象不容忽视：中国的企业正在加快进军海外的步伐。从家电巨头海尔令人目眩的海外扩张，到联想、金山等 IT 厂商相对谨慎的试探，一股走向国际的浪潮将在不久后冲上高峰。

走出去的企业换个商标，只是换了一件外衣。联想换标，华旗资讯换标，诸多企业换标之后其实还有更多的事情需要面对，我们的企业要在品牌观念上迅速与国际接轨。

思考题

1. 商标的变化对联想的经营管理有何影响？
2. 简述联想商标设计中应该注意的问题。
3. 简述商标设计与品牌战略的关系。

本章综合练习题

1. 简述商标的概念和特征。
2. 商标的分类有哪些？
3. 简述商标设计的原则和要求。
4. 商标设计的注意事项有哪些？
5. 简述商品包装标志的类型。

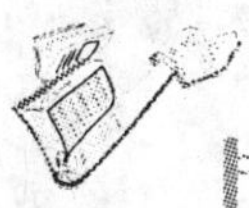

实践活动

观察知名商品标志

实践目标：了解商品标志的特征和设计原则。

实践内容：观察不同知名商品的标志，如可口可乐、百事可乐、联想、农夫山泉、高露洁等知名商品的标志，了解这些商标的设计特点、原则。

实践要求：了解不同商品的商标演变过程，商标的设计特点，以及商标与市场推广、品牌战略的关系。

实践成果：撰写分析报告。

参考文献

[1] 李凤燕.商品学概论[M].北京:清华大学出版社,2009.

[2] 万融.商品学概论[M].3版.北京:中国人民大学出版社,2009.

[3] 刘北林,白世贞.商品学[M].北京:中国人民大学出版社,2006.

[4] 潘绍来.商品学[M].南京:东南大学出版社,2007.

[5] 于安国,易能.商品学概论[M].长沙:湖南大学出版社,2008.

[6] 栾向晶.商品知识实务[M].北京:科学技术出版社,2009.

[7] 赵小柠,徐智慧.商品学概论[M].成都:西南交通大学出版社,2009.

[8] 胡东帆.商品学概论[M].大连:东北财经大学出版社,2005.

[9] 刘敏.商品学基础[M].北京:科学技术出版社,2009.

[10] 于安国,易能,田芳.商品学概论[M].2版.长沙:湖南大学出版社,2009.

[11] 蔺哲.商品学概论[M].北京:经济科学出版社,2005.

[12] 翟学智.现代物流管理概论[M].中国水利水电出版社,2005.

[13] 蒋长兵.现代物流学导论[M].北京:中国物资出版社,2006.

[14] 田源,周建勤.物流运作实务[M].北京:清华大学出版社,2004.

[15] 周启蕾.物流学概论[M].北京:清华大学出版社,2009.

[16] 高本河,唐玉兰.物流学概论[M].北京:中央广播电视大学出版社,2007.

[17] 郑全成.运输与包装[M].北京:清华大学出版社,2005.

[18] 尹章伟,刘全香,林泉.包装概论[M].2版.北京:化学工业出版社,2009.

[19] 张新昌.包装概论[M].北京:印刷工业出版社,2007.

[20] 孙宏岭.物流包装实务[M].北京:中国物资出版社,2007.

[21] 黄俊彦.现代商品包装技术[M].北京:化学工业出版社,2007.

[22] 蔡惠平.包装概论[M].北京:中国轻工业出版社,2008.

[23] 劳动和社会保障部教材办公室.商品检验与包装[M].北京:中国劳动保障出版社,2006.

[24] 谢家平.物流设施与设备[M].北京:中央广播电视大学出版社,2007.

[25] 和克智.包装分类设计[M].北京:印刷工业出版社,2009.

[26] 陈平.物流配送管理实务[M].武汉:武汉理工大学出版社,2007.

[27] 刘莉.商品学[M].北京:对外经济贸易大学出版社,2007.

[28] 向海峡.配送物流员[M].北京:中国劳动社会保障出版社,2006.

[29] 叶梅.外贸商品学教程[M].北京:中国商务出版社,2005.

[30] 汪永太,李萍.商品学概论[M].大连:东北财经大学出版社,2002.

[31] 孙参运.商品学基础[M].武汉:武汉理工大学出版社,2008.

[32] 陈杰伦,陈纪锋,缪兴锋.物流设施与设备[M].广州:华南理工大学出版社,2006.

[33] 谢金龙,王伟.条码技术及应用[M].北京:电子工业出版社,2009.

[34] 孙参运.商品学基础[M].武汉:武汉理工大学出版社,2008.

[35] 张秀生.物流信息技术[M].北京:科学出版社,2007.

[36] 李家齐,苏胜强.物流信息技术[M].北京:中央广播电视大学出版社,2008.

[37] 徐沁.商品学[M].北京:人民交通出版社,2007.

[38] 陈丹晖,刘红.条码技术与应用[M].北京:化学工业出版社,2006.

[39] 郑文超,崔鸿富.条码技术指南[M].北京:中国标准出版社,2003.

[40] 中国物品编码中心.条码技术与应用[M].北京:清华大学出版社,2003.

[41] 张成海,张铎.现代自动识别技术与应用[M].北京:清华大学出版社,2003.

[42] 马三生.商品学概论[M].武汉:武汉理工大学出版社,2008.

[43] 王进涛.园艺商品学[M].北京:中国农业科学技术出版社,2003.

[44] 劳动和社会保障部教材办公室.商品学基础[M].北京:中国劳动社会保障出版社,2002.

[45] 袁长明.现代商品学[M].北京:北京师范大学出版社,2008.

[46] 刘爱珍.现代商品学教程[M].上海:立信会计出版社,2001.

[47] 戴建明.现代商务[M].北京:高等教育出版社,2006.

[48] 丘斌勇.商品设计教程[M].武汉:武汉美术出版社,2005.

[49] 张光辉.商品开发学[M].广州:暨南大学出版社,2003.

[50] 巨天中.品牌战略[M].北京:中国经济出版社,2004.

[51] 何洁.平面广告设计:从概念到表现的程序和方法[M].长沙:中南大学出版社,2003.

[52] 曲建忠.市场营销学[M].北京:机械工业出版社,2001.

[53] 钱竹.青年生活大全[M].北京:科学技术出版社,2002.

[54] 汪永太.商品学[M].北京:电子工业出版社,2007.

[55] 张新昌,曹国荣,张雷.包装概论[M].北京:印刷工业出版社,2007.

[56] 王建清,韩永生,彭彦平.包装材料学[M].北京:中国轻工业出版社,2009.

[57] 白世贞,郭健,姜华珺.商品包装学[M].北京:中国物资出版社,2006.

[58] 黄俊彦.现代商品包装技术[M].北京:化学工业出版社,2007.

[59] 孙宏岭,武文斌.物流包装实务[M].北京:中国物资出版社,2007.

[60] 朱晓宁.集装箱运输与多式联运[M].北京:中国铁道出版社,2005.

[61] 骆光林.包装材料学[M].北京:印刷工业出版社,2006.

[62] 尹章伟,刘全香,林泉.包装概论[M].北京:化学工业出版社,2008.

后记

包装是一个古老而现代的话题，也是人们自始至终在研究和探索的课题。从远古的原始社会、农耕时代，到科学技术十分发达的现代社会，包装随着人类的进化、商品的出现、生产的发展和科学技术的进步而逐渐发展，并不断地发生一次次重大突破。随着人们生活水平的不断提高，对商品包装提出了更高的要求。哪里有商品，哪里就有包装，可以说包装技术对国民经济整体结构的发展起着重要的作用。同时，为了便于商品的流通、销售、选购和使用，在商品包装上通常都印有某种特定的文字或图形，用以表示商品的性能、储运注意事项、质量水平等含义，这些具有特定含义的图形和文字称为商品包装标志。它的主要作用是便于识别商品，便于准确迅速地运输货物，避免差错，加速流转等。

目前已有的商品学和商品包装的教材有很多，但是将商品学、商品包装和商品标志的知识同时体现的教材尚不多见。本书在全面呈现商品学知识的基础上，对包装技术和标志技术进行了重点阐述。

本书为实践型教材，在编写过程中吸收了国内外商品包装和标志的最新理论和实践成果，主要侧重于以下三个方面：一是在内容和结构上注重从实际业务活动的流程出发，体现了理论与实际相结合的原则；二是在知识的呈现方式上，力求做到系统科学、通俗易懂、条理清晰、描述生动；三是在技能训练上，侧重于实际操作能力的培养，特别设置了综合案例分析、综合练习题与实践活动三个栏目，以期在了解商品相关知识的基础上，提高学生对商品包装和商品标志的操作水平，满足基层岗位的需求。

本教材由天津广播电视大学经管学院周素萍副教授担任主编，由广州市广播电视大学管理学院杜敏讲师担任副主编，北京铁路局天津职工培训基地王君高级工程师和林涛工程师以及北京广播电视大学的孙丹讲师和刘怡娟讲师参加了编写工作。具体编写分工如下：第一章由杜敏编写，第二章、第三章、第四章、第五章、第十一章、第十二章由周素萍编写，第六章、第七章、第八章由王君编写，第九章、第十章由林涛编写，第十三章、第十四章由孙丹编写，第十五章由刘怡娟编写。最后由周素萍统稿。

本书参考和借鉴了不少专家学者的研究成果，但限于篇幅，还有一些参考资料未在参考文献中列出，在此致歉并表示感谢。

编　者

2011 年 1 月 30 日于天津

教学支持说明

“21世纪全国高等学校物流管理专业应用型人才培养系列规划教材”系华中科技大学出版社“十一五”规划重点教材。

为了改善教学效果，提高教材的使用效率，满足高校授课教师的教学需求，本套教材备有与纸质教材配套的教学课件(PPT电子教案)。

为保证本教学课件及相关教学资料仅为教师个人所得，我们将向使用本套教材的高校授课教师免费赠送教学课件或者相关教学资料，烦请授课教师填写如下授课证明并寄出(发送电子邮件或传真、邮寄)至下列地址。

地址：湖北省武汉市珞瑜路1037号华中科技大学出版社发行公司市场部

邮编：430074

电话：027－87557436

传真：027－87542424

E-mail：yingxiaoke2007@163.com

证　明

兹证明________大学________系/院第________学年开设的________课程，采用华中科技大学出版社出版的________编写的________作为该课程教材，授课教师为________，学生共计________个班共计________人。

授课教师需要与本书配套的教学课件为：

授课教师的联系方式

联系地址：________

邮编：________

联系电话：________

E-mail：________

系主任/院长：________(签字)

(系/院办公室盖章)

________年________月________日